A부터 Z까지 돈 되는
온라인 쇼핑몰 마케팅의 모든 것!

Web 3.0시대

온라인 쇼핑몰 완전정복

남상엽 · 이현선 · 이현진 · 오상원 공저

온라인 쇼핑몰 완전정복의 주요 구성

• 온라인 유통시장의 개요 • 쇼핑몰의 상품개발 전략 수립 • 마케팅 고객관리 전략 수립 • 마케팅 가격 전략 수립
• 마케팅 유통 및 광고 전략 수립 • 판매계획 수립 • 재무계획 수립 • 사이트 기획, 구축 및 운영 • 오픈마켓 준비
• 오픈마켓 제작 • 주문처리 및 배송절차 • 고객관리 및 CS 처리 • 세무관리 실전 • 해외 구매대행

도서출판 상학당

欲爲大者 當爲人役

크고자 하거든 남을 섬기라

온라인 쇼핑몰 완전정복

머리말

오프라인 유통 및 전자상거래의 최종 목적은 브랜드 빌드 업을 통한 브랜드 충성심을 이끌어 내고 쇼핑사업의 정점에 서는 것이다. 그래야 향후 경쟁에서 안정적인 소비자를 확보하고, 마케팅 비용도 절감할 수 있다고 판단할 것이다.

그러나 급변하는 마케팅 시장에서 현재 상위 5%의 명품 브랜드 외에는 브랜드 충성도가 더이상 존재하지 않고, 한번 쓰고 버리는 버츄얼 브랜드가 부각이 되고 있다.

몇몇 브랜드만으로는 국내 소비자들의 다양한 취향을 반영하기 어렵고 글로벌 미디어와 소셜커머스 등의 확대와 더불어 패션 및 소비에 대한 인식이 높아지므로 인하여 그들의 욕구를 충족시키기 위한 직구와 구매대행, 병행수입 등 다양한 방법으로 선택권을 넓히고 있다.

소비의 트랜드도 글로벌 명품 브랜드와 저가 브랜드로 소비의 양극화가 심화되어 중저가 브랜드의 입지가 좁아지고 있는 것이 현실이다.

온라인 유통시장(이커머스, Electronic Commerce)은 인터넷과 같은 통신매체를 통해 상품의 검색, 주문, 대금결제, 배송 등의 거래과정이 이루어지는 것을 말한다. 온라인 유통은 기업·소비자·정부와 같은 거래 주체들이 인터넷상에 마련된 가상점포인 온라인 쇼핑몰에서 유형의 상품이나 무형의 서비스를 거래하는 것으로, 여기에는 상품판매뿐만 아니라 기업홍보 및 상품광고·대금결제 등의 과정이 모두 포함된다. 온라인 유통은 인터넷 쇼핑뿐만 아니라 금융거래·경매·방송·교육에 이용되고 있으며, 이러한 온라인 유통의 확대는 소비자의 구매행동과 광고방법을 변화시키고 있다. 온라인 유통의 주체는 소비자(Consumer)·기업(Business)·정부(Government)이며 거래특성과 거래방향에 따라 기업과 기업 간 온라인 유통(B2B), 기업과 소비자 간 온라인 유통(B2C), 기업과 정부 간 온라인 유통(B2G), 정부와 소비자 간 온라인 유통(G2C), 소비자와 소비자 간 온라인 유통(C2C) 등으로 구분한다.

쇼핑몰에서의 사업기획은 웹(Web)과 모바일이라는 특수한 환경에 대해 이해를 해야 한다. 따라서 쇼핑몰 사업기획 담당자는 인터넷과 모바일 환경에 대한 특성을 파악하고, 사회적 기술적 트렌드를 기획에 반영할 수 있어야 하며, 운영 프로세스 전 범위를 이해하고 있어야 한다.

예를 들어 상품기획 담당자가 디지털 상품의 특성과 목표시장 내 고객의 요구를 이해하지 못하면 제대로 된 상품의 개발을 기대하기 어렵다. 또한 사이트 및 모바일 기획 담당자가 판매하고자 하는 상품에 대한 이해가 부족하면 상품의 특성을 효과적으로 보여주는 화면을 설계하기가 어렵다. 쇼핑몰 절차는 크게 목표설정을 위한 프로젝트 기획과, 설정된 프로젝트의 목표달성을 위한 인터넷 및 모바일 쇼핑몰의 기획 및 구축, 원활한 운영을 위한 영업활동, 관리, 운영단계로 나눌 수 있다.

오프라인에서 유통되고 있는 상품과 동일한 상품을 판매하는 온라인 쇼핑몰은 가격경쟁력을 갖추기 위해 할인행사 등의 여러 가지 노력을 강구하겠지만 가격구조 등을 고려할 때 차별화의 한계가 있다. 이런 측면에서 상품개발은 고객을 만족시키는 동시에 수익을 창출하는 핵심적인 차별화 전략을 고민해야 한다. 실제로 쇼핑몰의 전문성을 브랜드 이미지화한 PB(Private Brand) 상품의 개발은 브랜드 로열티가 없어 원가 구조를 훨씬 절감할 수 있으므로 기성상품보다 수익구조가 양호하며 고객들의 반응 또한 매우 긍정적인 것으로 나타난다. 실물상품의 경우, 인터넷 쇼핑몰의 입장에서는 상품개발에 자원을 투입하는 것은 한계가 있다. 따라서 인터넷 쇼핑몰에서의 상품개발은 제조업체와의 경쟁에 초점을 맞추기보다는 온라인 쇼핑으로 인한 고객의 불편을 최소화하고 오프라인 상품과의 대응에 경쟁력을 갖출 수 있는 상품개발을 통해 실물을 경험할 수 없다는 온라인 판매의 가장 큰 한계를 뛰어넘는 방식으로 접근해야 한다.

국내외에는 다양한 오픈마켓이 존재한다. 각 오픈마켓은 다 똑같지 않으며 각각의 장단점이 존재한다. 여기서 지금 다루는 네이버 스마트 스토어는 쇼핑몰 운영자 마다 또는 상품의 종류에 따라 오픈마켓의 적합도가 다르지만, 국내 검색엔진을 기반으로 매출이 높은 네이버 스마트 스토어를 기본으로 설명하겠다.

네이버 스마트 스토어는 초기 스토어팜부터 1인 소규모 셀러들의 오픈마켓 컨셉으로 개인 쇼핑몰처럼 고객관리, 상품 모아보기 등 고객리뷰 관리의 편의성을 기반으로 많은 소규모 셀러에게 도움을 주고 있다.

최근에는 네이버에 최적화하기 위해서 자사몰이 있더라도 따로 스마트 스토어를 가입하여 판매하는 사람들이 많아 졌다. 스마트 스토어는 스토어 개설 및 상품등록까지 모든 비용이 무료라는 장점을 가지고 있지만 결제 수수료나 쇼핑 연동 수수료가 존재한다.

스마트 스토어에서 성공을 하는 노하우를 물어보는 사람들이 많다. 많은 판매자들이 엄청난 비밀이 있는 것처럼 찾아 해매는 그 노하우는 사실 비밀이 아니다. 네이버의 공개된 정보와 규정에 맞춰 진행하면 된다.

많은 광고 대행사 및 마케팅 전문가들이 비용을 받고 컨설팅을 하는 경우가 많은데, 기본 원칙에만 충실하면 누구나 빅셀러가 될 수 있다. 앞으로 키워드 최적화 및 다양한 상품

소싱, 직접하는 광고 마케팅 등을 통하여 한걸음씩 나아가면 된다.

주문처리는 주문받은 상품에 대한 상품정보의 자료 정확성을 확인하여 주문내용과 고객정보를 확인하며, 주문상품에 대한 주문처리를 확정하고, 결제유형에 따라 대금을 결제를 확정하는 것을 중점적으로 검토한다. 주문정보를 바탕으로 상품정보, 고객정보 등 주문접수에 필요한 프로세스를 진행한다.

쇼핑몰 사이트에서 사후관리를 위한 고객만족도 측정항목은 오픈마켓에서 사용되는 항목을 참조하여 선정할 수 있다. 오픈마켓에서 고객만족도를 평가할 항목으로 상품, 가격, 배송, 서비스, 기타 내용으로 고객만족도, 불만족도를 측정하여 구매고객에게 제공되는 정보로써 고객만족 상태를 처리할 수 있다.

오픈마켓 기준으로 볼 때 판매후기의 내용을 대상으로 분석할 항목은 상품 자체(성능/사이즈), 가격, 배송, 서비스, 교환, 반품/취소/환불, 기타로 구분할 수 있다.

창업자나 예비 창업자들은 1년에 한번 종합소득세 신고를 해야 한다. 누구나 별도의 소득이 있으면 해야 하며 직장인이라도 부가수익이 있으면 반드시 해야만 한다.

매출이 어느 정도 되는 사업장은 기장 및 신고를 대행하여 세무사에게 위임을 하는 경우도 있으나, 매출이 적거나 없는 신규 새내기들은 셀프신고에 도전하기도 한다.

또는 종합소득세 신고만 자료를 주고 요청하는 경우도 있다. 직장을 다닐 때는 경리부서에서 대신해주는 경우가 많았다면 지금부터는 스스로 선택하여 신고를 해야 한다.

해외 구매대행업자는 엄밀히 말해서 판매자가 아니라고 할 수 있다. 해외 판매자의 상품을 소비자가 구매하고자 할 때 통관번호와 주소를 받아서 상품을 구매하여 받아 볼 수 있도록 대행하는 중계 서비스업자에 가깝다. 때문에 일부 구매대행에 대하여 잘 모르는 사람들이 미리 사두고 판매를 한다거나 한국에서 받아서 보내준다거나 하는 것은 구매대행업이 아니며, 통관과정에서 세금을 내지 않았을 경우 관세법 위반 또는 개별 결제이력을 증빙하지 못하면 외환거래에 대한 법률위반으로 처벌을 받을 수 있다.

이 《온라인 쇼핑몰 완전분석》은 쇼핑몰, 구매대행, 전자상거래, 이커머스, 전기, 전자, 컴퓨터, 정보통신, 디지털 트윈, IoT, AR/VR/MR, 인공지능, 콘텐츠, 핀테크 엔지니어링, 보안, 에너지, 전력전자 등 4차산업 관련 공학, 환경, 위생, 금융 및 경영분야의 입문자를 대상으로 온라인 쇼핑몰에 대한 기본적인 지식이 없어도 단계별 필요지식 및 수행과정을 꾸준히 따라오면 온라인 쇼핑몰에 관련 지식을 얻어 이해하는 단계로 발전하여 능력향상이라는 숲을 볼 수 있도록 눈높이를 맞추는 데 1차적인 목표를 두었다.

《온라인 쇼핑몰 완전분석》의 주요구성은 다음과 같다.

학습 1. 온라인 유통시장의 개요, 학습 2. 쇼핑몰의 상품개발 전략 수립, 학습 3. 마케팅 고객관리 전략 수립, 학습 4. 마케팅 가격 전략 수립, 학습 5. 마케팅 유통 및 광고 전략 수립, 학습 6. 판매계획 수립, 학습 7. 재무계획 수립, 학습 8. 사이트 기획, 구축 및 운영, 학습 9. 오픈마켓 준비, 학습 10. 오픈마켓 제작, 학습 11. 주문처리 및 배송절차, 학습 12. 고객관리 및 CS 처리, 학습 13. 세무관리 실전, 학습 14. 해외 구매대행으로 구성되어 있다.

특히 각 장에서는 《온라인 쇼핑몰 완전분석》에 대한 교재의 수행질문에 따라 임의적으로 해법을 제시하여 창의적인 사고로 각장의 본문 및 수행과제를 수행할 수 있다.

《온라인 쇼핑몰 완전분석》이 출간되기까지 가장 많은 지원과 아낌없는 격려를 보내주신 도서출판 상학당의 남승우 사장님 및 《온라인 쇼핑몰 완전분석》 관련 자문 및 논문, NCS 학습모듈, 보고서 사이트 등 자료제공을 해주신 관련 교수님, 기업 및 단체에 대하여 지면을 빌려 깊은 감사의 말씀을 드립니다. 특히 《온라인 쇼핑몰 완전분석》 관련 자료를 인터넷 블로그 및 관련 연구소 자료집에 올려주신 저자들 등 관련 관계자 여러분에게 감사의 마음을 전합니다. 또한, 나누리코리아의 이한울(디자인)에 감사드립니다.

이 《온라인 쇼핑몰 완전분석》에서 부족했던 점이나 기타 문의사항과 관련한 자료 제공 및 지원은 도서출판 상학당을 통해 지속적으로 지원할 계획이며, 《온라인 쇼핑몰 완전분석》에 필요한 자료 등 기타 보충자료 또한 지속적으로 업데이트할 예정이므로 독자 여러분의 따뜻한 질책과 조언을 부탁드립니다.

저자 씀

차 례

차 례

온라인 쇼핑몰 완전정복 학습모듈 개요

1. 학습모듈의 목표

기업이 가진 전략적인 가치를 높이기 위해 적절한 상품과 서비스를 시장조사를 통하여 구매대상자가 원하는 상품의 개발 전략을 수립하고 그에 따른 마케팅 계획과 판매계획, 투자계획을 수립할 수 있다. 온라인 쇼핑몰 사이트 개발계획 수립, 사이트 디자인, 사이트 설계 등의 작업을 통하여 온라인 쇼핑몰 사이트의 종합적인 기획안을 수립할 수 있다. 사이트 기획단계에 따라 확정된 온라인 쇼핑몰 사이트를 구현하고 상품판매에 관련된 콘텐츠를 온라인상의 시스템에 맞게 변환하여 기초적인 데이터베이스를 구축하고 이를 자사, 타사 사이트에서 판매 가능하도록 체계화할 수 있다.

판매관리는 상품을 주문 처리하고, 대금을 결제관리하며, 상품의 배송관리와 교환/반품관리 · 재고관리와 판매 정보를 관리 수행할 수 있다. 온라인 쇼핑몰 고객에 대하여 고객DB를 관리하고, 고객의 정보 보안 · 고객 등급을 관리하며, 고객으로부터 받은 클레임에 대해 관리할 수 있다.

2. 선행 학습

e-비즈니스, 전략 경영, 마케팅, 재무회계, 온라인 쇼핑몰 개론, 온라인 쇼핑몰 기획, 온라인 쇼핑몰 시스템 운영 및 관리, 웹 프로그래밍 언어(HTML, XML, Java, CGI), SQL, 콘텐츠 제작 툴(포토샵, 일러스트레이터, 3D Max 등), 소프트웨어 엔지니어링, 전자상거래 개론 및 법령, 판매 관리/물류 관리 개론, 소비자보호법, 개인정보보호법, 민법상 상거래 관련법, 전자상거래 보안, 전자상거래 법규, 고객관계관리 개론, 데이터베이스 관리론

3. 핵심 용어

인터넷 마케팅, 마케팅 믹스, 시장 세분화, 4P, 6C, 전자상거래, e-비즈니스, 모바일 비즈니스, 소셜 마케팅, 사이트 기획서, 사이트 개발 기획서, 독립형 쇼핑몰, 임대형 쇼핑몰, 오픈마켓, 디지털 콘텐츠, 웹 프로그래밍, HTML, 사용자 인터페이스, 프레임워크, 기초DB, 테스트, 형상관리, 주문 처리, 주문 처리 확정, 결제관리, 즉시 결제, 배송관리, 배송작업 지시, 배송이력 관리, 교환/반품, 교환/반품 유형 분석, 재고관리, 재고현황, 상품재고계획 수립, 판매정보 분석

4. 교육과정 학점 및 이수시간

학 습	교육과정 학점 및 이수시간	
	학점	이수시간
1. 온라인 유통시장의 개요	3	3
2. 쇼핑몰의 상품개발 전략 수립	3	3
3. 마케팅 고객관리 전략 수립	3	3
4. 마케팅 가격 전략 수립	3	3
5. 마케팅 유통 및 광고 전략 수립	3	3
6. 판매계획 수립	3	3
7. 재무계획 수립	3	3
8. 사이트 기획, 구축 및 운영	3	3
9. 오픈마켓 준비	3	3
10. 오픈마켓 제작	3	3
11. 주문처리 및 배송절차	3	3
12. 고객관리 및 CS 처리	3	3
13. 세무관리 실전	3	3
14. 해외 구매대행	3	3

온라인 쇼핑몰 완전정복 학습모듈 명세서

학습명	학습내용명
1. 온라인 유통시장의 개요	1-1 유통시장의 변화 1-2 온라인 유통시장의 변화 1-3 온라인 유통을 위한 전략적 시사점 도출
2. 쇼핑몰의 상품개발 전략 수립	2-1 사업기획의 개요 2-2 상품개발 전략의 개요 2-3 상품개발 전략 수립 2-4 경쟁현황 분석
3. 마케팅 고객관리 전략 수립	3-1 마케팅 전략의 개요 3-2 마케팅의 STP 전략 수립 3-3 고객시장 세분화 3-4 목표시장 선점 3-5 포지셔닝
4. 마케팅 가격 전략 수립	4-1 가격결정 이론 4-2 가격결정 전략 4-3 가격조정 방법 4-4 마케팅 목표에 따른 가격결정 전략 4-5 인터넷 상의 가격결정 영향 요인 4-6 마케팅 실행 전략의 구체화
5. 마케팅 유통 및 광고 전략 수립	5-1 상품매입 전략 5-2 상품물류 전략 5-3 인터넷 광고 전략 5-4 마케팅 믹스 전략 5-5 콘텐츠 전략방향 수립
6. 판매계획 수립	6-1 판매계획의 의의 6-2 판매계획과 전략 6-3 판매계획 수립 6-4 판매정보 관리

온라인 쇼핑몰 완전정복 학습모듈 명세서

학습명	학습내용명
7. 재무계획 수립	7-1 사업계획서와 재무계획의 의의 7-2 사업계획서의 구성 및 검토 요소 7-3 소요자금 및 자금 조달 전략 7-4 추정 재무제표 작성 7-5 사업성과 분석하기
8. 사이트 기획, 구축 및 운영	8-1 사이트 기획 8-2 사이트 구축 8-3 사이트 운영
9. 오픈마켓 준비	9-1 스마트 스토어 오픈 실무 9-2 스마트 스토어의 서비스 9-3 스마트 스토어의 성공포인트
10. 오픈마켓 제작	10-1 상세페이지 제작 10-2 키워드 최적화
11. 주문처리 및 배송절차	11-1 주문처리 11-2 주문처리 확정 11-3 결제관리 11-4 배송관리
12. 고객관리 및 CS 처리	12-1 고객관리 12-2 고객만족(CS) 처리
13. 세무관리 실전	13-1 종합소득세 신고 실전 13-2 부가가치세 신고 실무 13-3 지적재산권 신고 및 판매 패널티 전략
14. 해외 구매대행	14-1 해외 구매대행 14-2 해외 오픈마켓 14-3 해외 배송절차

학습 1	온라인 유통시장의 개요
학습 2	쇼핑몰의 상품개발 전략 수립
학습 3	마케팅 고객관리 전략 수립
학습 4	마케팅 가격 전략 수립
학습 5	마케팅 유통 및 광고 전략 수립
학습 6	판매계획 수립
학습 7	재무계획 수립
학습 8	사이트 기획, 구축 및 운영
학습 9	오픈마켓 준비
학습 10	오픈마켓 제작
학습 11	주문처리 및 배송절차
학습 12	고객관리 및 CS 처리
학습 13	세무관리 실전
학습 14	해외 구매대행

학습 목표

1. 온라인 유통시장의 개요를 이해할 수 있다.

1-1 유통시장의 변화

1. 창업과 브랜드

흔히 창업할 때 대부분은 자신만의 브랜드를 만들고 싶어 한다. 오프라인 유통 및 전자상거래의 최종 목적은 브랜드 빌드 업을 통한 브랜드 충성심을 이끌어 내고 쇼핑사업의 정점에 서는 것이다. 그래야 향후 경쟁에서 안정적인 소비자를 확보하고 마케팅 비용도 절감할 수 있다고 판단할 수 있다.

그러나 급변하는 마케팅 시장에서 현재 상위 5%의 명품 브랜드 외에는 브랜드 충성도가 더이상 존재하지 않고, 한번 쓰고 버리는 버츄얼 브랜드가 부각이 되고 있다. 전통적인 브랜드 및 마케팅을 공부한 사람들이 급변하는 특히 온라인 전자상거래에서 고전하는 이유가 여기에 있다. 브랜드의 가치가 사라진 것이 아니라 역할이 달라졌다. 버츄얼 브랜드를 찾는 소비심리는 어디선가 들은 상품, 지인이 구매한 상품, 브랜드이니 적어도 품질은 믿을 수 있구나 정도이다.

소위 대박이 나서 한동안 유행했던 브랜드가 새로운 유행에 밀려 조용히 사라지는 이유가 그것이다. 무신사, 비이커, 맨온더분, 라움맨 등 편집 샵의 등장도 이런 맥락에서 이해를 해야 한다.

또한 블랭크 코퍼레이션은 바디럽이란 브랜드로 마약배개를 히트시켰지만 지금은 다양한 건강식품과 샤워 꼭지 등 특정 브랜드의 컨셉에 안주하지 않고 다양한 행보를 하고 있다.

창업을 준비하거나 온라인 쇼핑몰을 하는 사람들에게 질문을 한다. 제조업을 하십니까? 자신의 브랜드를 가지고 있습니까? 판매 전략이 있습니까? 창업을 하는 사람들이 위에 3가지 요건을 갖추었다면 너무나 완벽할 것이다. 그러나 많은 자본을 투자하고도 성공의 확률은 그다지 높지 않다.

제조를 하는 많은 분들을 만나보면 온 · 오프라인 유통에 대하여 잘 알지 못하는 사람들이 많다. 흔히 "유통마진의 폭리다", "생산자는 남 좋은 일만 한다"라는 푸념도 듣고는 한다. 과연 그럴까? 제조업체의 대표들을 만나다 보면 판을 깔아 두고 제품의 성능만을 강조하는 경우를 보게 된다. 그런 경우 대부분 "제품이 좋으면 무조건 잘 팔릴거다." 라는 생각을 가지고 있다.

공급자가 소비자 판매가의 80%가 넘는 제안을 하는 경우도 있다. 소비자에게 좋은 제품을 저렴하게 제공하겠다는 취지는 좋으나 그렇게 마케팅 구조를 가져가고 싶다면 직접 판매를 해야 한다. 그마저도 온라인, 오프라인 판촉 및 홍보는 별도의 비용으로 해야 한다. 스튜디오 촬영비, 이미지 제작비, 상품 보관료, 배송과 인건비, 임대료, 서버 및 전산 유지비용 등을 고려하지 않는다면 온라인에서 전문적으로 마케팅을 한다고 해도 유명 브랜드가 아닌 이상 성공확률이 희박하며 판매가 이루어져도 손해를 볼 확률이 높다.

판매를 위탁받은 유통업자는 브랜드 및 상품의 독점적인 지위와 가격경쟁력을 갖추지 않으면 홍보를 할 수 없다. 홍보하지 않으면 특히 온라인에서는 아무리 좋은 제품도 알려지지 않고 사라져 버린다.

1억 개의 상품이 있어도 노출이 안되면 온라인에서는 점과 같다. 명동에 평당 1억이 넘는 곳에 권리금을 많이 내고 들어가서 인테리어를 잘해 놓으면 호기심으로 사람이 들어 올 수 있지만, 온라인은 노출이 안되면 데이터의 바다에서 미아가 되어 버리는 것이다. 그래서 대기업은 수백억을 광고 홍보비용으로 집행을 하는 것이다. 제조업 기반의 사고가 유통업 기반의 사고로 전환이 되어야 하는 이유이다.

그럼 창업을 하는 시점에서 우리가 해야 할 것은 무엇인가? 먼저 주 유통시장을 선택하는 것이다. 내가 팔려는 상품을 가지고 어디서 판매를 할 것인가를 결정하는 것이다.

오프라인에서 사업을 할 것이라면 먼저 자신이 주력으로 판매할 상품을 선택하고 원가분석 등을 겸한 사업계획서를 작성하고, 그에 맞는 예산을 가지고 시장성 있는 상권을 찾고 임대 및 인테리어를 하고 사업을 진행해야 할 것이다.

온라인 전자상거래 또한 사업계획서를 먼저 세우라고 추천해 드리고 싶다. 판매할 품목, 판매할 타겟 고객선정 및 어디서 어떤 방식으로 판매를 할 것인지에 대한 판매 전략을 세우고 사이트를 구축하라고 말해 주고 싶다.

사업은 '시간 = 투자 = 성공'이라는 공식이 있다. 단기간에 어떤 결과를 보고자 한다면 투자를 늘려야 하고, 자금 투자여력이 부족하다면 목표에 달성하고자 하는 시간을 조금 늘려 잡아야 한다.

투자도 부족한데 조급한 마음으로 일에 매달리라는 말이 아니다. "열정이 과하면 재가 된다"는 말이 있다. 올바른 방향으로 노력을 해야 하는 것이다. 때로는 시간이 필요한 부분도 있다.

건축 및 인테리어도 마찬가지이다. 전문가를 쓰면 빠른 시간 안에 수준 높은 마감을 할 수 있지만 스스로 셀프 인테리어를 하면 성취감은 있겠으나 조금 더 많은 시간과 노력이 필요하다.

사업도 같은 이치이다. 너무나 당연한 이야기 같지만 앞서 이야기한 것들을 간과하고 실패하는 사람들을 주변에서 많이 보게 된다.

먼저 5천만원에서 1억원으로 할 수 있는 사업이 없나 찾아보다가 프랜차이즈와 계약을 한다거나, 덜컥 싸게 임대 나온 상가를 계약하고 사업 아이템을 선정한다. 또한 먼저 쇼핑몰 사이트부터 오픈하고 상품을 고민한다거나, 직장생활 및 기타 사업으로 시간도 없이 바쁘고 투자 여력도 없지만 고수익을 추구하는 등의 조금만 객관적으로 생각해보면 개인적인 역량에 따라 성공확률도 있지만 높은 확률로 6개월 1년 안에는 사업을 포기할 확률이 더 높은 선택을 하고 있다. 그런 분들은 사업을 하기에 앞서 조금 더 생각해 보라고 말씀드리고 싶다.

2. 온라인 쇼핑몰의 부각과 중 · 저가 브랜드 시장의 확산

예전에는 소품종 대량생산과 유행에 민감한 소비심리가 어우러져 단일 품목으로도 소위 메가히트를 치고 브랜드의 파워로 시장을 독점하던 시기가 있었다.

그러나 나이키 같은 브랜드도 국가별 시즌별 상품의 대량생산보다는 소비자의 트랜드를 중시하고 있으며, 다품종 소량생산을 통하여 개성을 중시하는 소비자들에게 다가가고 있다.

그러나 몇몇 브랜드만으로는 국내 소비자들의 다양한 취향을 반영하기 어렵고 글로벌 미디어와 소셜커머스 등의 확대와 더불어 패션 및 소비에 대한 인식이 높아짐으로 인하여 그들의 욕구를 충족시키기 위한 직구와 구매대행, 병행 수입 등 다양한 방법으로 선택권을 넓히고 있다.

소비의 트랜드도 글로벌 명품브랜드와 저가 브랜드로 소비의 양극화가 심화되어 중 · 저가 브랜드의 입지가 좁아지고 있는 것이 현실이다.

3. 온라인 쇼핑몰의 등장

전자상거래 온라인 쇼핑몰을 한다고 하면 전반적인 흐름과 발전방향을 이해하는 것이 우선일 것이다. 1996년 한국 최초의 온라인 쇼핑몰 인터파크를 시작으로 롯데, 신세계, 삼성, 한솔 등의 대기업이 진출하였으며 전문쇼핑몰 YES24(도서판매), 맥스무비(영화예매) 등이 설립되면서 천천히 시장에 자리잡게 되었다.

그 후 옥션과 동대문 의류를 중심으로 패션 카데고리에 집중한 G마켓이 성장하였으며, OK캐시백과 SK텔레콤의 지원을 받은 11번가가 2008년 출범하며 대형 쇼핑몰의 시대가 열렸다고 할 수 있다.

2000년대 초반 싸이월드, 네이버 블로그, 동호회 등의 성격에서 태동하여 임대형 쇼핑몰로 전환하였으며 카페24, 고도몰, 메이크샵 등이 대폭 증가하였고 그중에 스타일 난다, 무신사 등이 그즈음 탄생하였다. 또한 위즈위드 등 구매대행 사이트들이 등장한 것도 이즈음이다.

2005년 국내 온라인 시장의 큰 변화를 몰고 오는 네이버의 '지식쇼핑'이 탄생을 하며 가격 비교의 선두주자였던 다나와 등을 제치고 네이버 플랫폼의 쏠림현상을 심화시켰다.

현재는 네이버 스토어팜에서 네이버 스마트 스토어로 이름과 운영방식을 오픈마켓 방식으로 전환하여 네이버 쇼핑 검색기반과 연계하여 시장에서 1, 2위를 다투고 있다.

2009년 아이폰의 등장과 함께 스마트 스토어의 도입과 더불어 소셜커머스 온라인 SNS 유통채널이 활성화되면서 쿠팡, 위메프, 티켓몬스터 등 스마트폰으로 하는 편리한 쇼핑을 주제로 급성장을 하여 기존 오픈마켓 종합몰을 위협하였다. 그러나 막대한 투자비용으로 인하여 오픈마켓으로의 전환을 모색하고 있으며, 쿠팡은 대규모의 기업공개(IPO)와 투자를 통하여 마켓+배송+풀필먼트 사업 등 종합 유통채널로의 성장을 모색하고 있다.

현재 전자상거래 시장은 PC기반의 쇼핑에서 모바일로의 전환이 2020년 코로나 이후로 더욱 극적으로 편중되었으며, 매출시장은 온라인으로 급성장하고 있다.

1-2 온라인 유통시장의 변화

1. 온라인 유통시장의 특성

온라인 유통시장(이커머스, Electronic Commerce)은 인터넷과 같은 통신매체를 통해 상품의 검색, 주문, 대금 결제, 배송 등의 거래과정이 이루어지는 것을 말한다.

1) 온라인 유통의 개념

온라인 유통이란 재화나 용역의 그 전부 또는 일부를 전자문서로 거래하는 상행위 활동이다. 즉 온라인 유통시장은 컴퓨터와 네트워크라는 전자적인 매체를 통해 상품 및 서비스의 거래가 이루어지는 방식으로 거래의 여러 과정 중에서 입찰, 계약, 주문 중 최소한 하나의 절차가 컴퓨터 네트워크상에서 이루어진 경우를 말한다.

2) 온라인 유통의 범위

온라인 유통은 기업 · 소비자 · 정부와 같은 거래 주체들이 인터넷상에 마련된 가상 점포인 온라인 쇼핑몰에서 유형의 상품이나 무형의 서비스를 거래하는 것으로, 여기에는 상품판매뿐만 아니라 기업홍보 및 상품광고, 대금결제 등의 과정이 모두 포함된다. 온라인 유통은 인터넷 쇼핑뿐만 아니라 금융거래, 경매, 방송, 교육에 이용되고 있으며 이러한 온라인 유통의 확대는 소비자의 구매행동과 광고방법을 변화시키고 있다.

3) 온라인 유통의 유형

(1) 거래상품에 따른 온라인 유통의 유형

① 물리적 상품거래

오프라인에서 유형재인 공산품, 농산물 등과 같은 상품을 거래하는 가장 일반적인 온라인 유통의 유형이다. 운송수단을 사용하여 배송하는 형태로 거래가 이루어지므로 물류 시스템과 연계하여야 한다.

② 디지털 상품거래

실물상품이 아닌 디지털 형태로 제작된 상품인 디지털 콘텐츠와 승차권, 관람권 등을 판매하는 디지털 서비스 거래로 구분할 수 있다.

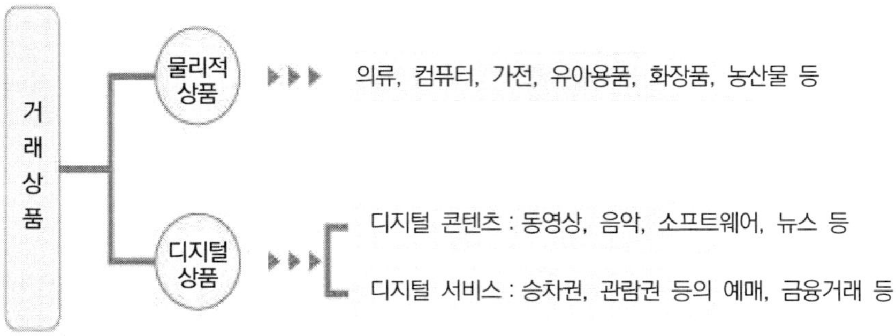

[그림 1-1] 거래상품에 따른 분류

(2) 거래주체에 따른 온라인 유통의 유형

기업은 인터넷 비즈니스를 위해 고객이 누구인지를 규정하고, 고객이 지향하는 가치가 무엇인지를 파악한 다음, 고객들에게 어떠한 방법으로 가치를 제공한 후 그 대가로 어떠한 형태의 수익을 창출할 것인가를 명확하게 설정하여야 한다.

온라인 유통의 주체는 소비자(Consumer), 기업(Business), 정부(Government)이며 거래특성과 거래방향에 따라 기업과 기업 간 온라인 유통(B2B), 기업과 소비자 간 온라인 유통(B2C), 기업과 정부 간 온라인 유통(B2G), 정부와 소비자 간 온라인 유통(G2C), 소비자와 소비자 간 온라인 유통(C2C) 등으로 구분한다.

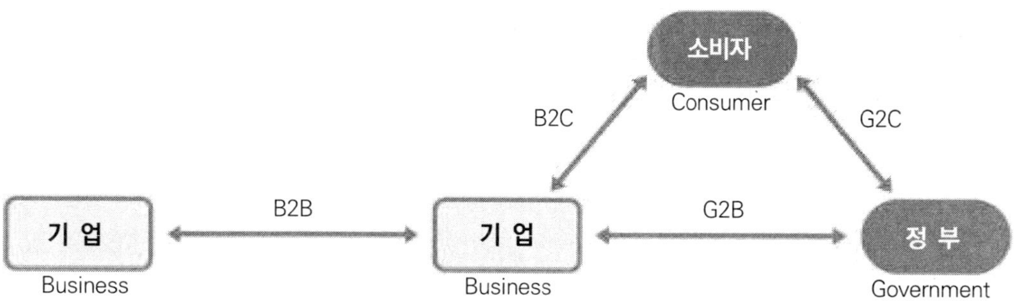

[그림 1-2] 거래주체에 따른 분류

① B2B(Business to Business, 기업과 기업 간 온라인 유통)

B2B는 판매자와 구매자가 모두 기업으로 기업 간의 설계와 제조, 주문과 판매,

유통과 운송, 결제와 판매 후 서비스에 이르기까지의 모든 과정을 인터넷 통신망을 이용하여 거래하는 형태이다.

e-마켓 플레이스(e-market Place)라고 하며, 국내 및 해외 기업과의 거래를 포함한다. 비교적 거래 양이 많고 전자상거래 유형 중 가장 많은 금액을 차지하고 있다.

- 경쟁성(개방형) 거래 : 온라인 유통의 특징인 공개성 또는 경쟁성을 바탕으로 불특정 다수를 거래 파트너로 하며, 주로 입찰 거래 또는 공개 거래의 형태
- 비경쟁성(협력형) 거래 : 일반적으로 기존 Off-line상에서 장기적 · 고정적인 거래 관계를 맺고 있던 대기업과 거래 파트너(협력업체 등) 간의 거래가 온라인 유통 기반으로 전환된 경우로서, 주로 비입찰형 거래 또는 폐쇄형 거래의 형태

② B2C(Business to Consumer, 기업과 소비자 간의 온라인 유통)

B2C는 기업들이 개인 고객에게 인터넷 쇼핑몰을 통하여 제품을 판매하는 형태이다. 소비자가 상품 공급자에게 가격이나 수량 또는 부가 서비스 등에 관한 조건을 제시하고 구매하는 역경매 방식을 포함한다. 최근 모바일 쇼핑이 온라인 쇼핑시장 전체를 이끌어가는 가운데 컴퓨터를 활용한 PC 쇼핑은 성장이 둔화되고 있다.

③ G2B(Government to Business, 정부와 기업 간의 온라인 유통)

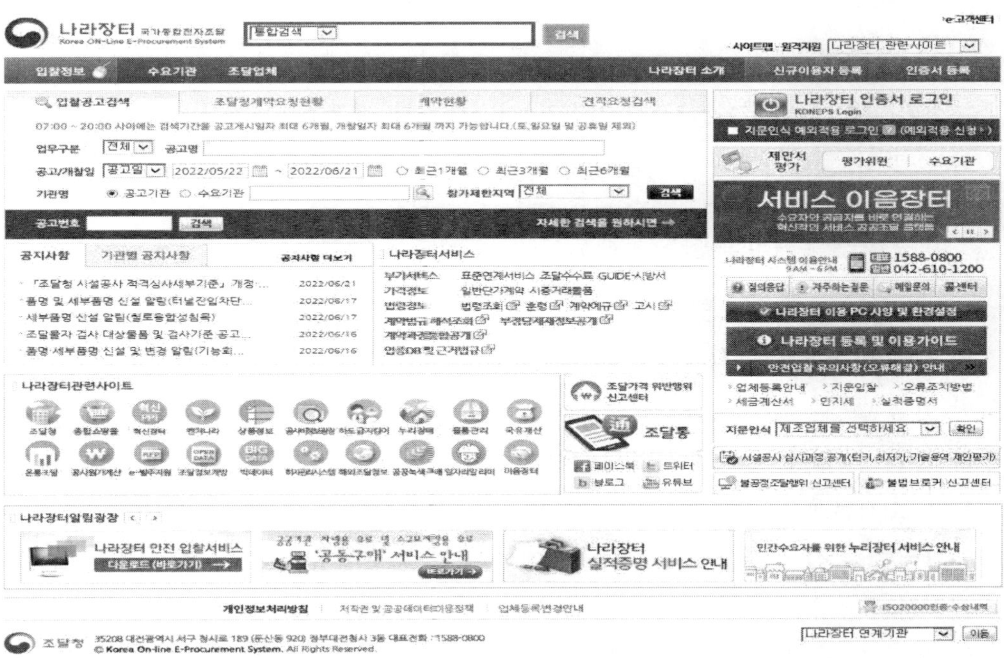

[그림 1-3] G2B를 위한 나라장터

출처 : 나라장터 http://www.g2b.go.kr 2022.6.21.

G2B는 정부와 기업 간 전자시스템을 이용하여 상거래를 하는 형태이다. 정부 기관에 필요한 물품을 조달청에서 인터넷을 통해 공시하여 조달 물자의 입찰과 계약을 하며, 공공조달을 하는 전산입찰시스템인 '나라장터'가 있다.

④ G2C(Government to Consumer, 정부와 소비자 간의 온라인 유통)

G2C는 정부가 전자정부 시스템을 구축하여 대국민 서비스를 제공하는 G4C (Government-for-Citizen)로 발전하고 있다. 각종 민원서류의 전산 발급과 세금 및 공과금의 납부 서비스가 대표적이다.

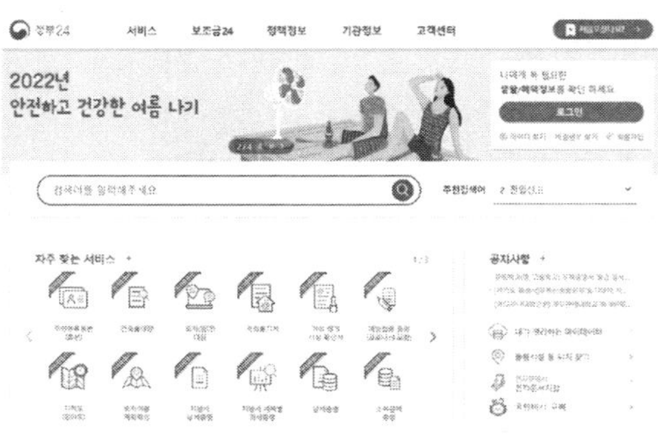

[그림 1-4] G2C를 위한 정부민원 포털 민원 24

출처 : http://www.minwon.go.kr

[그림 1-5] G2C를 위한 국세청 홈택스

출처 : https://www.hometax.go.kr

⑤ C2C(Consumer to Consumer, 소비자와 소비자 간의 전자상거래)

소비자와 소비자가 전자시스템을 이용하여 상거래를 하는 것으로 주로 중고품이나 소량의 물품거래에 이용된다.

4) 온라인 유통의 특징

온라인 유통은 인터넷을 이용한 온라인 기반이므로 오프라인에서 유지되던 기존의 전통적 상거래 방식과는 여러 가지 면에서 차이가 있다. 구매자 측면에서는 다양한 상품정보를 실시간으로 파악할 수 있으며, 상품을 구입하는 데 드는 시간과 비용을 줄일 수 있다. 판매자 측면에서는 판매사원이나 전시공간을 확보할 필요가 없으므로 소자본으로도 창업이 가능하다.

그러나 직접 상품을 보고 사는 것이 아니기 때문에 만족도가 떨어질 수 있으며, 개인정보가 유출될 수 있다는 단점이 있다. 이러한 단점을 보완하기 위하여 판매자의 윤리 의식과 개인 정보 보호가 필요하다. 전자상거래 방식과 전통적인 상거래 방식을 비교하면 〈표 1-1〉과 같다.

〈표 1-1〉 전통적인 상거래 방식과 전자상거래 방식의 비교

구 분	전통적인 상거래 방식	전자상거래(온라인 유통) 방식
유통경로 (채널)	생산자-도매상-소매상-소비자	생산자-소비자 생산자-중간 상인-소비자
거래시간	영업장 개방 시간	24시간
대상지역	한정된 지역(Closed Marketing)	전세계(Global Marketing)
소요자본	매장구매나 임차비용 포함	매장구매나 임차비용 불포함
판매거점	판매점포(Off-line)	가상공간(On-line)
고객정보	시장조사, 영업사원을 통해 획득	게시판을 통해 수시로 획득
마케팅 활동	판매자의 일방적 마케팅	판매자와 구매자 간 쌍방향 마케팅
광고방법	신문, TV 등	온라인 광고

2. 온라인 쇼핑몰의 분류

온라인을 통한 사이버 쇼핑거래는 의류 · 패션 및 관련 상품, 컴퓨터 및 주변기기, 생활 · 자동차용품, 서적 등과 같은 유형의 상품과 소프트웨어, 여행 및 예약 서비스 등과 같은 무형의 상품을 중심으로 지속적으로 증가하고 있다. 또한 기업 대 고객 간의 거래뿐만 아니라, 고객 간의 거래도 증가하고 있다. 대금결제는 신용카드, 계좌이체, 전자화폐 등으로 지불되고 있다.

1) 취급상품 범위에 따른 분류

(1) 종합몰

백화점, 쇼핑센터와 같은 물티적인 상점에서 상품들을 진열해 놓고 판매하던 것을 가상공간의 인터넷으로 이전하여 모든 카테고리(가전, 컴퓨터, 화장품, 유 · 아동, 의류, 잡화, 식품, 가구 등)를 취급하는 쇼핑몰이다.

(2) 전문몰

하나 혹은 주된 특정 카테고리의 상품군만을 구성하여 운영하는 인터넷 쇼핑몰이며, 고객에게 고유의 이미지를 쉽게 심어줄 수 있어 고객 충성도가 높다.

[그림 1-6] 취급상품에 의한 분류

2) 운영형태에 따른 분류

(1) 온라인(Online)몰

상품 및 서비스 판매를 전자상거래 형식으로만 영위하는 쇼핑몰이며, 쇼핑몰을 운영하고 있는 운영 회사가 인터넷상에만 사업 기반을 두고 상품을 판매하는 형태이다.

(2) 온 · 오프(On · Off-line) 병행몰

인터넷을 통한 온라인 유통뿐만 아니라 기존의 상거래 방식(오프라인 매장, 온라인 유통이외의 영업 형태)을 병행하고 있는 쇼핑몰 업체이다. 쇼핑몰을 운영하고 있는 운영 회사가 온라인 유통 이외의 오프라인 쇼핑몰을 병행하는 업체가 여기에 해당된다.

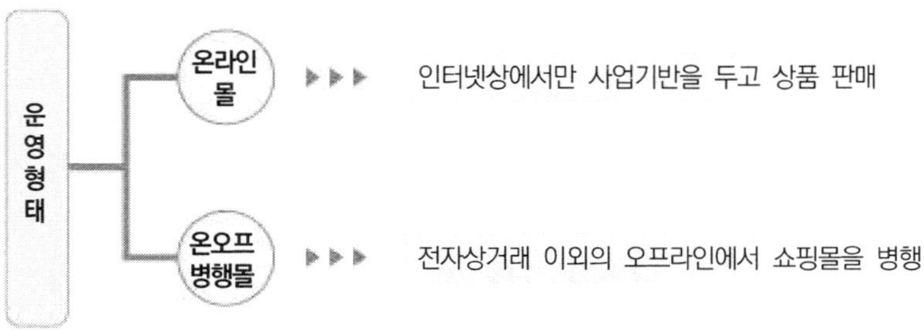

[그림 1-7] 운영형태에 의한 분류

3) 상거래 유형에 따른 분류

(1) 인터넷 쇼핑몰

인터넷상의 가상상점을 통해 소비자가 상품의 정보를 탐색하여 구입을 결정하고 대금을 결제하면 판매자인 쇼핑몰 운영자가 배송을 하는 독립형 쇼핑몰이다.

(2) 오픈마켓(Open Market)

개인과 소규모 판매업체 등이 온라인상에서 자유롭게 상품을 거래하는 중개형 쇼핑몰이며, 다수의 판매자와 구매자가 온라인상에서 거래를 수행할 수 있어 '온라인 마켓 플레이스'라고도 한다. 오픈마켓을 운영하는 주체는 시스템을 제공한 대가로 상품을 등록한 사용자에게서 수수료 수익을 얻는다. 2000년대 초반을 지나면서 종합 인터넷쇼핑몰보다 오픈마켓이 매출과 수익성 면에서 안정적이고 장기적인 수익 구조를 보이기 시작했다. 11번가, G마켓, 옥션, 인터파크 등이 대표적 사이트이다.

(3) 소셜커머스(Social Commerce)

페이스북, 트위터, 카톡 등과 같은 소셜 네트워크 서비스(SNS)와 전자상거래를 결합한 형태이다. 티몬, 쿠팡, 위메프 등과 같이 일정 숫자 이상의 구매자가 모일 경우 파격적인 할인가로 판매하는 상거래 유형이다.

[그림 1-8] 상거래 유형에 의한 분류

3. 온라인 유통시장의 핵심 변화 요인

온라인 유통시장을 변화시키는 요인으로는 내부 환경, 외부 환경이 있다. 전자상거래를 발전시키기 위해서는 내부 환경과 외부 환경을 분석하는 능력이 필요하다.

온라인 유통을 하기 위해서는 시장을 변화시키는 요인을 파악한 후 마케팅 전략을 수립하고, 이에 대한 포트폴리오를 구성 · 실행함으로써 시장 상황을 통제하게 된다.

1) 온라인 유통시장의 내부 환경

(1) 마케팅 전략

어떤 상품을 얼마에 어떤 경로로 어떤 판매 촉진 수단을 동원하여 판매할 것인지에 대한 마케팅 전략을 수립해야 한다.

(2) 자금관리

온라인 유통은 오프라인 매장을 운영하는 것보다 소자본이 소요되지만 창업 및 운영에 필요한 자금을 계획하고 이를 최적의 상태로 운용해야 하므로 자금관리 계획을 수립해야 한다.

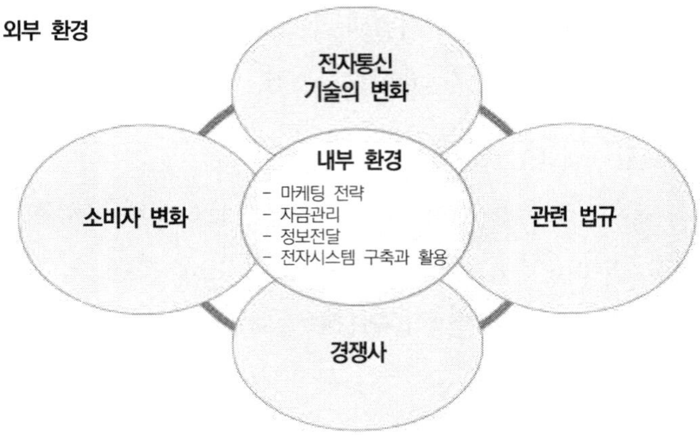

[그림 1-9] 온라인 유통시장의 핵심 변화 요인

(3) 정보전달

온라인 유통의 모든 상품 및 서비스에 대한 정보는 언제 어디서나 온라인상에서 공개되므로 모든 정보는 유의미해야 하며, 소비자의 반응을 실시간으로 확인해야 한다. 따라서 상품 및 서비스에 대한 정보를 전달하고 관리하는 계획이 수립되어야 한다.

(4) 전자시스템 구축과 활용

판매하기 위한 상품 및 서비스 조달과 배송, 대금 결제 및 환불 체계, 고객 관리 등에 대한 전자시스템을 구축해야 한다. 특히 고객정보에 대한 해킹이나 바이러스 유포 등에 대비하는 시스템 구축도 필요하다.

2) 온라인 유통시장의 외부 환경

(1) 전자통신 기술의 변화

온라인 유통 초기에는 PC를 이용한 인터넷 쇼핑이 주류를 이루었으나 이와 관련된 신기술이 끊임없이 발전하고 있다. 최근 PC를 이용한 온라인 유통보다 모바일 온라인 유통시장이 더 활성화되고 있다. 앞으로는 IoT(Internet of Things, 사물인터넷)를 활용한 온라인 유통도 활성화될 전망이다.

(2) 소비자 변화

소비자의 욕구나 인식, 트렌드가 매우 빠르게 변하고 있으므로 성공적인 온라인 유통을 위해서는 변화하는 소비자의 기호와 태도를 분석해야 한다.

(3) 경쟁사

최근 인터넷 쇼핑몰과 홈쇼핑이 결합된 거대 인터넷 쇼핑몰과 오픈마켓이 오프라인시장을 압박하고 있다. 이에 전통적으로 오프라인 매장에서만 판매되던 다양한 상품이나 서비스가 온라인 유통을 통해 유통되고 있다. 자사가 취급하는 상품이나 서비스와 동일한 아이템을 취급하는 경쟁사를 분석하여 차별화 전략을 수립해야 한다.

(4) 관련 법규

온라인 유통시장 관련 법규는 전자문서 및 전자거래기본법, 전자상거래 등에서의 소비자 보호에 관한 법률, 소비자기본법, 전자서명법, 전자어음의 발행 및 유통에 관한 법률, 전자금융거래법 등에서 지원하거나 규제하고 있다.

1-3 온라인 유통을 위한 전략적 시사점 도출

1. 고객 요구사항 분석

1) 소비자의 욕구와 고객의 요구

소비자(Consumer)는 생산자가 만들어낸 제품 또는 서비스를 사용하거나 사려는 사람, 고객(Client)은 특정 제품 또는 서비스를 구매하는 사람으로 구분할 수 있으나 일반적으로 소비자의 욕구(Wants)와 고객의 요구(Needs)는 별다른 구분 없이 사용되고 있다.

일반적으로 소비자는 그들의 욕구를 충족시키기 위하여 제품 또는 서비스를 구매하는 행동을 하게 되며, 실제로 구매와 연결되는 자는 고객이 되므로 제품 또는 서비스를 생산하거나 판매하는 자는 고객의 요구를 마케팅에 반영하게 된다.

(1) 매슬로우의 욕구 5단계

매슬로우(Abraham Harold Maslow)는 인간의 욕구를 다음과 같은 5단계로 설명하고 있다.

① 1단계 : 생리적 욕구 - 허기를 면하고 생명을 유지하기 위하여 필요한 의복, 음식, 주택을 향한 욕구에서 성욕까지를 포함하는 가장 기본적인 욕구

② 2단계 : 안전 보장의 욕구 - 고위험, 위협, 박탈(剝奪)에서 자신을 보호하고 불안을 회피하려는 욕구

③ 3단계 : 애정과 소속의 욕구 - 가족, 친구, 친척 등과 친교를 맺고 원하는 집단에 귀속되고 싶어 하는 욕구

④ 4단계 : 자기존중의 욕구 - 자존심을 가지고 다른 사람으로부터 인정과 존경을 받고 싶은 욕구

⑤ 5단계 : 인지 욕구나 심미 욕구 등과 같이 욕구가 충족될수록 더욱 증대되는 경향을 보여 '성장 욕구'라고도 하며, 자신의 잠재력을 최대한 발휘하려는 욕구

후에 매슬로우는 자아실현의 단계를 넘어선 자기 초월의 욕구를 주장하였다. 자기 초월의 욕구란 자기 자신의 완성을 넘어서 타인, 세계에 기여하고자 하는 욕구를 뜻하며 메타 욕구라고도 한다.

2) 소비자 구매 의사 결정 과정

소비자 행동이란 상품 구매 전, 후에 대해 소비자가 참여하는 의사 결정 과정과 활동을 뜻한다. 소비자는 문화, 사회, 가족 관계, 심리적 요인 등과 같은 다양한 요인의 영향을 받아 구매 행동을 하게 된다.

소비자가 제품 혹은 서비스의 구매를 행하는 과정을 의사 결정 과정으로 설명한 소비자 구매 행동 모델에는 다양한 이론이 있으나 일반적으로 소비자의 구매 의사 결정 과정은 다음과 같은 과정을 거친다.

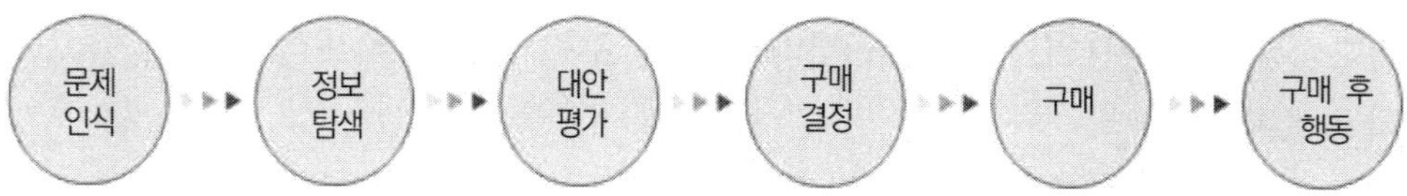

[그림 1-10] 소비자 구매 의사 결정 과정

(1) 문제 인식

어떤 특정 시점에서 소비자가 자신의 문제를 인식하면서 제품 또는 서비스를 구매하고자 하는 의욕을 느끼는 단계이다.

(2) 정보탐색

자신의 문제를 해결해 줄 제품 또는 서비스 구매에 필요한 정보를 수집하는 단계이다.

(3) 대안평가

탐색한 정보 중 자신이 원하는 제품 또는 서비스의 가격, 품질, 상표, 디자인, 색상 등을 기준으로 대안을 평가하는 단계이다.

(4) 구매결정

대안평가에 이어 구매를 결정하는 단계이다.

(5) 구 매

구매시기, 구매장소, 지불방법 등을 고려하여 제품 또는 서비스를 구매하는 단계이다. 인터넷 쇼핑몰에서 구매하는 경우 대금결제 후 제품 배송이 이루어지므로 구매단계에서 신중해야 한다.

(6) 구매 후 행동

구매결과에 대해 만족하였는지를 평가하는 단계이다. 인터넷 쇼핑몰에서 구매한 경우 게시판에 만족, 불만족을 쓰게 되며 다른 고객들에게 중요한 정보를 제공하게 된다.

[그림 1-11] 온라인 유통시장에서 고객의 만족을 얻기 위한 요소

3) 시장조사

(1) 시장조사의 뜻

기업은 인터넷 쇼핑몰을 통해 전자상거래를 수행하면서 고객이 누구인지를 파악하고, 이들은 어떠한 특성을 지니고 있으며 인터넷상에서 어떠한 행동 양식을 보이

고 있는 지를 이해하여야 한다.

시장조사(Market Research)는 자사가 생산 · 판매하는 제품 또는 서비스가 고객의 어떤 요구를 충족시켜 줄 수 있는지에 대하여 조사 · 분석하는 것이다.

(2) 시장조사 방법

고객 요구사항을 파악하기 위하여 목표 고객군을 대상으로 설문 또는 인터뷰를 하거나 외부 분석기관의 리포트를 활용할 수 있다. 설문조사를 하기 위해서는 설문지를 만들어 설문대상에게 종이로 작성한 설문지로 직접 조사하거나 이메일, 스마트폰, 온라인 커뮤니티, SNS, 포털사이트의 설문지 폼(네이버, 구글 등), 쇼핑몰 게시판 등을 활용하는 방법이 있다.

(3) 시장조사 내용

시장조사 내용은 설문조사 목적에 따라 달라지는데 일반적으로 조사해야 할 내용은 다음과 같다.

① 소비자의 기호 또는 요구조사
② 제품 또는 서비스의 가격, 성능, 구매만족도 조사
③ 자사에 대한 이미지, 선호도, 자사의 상품 또는 서비스에 대한 인식조사
④ 경쟁사의 이미지, 선호도, 자사의 상품 또는 서비스에 대한 인식조사

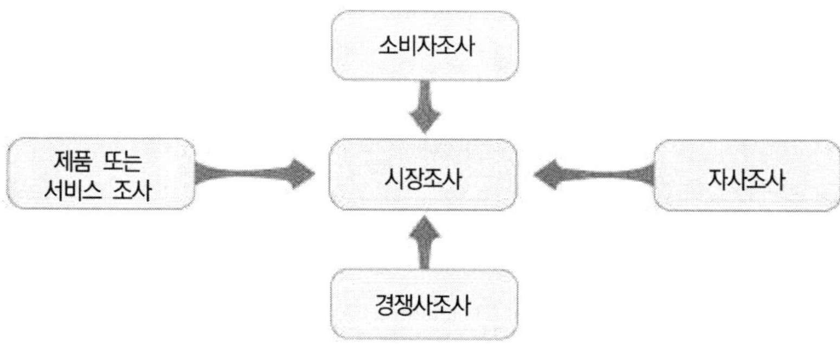

[그림 1-12] 시장조사 내용

(4) 시장조사 절차

설문지를 통한 시장조사는 시장조사의 목적 설정 → 조사내용 설계 → 설문지 제작 → 자료수집 → 자료분석 → 시사점 도출 → 전략 수립의 순으로 이루어진다. 특히 설문지의 도입부분에는 설문지에 답하는 소요시간, 익명 처리, 비밀보장 등에 대하여 알려야 하며, 설문의 목적을 달성할 수 있는 설문문항을 만들어야 하고, 마지막 정리

부분에는 감사 문구 및 연락처 등을 명시하는 것이 바람직하다.

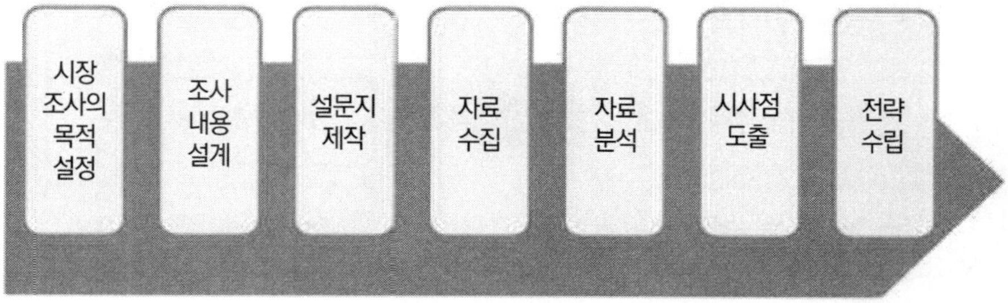

[그림 1-13] 시장조사 절차

2. 고객관계관리

1) 고객관계관리의 개념

고객관계관리(CRM : Customer Relationship Management)는 기업이 고객관계를 관리해 나가기 위해 필요한 방법론이나 소프트웨어 등을 가리키는 용어이다. 즉 고객을 관리하는데 반드시 필요한 요소를 고객중심으로 정리하고 통합하여 고객에 대한 서비스를 개선함으로써 고객과의 장기적인 관계를 구축하고 기업의 경영성과를 개선하는 전략을 말한다.

[그림 1-14] CRM의 범위

오프라인상의 CRM을 넘어 온라인상에서의 고객행동과 고객성향 등을 분석해 고객만족을 극대화하는 전략을 e-CRM(electronic CRM)이라고 한다.

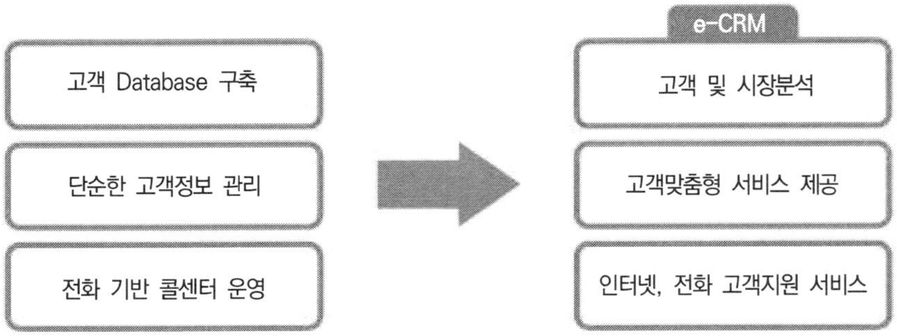

[그림 1-15] e-CRM의 장점

2) 고객관계관리의 목적

고객관계관리의 목적은 신규고객의 유치에서부터 고객의 전 생애에 걸친 거래관계를 유지하며 장기적으로는 고객을 통한 수익성을 극대화하는 데 있다. 다시 말해서 신규고객과의 거래를 시작한 후 다양한 마케팅 활동을 전개하여 그 고객과의 관계를 강화해 평생고객으로 발전시켜 나가는 것이다. 즉 신규고객 창출보다는 기존고객의 관리에 초점을 맞추고 있다는 것도 CRM의 특징이다. CRM은 단순히 제품을 팔기보다는 '고객과 어떤 관계를 형성해나갈 것인가', '고객들이 원하는 것은 어떤 것인가' 등에 주안점을 둔다.

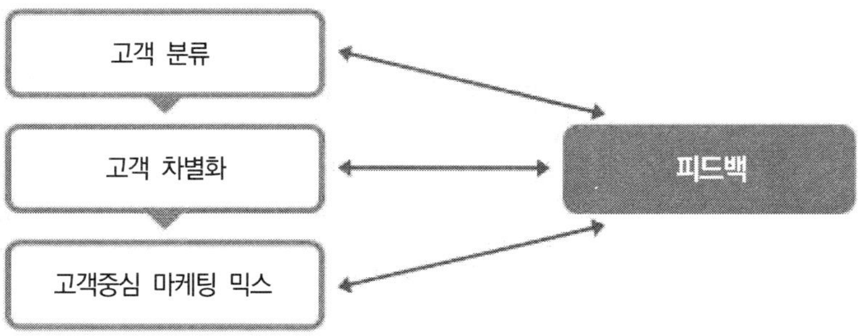

[그림 1-16] CRM의 목적

2) 고객관계관리 구축 절차

고객관계관리(CRM)를 구축하기 위해서는 우선 환경분석이 이루어져야 한다. 자사와 경쟁사의 고객 특성에 대한 이해와 관련 시장 동향 및 고객관계관리 구축을 위한 자사의 인적·물적 수준에 대한 파악도 필요하다.

고객관계관리 시스템 도입 및 규모에 대한 경제성 및 타당도를 고려해야 하며,

기업의 정해진 예산 사용에 따른 수익에 대한 분석이 이루어져야 한다. 분석에서 이익이 수반된다고 결정되면, 환경분석 결과를 기반으로 전략 수립이 이루어진다. 세부적 전략 수립을 바탕으로 고객관계관리 시스템의 구축 목적을 명확히 해야 하며, 예상 산출물의 활용방안이 구체적으로 마련되어야 한다. 또한 고객관계관리 전략을 기반으로 시스템을 설계하고 고객을 대상으로 활동을 하며, 고객의 반응을 분석하고 평가하여 시스템 유지보수를 결정한다.

[그림 1-17] CRM 구축 절차

3. 온라인 유통을 위한 전략적 시사점 도출

1) 인터넷 마케팅 전략 체계

시장조사를 통한 고객 요구사항 분석자료를 기반으로 전자상거래를 위한 전략적 시사점을 도출한 후에는 제품, 가격, 유통, 촉진에 대한 구체적인 인터넷 마케팅 믹스 4P 전략뿐만 아니라 고객관리 및 인터넷 광고 전략 등을 수립해야 한다.

2) 포지셔닝 전략

(1) 포지셔닝의 뜻

포지셔닝(Positioning)은 고객의 마음속에 의미 있는 자리를 차지하기 위한 마케팅 의사 결정과 활동을 의미하며, 이는 세분화된 시장 중 표적시장과 목표 고객군을 정한 후 경쟁 제품과는 다른 자사 제품만의 차별적 요소를 표적시장 내 목표 고객의 머릿속에 인식시키기 위한 마케팅 믹스 활동이다.

소비자는 인터넷 쇼핑몰에서 제품 또는 서비스를 구매할 때 필요한 정보를 매우 쉽게 찾을 수 있으며, 짧은 시간에 편리하게 구매할 수 있다. 또한 다른 사람의 방해를 받지 않고 쇼핑을 즐길 수 있으며, 가격도 저렴하다는 장점을 알고 이용하게 된다. 따라서 인터넷 쇼핑몰 운영자는 소비자의 마음속에서 형성되는 자사 제품의 위치가 확고하게 정립되도록 적극적인 노력을 기울여야 한다.

(2) 포지셔닝 절차

포지셔닝을 위해서는 소비자를 분석하고 경쟁자를 확인한 후 경쟁 제품의 포지션을 분석한다. 그 후 자사 제품의 포지션을 개발하고 포지션에 따라 활동한 결과에 따라 재 포지션을 해야 한다.

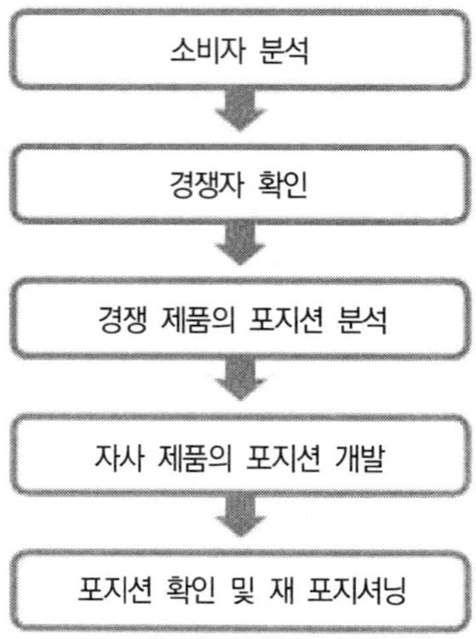

[그림 1-18] 포지셔닝 절차

(3) 포지셔닝 맵(Positioning Map)

포지셔닝 맵이란 소비자가 인식하고 있는 상품 혹은 기업의 위치를 2차원, 또는 3차원 도면으로 작성한 것이다. 기업은 고객들로부터 인식을 차별화할 수 있도록 해야 하며, 이를 토대로 콘텐츠를 구성하고 커뮤니티를 형성하여 고객의 동질성을 강화하고 관계를 구축해 가야 한다. 따라서 고객의 인식에 있어 중요한 속성들을 분석하여 고객의 마음속에서 어떠한 위치를 차지할 것인가에 대한 지도를 작성해 보면 유용하다. 만약 이러한 고객의 인식과 자사의 비즈니스 간에 차이가 있다면 이를 일치시킬 수 있도록 다양한 노력들을 해야 한다.

수행 내용

재료 · 자료

- 쇼핑몰 사업기획 실무지침서
- 환경분석 보고서
- 종이, 필기구, 포스트잇 등

기기(장비 · 공구)

- 컴퓨터, 문서작성 프로그램, 프린터, 주변기기

안전 · 유의사항

- 상품개발에서 중요한 것은 어떠한 Tool이나 지식보다는 상품개발 절차의 근본적인 사상을 인지하도록 한다.
- 기존의 고정 관념을 벗어 던지고 타인과 Consensus를 이룰 수 있도록 모든 아이디어를 긍정적으로 받아들여 구체적으로 상품에 적용하고자 하는 개발 마인드를 갖도록 한다.

수행 순서

01 온라인 쇼핑몰 창업에 대하여 분석하라.

1. 쇼핑몰 창업개요

창업은 10시간의 투자가 0원이 될 수도 마이너스가 될 수도 1억의 소득이 결실로 돌아올 수도 있다. 마치 농부가 농사를 짓는 것과 같다.

일꾼 노동자는 일한 시간으로 돈을 벌지만 사업은 그 결실로 수익을 낸다. 이 차이를 이해하고 인내해야 하며, 이를 극복하지 못하는 사람은 중간에 포기하기 쉽다. 우리는 과정도 중요하며 결과를 만들어 내야 하는 사람들이다.

이 책이 모든 사람을 프로로 만들 수도 대박을 터트리는 빅셀러로 만들 수도 없다. 다만 사업의 올바른 개념을 이해한다면 반드시 급여 소득자의 소득 이상의 결실을 맺을 거라는 것을 약속할 수 있다. 다만 주의할 점은 이곳에서 많은 이야기를 다루더라도 사업에는 정답이 없다.

마케팅이라는 것은 살아 움직이는 생물처럼 시시각각 변화하고 그 계절, 트랜드, 경제변화에 민감하게 반응하며 안개처럼 흩어지기도 한다. 때문에 예전에 잘 하던 방식이 당장 내일부터는 맞지 않을 수도 있다. 그래서 우리는 늘 환경변화에 민감해야 하며 주위와 소통하여야 한다.

온라인 쇼핑몰 하는 사람들의 고립성향은 의외로 많이 발견된다. 처음에는 각종 세미나와 커뮤니티를 섭렵하던 사람들도 매출이 조금씩 나오면서 주변과 무한 경쟁에 노출이 된다고 생각하는 순간 숨기려고 하고 보수적으로 변화하곤 한다. 그러나 그것은 스스로 도태되는 것임을 알아야 한다. 소비자의 트랜드는 끊임없이 변하며 우리는 그 살아 숨쉬는 변화 속에서 생존해야 하기 때문이다.

2. 상품의 소싱

누구나 꿈이 있다. 나만의 상품을 만들어서 소위 대박을 터트리는 것을 목표로 한다.

내가 창업을 진행한 많은 사람들이 첫 만남에서 자신만의 브랜드를 만들고 싶다는 말을 쉽게 한다. 너무나 멋진 목표다. 그러나 그 목표로 가기 위한 여정은 험난하다.

3. 사업계획의 작성 및 전략수립

사업계획은 내가 어떻게 이 쇼핑몰을 진행해야 하는지에 대한 로드 맵(지도)와 같은 것이다. 내가 월 매출 1억을 판매하려고 하면 어떻게 해야 하는가? 매일 3백 3십만원 이상을 팔아야 한다. 주로 취급하는 품목이 3만원짜리 상품이라면 하루 111개를 팔아야 한다.

그럼 그 111개를 하나의 사이트에서 팔지 다양한 오픈마켓에서 팔지 상품판매 전략은 어떻게 가져가야 할지에 대한 전략이 필요하다. 그리고 그 판매를 하기 위한 예산, 광고비, 창고비, 인건비, 배송비, 물건 구입비 등은 어떻게 조달할 것이며 어떻게 지급할지도 생각해야 하며 배송관리, 리스크 관리(반품 및 폐기), 세무 및 각종 법률 등 인허가 문제도 이해하고 있어야 한다. 이런 것이 사업계획에 올바로 들어가야 목표에 도달할 가능성이 높아진다.

물론 이런 사업계획 없이 한 가지를 히트시켜서 소위 대박이 나는 감각적인 쇼핑몰 사업자도 간혹 만나기는 하지만 이것은 운과 그 사람의 재능이 결합한 결과이며 결코 누구에게나 일어나는 일이 아니다. 서두에도 말했듯이 우리는 보편적으로 대박은 나지 않더라도 망하지는 않도록 사업을 진행해야 한다.

이 책에서는 온라인 쇼핑몰의 사업자라면 꼭 알아야 하는 지식들을 균형 있게 다루어서 더 이상 온라인에서 여러 정보에 휩쓸려서 시간 낭비를 하는 일이 없도록 하고자 한다.

열정이 과하면 재가 된다. 올바른 방향성을 가지고 온라인 쇼핑몰의 성장을 시켜야 한다.

4, 쇼핑몰 별 성장전략

빈 가계는 채워야 된다. 온라인 쇼핑믈도 오프라인 매장처럼 진열과 홍보 판촉 등의 단계를 거치게 된다. 100평의 가계에 상품이 2개만 진열되어 있다면 제품이 아무리 우수해도 소비자들의 선택을 받기 어렵다.

네이버 스마트 스토어 기준으로 씨앗 샵은 걸음마 단계이다. 그 가계에서 판매가 이루어 지려면 소비자의 신뢰를 쌓아가야 한다. 새싹 샵은 이미 100개 이상의 판매가 이루어진 쇼핑몰이며 그 판매된 수량, 품목별 관리와 재구매 유도 및 파워 샵으로 진행하는 전략을 세워야 한다.

2022년 6월 기준으로 네이버는 파워 샵부터 5만 개의 상품을 등록할 수 있다. 가계가 5배는 커지는 것이다.

02 온라인 쇼핑몰의 특성조사에 대하여 분석하라.

1. 온라인 쇼핑몰의 특성을 조사

선택한 상품이나 서비스에 대한 오프라인 매장과 온라인 쇼핑몰의 가격을 조사한 후 가격이 다른 이유에 대하여 조사한다(단, 동일한 상품이어야 함).

〈표 1-2〉 전자상거래 특성 조사 보고서

온라인 쇼핑몰 특성 조사 보고서		
상품(상품명)	오프라인 매장 가격	온라인 쇼핑몰 가격
TV		
운동화		
자동차 보험		
■ 가격이 다른 이유 • • •		

2. 우리나라 전자상거래 동향을 파악하기 위하여 통계청의 통계자료를 분석

[그림 1-19]처럼 통계청(http://kostat.go.kr) 에서 『2022*년 *월 온라인쇼핑 동향』을 검색하기 위하여 홈페이지에 들어간다.

[그림 1-19] 통계청에서 검색하는 방법

① 통계청 홈페이지에서 [그림 1-20]처럼 검색 "온라인 쇼핑몰 동향"으로 검색을 한다. 가장 최근의 자료검색을 확인하고 특히 연도별 검색이 가능하다.

[그림 1-20] 온라인 쇼핑몰 동향 검색

〈표 1-3〉 우리나라 온라인 쇼핑몰 거래 동향 조사 보고서

<table>
<tr><th colspan="3">우리나라 온라인 쇼핑몰 거래 동향 조사 보고서</th></tr>
<tr><td rowspan="3">202*년 *월
온라인 쇼핑
동향</td><td>개 황</td><td></td></tr>
<tr><td>상품군별
거래액</td><td></td></tr>
<tr><td>취급상품
범위 및 운영
형태별 거래액</td><td></td></tr>
<tr><td colspan="2">온라인 쇼핑 동향 요약</td><td></td></tr>
</table>

Tip

- 인터넷 자료를 활용하여 요약 · 정리한다.
- 보고서를 작성할 때는 반드시 출처를 밝혀야 한다.

03 인터넷을 활용하여 온라인 쇼핑몰 시장에 대하여 분석하라.

1. 인터넷을 활용하여 우리나라의 온라인 쇼핑몰 거래 시장(종합몰, 오픈마켓 등) 중 한 곳을 선정하여 시장 세분화와 세부 시장별 포트폴리오 구성에 대한 사례를 조사한다(예 OO마켓의 시장 세분화 전략 및 세부 시장별 4P 전략 조사).

〈표 1-4〉 시장 세분화와 세부 시장별 포트폴리오 구성 조사 보고서

<table>
<tr><th colspan="3">시장 세분화와 세부 시장별 포트폴리오 구성 조사 보고서</th></tr>
<tr><td colspan="2">온라인 쇼핑몰 거래 사이트명</td><td></td></tr>
<tr><td colspan="2">시장 세분화 전략</td><td></td></tr>
<tr><td rowspan="4">세부
시장별
4P
전략</td><td>제품(Product)</td><td></td></tr>
<tr><td>유통 경로(Place)</td><td></td></tr>
<tr><td>가격(Price)</td><td></td></tr>
<tr><td>촉진(Promotion)</td><td></td></tr>
</table>

Tip 조사 참고자료(예시)

한국기업평판연구소, 브랜드 빅데이터 3329만 건 분석. 11번가 2위

2022년 9월 오픈마켓 브랜드 평판 조사 결과, G마켓이 1위로 분석됐다.

한국기업평판연구소(이하 한기평)는 2022년 2월 1일부터 9월 2일까지 브랜드 빅데이터 3329만 1517개를 분석해 국내 7개 오픈마켓에 대한 브랜드 평판 조사를 실시했다.

오픈마켓은 판매자와 구매자에게 모두 열려 있는 인터넷 중개몰로, 개인과 소규모 판매 업체 등이 온라인에서 자유롭게 상품을 거래할 수 있다.

브랜드 평판은 브랜드에 대한 소비자들의 활동 빅데이터를 참여 가치, 소통 가치, 소셜 가치, 시장 가치 등으로 나눠 조사하는데, 오픈마켓 브랜드 평판 지수는 참여 지수, 소통 지수, 커뮤니티 지수, 소셜 지수로 분석했다.

3월 오픈마켓 브랜드 평판 순위는 G마켓, 11번가, 쿠팡, 티몬, 위메프, 옥션, 인터파크 순으로 분석됐다. G마켓의 브랜드 평판 지수는 655만 9043건으로 분석됐고, 2위인 11번가는 624만 4881건, 3위 쿠팡은 468만 4342건으로 집계됐다.

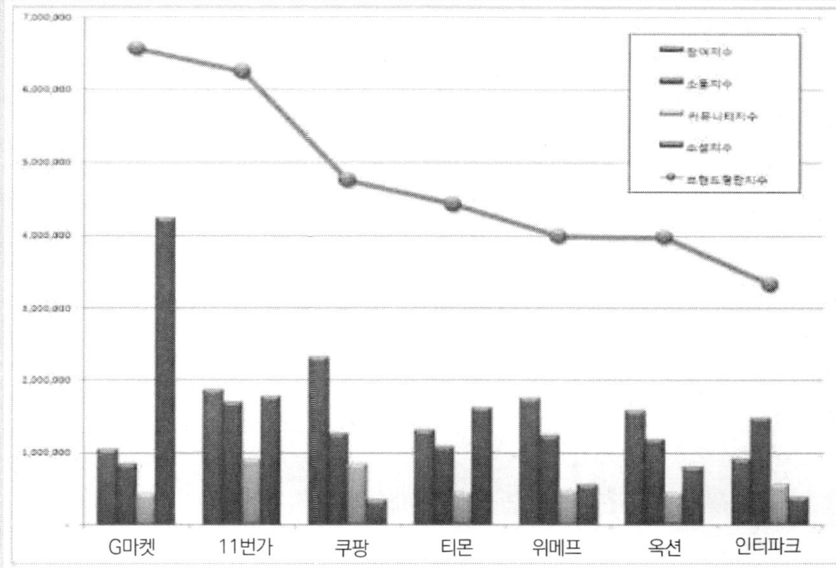

한기평 관계자는 "2022년 3월 오픈마켓 브랜드 평판 결과 1위는 G마켓으로 분석됐다."며 "G마켓은 페이스북을 중심으로 인스타그램과 트위터, 카카오스토리, 카카오톡을 세분화된 타깃에 따라 전략적으로 운영하고 있다."고 갈했다.

출처 : 류지완(2022. 6. 3). "오픈마켓 3월 브랜드 평판 조사, 'G마켓 1위'". *** 뉴스(http://www.breaknews.com). 2022. 8. 18. 검색

2. 조사한 온라인 쇼핑몰 거래시장에서 판매되고 있는 제품 또는 서비스가 한국표준산업분류 체계 중 어떤 분류에 속하는지 조사한 후 체크리스트를 작성한다.

〈표 1-5〉 판매제품 또는 서비스 체크 양식

한국표준산업분류 체계	판매제품 또는 서비스 체크
A 농업, 임업 및 어업	
B 광업	
C 제조업	
D 전기, 가스, 증기 및 공기조절 공급업	
E 수도, 하수 및 폐기물 처리, 원료 재생업	
F 건설업	
G 도매 및 소매업	
H 운수 및 창고업	

한국표준산업분류 체계	판매제품 또는 서비스 체크
I 숙박 및 음식점업	
J 정보통신업	
K 금융 및 보험업	
L 부동산업	
M 전문, 과학 및 기술서비스업	
N 사업시설 관리, 사업 지원 및 임대 서비스업	
O 공공 행정, 국방 및 사회보장 행정	
P 교육서비스	
Q 보건업 및 사회복지 서비스업	
R 예술, 스포츠 및 여가 관련 서비스업	
S 협회 및 단체, 수리 및 기타 개인 서비스업	
T 가구 내 고용 활동, 자가소비 생산 활동	
U 국제 및 외국 기관	

3. 가상의 인터넷 쇼핑몰을 구상한 후, 시장 세분화 → 목표시장 선정 → 위치설정을 하는 포트폴리오를 작성한다.

〈표 1-6〉 쇼핑몰 포트폴리오

○○ 쇼핑몰 포트폴리오	
상품 아이템	
시장 세분화	
목표시장 선정	
위치설정	

Tip

- 인터넷 자료를 활용하여 요약 · 정리한다.
- 보고서를 작성할 때는 반드시 출처를 밝혀야 한다.
- 4명이 한 모둠을 만들어 협동 학습으로 진행한다.

04 목표 고객군을 선정하기 위하여 온라인 쇼핑몰 관련 정보나 최근 소비자 기호와 트렌드에 대하여 분석하라.

1. 아래 사이트를 참고하여 전자상거래 관련 정보나 최근 소비자의 기호 및 트렌드를 조사한 후 소비자 동향 보고서를 작성한다.

〈표 1-7〉 소비자 동향 보고서 작성 참고 사이트

기관명	URL	검색 내용
국가통계포털	http://kosis.kr	통계표준분류, 국내통계 일반 현황
한국인터넷진흥원	https://www.kisa.or.kr	인터넷 · 정보보호 관련 자료
IT 지식포털	http://www.itfind.or.kr	ICT정보 종합검색시스템
kotra 해외시장 뉴스	http://news.kotra.or.kr/kotranews/index.do	국가별 경제지표, 비즈니스 정보
한국교육학술정보원	http://www.riss.kr/index.do	논문, 국내외 학술지
삼정KPMG 경제연구원	https://home.kpmg.com/kr/ko/home.html	회계감사, 세무, 재무 자문, 경영컨설팅, 이슈자료
LG경제연구원	http://www.lgeri.com	경영컨설팅, 경제 동향, 전망지표 및 연구 자료
삼성경제연구소	http://www.seri.org	경제지표, 기술산업, 교역조건, 금융 등에 관한 연구자료
KT경제경영연구소	http://www.digieco.org	방송통신 연구, IT 관련 동향
DMC 리포트	http://www.dmcreport.co.kr	디지털 미디어 정보
슬라이드쉐어	https://www.slideshare.net	전세계 최신 발표 자료

① 4명이 한 모둠을 만들어 역할을 나눈 후 보고서를 작성한다.

② 세계 소비자의 기호 및 트렌드를 조사한다.

③ 우리나라 소비자의 기호 및 트렌드를 조사한다.

④ 세계 및 우리나라 소비자 변화의 키워드를 도출한다.

〈표 1-8〉 소비자의 기호 및 트렌드 조사 보고서

소비자의 기호 및 트렌드 조사 보고서	
세계 소비자의 기호 및 트렌드	
우리나라 소비자의 기호 및 트렌드	
공통 키워드	

2. 조사한 소비자 동향 보고서를 참고하여 온라인 쇼핑몰 거래에 적합한 제품 또는 서비스 아이템을 선정하여 온라인 창업 보고서를 작성한다.

   ① 4명이 한 모둠을 만든다.

   ② 제품 또는 서비스 아이템을 선정하고, 선정한 이유를 적는다.

   ③ 모든 항목을 기재하여 제출한다(온라인 창업 보고서).

〈표 1-9〉 우리나라 전자상거래 동향 조사 보고서

온라인 창업 보고서	
모둠명 : 모둠원 :	
항 목	내 용
회사명	
CI 전략	
제품(서비스)명	
제품(서비스) 아이템	
제품(서비스)의 특성	
제품(서비스) 시장 현황 분석	
목표 고객군	
소요 경비 및 조달 방법	
창업에 필요한 서류 및 기관	
기타	

Tip

- 인터넷 자료를 활용하여 요약 · 정리한다.
- 보고서를 작성할 때는 반드시 출처를 밝혀야 한다.
- 4명이 한 모둠을 만들어 협동 학습으로 진행한다.

학습활동.1 교수 · 학습 방법

교수 방법

- 온라인 유통시장의 개요에 대한 관련 용어, 구성, 방식 이해 정도를 파악한 후 수업을 진행한다.
- 교수자의 주도로 온라인 유통시장의 개요 등의 내용을 PPT 자료로 제시한 후 설명한다.
- 가능하면 사전에 개인별 학습 자료를 준비하여 모든 학생이 참여할 수 있는 문제 해결식 수업, 협력 수업이 가능하도록 한다.
- 온라인 유통시장의 개요 전 과정을 작업의 순서에 따라 단계적으로 실습이 이루어질 수 있도록 지도한다.
- 교재를 통해 수업을 준비하는데 있어서 필요한 모든 정보나 팁, 힌트 등 도움이 될 만한 내용들을 확인할 수 있다.
- 학생들이 만들게 될 각 모델들은 수업시간에 중점적으로 다뤄질 부분과 어휘, 질문, 답을 포함하고 있으며 또한 탐구할만한 추가적인 아이디어들도 포함하고 있다.

학습 방법

- 온라인 유통시장의 개요에 대한 관련 용어를 숙지하고, 온라인 유통시장의 개요에 대해 이해한다.
- 온라인 유통시장의 개요의 각 단계별 중점 사항을 체계적으로 학습한다.
- 온라인 유통시장의 개요의 수행순서의 전 과정을 실습한다.
- 온라인 유통시장의 개요의 내용을 이해한다.
- 온라인 유통시장의 개요를 이해하고 숙달이 될 때까지 학습한다.

학습활동.1 평가 및 피드백

평가 준거

- 평가자는 피평가자가 수행 준거 및 평가 내용에 제시되어 있는 내용을 성공적으로 수행할 수 있는 지를 평가해야 한다.

학습내용	평가항목	성취수준		
		상	중	하
온라인 유통시장의 개요	온라인 유통시장의 개요를 이해할 수 있다.			

평가 방법

• 작업 포트폴리오

학습내용	평가항목	성취수준		
		상	중	하
온라인 유통시장의 개요	온라인 유통시장의 개요를 이해할 수 있다.			

• 필기시험

학습내용	평가항목	성취수준		
		상	중	하
온라인 유통시장의 개요	온라인 유통시장의 개요를 이해할 수 있다.			

• 체크리스트를 통한 관찰

학습내용	평가항목	성취수준		
		상	중	하
온라인 유통시장의 개요	온라인 유통시장의 개요를 이해할 수 있다.			

• 피드백

1. 작업 포트폴리오
   - 제출한 보고서를 평가한 후 주요 사항에 대하여 표시하여 돌려준다.
2. 필기시험
   - 평가 결과 성적이 저조한 학생은 보고서 제출 기회를 부여한다.
3. 체크리스트를 통한 관찰
   - 실습 과정에서 평가한 후 개선해야 할 사항 등을 정리하여 돌려둔다.

참 | 고 | 문 | 헌

- 교육부 · 임중선 외, '전자상거래(100301C2) NCS학습모듈', 한국직업능력개발원, 2018.12.31.
- 강병서 · 정혜영 · 송상호 · 김성영(2001), 『CEO를 위한 신경영학(경영전략, 마케팅)』, 무역경영사
- 김관형 · 김진현 · 김태수 · 박남섭 · 박세환 · 허관도, 『현대창의공학』, 북스힐, 2014.
- 김영문, 『하루 만에 인터넷 쇼핑몰 창업하기』, 집현재, 2014.
- 김은경, 『창의적 공학설계』, 한빛아카데미, 2013.
- 매일경제신문, '온라인 쇼핑몰, 유통황제로 우뚝', 2015.5.11.
- 박대윤 · 김형수, 『인터넷쇼핑몰 기획실무 스타일 가이드』, 도서출판 비비컴, 2001.
- 서선원의 e-Shop 창업교실, '성공창업 가이드북 II - 쇼핑몰 창업 전 꼭! 알아야 할 성공비법!', 2013.8.
- 손현준, '인터넷에서 팔리는 상품의 조건', ㈜휴넷 경영지식생산본부 보고서, 2008.11.4.
- 안광호 · 김상용 · 김주영, 『인터넷마케팅 원론』, 법문사, 2001.
- 안웅, 『전자 상거래 관리사』, 연학사, 2007.
- 이동훈, 『전자 상거래와 e-비즈니스(개정판)』, 한빛아카데미, 2015.
- 임성기, 『돈 버는 쇼핑몰, 돈 버리는 쇼핑몰』, 도서출판 비비컴, 2005.
- 정희전 · 착한사진연구소, 『쇼핑몰 창업+운영+제작북』, 한빛미디어, 2012.
- 중소기업청 소상공인진흥원, '전자 상거래 창업가이드', 2006.11.30.
- 허계범, 『e-비즈니스 & 전자 상거래』, 이한출판사, 2009.
- Chaffey.D., 『Internet Marketing : Strategy, Implementation and Practice』, Pearson Education, 2009.
- 다음 카페, '디지털 마케팅의 본질적 이해', http://cafe.daum.net/myneostory/Pbb/181?q=personalization%20%B8%B6%C4%C9%C6%C3&re=1
- 다음 카페, '인터넷 마케팅 믹스 전략', http://cafe.daum.net/dongdeamoon/MyPF/362?q=%C0%CE%C5%CD%B3%DD%20%B8%B6%C4%C9%C6%C3%20%B9%CD%BD%BA&re=1
- 블로그, '마케팅-시장 세분화 사례', http://blog.naver.com/PostView.nhn?blogId=tlc700&logNo=40167923014
- 블로그, '쇼핑몰 만들기', http://blog.daum.net/anapana
- 블로그, '시장 세분화 - 쉽게 이해하는 시장 세분화, 08. STP', http://blog.naver.com/PostView.nhn?blogId=sako71&logNo=220347251984
- 블로그, '온라인 쇼핑몰 가격 결정 기준과 방법', http://blog.naver.com/PostView.nhn?blogId=hip34&logNo=20014494675
- 블로그, '인터넷마케팅 원론 - 4P의 변화', http://blog.naver.com/PostView.nhn?blogId=dbgn95&logNo=80189876008
- 블로그, '제품유형분류와 마케팅 전략', http://blog.naver.com/PostView.nhn?blogId=an11778&logNo=220374030811
- 중소기업청, '기관마당〉 기업마당〉 창업 길잡이', http://www.bizinfo.go.kr/EgovPageLink.do?menuNo=20301000&link=egovframework/bizinfo/uss/ise/bizguide/1-1-2-2#/

- 개인블로그, '1인기업 1인경영시대', http://oneceo.co.kr/263
- 교육부, 환경분석(1003010210_16v2), 세종 : 한국직업능력개발원, 2014
- 교육부, 2016 고등학교 전문교과 수행 평가 모델 자료집, 세종 : 한국직업능력개발원, 2016.
- 김광석 · 권보람 · 최연경, 『4차 산업혁명과 초연결사회, 변화할 미래산업』, 삼정KPMG, 2017.
- 경제연구원, ISSUE MONITOR 제68호, January 2017.
- 김광석 · 김수경 · 박경진, 『소비 패턴의 11가지 구조적 변화』, 삼정KPMG 경제연구원, Issue 43. 2016(통권 제43호), 2016.
- 김동열, 『경제주평』, 현대경제연구원, 11-39. 2011(통권 제 466호), 2011.
- 장경채, 『인터넷 마케팅 플러스』, 무역경영사, 2006.
- 조경희 외, 『전자상거래 일반』, 씨마스, 2017.
- 한국인터넷마케팅연구회, 『인터넷 마케팅』, 삼우사, 2003.
- 류지완(2017.3.3.), "오픈 마켓 3월 브랜드 평판 조사, 'G마켓 1위'", 브레이크(http://www.breaknews.com), 2017.8.18. 검색
- 매경 시사용어 사전, http://100.daum.net/book/645/list
- 미용경영컨설턴트협회, http://cafe.daum.net/embc2010/OBSs/30
- 위키 백과사전, https://ko.wikipedia.org
- 윤승환 · 정승원(2017.5.17.), "필승전략 MECE", 아시아경제(http://www.asiae.co.kr/news), 2017.8.18. 검색
- 지연진(2017.6.29.), "모바일 거래액 3.6兆…유통업계 '지각변동'", 아시아경제(http://www.asiae.co.kr/news), 2017.8.18. 검색
- 통계청, http://kostat.go.k

학습 1	온라인 유통시장의 개요
학습 2	**쇼핑몰의 상품개발 전략 수립**
학습 3	마케팅 고객관리 전략 수립
학습 4	마케팅 가격 전략 수립
학습 5	마케팅 유통 및 광고 전략 수립
학습 6	판매계획 수립
학습 7	재무계획 수립
학습 8	사이트 기획, 구축 및 운영
학습 9	오픈마켓 준비
학습 10	오픈마켓 제작
학습 11	주문처리 및 배송절차
학습 12	고객관리 및 CS 처리
학습 13	세무관리 실전
학습 14	해외 구매대행

학습 목표	1. 쇼핑몰의 상품개발 전략 수립을 이해할 수 있다.

2-1 사업기획의 개요

1. 사업기획의 개념

사업기획은 목표를 설정하고 환경분석의 결과로부터 도출된 현상에 근거하여 목표달성을 위한 전략적 수행과제를 정의하고, 과제별 세부 아이디어들에 대한 구체적 실행계획을 수립하는 일련의 과정을 일컫는다.

쇼핑몰에서의 사업기획은 웹(Web)과 모바일이라는 특수한 환경에 대해 이해를 해야 한다. 따라서 쇼핑몰 사업기획 담당자는 인터넷과 모바일 환경에 대한 특성을 파악하고, 사회적 기술적 트렌드를 기획에 반영할 수 있어야 하며, 운영 프로세스 전 범위를 이해하고 있어야 한다

예를 들어 상품기획 담당자가 디지털 상품의 특성과 목표시장 내 고객의 요구를 이해하지 못하면 제대로 된 상품의 개발을 기대하기 어렵다. 또 사이트 및 모바일

기획 담당자가 판매하고자 하는 상품에 대한 이해가 부족하면 상품의 특성을 효과적으로 보여 주는 화면을 설계하기가 어렵다. 쇼핑몰 절차는 크게 목표설정을 위한 프로젝트 기획과, 설정된 프로젝트의 목표달성을 위한 인터넷 및 모바일 쇼핑몰의 기획 및 구축, 원활한 운영을 위한 영업활동, 관리, 운영 단계로 나눌 수 있다. 단계별 세부내용은 [그림 2-1]과 같다.

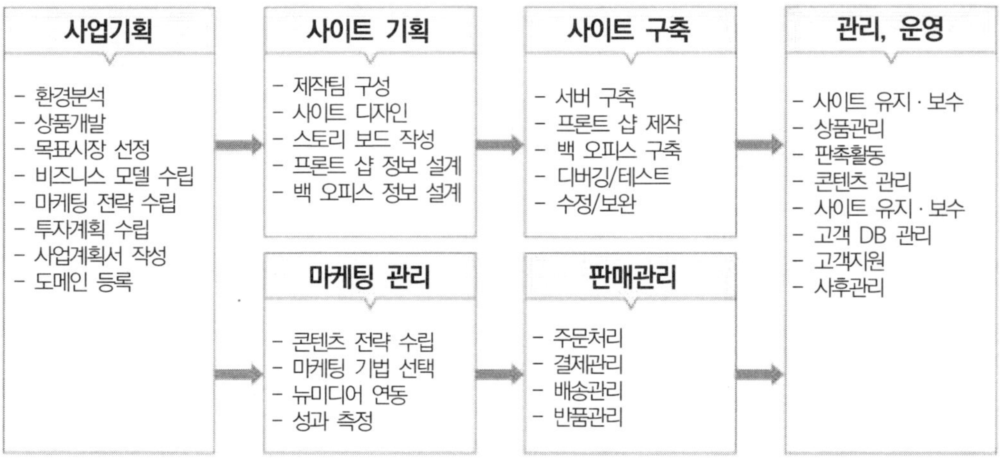

[그림 2-1] 쇼핑몰의 수행 절차

상품기획과 관련한 업무 범위는 프로젝트 기획, 사이트 기획, 사업기획으로 [그림 2-2]와 같다.

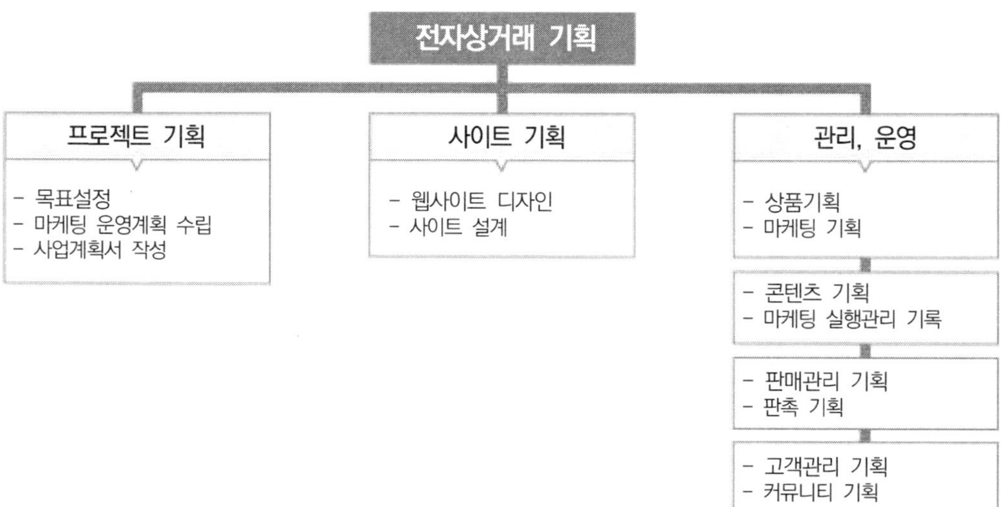

[그림 2-2] 쇼핑몰 기획의 범위

2-2 상품개발 전략의 개요

1. 상품개발 전략의 중요성

오프라인과 온라인상의 경쟁 업체에 모두 대응해야 하는 인터넷 쇼핑몰의 입장에서 차별화의 핵심은 어디에 두어야 하는가? 그것은 상품이다. 상품은 고객과 쇼핑몰을 만나게 하는 무엇보다도 중요한 매개체이기 때문이다. 특히 오프라인에서 유통되고 있는 상품과 같은 상품을 판매하는 온라인 쇼핑몰은 가격 경쟁력을 갖추기 위해 할인행사 등의 여러 가지 노력을 강구하겠지만 가격구조 등을 고려할 때 차별화의 한계가 있다. 이런 측면에서 상품개발은 고객을 만족시키는 동시에 수익을 창출하는 핵심적인 차별화 전략을 고민해야 한다. 실제로 쇼핑몰의 전문성을 브랜드 이미지화한 PB(Private Brand) 상품의 개발은 브랜드 로열티가 없어 원가구조를 훨씬 절감할 수 있으므로 기성상품보다 수익구조가 양호하며 고객들의 반응 또한 매우 긍정적인 것으로 나타난다.

실물상품의 경우, 인터넷 쇼핑몰의 입장에서는 상품개발에 자원을 투입하는 것은 한계가 있다. 따라서 인터넷 쇼핑몰에서의 상품개발은 제조업체와의 경쟁에 초점을 맞추기보다는 온라인 쇼핑으로 인한 고객의 불편을 최소화하고 오프라인 상품과의 대응에 경쟁력을 갖출 수 있는 상품개발을 통해 실물을 경험할 수 없다는 온라인 판매의 가장 큰 한계를 뛰어넘는 방식으로 접근해야 한다.

2. 상품의 분류 및 디지털 상품의 특성

상품은 재화 또는 서비스 중의 하나이거나, 재화와 서비스의 조합으로 개인이나 조직의 목표를 충족시키기 위한 교환의 대상이 된다. 일반적으로 상품은 구매목적에 따라 소비재와 산업재, 사용기간에 따라 내구재와 비내구재, 참신성 정도에 따라 기존 상품과 신상품, 소비자의 구매행동에 따라 편의품(Convenience Product), 선매품(Shopping Product), 전문품(Specialty Product)으로 구분한다. 이상의 분류를 도식화하면 [그림 2-3]과 같다.

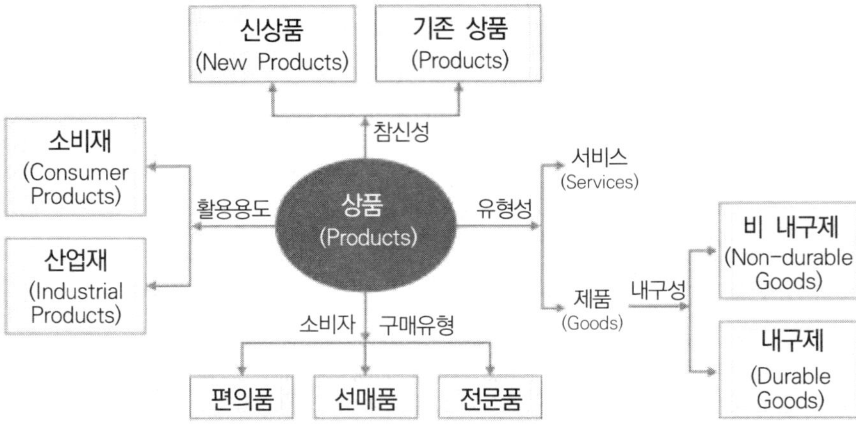

[그림 2-3] 일반적인 상품분류

구매유형에 따른 편의품, 선매품, 전문품의 상품별 특징은 〈표 2-1〉과 같다. 상품별 특성을 고려하여 실행하고자 하는 쇼핑몰 유형에 따라 상품개발 전략을 최적화시켜야 한다. 일반적인 인터넷 쇼핑몰은 소비재 선매품 위주의 차별화 전략이 유용하다.

〈표 2-1〉 소비자 구매유형에 따른 상품분류 및 특징

구분	편의품	선매품	전문품
정의	소비자가 빈번하게 최소한의 쇼핑 노력을 들여 구입하는 상품	소비자들이 경쟁적인 상품을 여러 점포에서 많은 비교를 하고 난 후에 구입하는 상품	소비자가 구매 전에 상품에 대한 정보를 거의 완벽하게 알고 구입하는 상품
소비자 구매 패턴	빈번한 구매 구매 계획 및 비교 거의 없음 구매 노력이 낮음	편의품보다 구매 횟수가 적고, 더 많은 계획과 구매 노력을 기울임	가격, 품질, 스타일에 대해 비교를 함 강한 브랜드 선호도로 브랜드 간에 비교를 거의 하지 않고, 가격에 민감하지 않음 특별한 구매 노력을 기울임
가격	낮음	다소 높음	매우 높음
유통	넓은 유통망, 편리한 장소	선택적인 유통, 다수의 매장	소수의 독립적인 유통
판매 촉진	생산자에 의한 대중적인 판촉	생산자와 중간상에 의한 광고와 개인적인 판촉	생산자와 중간상에 의한 면밀한 타겟 판촉
사례	치약, 세제, 잡지	TV, 가구, 옷	명품 시계, 명품 액세서리

위와 같은 전통적 상품분류 및 특성과 달리 인터넷 상거래가 확대되면서 전혀 새

로운 유형의 상품개념이 탄생하였다. 이른바 디지털 상품이다. 인터넷 상품은 거래 대상에 따라 크게 B2B 상품과 B2C 상품으로 분류한다. B2B 상품은 비교적 소수의 거래 기업을 표적으로 하여 판매되며, B2C 상품보다 고객의 구매빈도는 낮지만 1회 거래량이 많은 것이 특징이다.

B2C 상품은 불특정 다수의 인터넷 이용자들을 상대로 하여 판매되며, 구매 빈도는 높으나 1회 구매량은 적다. B2C 상품은 제품의 특성에 따라 물리적 상품(Physical Goods)과 디지털 상품(Digital Goods)으로 나눌 수 있으며, 디지털 상품은 다시 디지털 콘텐츠와 디지털 서비스로 분류할 수 있다. 이상의 분류 기준을 정리하면 〈표 2-2〉와 같다.

〈표 2-2〉 인터넷 B2C 상품의 분류

구 분		내 용	예 시
물리적 상품		현실 세계에 그 실체가 존재하고 직접 만져 볼 수 있는 상품	화장품, 의류, 서적, 컴퓨터
디지털 상품	디지털 콘텐츠	상품이 가지고 있는 내용을 소비자가 직접 사용함으로써 그 가치가 발생되는 것	게임 S/W, MP3 음악파일
	디지털 서비스	다른 서비스를 쉽게 이용할 수 있는 매개체가 됨으로써 그 가치가 실현되는 상품	호텔예약, 여행상품, 주식정보

물리적 상품은 현실세계에 그 실체가 존재하고 직접 만져볼 수 있는 상품을 말하며, 디지털 상품은 디지털로 생산 · 유통 · 소비되고 디지털 상태로 저장될 수 있는 상품으로서 무형적이며 컴퓨터를 통해서만이 그 내용을 보거나 즐길 수 있다. 디지털 상품은 〈표 2-3〉에서 보는 것과 같이 기존의 상품과 특징이 전혀 다르며, 디지털 상품의 특성에 대한 이해는 쇼핑몰의 상품개발 전략을 위한 중요한 요소이다.

〈표 2-3〉 물리적 상품과 디지털 상품의 비교

기준	물리적 상품	디지털 상품
유형성	• 직접 만져볼 수 있다. • 현실 세계에서 사용해 볼 수 있다.	• 실체(질량과 부피)가 없다. • 컴퓨터 등의 디지털 매체를 통해서만 경험할 수 있다.
소멸성 (내구성)	반복 소비가 이루어지면서 품질이 저하된다.	반복 소비가 되더라도 품질이 유지되며, 영구 보존이 가능하다.
재생산성	상대적으로 낮고, 재고가 필요하다.	매우 높고, 무한 복제가 가능하다.

기준	물리적 상품	디지털 상품
유통	물적 유통망이 필요하다.	네트워크를 통해 전달된다.
수정(변형) 용이성	한 번 생산되면 수정변형이 어렵다.	계속된 수정변형이 가능하다.
생산비용	재생산에 드는 변동비용이 많다.	초기생산에 드는 고정비용이 많이 들지만, 재생산에 드는 변동비용은 매우 낮다.

2-3 상품개발 전략 수립

1. 상품개발 전략 수립 절차 및 단계별 입출력물

상품개발 전략은 마케팅 전략과 분리하여 생각할 수 없다. 마케팅의 핵심 전략으로는 시장 세분화(Segmentation), 표적 고객시장 선정(Targeting), 차별화(Positioning)로 이어지는 STP 전략을 들 수 있다. 크게 보아서 이러한 STP 전략은 시장에 적중하는 상품개발 및 차별화를 위한 상품개발 전략과 그 궤를 같이 한다. 특히 표적 고객시장의 적중은 상품기획의 방향을 좌우하는 중요한 요소이다. 일반적인 상품개발 전략의 수립 절차 및 단계별 입출력물은 〈표 2-4〉와 같다.

〈표 2-4〉 신상품 개발과정 및 단계별 입출력물

단계	전 략	내 용	투입물(Input)	산출물(Output)
1단계	전략적 분석과 계획	• 상품 특성이 복잡하고 무형이며 불확실성이 높은 신상품일수록 기업의 이미지와 명성 및 상표 인지도가 중요함 • 자사와 자사 상표에 대하여 소비자들이 가지고 있는 이미지와 인지도를 파악함	• 기업의 중장기 전략 • 시장에서의 기업 이미지와 명성	기업 이미지와 부합되는 상품 전략
2단계	시장조사와 기회 파악	• 공략하고자 하는 시장의 크기와 잠재성을 파악함 • 시장의 규모와 성장성이 신상품 성공 여부를 좌우함	• 기업의 신상품 전략 • 시장의 속성 및 기회 수요	표적시장
3단계	아이디어 창출	• 신상품 아이디어뿐만 아니라, 기존 상품을 개선하기 위한 아이디어까지 수집함	• 기업의 신상품 전략 • 표적시장 • 아이디어 창출 방법	신상품 아이디어

단계	전 략	내 용	투입물(Input)	산출물(Output)
		• 브레인스토밍이나 소비자 면접 등을 통해 수집하며, 고객 접점에 있는 종업원의 역할이 중요함 • 신상품 아이디어 창출은 기업의 지속적인 경영활동 중의 하나임		
4단계	신상품 콘셉트의 개발과 평가	• 상품 콘셉트는 신상품이 어떤 요소와 특성이 있을 것인가에 대한 상세 묘사로서, 아이디어를 상품 콘셉트로 전환시키는 과정에서 소비자의 필요와 욕구의 만족 여부를 평가해야 함 • 상품의 콘셉트는 기업(목적, 강점, 재원), 상품(목표, 독창성, 우수성), 그리고 표적시장(크기, 성장성, 경쟁 정도)을 기준으로 평가하여야 함	• 기업의 신상품 전략 • 표적시장 • 신상품 아이디어	최적의 상품 콘셉트
5단계	신상품 개발과 테스트	• 신상품에 대한 적극적인 투자를 감행하기 전에 상품성과에 대한 엄격한 기준과 정책을 수립하여 신상품을 테스트함 • 마케팅 요소에 대한 반응을 분석하여 신상품의 성과를 예측하고 평가하는 실험시장기법을 포함함이 바람직함	• 기업의 상품 전략 • 표적시장 • 최적의 상품 콘셉트 • 마케팅 전략(홍보, 광고, 판촉, 유통) • 고객의 평가	• 신상품 개발에 관한 수정사항 • 신상품 포지셔닝 • 효과적인 마케팅 전략
6단계	상품화와 사후평가	• 도입시에는 일관성 있는 상품화 전략이 필요함 • 신상품의 소비자 수요 및 확산분석 등을 포함한 사후평가가 필요함. • 판매예측뿐만 아니라 잠식화(Cannibali-zation)에 관한 분석도 필요함	• 표적시장 내의 상품 포지셔닝 • 판매원 교육 • 선정된 마케팅 전략 • 경쟁 상품 전략 • 잠식화에 대한 정보	수정된 마케팅 전략

2. 인터넷 쇼핑몰 상품개발 전략

전자상거래의 직관적 의미를 구현한 가장 대표적 형태가 기업과 일반 소비자 간의 상거래를 연결하는 인터넷 쇼핑몰이다. 여기서도 인터넷 쇼핑몰의 상품개발 전략을 통해 전자상거래를 위한 상품개발 전략을 살펴본다. 먼저 인터넷 쇼핑몰의 상품개발 전략은 오프라인 시장과는 전혀 다른 성격의 전략이 필요하다.

전략의 핵심은 첫째, 고객을 그룹별로 세분화하는 것이 가장 중요하다.

둘째, 개인별 선호에 따라 제품과 서비스를 철저히 차별화시켜야 한다.

셋째, 상품의 정보재화이다. 정보재화라 함은 물리적 상품을 디지털 상품화하는 과정이다. 즉 상품에 대한 관련 정보를 비롯하여 가상적 체험 제공 등 상품을 정보로 포장하여 콘텐츠화하는 것이다.

직관적 판단에 의한 전략이든 복잡한 프레임워크에 근거한 전략이든 궁극적인 목표는 잘 팔릴 수 있는 상품을 개발하는 것이다. 인터넷 판매의 특성상 인터넷 판매에 유리한 속성을 지닌 상품이 존재하는 것은 당연한 일이다. 상품개발 전략 수립 과정 또한 이러한 상품의 개발을 체계적으로 지원하기 위한 템플릿을 제공하는 것일 뿐이다. 다음은 인터넷 판매를 통해서 성공한 상품의 속성을 요약한 것이다.

3. 인터넷에서 팔리는 상품의 조건

1) 인터넷에서만 살 수 있는 상품

이것은 매우 중요한 요소이다. 오프라인에서는 구할 수 없고 인터넷에서만 구할 수 있는 서비스나 제품이야말로 인터넷 비즈니스의 성공을 담보하는 방법일 것이다. 특히 판매하는 상품 수가 한정된 인터넷만큼 유효한 미디어는 없다. 실제로 소니의 AIBO(강아지 로봇)가 좋은 사례가 될 수 있다. 다만 인터넷에서만 팔리는 물건을 창조해 내고 희소성을 높여 그것의 시장성을 높이기가 쉽지는 않다.

2) 인터넷에서 사는 것이 더 손쉬운 상품

오프라인 판매점에서도 취급하지만 인터넷을 이용하는 것이 더 편리한 경우이다. 예를 들어 공연 티켓 등 예약이 필요하여 전화로 사야 하는 것은 24시간 접속이 가능한 인터넷을 이용하면 늦은 밤에도 구입할 수 있는 장점이 있다. 특히 운반이 힘든 상품은 일부러 상점에 가서 사는 것보다 택배로 물건을 배달받을 수 있는 인터넷이 더 편리하다. 컴퓨터처럼 판매점에 따라 가격차가 큰 물품은 인터넷에서 가장 싼 사이트를 찾아 구입하는 것이 합리적이다. 몇 군데씩 판매점을 돌며 시간을 허비하는 일도 없을뿐더러 구매 후 더 싼 매장이 있는 것을 알고 실망하는 일도 피할 수 있다.

3) 설명이 필요 없는 상품(품질에 대한 신뢰성이 높은 표준품)

상품을 살 때 설명이나 설득이 필요 없는 물건이다. 예전부터 변함이 없는 물품이거나 상품의 성능을 이미 알고 있는 것은 어디에서 사도 품질이 보증된다. 구체적으로 브랜드 제품이나 품번 또는 형번으로 알 수 있는 상품들, 도서나 가전제품처럼 같은 형태의 제품을 말한다. 이러한 표준 제품은 재고관리나 마케팅 등의 업무도 수월하다. 심지어 자동차가 인터넷 쇼핑몰을 통해 팔릴 수 있는 것도 이러한 이유이다. 자동차는 제조사별 형식별로 완전히 표준화되어 있는 전형적인 제품 중의 하나이다.

학습 2

4) 원래부터 통신판매로 판매되던 상품

주로 생산자가 직접 판매하는 제품들이다. 주문방법이 전화나 우편에서 인터넷으로 변한 것뿐이기 때문이다. 주의해야 할 것은 원래 상품을 판매하던 회사가 아니면 신뢰성이 떨어진다는 점이다. 통신판매의 장점 중 하나는 '시험판매' 후 팔림새를 보아 본격적인 판매를 하는 것인데, 오프라인에서의 판매실적이 없는 상품을 갑자기 늘어놓으면 팔리지 않는 상품이 생겨 악성재고의 압박을 받게 된다.

5) 주문생산 방식의 상품

세계적인 조립 컴퓨터 기업인 Dell은 다이렉트 판매로 성공한 대표적인 기업이다. Dell이 성공할 수 있었던 가장 큰 이유는 주문 후 생산에 들어갔기 때문에 선결제를 통한 현금 유동성은 물론 재고비용이 들지 않아 가격 경쟁력을 가질 수 있었다. 이것이 경쟁기업을 이겨 내고 세계 최고의 PC 판매업체로 성장한 원동력이 되었다. 즉 인터넷 비즈니스는 최소한의 재고만 가지고 사업을 할 수 있는 환경이 조성된다는 점이다. 그러나 규모가 커지면 배송과 물량 확보라는 측면에서 부득이 재고량이 커지게 된다.

6) 정보밀도가 높은 상품

이것은 전 항의 '설명이 필요 없는 상품'에 대한 역설적 조건으로, 상품 자체의 사양 및 관련 정보가 방대할 뿐만 아니라 많은 비교 조건이 있어야 하는 상품이다. 대표적으로 여행상품을 들 수 있다. 소비자가 해외여행을 계획할 때 관련 국가정보를 비롯하여 여행 일정 내의 이동수단 및 숙식 등이 모두 수집·비교정보의 대상이 된다.

7) 기타 고려사항

그 외 서적과 같이 시간이 경과하더라도 가치의 소멸이 적은 상품, 게임 소프트웨어 및 전자 서적과 같이 이미 디지털화된 상품 등이 인터넷 쇼핑몰에서의 팔림새가 검증된 상품이다.

2-4 경쟁현황 분석

상품개발을 위하여 경쟁현황 분석자료를 활용하여 자사의 경쟁우위 요소(가격, 품질, 납기 등)를 정리하고 마케팅 전략에 반영해야 한다.

1. SWOT 분석

1) SWOT 분석 내용

온라인 쇼핑몰 거래 기업은 기업의 내부 환경을 분석하여 강점(Strength)과 약점(Weakness)을 발견하고, 외부 환경을 분석하여 기회(Opportunities)와 위협(Threats)을 찾아내어 비교 매트릭스를 작성해야 한다. 그런 다음 SO, ST, WO, WT의 네 가지 항목을 비교하여 목적 달성의 중요성, 실행 가능성, 차별성, 적합성 등을 고려하여 강점은 살리고 약점은 보완하고 기회는 활용하고 위협은 억제하는 마케팅 전략을 수립해야 한다.

SWOT 분석은 기업의 내부와 외부의 모습을 동시에 파악할 수 있기 때문에 장기적으로 유리하며, 분석 자체가 간단명료하게 정리되기 때문에 쉽게 문제점을 파악할 수 있다.

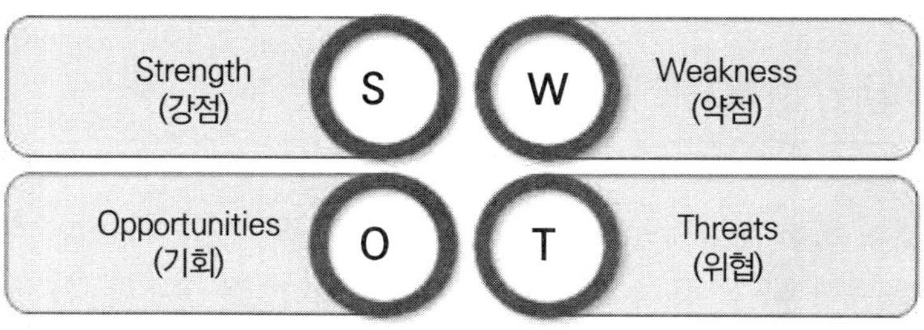

[그림 2-4] SWOT 분석

(1) 강점(Strength) 요인

타사와 차별화된 핵심 역량, 자금조달 및 운영, 인적 자원의 우수성, 고객관계관리, 인정된 마켓 리더, CEO 경영능력, 규모의 경제, 뛰어난 기술, 원가 우위 등

(2) 약점(Weakness) 요인

자본 부족, 열위의 경쟁력, 낙후된 설비, 수익성 저하, 관리능력 부족, 핵심 스킬 부족, 연구개발 부족, 협소한 제품군, 마켓 이미지 취약 등

(3) 기회(Opportunities) 요인

신시장 개척, 새로운 기술 등장, 시장의 빠른 성장, 산업의 세계화, 소득 수준 증대, 새로운 경기부양 정책, 절차 간소화 등

(4) 위협(Threats) 요인

신규 경쟁자 진입, 대체재의 판매량 증가, 불리한 정책 및 법규, 경기 침체, 소비자의 패턴 및 트렌드 변화, 인구 구조 변화 등

〈표 2-5〉 SWOT 분석의 예

내부 환경분석	
강점(Strength)	약점(Weakness)
• 신기술, 특허 등 보유 • 높은 고객충성도 및 마케팅 능력 • 저가 생산 능력, 지리적 이점 • 새로운 기회를 추구할 자원 보유	• 높은 원가 구조, 자금 부족 • 낮은 브랜드 인지도 • 유통시스템 낙후
외부 환경분석	
기회(Opportunity)	위협(Threat)
• 새로운 시장의 등장 • 충족되지 않은 수요 • 신제품 콘셉트 혹은 기술 • 기존 경쟁자의 퇴출	• 새로운 경쟁자 출현 • 기업활동을 제한하는 법률 입법 • 고객의 욕구(Needs) 변화 • 대체상품 출시

2) SWOT 분석 전략

SWOT 분석을 통해 조직 내부 역량의 강점과 약점 요인, 외부 환경의 위협과 기회 요인들을 도출하여 각각의 요인에 대응하는 자사의 기업경영 전략을 도출할 수 있다.

(1) S-O 전략(강점-기회 전략)

자사의 전략적 강점과 시장기회를 결합한 전략이다. 이때는 시장의 기회를 선점하거나 신제품을 출시하는 전략을 추구한다.

(2) S-T 전략(강점-위협 전략)

자사가 상대적 강점이 있으나 시장의 위협요인이 있는 경우 강점을 적극 활용하여

위협 요소를 줄이는 전략을 추구한다.

(3) W-O 전략(약점-기회 전략)

자사의 역량이 부족한 약점이 있으나 시장에 진입할 기회가 있는 경우 자사의 약점을 강화하여 시장기회를 잡는 전략을 추구한다.

(4) W-T 전략(약점-위협 전략)

자사의 핵심 역량도 부족하고 외부 환경의 위협요인이 많은 경우 자사의 약점을 극복하기 위하여 제품이나 시장을 재구축하거나 철수하는 전략을 추구한다.

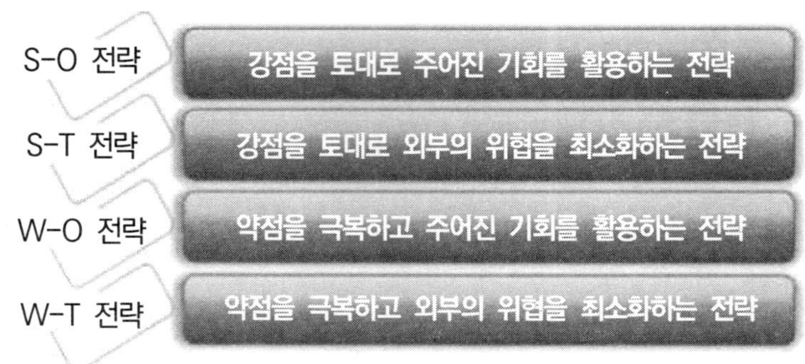

[그림 2-5] SWOT 분석 전략

2. 핵심 성공요인(CSF) 분석

1) CSF의 의미

내부 역량을 진단하는 기법으로 가장 많이 활용되고 있는 방식은 핵심 성공요인(CSF : Critical Success Factor) 분석이다. CSF는 조직에서 달성하고자 하는 목표를 위해 필요 불가결한 요소들을 지칭하는 단어이자 개념이며, 산업환경과 기업환경을 분석하여 목표를 달성하기 위한 다양한 성공요인(Success Factor) 중 결정적인(Critical) 영향을 미치는 요인을 찾는 것을 의미한다.

2) 핵심 성공요인(CSF) 도출방법

(1) 1단계 : CSF 요인 도출

일반적으로 SWOT 분석을 이용하거나 고객의 니즈를 분석하여 그 결과에 따라 핵심 성공요인을 도출한다. CSF 분석은 조직의 비전과 전략을 달성하기 위해 갖추어야 할 핵심으로, 경쟁 우위를 확보하기 위한 차별적 성공 요소이다. CSF는 조직의 비전과 목표를 중심으로 조직에게 가장 핵심적인 경쟁 우위 요소를 찾아내어 전략 정보시스템의 활용기회를 찾는 방법이라고 할 수 있다. 즉 기업은 성공적인 경쟁 전략을 도출하기 위해서 비전을 중심으로 조직의 내부 환경과 외부 환경을 분석하게 되는데, 이때 내부 환경을 분석하는 한 방법이 핵심 성공요인 분석인 것이다.

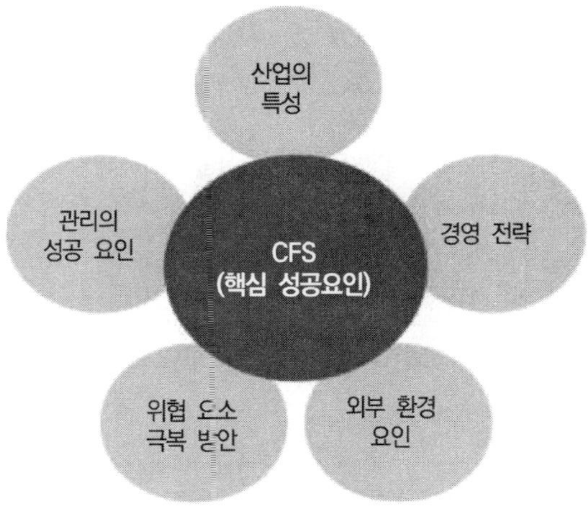

[그림 2-6] 핵심 성공요인(CSF) 분석

(2) 2단계 : CSF 요인에 의한 자사의 경쟁력 진단

CSF 요인의 근거, 경쟁력 평가 결과, 결론으로 자사의 경쟁력을 진단한다. 자사의 경쟁력은 경쟁사와 비교하여 진단하되 크게 내부 요인과 외부 요인을 나누어 요인을 추출하는 것이 좋다. CSF 요인에 의한 자사의 경쟁력을 진단한 후 이를 통해 시사점 및 대응 방법을 모색해야 한다.

〈표 2-6〉 CSF 요인에 의한 자사의 경쟁력 진단 사례

CSF 요인	근거	경쟁력 평가 결과	결론
우수한 의료진 확보	• 경쟁 종합병원의 우수 의료진 확보 • 각 부서별로 간판급 유명 의사 필요	• 거물급 의사 영입 • 의료진 수급 진통	약점
의료분야 연구 활성화	• 우수 의료진과 기술력 확보를 위해 지속적인 연구 지원	• 최대 규모 연구 투자 • 가시적 성과 미흡 약점	
최첨단 의료시설 확보	• 의료기기의 발전 속도에 맞는 의료기기 장비, 시설 도입	• 최첨단 의료기기 투자 1순위 • 최신 수술 방식 도입 1순위	강점
고객서비스 지향적 조직문화 정립	• 고객에게 최고의 서비스를 제공하는 병원 문화 조성	• 고객만족도 1위 • 서비스 품질 지수 1위	강점
브랜드 이미지 제고	• 교통의 편의성과 접근성의 장점 • 최고라는 브랜드 이미지 전파	• 역세권 접근성 용이 • 의료 기관 브랜드 파워	강점

〈표 2-7〉 CSF 사회적 기업 사례

사회적 기업의 핵심 성공요인(CSF)		
핵심 성공 요인	요소 조건	• 능력과 경험, 민주적 리더십을 겸비한 경영 전문가 • 직원들의 역량 향상, 사회적 벤처 캐피탈(인내 자본)
	수요 조건	• 사회적 기업의 제품 · 서비스를 위한 시장 형성 • 사회적 기업의 제품 · 서비스에 대한 정부의 우선구매제도 등
	연관 산업	• 시너지 효과를 거둘 수 있는 상호보완 산업, 동반자의 존재 • 한국의 풍부한 중고 전자제품+중고품 선호하는 개발도상국 시장
	경영 여건	• 사회적 기업에게 유리한 니치 마켓의 창출(롱테일 비즈니스) • 취약계층을 위한 직업훈련과 일자리 제공, 중고제품 재활용 등
	+알파 (사회적 가치)	• 창업 초기에 사회적 가치에 충실해야 지원을 이끌어낼 수 있음 • 고유의 사회적 가치가 있어야 함. 시사점 및 대응 과제

시사점 및 대응과제	
시사점 및 대응과제	• 역량 있는 사회적 기업가의 양성, 전문가의 활용 • 공공기관 및 지역 공동체의 '사회적 구매' 활성화 • 사회적 기업을 위한 경영 컨설팅과 네트워킹 활성화 • 사회적 기업과 일반 기업의 연계를 통한 공생 발전 • 사회적 기업 고유의 니치마켓 발굴과 사회서비스 활성화

출처 : 김동열(2011). 『경제주평』. 현대경제연구원. 11-39. 2011(통권 제 466호)

학습 2

수행 내용

재료 · 자료

- 쇼핑몰 사업기획 실무지침서
- 환경분석 보고서
- 종이, 필기구, 포스트잇 등

기기(장비 · 공구)

- 컴퓨터, 문서작성 프로그램, 프린터, 주변기기, 빔 프로젝터, 화이트 보드

안전 · 유의사항

- 상품개발에서 중요한 것은 어떠한 tool이나 지식보다는 상품개발 절차의 근본적인 사상을 인지하도록 한다.
- 기존의 고정관념을 벗어 던지고 타인과 consensus를 이룰 수 있도록 모든 아이디어를 긍정적으로 받아들여 구체적으로 상품에 적용하고자 하는 개발 마인드를 갖도록 한다.

수행 순서

01 상품개발을 위한 전략적인 사업기획을 구축하라.

1. 상품개발 전략을 수립

상품개발 전략을 수립하기 위한 요구사항과 목표에 대해 정확히 분석한다.

① 환경 분석 보고서 내용을 숙지함으로써 상품개발에 대한 전략적 목표를 이해한다.
② 상품개발이 사업기획의 핵심 과정임을 인지하여 상품개발 프로젝트 팀을 구성하고, 주어진 목표와 자원 및 일정 내에서 구체적인 상품개발 계획서를 성과로 도출해 낼 수 있도록 한다.
③ 아이디어 도출방법을 활용하여 상품개발 과정을 수립해 본다.

2. 상품개발 프로젝트의 정의

① 상품개발을 위한 목표, 일정, 팀 구성원, 소요 예산 등을 추정하고 이를 문서화한다.

② 아이디어 도출 방법, 아이디어 평가 방법, 프로젝트 진척도 관리 도구 등을 정의한다.

02 브레인스토밍에 의한 상품개발 아이디어의 돌출과정에 대하여 분석하라.

1. 브레인스토밍 준비

브레인스토밍을 원활히 수행하기 위해 〈표 2-8〉의 사항을 준비한다.

〈표 2-8〉 브레인스토밍 준비

순서	단계	주요 활동
1	팀 구성	주제에 따라 적절한 인원(6~10명)으로 팀을 구성한다.
2	진행자와 기록자 선정	브레인스토밍의 규칙을 잘 숙지하고 있으며 원활한 진행이 가능한 진행자(리더)와 도출된 아이디어를 간단 명료하게 기록할 수 있는 기록자를 선정한다.
3	문제 공지	진행자가 브레인스토밍에서 다루게 될 문제(주제)의 배경을 설명하고 문제를 제시한다.
4	워밍업	진행자가 브레인스토밍의 4가지 규칙을 환기시킨다.
5	아이디어 도출	팀원들이 자유롭게 아이디어를 제안하고, 기록자는 아이디어가 도출되는 즉시 칠판, 화이트 보드 또는 하이테크 도구를 활용하여 기록하고 공유한다.

브레인스토밍에서 진행자(또는 팀 리더)의 역할이 매우 중요하므로 진행자는 교수가 담당하도록 하되 진행자 의견이 결론에 영향을 미치지 않도록 아이디어 도출에 직접 참여하지는 않도록 한다. 기록자 역할은 진행자가 같이 해도 무관하다. 진행자는 효율적 진행을 위해 노인 헬스케어 시장, 자동차 전장품 등 적절한 목표시장 또는 목표고객을 제시한다.

2. 1차 브레인스토밍 진행

팀 단위의 브레인스토밍 결과는 팀 구성부터 아이디어 도출까지의 1차 브레인스토밍과 아이디어 평가부터 아이디어 다듬기까지의 2차 브레인스토밍으로 구분하여 작성한다.

자유로운 토론을 통해 1차 브레인스토밍을 진행한다. 아이디어 도출시 필요지식에서 앞서 기술한 '인터넷에서 팔리는 상품의 조건'이 유용한 기준이 될 수 있다. 토의 결과를 〈표 2-9〉와 같이 정리한다.

〈표 2-9〉 1차 브레인스토밍 결과 기록

<table>
<tr><th colspan="2">구 분</th><th colspan="2">내 용</th></tr>
<tr><td colspan="2">날짜와 장소</td><td colspan="2">~년 ~월 ~일 ○○시 ○○분~○○시 ○○분(장소 : ○○○)</td></tr>
<tr><td rowspan="3">팀구성</td><td>진행자 및 팀장</td><td colspan="2"></td></tr>
<tr><td>기록자</td><td colspan="2"></td></tr>
<tr><td>참가자</td><td colspan="2"></td></tr>
<tr><td colspan="2">주 제</td><td colspan="2">1차 회의 주제 정하기</td></tr>
<tr><td colspan="2" rowspan="6">아이디어 도출 및 평가
[선택 표시방법]
●: 전원 찬성
▲: 일부 찬성
× : 전원 반대</td><td>주 제</td><td>평 가</td></tr>
<tr><td>1.</td><td>×</td></tr>
<tr><td>2.</td><td>●</td></tr>
<tr><td>3.</td><td>●</td></tr>
<tr><td>4.</td><td>▲</td></tr>
<tr><td>5.</td><td>×</td></tr>
<tr><td colspan="2" rowspan="2">선택된 아이디어</td><td colspan="2">A.</td></tr>
<tr><td colspan="2">B.</td></tr>
<tr><td colspan="2">비 고</td><td colspan="2"></td></tr>
</table>

3. 2차 브레인스토밍 진행

1차 브레인스토밍을 통해 도출된 아이디어 중 팀원들의 찬반 토론을 거쳐 선택된 아이디어에 대한 평가를 위해 2차 브레인스토밍을 진행한다. 아이디어 평가방법에는 여러 가지가 있으나 본 실습에서는 팀원의 투표로 간단히 결정한다. 결과는 〈표 2-10〉과 같이 정리한다.

〈표 2-10〉 2차 브레인스토밍 결과 기록

<table>
<tr><th colspan="2">구 분</th><th colspan="6">내 용</th></tr>
<tr><td colspan="2">날 짜</td><td colspan="6">~년 ~월 ~일 ○○시 ○○분 ~ ○○시 ○○분(장소 : ○○○)</td></tr>
<tr><td rowspan="3">팀 구성</td><td>진행자 및 팀장</td><td colspan="6"></td></tr>
<tr><td>기록자</td><td colspan="6"></td></tr>
<tr><td>참가자</td><td colspan="6"></td></tr>
<tr><td colspan="2">주 제</td><td colspan="6"></td></tr>
<tr><td colspan="2">목 표</td><td colspan="6"></td></tr>
<tr><td colspan="2">아이디어 평가 기준</td><td colspan="6">1.
2.
3.</td></tr>
<tr><td colspan="2" rowspan="3">아이디어 평가</td><td>평가기준
선택적
아이디어</td><td>1</td><td>2</td><td>3</td><td>4</td><td>합계</td></tr>
<tr><td></td><td></td><td></td><td></td><td></td><td></td></tr>
<tr><td></td><td></td><td></td><td></td><td></td><td></td></tr>
<tr><td colspan="2">선택적 최종 아이디어</td><td colspan="6"></td></tr>
<tr><td colspan="2">아이디어 스케치</td><td colspan="6"></td></tr>
</table>

03 선정된 상품의 시장성 평가에 대하여 분석하라.

학습 2

1. 상품평가 체크리스트 작성

최종 도출된 아이디어 상품에 대해 〈표 2-11〉의 체크리스트를 통해 시장성을 평가한다.

〈표 2-11〉 상품분석 체크리스트

분석요인	체크리스트 항목
목표시장 내의 상품분석	1) 현재 시장내에서 고객별로 팔리고 있는 제품은 어떤 것이 있는가? 2) 현재 시장내에서 자사가 판매하고 있는 제품이 있는가?
자사 쇼핑몰의 전략적 방향에 따른 상품평가	1) 자사 쇼핑몰의 운영 전략 및 목표와 일치하는가? 2) 자사의 상품이 고객들에게 제공하는 가치는 무엇인가? 3) 자사의 제품이 제조되거나 판매될 때 잠재적인 문제나 취약한 점은 없는가? 4) 자사 제품의 장단점은 무엇인가? 5) 자사 쇼핑몰이 업력을 보유하고 있다면 자사의 제품 역사는 어떠하였으며, 제품은 어떻게 변화되어 왔는가? 6) 귀사의 제품이 새로운 제품군에서 성장하고 확장하기 위한 계획은 무엇인가?
경쟁상품에 대한 상품의 장단점	1) 경쟁 제품이 있다면 경쟁사의 제품과 서비스를 묘사하라. 2) 경쟁사의 제품은 고객에게 어떤 가치를 주는가? 3) 경쟁사 제품의 장단점은 무엇인가? 4) 경쟁사의 제품에는 자사가 가지지 못한 제조, 환경, 기술, 그리고 경제적인 제약 상황이 존재하는가? 5) 경쟁사가 제품의 성장과 확장을 위해 수립한 계획은 무엇인가?
제품의 트랜드	1) 지난 5년간 목표시장에서의 여타 상품들은 가격, 유통, 마케팅 측면에서 어떠한 트랜드를 보여 왔는가? 2) 상품의 외관, 기술, 제조상 제품의 트랜드는 어떠한가? 3) 미래에는 제품의 사용과 고객의 트랜드 측면에서 어떤 변화를 예측해 볼 수 있는가?

2. 상품개발 프로젝트 보고서 수정

체크리스트상의 점검사항들을 추가하여 상품개발 계획서를 완성한다.

Tip

환경분석 결과에 근거하여 고객을 세분화하고 목표 고객을 설정한 후에 상품개발 과정을 수행하는 것이 일반적이다. 본 학습에서는 서술의 편의상 창의적 발상기법에 따른 상품개발 과정을 먼저 수행한 후 목표 고객 세분화 과정을 이어서 학습하도록 한다.

04 선정된 상품의 경쟁사에 대하여 분석하라.

1. 경쟁사를 분석하여 보고서를 작성한다.

〈표 2-12〉 경쟁사 분석 보고서

경쟁사 분석 보고서	
항 목	내 용
제품(서비스) 아이템	
경쟁사	
경쟁상품	
경쟁사의 가격정책	
경쟁사의 제품정책	
경쟁사의 유통정책	
경쟁사의 판매촉진 정책	
경쟁사의 사이트 분석	
쇼핑몰 편의성 분석	
결제방식	
강점	
약점	

2. SWOT 분석 보고서를 작성한다.

① 4명이 한 모둠을 만들어 역할을 나눈 후 보고서를 작성한다.

② 선정한 아이템에 관하여 SWOT 분석을 실시한다.

③ SO, ST, WO, WT 전략을 수립한다.

〈표 2-13〉 SWOT 분석 및 전략 보고서

내부 분석 / 외부 분석		강 점	약 점
기회		SO 전략	WO 전략
위험		ST 전략	WT 전략

3. 자사의 핵심 성공요인(CSF)을 분석하여 가격, 품질, 납기 등이 경쟁 우위 요소일 때 이를 마케팅 전략에 반영하기 위한 방안을 보고서로 작성한다

〈표 2-14〉 CSF 분석 및 전략 보고서

CSF 분석에 의한 마케팅 전략 방안				
CSF 요인	근 거	경쟁력 평가 결과	결 론	마케팅 전략 반영 방안

Tip 공통적

- 인터넷 자료를 활용할 때는 반드시 출처를 밝혀야 한다.
- 4명이 한 모둠을 만들어 협동 학습으로 진행한다.
- 수행 1, 2, 3과 연계되도록 보고서를 작성한다.
- 창의적 아이디어가 필요한 단계이므로 모둠 내에서의 액션러닝, 아이스브레이킹, 브레인스토밍 등의 방법으로 토의하여 최종 결론을 보고서에 작성한다.

학습활동.2 교수 · 학습 방법

교수 방법

- 쇼핑몰의 상품개발 전략수립에 대한 관련 용어, 구성, 방식 이해 정도를 파악한 후 수업을 진행한다.
- 교수자의 주도로 쇼핑몰의 상품개발 전략수립 등의 내용을 PPT 자료로 제시한 후 설명한다.
- 가능하면 사전에 개인별 학습 자료를 준비하여 모든 학생이 참여할 수 있는 문제 해결식 수업, 협력 수업이 가능하도록 한다.
- 쇼핑몰의 상품개발 전략수립 전 과정을 작업의 순서에 따라 단계적으로 실습이 이루어질 수 있도록 지도한다.
- 교재를 통해 수업을 준비하는데 있어서 필요한 모든 정보나 팁, 힌트 등 도움이 될 만한 내용들을 확인할 수 있다.
- 학생들이 만들게 될 각 모델들은 수업시간에 중점적으로 다뤄질 부분과 어휘, 질문, 답을 포함하고 있으며 또한 탐구할만한 추가적인 아이디어들도 포함하고 있다.

학습 방법

- 쇼핑몰의 상품개발 전략수립에 대한 관련 용어를 숙지하고, 쇼핑몰의 상품개발 전략수립에 대해 이해한다.
- 쇼핑몰의 상품개발 전략수립의 각 단계별 중점 사항을 체계적으로 학습한다.
- 쇼핑몰의 상품개발 전략수립의 수행순서의 전 과정을 실습한다.
- 쇼핑몰의 상품개발 전략수립의 내용을 이해한다.
- 쇼핑몰의 상품개발 전략수립을 이해하고 숙달이 될 때까지 학습한다.

학습활동.2 평가 및 피드백

평가 준거

- 평가자는 피평가자가 수행 준거 및 평가 내용에 제시되어 있는 내용을 성공적으로 수행할 수 있는 지를 평가해야 한다.

학습내용	평가항목	성취수준		
		상	중	하
상품개발 전략 수립	환경 분석 자료를 활용하여 상품개발에 대한 전략적 목표를 수립할 수 있다.			
	수립된 목표에 대해 자사 현황에 근거한 일정을 수립할 수 있다.			
	상품개발을 위한 필요 요소를 분석하고 개발 주체를 결정할 수 있다.			
	개발일정 및 생산 시설 등 구체적인 상품개발 방법을 도출할 수 있다.			
	도출된 결과를 종합하여 상품개발 계획서를 작성할 수 있다			

• 작업 포트폴리오

학습내용	평가항목	성취수준		
		상	중	하
상품개발 전략 수립	환경 분석 결과와 목표 고객 특성을 이해하고 이를 상품개발 전략에 반영한 정도			
	도출된 상품의 시장성 평가 정도			
	상품개발 전략 보고서의 완성도			

평가 방법

• 실습

학습내용	평가항목	성취수준		
		상	중	하
상품개발 전략 수립	상품개발 아이디어 도출 과정의 참여도			

• 필기시험

학습내용	평가항목	성취수준		
		상	중	하
상품개발 전략 수립	사업기획 전략과 상품개발 전략 및 마케팅 전략과의 연계성에 대한 이해 여부			
	디지털 상품(정보재)의 특징에 대한 이해 여부			
	인터넷 쇼핑몰 상품의 속성에 대한 이해 정도			
	아이디어 도출을 위한 방법론에 이해 정도			

• 피드백

1. 작업 포트폴리오
   - 제출한 보고서의 내용을 평가하여 수정 보완 사항을 피드백 한다.
2. 실습
   - 아이디어 도출 회의 과정의 적정성과 도출된 아이디어 상품의 시장성에 대해 피드백 한다.
3. 필기시험
   - 평가 결과 일정 점수 이하인 학생들은 추가 학습을 지시하고 그 결과를 제출하도록 한다.

참 | 고 | 문 | 헌

- 교육부 · 임중선 외, '전자상거래(10030102) NCS학습모듈', 한국직업능력개발원, 2018.12.31.
- 강병서 · 정혜영 · 송상호 · 김성영(2001), 『CEO를 위한 신경영학(경영전략, 마케팅)』, 무역경영사
- 김관형 · 김진현 · 김태수 · 박남섭 · 박세환 · 허관도, 『현대창의공학』, 북스힐, 2014.
- 김영문, 『하루 만에 인터넷 쇼핑몰 창업하기』, 집현재, 2014.
- 김은경, 『창의적 공학설계』, 한빛아카데미, 2013.
- 매일경제신문, '온라인 쇼핑몰, 유통황제로 우뚝', 2015.5.11.
- 박대윤 · 김형수, 『인터넷쇼핑몰 기획실무 스타일 가이드』, 도서출판 비비컴, 2001.
- 서선원의 e-Shop 창업교실, '성공창업 가이드북 II - 쇼핑몰 창업 전 꼭! 알아야 할 성공비법!', 2013.8.
- 손현준, '인터넷에서 팔리는 상품의 조건', ㈜휴넷 경영지식생산본부 보고서, 2008.11.4.
- 안광호 · 김상용 · 김주영, 『인터넷마케팅 원론』, 법문사, 2001.
- 안웅, 『전자 상거래 관리사』, 연학사, 2007.
- 이동훈, 『전자 상거래와 e-비즈니스(개정판)』, 한빛아카데미, 2015.
- 임성기, 『돈 버는 쇼핑몰, 돈 버리는 쇼핑몰』, 도서출판 비비컴, 2005.
- 정희전 · 착한사진연구소, 『쇼핑몰 창업+운영+제작북』, 한빛미디어, 2012.
- 중소기업청 소상공인진흥원, '전자 상거래 창업가이드', 2006.11.30.
- 허계범, 『e-비즈니스 & 전자 상거래』, 이한출판사, 2009.
- Chaffey.D., 『Internet Marketing : Strategy, Implementation and Practice』, Pearson Education, 2009.
- 다음 카페, '디지털 마케팅의 본질적 이해', http://cafe.daum.net/myneostory/Pbb/181?q=personalization%20%B8%B6%C4%C9%C6%C3&re=1
- 다음 카페, '인터넷 마케팅 믹스 전략', http://cafe.daum.net/dongdeamoon/MyPF/362?q=%C0%CE%C5%CD%B3%DD%20%B8%B6%C4%C9%C6%C3%20%B9%CD%BD%BA&re=1
- 블로그, '마케팅-시장 세분화 사례', http://blog.naver.com/PostView.nhn?blogId=tlc700&logNo=40167923014
- 블로그, '쇼핑몰 만들기', http://blog.daum.net/anapana
- 블로그, '시장 세분화 - 쉽게 이해하는 시장 세분화, 08. STP', http://blog.naver.com/PostView.nhn?blogId=sako71&logNo=220347251984
- 블로그, '온라인 쇼핑몰 가격 결정 기준과 방법', http://blog.naver.com/PostView.nhn?blogId=hip34&logNo=20014494675
- 블로그, '인터넷마케팅 원론 - 4P의 변화', http://blog.naver.com/PostView.nhn?blogId=dbgn95&logNo=80189876008
- 블로그, '제품유형분류와 마케팅 전략', http://blog.naver.com/PostView.nhn?blogId=an11778&logNo=220374030811
- 중소기업청, '기관마당〉 기업마당〉 창업 길잡이', http://www.bizinfo.go.kr/EgovPageLink.do?menu

No=20301000&link=egovframework/bizinfo/uss/ise/bizguide/1-1-2-2#/

- 개인블로그, '1인기업 1인경영시대', http //oneceo.co.kr/263
- 교육부, 환경분석(1003010210_16v2). 세종 : 한국직업능력개발원, 2014.
- 교육부, 2016 고등학교 전문교과 수행 평가 모델 자료집, 세종 : 한국직업능력개발원, 2016.
- 김광석 · 권보람 · 최연경, 『4차 산업혁명과 초연결사회, 변화할 미래산업』, 삼정KPMG, 2017.
- 경제연구원, ISSUE MONITOR 제68호 January 2017.
- 김광석 · 김수경 · 박경진, 『소비 패턴의 11가지 구조적 변화』, 삼정KPMG 경제연구원, Issue 43. 2016(통권 제43호), 2016.
- 김동열, 『경제주평』, 현대경제연구원, 11-39. 2011(통권 제 466호), 2011.
- 장경채, 『인터넷 마케팅 플러스』, 무역경영사, 2006.
- 조경희 외, 『전자상거래 일반』, 씨마스, 2017.
- 한국인터넷마케팅연구회, 『인터넷 마케팅』, 삼우사, 2003.
- 류지완, "오픈 마켓 3월 브랜드 평판 조사, 'G마켓 1위'", 브레이크(http://www.breaknews.com), 2017.8.18. 검색, 2017.3.3.
- 매경 시사용어 사전, http://100.daum.net/book/645/list
- 미용경영컨설턴트협회, http://cafe.daum.net/embc2010/OBSs/30
- 위키 백과사전, https://ko.wikipedia.org
- 윤승환 · 정승원, "필승전략 MECE", 아시아경제(http://www.asiae.co.kr/news), 2017.8.18.검색, 2017.5.17.
- 지연진, "모바일 거래액 3.6兆…유통업계 '지각변동'", 아시아경제(http://www.asiae.co.kr/news), 2017.8.18. 검색, 2017.6.29.
- 통계청, http://kostat.go.k

학습 목표

1. 마케팅 고객관리 전략 수립을 이해할 수 있다.

3-1 마케팅 전략의 개요

1. 인터넷 마케팅 전략 개요

마케팅은 '아이디어와 재화 및 서비스의 개발, 가격 설정, 유통 및 촉진을 계획하고 실행하여 교환을 창출함으로써 개인과 조직의 목표를 충족시키는 과정'이라고 정의한다. 이러한 마케팅 활동이 인터넷 환경에서 이루어지는 것을 인터넷 마케팅이라고 한다.

인터넷 마케팅 전략 수립을 위해서는 전통적인 STP(Segmentation Targeting Positioning) 전략과 경쟁시장 분석에서부터 접근하는 CBP(Competitiveness Factoring Business Modeling and Positioning) 전략의 두 가지 접근법이 있다. 일반적으로 STP 전략을 더 선호한다.

STP 전략은 온라인과 오프라인의 구분 없이 적용 가능한 잘 알려진 방법론으로서 시장 세분화(Segmentation), 표적시장 선정(Targeting), 차별화(Positioning)의 세 단계로 구성된다.

이에 반해 CBP 방법론은 먼저 경쟁시장 분석을 통해 경쟁력의 결정 요소들을 파악하고, 경쟁력 결정 요소 중에서 자사 기업에 경쟁우위를 제공하는 요인을 선정한 다음 경쟁사와 차별적인 비즈니스 모델을 구축하는 단계를 거친다. CBP 전략 수립 과정에 대해서는 별도로 상술하지 않는다. 환경 분석(3C 분석), 마케팅 전략 수립, 마케팅 믹스를 포함하는 마케팅 전략 수립의 프레임 및 STP 전략과 CBP 전략 간의 상호 연관성은 [그림 3-1]과 같다.

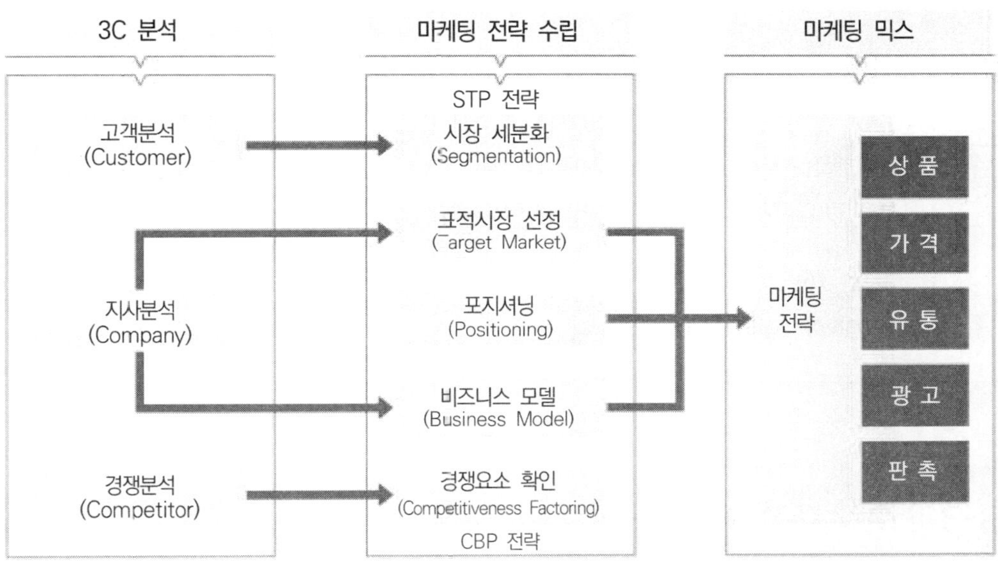

[그림 3-1] 마케팅 전략 수립의 프레임

3-2 마케팅의 STP 전략 수립

1. STP 전략

STP 전략은 시장 세분화를 통해 표적 고객의 시장을 선정하고 차별화된 전략으로 고객을 공략하는 마케팅의 핵심 전략이다. S(Segmentation)는 시장을 나누는 일이며, T(Targeting)는 나눈 시장 중 먼저 공략할 목표시장을 정하는 일이며, P(Positioning)는 목표시장을 공략할 핵심적인 상품 콘셉트를 정하는 일이라 할 수 있다. 이러한

STP 전략을 '전략적 마케팅 계획'이라고도 부르는데, 그것은 그다음 단계인 마케팅 믹스를 '전술적 마케팅 계획'이라고 부르는 것과 대비되는 것이다.

STP 전략 수립을 위한 자세한 과정은 〈표 3-1〉과 같다.

〈표 3-1〉 마케팅을 위한 STP 전략 수립 과정

단계	전략	내용	검토 기준
1단계	전체 고객 세분화 (Segmentation)	• 쇼핑몰의 전체 고객시장을 특정 기준에 의해 세분화 • 동일 집단인 각 세부시장의 특징 및 잠재력 검토	• 지리적 세분화 • 인구 통계학적 세분화 • 사회 심리학적 세분화 • 행동 분석적 세분화
2단계	표적 고객 선정 (Targeting)	• 세분화된 고객군 중 1~3개의 집중 고객군 선정 • 표적 고객시장의 적중 여부는 상품개발의 방향을 좌우하는 중요한 요소	• 시장의 크기와 특성 • 자사 비즈니스 모델 • 방향과의 일치 여부
3단계	표적 고객 세분화 (Segmentation)	• 표적 고객시장 내 대상 고객의 데이터를 바탕으로 표적 고객시장을 다시 세분화	• 브랜드 선호도 • 구매 동기
4단계	상품 차별화 (Positioning)	• 세분화된 표적 고객시장의 특성에 따라 차별화된 상품과 서비스를 기획 • 마케팅의 핵심에 해당	• 브랜드 • 카테고리 구색 • 디스플레이 • 가격

3-3 고객시장 세분화

1. 시장 세분화의 목적

시장 세분화는 시장을 수요층별로 잘 정의된 몇 개의 슬라이스로 나누는 것이다. 세분화된 시장은 유사한 요구사항과 구매행동이 비슷한 고객들로 구성되어 있으므로, 이러한 세분화된 고객층에 대해 집중적으로 마케팅 전략을 펴기 위한 것이다. 즉 제품의 생산에서부터 유통, 프로모션에 이르기까지 일관된 마케팅 전략을 집행하기 위해 잠재 소비자의 성격을 명확히 하는 것이다.

기업이 마케팅 전략 수립시 시장 세분화를 하는 목적은 ① 시장기회를 탐색하기 위하여, ② 소비자의 욕구를 정확하게 충족시키기 위하여, ③ 변화하는 시장수요에 능동적으로 대처하기 위하여, ④ 자사와 경쟁사의 강·약점을 효과적으로 평가하기 위한 것이다. 인터넷 비즈니스에서 비즈니스 모델은 매우 중요한 요소인데, 인터넷

마케팅에서 시장을 세분화하는 목적은 비즈니스 모델과도 크게 관련되어 있다.

개발된 비즈니스 모델 대안 중 잠재 고객들의 욕구나 선호도 등을 토대로 최적의 비즈니스 모델을 결정하기 위해 시장을 세분화할 수도 있으며, 반대로 비즈니스 모델의 확정 후 구체적인 마케팅 믹스 전략의 수립을 위해 시장을 세분화할 수도 있다. 비즈니스 모델에 대해서는 설명을 생략한다. 마케팅 기획 담당의 임무는 세분시장을 몇 개로 나누는 것이 적정한지 세분시장의 본질이 무엇인지를 알아내는 것과 그 중 어떤 시장에 목표를 둘 것인지를 결정하는 것이다.

2. 시장 세분화의 변수

시장 세분화에는 여러 가지 기준을 적용할 수 있다. 시장 세분화의 변수라고도 한다. 대표적인 기준은 〈표 3-2〉와 같다.

〈표 3-2〉 시장 세분화의 변수

유 형	세부 기준 (변수)	특 징
지리적 세분화	국가, 지방, 도, 도시, 군, 주거지, 기후, 입지 조건 등	손쉽게 적용할 수 있다.
인구통계학적 세분화	연령, 성별, 가족 규모, 직업, 소득, 교육 수준, 종교, 인종 등	인터넷 시장은 오프라인 시장에 비해 인구 통계적 변수에 따른 세분시장들 간의 구매행동이나 웹서핑 행동에서 큰 차이가 나지 않는다.
사회심리학적 세분화	라이프 스타일, 개성, 태도, 느낌 등	인구통계적 변수에 의한 세분화에 비해 구매 관련 행동에 대한 설명력이 높다.
행동분석학적 세분화	신기술 수용 정도, 추구하는 편익, 사용량, 상표 충성도 등	구매 관련 행동의 적극성 정도를 나타낸다.

오프라인 시장에서는 통상 인구통계학적인 변수를 주로 사용한다. 그러나 인터넷 시장은 오프라인 시장에 비해 인구통계적 변수에 따른 세분시장들 간의 구매행동이나 웹서핑 행동에서 큰 차이가 나지 않기 때문에 사회심리학적 변수나 행동분석학적 변수가 더 효과적이다.

마지막의 행동분석학적 세분화 기준은 먼저 행동적 변수에 따라 시장을 나눈 뒤에 앞의 세 개의 변수에 따른 시장의 특징을 조사하는 형태이기 때문에 앞의 세 가지의 변수에 따라 시장을 나눈 뒤에 각 시장의 행동분석학적 특징을 찾는 형태와는 달리 구분되는 기준이다.

3. 시장 세분화의 필요성 여부

여기서 또 하나 중요한 점은 시장 세분화가 마케팅의 중요한 개념 중 하나이지만 누구나 시장 세분화를 할 필요는 없다는 것이다. 시장을 세분화하는 데 드는 예산 및 나눈 시장에 따라 개별적인 마케팅 믹스 프로그램을 개발하는 데 드는 비용이 시장을 세분화해서 나오는 수익을 상회한다면 시장을 나눌 필요가 없다. 따라서 시장을 세분화해야 할 필요성에 대해서도 적절한 기준이 적용될 수 있다. 그 기준은 다음과 같다.

① 잠재 고객들을 세분시장에 할당하는 과정의 단순성과 비용 효율성
② 이익이 증가할 가능성
③ 세분시장 내 잠재 구매자들의 욕구의 유사성
④ 다른 세분시장들 간 구매자들의 욕구의 차이
⑤ 세분시장에 접근할 수 있는 마케팅 활동의 가능성

3-4 목표시장 선점

1. 표적시장 선정 기준

표적시장은 특정 조직이 마케팅 교환을 창출하고자 하는 대상으로서 개인 소비자와 조직의 집단을 말한다. 시장 세분화에 의해 얻어진 각 세분시장의 매력도를 평가하여 그중에서 자사의 마케팅 목적에 가장 적합한 세분시장을 선정하기 위한 과정이다. 표적시장 선정시의 고려사항은 다음과 같다.

① 시장크기
② 시장특성과 자사 특성 간의 적합도(세분시장의 고객이 원하는 것을 자사 사이트가 해 줄 수 있는 정도)
③ 경쟁정도(경쟁사이트의 수와 그들의 마케팅 노력 투입의 정도)
④ 기업의 전략적 의도

2. 목표시장 선정 유형

목표시장의 대상은 다음의 세 가지 유형 중 하나를 취할 수 있다.

1) 단일 목표시장 전략(Single Target Market Approach)

여러 세분시장 중에서 자사 사이트에 가장 적합한 하나의 세분시장을 선택하는 전략으로서 시장의 세분화가 상당히 진행되었거나 회사 규모가 작고 시장에 진입한 지 얼마 되지 않은 기업에 적절하다. 집중적 마케팅 전략을 적용할 수 있으므로 높은 수익성을 기대할 수 있다.

2) 복수 목표시장 전략(Multiple Target Market Approach)

둘 이상의 세분시장을 표적시장으로 선정하는 전략이다. 제품 간의 특성에 차이가 존재한다고 인식되는 제품군에만 사용한다. 각 세분시장의 소비자 욕구에 맞추기 때문에 소비자를 보다 더 만족시킬 수 있는 반면, 각 표적시장의 욕구나 취향을 모두 충족시키기 위해 사이트 내에 다양한 콘텐츠를 열거하는 것은 통합적 사이트 이미지 형성에 부정적 영향을 미칠 수도 있다. 차별적 마케팅 전략이 뒤따라야 한다.

3) 전체 시장 추구 전략(Full Market Coverage Approach)

시장을 세분화하여 표적시장을 정하는 차별적 전략보다 비차별적 전략이 유리할 때 사용한다. 소비자가 제품 간의 특성에 차이가 없다고 인식하여 시장 간 구분이 필요 없는 경우가 해당된다. 생산원가 및 마케팅 비용 절감을 통해 경제성 실현이 가능하며, 시장 선도 기업 또는 재원이 풍부한 대기업에 적합하다.

3-5 포지셔닝

상품의 포지션(Position)이란 소비자들의 인식 속에 자사의 제품이 경쟁상품에 대비하여 차지하고 있는 '상대적 위치'를 의미한다. 포지셔닝이란 자사의 상품이나 브랜드를 경쟁상품과 비교하여 차별적으로 받아들일 수 있도록 고객들의 마음 속에 인식(위치)시키는 과정이다.

따라서 포지셔닝의 핵심은 '고객에 의해 인식된 차별성'이다. 포지셔닝에는 다음과 같은 세 가지 유형이 있다.

〈표 3-3〉 포지셔닝의 유형

유 형	내 용
상품중심 포지셔닝	상품의 기능, 성능, 디자인, 판매 실적 등에 따른 포지셔닝
고객중심 포지셔닝	목표시장 내 고객의 요구사항에 따른 포지셔닝
경쟁중심 포지셔닝	경쟁사와 비교하여 우위에 따른 포지셔닝

포지셔닝은 광고 전략과 직결된다. 광고 전략에서는 잠재 소비자의 의식 속에 광고 상품의 이미지를 특정한 위치에 설정하는 것을 목표로 한다. 즉 동일한 상품이라 하더라도 포지셔닝에 따라 전혀 다른 상품으로 인식될 수도 있는 것이다.

포지셔닝은 오늘날의 마케팅 및 광고 전략 수립의 기본 전제로 고려해야 하는 사항이다. 왜냐하면 경쟁이 가속화됨에 따라 광고 등의 정보가 과잉상태에 이르러 상품이나 기업의 이미지가 잠재 소비자에게 인식되기가 점점 힘들게 되기 때문이다. 따라서 효과적인 포지셔닝으로 잠재 소비자의 욕구를 들추어내는 것이 마케팅 · 광고 활동에 반드시 필요한 조건이다. 포지션닝 전략을 수립하는 과정은 소비자 요구 분석, 경쟁사 분석, 경쟁사 상품의 포지션 분석을 하고 그에 따라 자사 제품의 포지셔닝을 결정하는 과정을 거친다.

마지막으로 소비자와 시장분석을 통해 제품의 포지셔닝을 조정하게 되는데 이를 리포지셔닝이라고 한다. 상품이나 브랜드가 고객의 마음 속에 자리잡고 있는 위치를 도표상의 점으로 나타낸 것을 '포지셔닝 맵'이라 하며, 자사 상품을 포함한 경쟁 상품들의 포지셔닝 현황을 점검 할 때 유용하게 사용된다.

수행 내용

재료 · 자료

- 환경분석 보고서, 상품개발 계획서
- 전자상거래 사업기획 실무 지침서
- 종이, 필기구, 포스트잇 등

학습 3

기기(장비 · 공구)

- 개인용 컴퓨터 및 프린터(인터넷 연결된 상태), 복사기, 빔 프로젝터, 화이트 보드

안전 · 유의사항

- 팀의 구성원은 4~5명으로 하고, 교수의 지시에 따라 진행한다. 팀장은 팀의 대표가 되어 과제 결과물을 수합하고 정리한다.
- 시장 세분화 및 목표 고객 선정을 위한 토의 과정에서, 타인의 의견을 존중하고 모든 대안을 긍정적으로 받아들이는 오픈 마인드를 가진다.
- 실제 사업을 운영해 보지 않은 입장에서는 시장 세분화 및 목표 고객 선정 과정이 추상적이 될 수 있다. 구체적이고도 단순한 사례를 선정한다.

수행 순서

01 마케팅 고객관리 전략 수립의 요구사항과 목표를 분석하라.

① 환경분석 보고서 내용을 숙지함으로써 시장 세분화 및 목표 고객 선정에 대한 전략적 목표를 이해한다.

② 목표 고객 세분화를 위한 방법론으로서의 STP 전략 수립 과정을 이해하고, 단계별 산출물을 작성한다.

③ 구체적 사례를 활용하여 실제 시장 세분화부터 상품 포지셔닝까지의 과정을 실습해 본다.

02 마케팅 고객관리 전략 수집의 시장 세분화 과정을 분석하라.

2장에서 브레인스토밍을 통해 다양한 상품개발 계획들이 도출되었다면, 〈표 3-2〉에 제시된 세분화 변수에 따라 시장을 세분화한다.

1. 지역별 세분화

M사는 전국적으로 커피를 판매하고 있는 기업이다. 커피의 맛은 지역별로 다르게 하고 있다. 커피의 맛은 강한 것과 연한 것, 믹스 커피와 드립 커피 등으로 나눌 수 있다. 지반대로는 공업지역, 농경지역, 거주지역 등으로 나눌 수 있다.

위 사례에 따라 〈표 3-4〉와 같이 실제 지역별로 시장을 세분화해 본다.

〈표 3-4〉 지역별 시장 세분화

구 분		지리적 변수			
		A1	A2	A3	A4
커피 맛	T1				
	T2				
	T3				

2. 인구 통계적 세분화

이는 성(性), 나이, 소득 수준, 직업, 교육 정도, 가족 수, 가정의 라이프 사이클 등에 의해 시장을 세분화하는 것이다. 완구의 경우 남자 아이와 여자 아이가 선호하는 장난감의 종류를 달리 해야 할 것이다. 가정의 라이프 사이클은 미혼 단계, 결혼 후 자녀가 없는 단계, 자녀가 생기는 단계, 자녀 성장 단계, 학교를 졸업한 자녀가 있는 단계, 자녀 결혼 후 노부부 단계, 퇴직 후 노부부 단계의 7단계로 구분할 수 있다.

각 단계마다 필요한 상품이 다르다. 라이프 사이클의 단계별로 필요한 아이디어 상품을 〈표 3-5〉와 같이 도출해 본다. 그 외 사회 계층 등 여러 가지 변수를 조합하여 목표시장을 세분화해 볼 수 있다.

〈표 3-5〉 지역별 시장 세분화

라이프 스타일 단계	필요 상품 유형	아이디어 상품
미혼 단계		
결혼 후 자녀가 없는 단계		
자녀가 생기는 단계		
자녀 성장 단계	예 세탁기, 유아용품, 완구	
학교 졸업한 자녀가 있는 단계		
자녀 결혼 후 노부부 단계	예 여행 도구, 여가 상품	
퇴직 후 노부부 단계		

03 마케팅 고객관리 전략 수립의 목표시장 선정 과정에 대하여 분석하라.

1. 세분시장 평가하기

위와 같은 다양한 시장 세분화 변수들을 적용하여 도출된 세분시장이 적절한지, 〈표 3-6〉과 같은 평가기준을 참고하여 목표 세분시장을 평가한다.

〈표 3-6〉 세분시장 평가 기준

3C	평가 요소	평가 기준
고객	시장 규모와 성장률	• 해당 세분시장이 적절한 규모인가? • 성장 가능성이 높은 시장인가? • 각 세분시장별 잠재 수요는 어느 정도인가?
경쟁	현재의 경쟁자와 잠재적 경쟁자	• 해당 세분시장이 적절한 규모인가? • 성장 가능성이 높은 시장인가? • 각 세분시장별 잠재 수요는 어느 정도인가?
자사	기업목표와 자원의 시너지 효과	• 기업의 목표와 일치하는가? • 인적 · 물적 · 기술적 자원을 갖추고 있는가? • 기존 브랜드의 마케팅 믹스 요소를 연계하여 시너지 효과를 가져 올 수 있는가?

2. 목록 줄이기

세분시장의 평가결과를 가지고 목표시장의 목록을 줄여 나간다. 목록은 다음의 질문을 통해 줄여나간다. 최종적으로 하나의 목표시장이 선정되기까지 다음의 과정을 반복한다.

① 목표 고객의 지불 능력은 충분한가?
② 목표 고객이 판매조직에 쉽게 접근할 방법이 있는가?
③ 목표 고객이 구매할 수밖에 없는 이유는 무엇인가?
④ 협력업체와 함께 완제품을 당장 출시하는 것이 가능한가?
⑤ 난공불락의 경쟁자가 버티고 있는가?
⑥ 세분시장의 성공을 발판으로 다른 시장으로 진출할 수 있는가?
⑦ 가치관, 열정, 목표에 부합하는 시장인가?

3. 고객의 선정

목표시장 선정에서 주의할 점은 너무 큰 시장은 공략하기 어렵다는 점이다. 일단 시장을 세분화하고 목표 고객을 선정하면 그 속에서 다양한 세부시장을 또 찾아낼 수 있다. 너무 작은 시장을 공략하는 것은 아닌지 걱정할 필요는 없다. 주어진 시간 동안 주어진 자원을 가장 적절하게 사용하고 싶으면 시장을 좁히고 좁혀야 한다.

그렇다면 얼마나 좁혀야 충분한 걸까? 다음의 세 가지 조건을 충족시킬 때까지 시장을 세분화해야 한다.

① 시장 내의 고객은 모두 유사한 제품을 구매한다.
② 고객에 대한 영업 주기가 유사하고 제품에 대한 기대 가치도 비슷하다. 한 고객에게 적용한 영업 전략을 다른 고객에게도 적용해 추가적인 비용이나 노력 없이 큰 효과를 거둘 수 있다.
③ 고객 사이에는 '입소문'이라는 강력한 구매 준거 기준이 존재한다. 고객은 같은 협회 소속이거나 같은 지역에서 활동하는 경우가 많다. 만약 잠재시장이 고객 간 소통이 이뤄지지 않는 곳이라면 고객을 유인하기가 매우 어렵다.

하나의 시장만을 선택하라. 목표시장 내 고객 모두가 유사한 상품을 구매하고, 고객에 대한 영업 주기와 제품에 대한 기대치가 비슷하며, 고객 사이에 입소문이라는 강력한 구매 기준을 모두 충족시키는 완전히 동질적인 시장을 찾을 때까지 계속 세분화하라.

04 마케팅 고객관리 전략 수립의 목표 고객 포지셔닝 과정에 대하여 분석하라.

1. 목표 고객의 프로파일 작성하기

포지셔닝의 개념은 기업이나 제품의 객관적 특성과는 관계없이 고객이 어떻게 생각하느냐에 따라 결정된다. 기업 입장에서가 아니라 소비자 인식속에서 포지셔닝 위치를 정해야 한다.

소비자의 인식을 바꾸기 위해서는 먼저 목표 고객에 대한 프로파일 조사가 필요하다. 〈표 3-7〉과 같이 성별, 연령, 직위, 수입, 학력, 경력, 여가 활동, 선호하는 매체, 성격, 상황, 구매의사 결정 기준 등에 대한 목표 고객 프로파일을 조사한다. 조사의 목적은 해당 시장에서 고객이 가장 중요하게 고려하는 구매요소를 확인하기 위함이다.

〈표 3-7〉 세분시장 평가 기준

구 분	프로파일
성별	
연령	
직위	
수입	
학력	
경력	
여가 활동	
선호하는 매체	
성격	
구매의사 결정 기준	
기타	

2. 목표 고객의 구매 고려사항 작성하기

목표 고객 프로파일 조사과정을 통해 찾아 낸 제품과 서비스 구매시 고려 요인에 대해 〈표 3-8〉과 같이 고려 요인별 중요도를 상 · 중 · 하로 평가하고, 고객의 중요도 달성 수준을 경쟁자와 함께 평가해본다.

어떤 사람은 디자인을 중요하게 생각할 수도 있고, 어떤 사람은 가격을 중요시 할 수도 있다. 기업 입장에서는 고객이 중요하게 생각하는 부분의 품질 수준을 달성해야 경쟁력이 높아진다.

〈표 3-8〉 고객의 중요도 달성 수준 평가

구매 시 고객의 중요 고려 요인	고객의 중요도 고려 수준	고객의 중요도 달성 수준		
		자사	경쟁사-1	경쟁사-2
(핵심 성공 요소)	(상, 중, 하로 기입)	(고, 중, 저)		

경쟁자는 산업 내 경쟁자를 포함하여 대체재 관점이 고려되어야 한다. 산업 내 경쟁자는 쉽게 찾아낼 수 있으나, 대체재는 식별이 쉽지 않다. 하나의 산업을 파괴하는 것은 산업 내 경쟁자가 아닌 대체재인 경우가 많으므로 면밀한 점검이 필요하다.

3. 포지션 맵 그리기

마지막으로 [그림 3-2]와 같은 포지션 맵을 그린다. 포지션 맵을 그리기 위한 방법은 다음과 같다.

① X축과 Y축을 이등분한다.

② X축에는 위에서 고객이 중요하게 생각하는 첫번째 우선 순위를 기입한다.

③ X축의 0에 가까운 왼쪽에 부정적 상태를 적는다(예를 들어 브랜드 인지도가 낮으면 '낮음'으로 표기한다).

④ X축의 오른쪽 끝에 우선순위의 긍정적 상태를 적는다(예를 들어 브랜드 인지도가 높으면 '높음'으로 표기한다).

⑤ Y축에 두 번째 우선순위를 적는다(0에 가까운 아래쪽에 부정적 상태를, 위쪽에 긍정적 상태를 적는다).

⑥ 당신과 경쟁자(현재와 미래 모두)의 위치를 표시한다. 고객의 현상유지 대안도 표시한다.

포지션 맵에서 포지셔닝의 확인 결과 기업은 오른쪽 최상단에 위치해야 한다. 만약 기업의 포지셔닝이 오른쪽 끝이 아니라면 제품을 재평가하거나 가치 제안 방법을 다시 고민해야 한다.

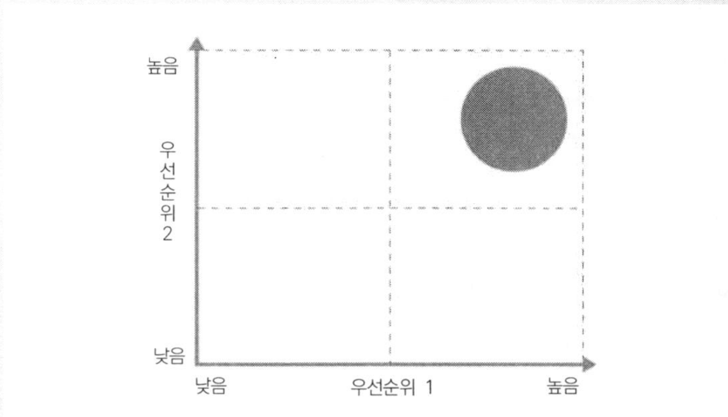

[그림 3-2] 포지션 맵

경쟁적 지위를 정의하는 것은 경쟁자 그리고 고객의 현상유지 대안과 비교해 제품의 우수성과 차별성을 확인하는 작업이다. 비교기준은 고객의 구매기준 1위와 2위이다. 경쟁력 포지셔닝 차트는 목표 고객이 얻을 수 있는 가치를 정량화가 아닌 '비교'라는 직관적인 방법을 통해 설득력 있게 제시함으로써 고객에게 강한 인상을 심어준다.

[그림 3-3]의 왼쪽 포지션 맵은 고객이 가격 요소와 구매의 편리성을 가장 중요시 한다는 가정 아래 만들어진 것이다. 오른쪽 맵은 자사 상품이 고객에게 현재 어떻게 인식되고 있는지를 직관적으로 보여준다.

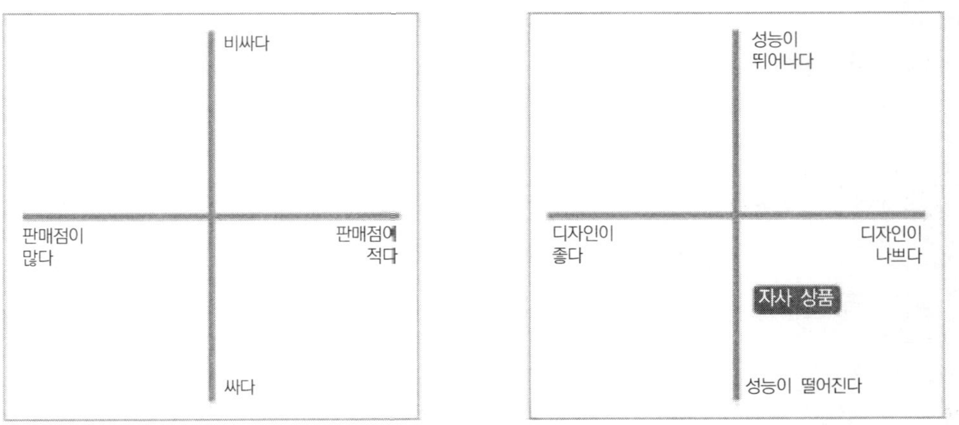

[그림 3-3] 포지션 맵의 우선순위 예시

[그림 3-4]는 실제 포지션 맵의 사례이다.

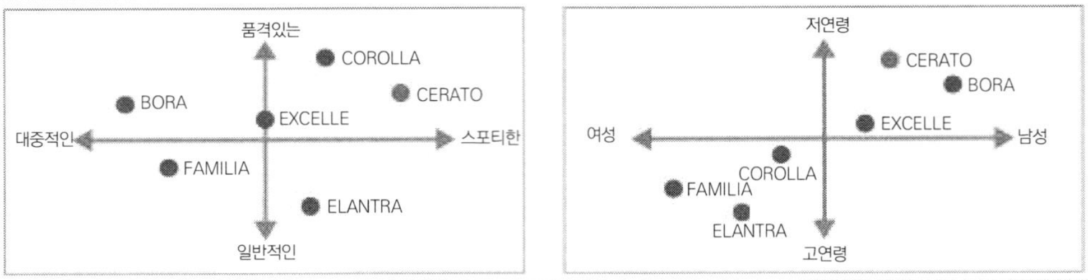

[그림 3-4] 포지션 맵 사례

시장 세분화에 정답은 없다. 각자의 상황에 따라 제시된 가이드 라인의 내용을 추가하거나 변형할 수 있으며, 전략 수립 과정도 선택적으로 조정할 수 있다. 대부분의 변수들이 정확히 정의하기가 어렵기 때문에 이 또한 팀 구성원들 간의 브레인스토밍 방식을 취하는 것이 좋다. 브레인스토밍에 정답은 없으나, 토의의 원칙은 준수하여야 한다.

05 온라인 쇼핑몰 동향 및 관련 상품시장의 마케팅 동향에 대하여 분석하라.

1. 온라인 쇼핑 동향을 탐색

관련 상품시장의 마케팅 동향을 파악하기 위해 온라인 쇼핑 동향에 대해 조사하고 정리한다.

1) 최근 일정기간의 온라인 쇼핑 동향을 탐색하고 정리한다.

〈표 3-9〉 최근 3년의 온라인 쇼핑 동향(20XX년 ~ 20XX년)

구분(조사 연도)	조사할 내용	검색 기관
온라인 쇼핑 동향 (20XX년 ~ 20XX년)	온라인 쇼핑 거래액 동향	통계청 (http://kostat.go.kr)
	상품군별 거래액	
	취급 상품 범위 및 운영 형태별 거래액	

2) 최근 온라인 쇼핑몰 거래 성공사례를 조사하여 정리한다.

〈표 3-10〉 온라인 쇼핑몰 거래 성공사례 조사 보고서

주제 : 온라인 쇼핑몰 거래 성공사례 조사 보고서

쇼핑몰 명	구 분	내 용
○○쇼핑몰	운영형태	
	취급상품 범위	
	상품군별 거래액	
	경쟁업체	
	성공원인 분석	
	미래전망	

학습 3

2. 관련 상품시장의 마케팅 동향 탐색

모둠별(또는 개인별) 콘텐츠 전략 수립을 위한 관련 상품을 정하고 관련 상품시장의 마케팅 동향을 조사하여 정리한다.

① 오픈마켓, 브랜드몰, 소셜커머스 등의 사이트에 접속하여 인기 제품 및 판매방법을 탐색한다.

〈표 3-11〉 사이트별 인기상품 및 판매방법 조사 보고서

주제 : 인기제품 및 판매방법 조사 보고서

쇼핑몰 명	구 분	내 용
○○쇼핑몰	인기제품	
	판매방법	
	조사내용에 대한 분석	

② 모둠별(또는 개인별) 콘텐츠 전략 수립을 위한 관련 상품을 결정한다.

③ 관련 상품시장의 마케팅 동향을 조사하여 정리한다.

〈표 3-12〉 관련 상품시장의 마케팅 동향 조사 보고서

관련 상품		
구 분	종류	내용
관련 상품시장의 마케팅 사례 (마케팅 동향 관점)	마케팅의 성공사례	
	마케팅의 실패사례	
	조사내용에 대한 분석	

Tip

- 최신의 자료를 활용하도록 한다.
- 사례 등 많은 정보를 찾아보고 비교한다.
- 콘텐츠 전략을 수립할 때 중요하게 생각하는 목표가 무엇인지를 생각한다.

학습 3

학습활동.3 교수 · 학습 방법

교수 방법

- 마케팅 고객관리 전략 수립에 대한 관련 용어, 구성, 방식 이해 정도를 파악한 후 수업을 진행한다.
- 교수자의 주도로 마케팅 고객관리 전략 수립 등의 내용을 PPT 자료로 제시한 후 설명한다.
- 가능하면 사전에 개인별 학습 자료를 준비하여 모든 학생이 참여할 수 있는 문제 해결식 수업, 협력 수업이 가능하도록 한다.
- 마케팅 고객관리 전략 수립 전 과정을 작업의 순서에 따라 단계적으로 실습이 이루어질 수 있도록 지도한다.
- 교재를 통해 수업을 준비하는데 있어서 필요한 모든 정보나 팁, 힌트 등 도움이 될 만한 내용들을 확인할 수 있다.
- 학생들이 만들게 될 각 모델들은 수업시간에 중점적으로 다뤄질 부분과 어휘, 질문, 답을 포함하고 있으며 또한 탐구할만한 추가적인 아이디어들도 포함하고 있다.

학습 방법

- 마케팅 고객관리 전략 수립에 대한 관련 용어를 숙지하고, 마케팅 고객관리 전략 수립에 대해 이해한다.
- 마케팅 고객관리 전략 수립의 각 단계별 중점 사항을 체계적으로 학습한다.
- 마케팅 고객관리 전략 수립의 수행순서의 전 과정을 실습한다.
- 마케팅 고객관리 전략 수립의 내용을 이해한다.
- 마케팅 고객관리 전략 수립을 이해하고 숙달이 될 때까지 학습한다.

학습활동.3 평가 및 피드백

평가 준거

- 평가자는 피평가자가 수행 준거 및 평가 내용에 제시되어 있는 내용을 성공적으로 수행할 수 있는 지를 평가해야 한다.

학습내용	평가항목	성취수준		
		상	중	하
마케팅 고객관리 전략 수립	환경 분석에 따른 개발상품의 목표 고객을 규정하고 목표시장에서의 지향적 위치(Position)를 결정함으로써 예측 가능한 목표 고객의 요구를 구체적으로 도출해 낼 수 있다.			
	제품, 고객, 가격, 물류, 판촉 자료를 활용하여 종합적인 마케팅 전략을 수립할 수 있다.			

평가 방법

• 작업 포트폴리오

학습내용	평가항목	성취수준		
		상	중	하
마케팅 고객관리 전략 수립	목표 고객 특성과 가격/유통/광고 전략을 이해하고 이를 마케팅 믹스 전략에 반영한 정도			

• 필기시험

학습내용	평가항목	성취수준		
		상	중	하
마케팅 고객관리 전략 수립	목표 고객 특성과 가격/유통/광고 전략을 이해하고 이를 마케팅 믹스 전략에 반영한 정도			

• 실습

학습내용	평가항목	성취수준		
		상	중	하
마케팅 고객관리 전략 수립	목표 고객 특성과 가격/유통/광고 전략을 이해하고 이를 마케팅 믹스 전략에 반영한 정도			

• 피드백

1. 작업 포트폴리오
   - 제출한 보고서의 내용을 평가하여 수정 보완 사항을 피드백 한다.
2. 실습
   - 가격과 판촉 수단의 결정 과정의 합리성과 도출된 전략의 적정성에 대해 피드백 한다.
3. 필기시험
   - 평가 결과 일정 점수 이하인 학생들은 추가 학습을 지시하고 그 결과를 제출하도록 한다.

참 | 고 | 문 | 헌

- 교육부 · 임중선 외, '전자상거래(10030102) NCS학습모듈', 한국직업능력개발원, 2018.12.31.
- 강병서 · 정혜영 · 송상호 · 김성영, 『CEO를 위한 신경영학(경영전략, 마케팅)』, 무역경영사, 2001.
- 김관형 · 김진현 · 김태수 · 박남섭 · 박세환 허관도, 『현대창의공학』, 북스힐, 2014.
- 김영문, 『하루 만에 인터넷 쇼핑몰 창업하기』, 집현재, 2014.
- 김은경, 『창의적 공학설계』, 한빛아카데미, 2013.
- 매일경제신문, '온라인 쇼핑몰, 유통황제로 우뚝', 2015.5.11.
- 박대윤 · 김형수, 『인터넷쇼핑몰 기획실무 스타일 가이드』, 도서출판 비비컴, 2001.
- 서선원의 e-Shop 창업교실, '성공창업 가이드북 II - 쇼핑몰 창업 전 꼭! 알아야 할 성공비법!', 2013.8.
- 손현준, '인터넷에서 팔리는 상품의 조건', ㈜휴넷 경영지식생산본부 보고서, 2008.11.4.
- 안광호 · 김상용 · 김주영, 『인터넷마케팅 원론』, 법문사, 2001.
- 안웅, 『전자 상거래 관리사』, 연학사, 2007.
- 이동훈, 『전자 상거래와 e-비즈니스(개정판)』, 한빛아카데미, 2015.
- 임성기, 『돈 버는 쇼핑몰, 돈 버리는 쇼핑몰』, 도서출판 비비컴, 2005.
- 정희전 · 착한사진연구소, 『쇼핑몰 창업+운영+제작북』, 한빛미디어, 2012.
- 중소기업청 소상공인진흥원, '전자 상거래 창업가이드', 2006.11.30.
- 허계범, 『e-비즈니스 & 전자 상거래』, 이한출판사, 2009.
- Chaffey.D., 『Internet Marketing : Strategy, Implementation and Practice』, Pearson Education, 2009.
- 다음 카페, '디지털 마케팅의 본질적 이해', http://cafe.daum.net/myneostory/Pbb/181?q=personalization%20%B8%B6%C4%C9%C6%C3&re=1
- 다음 카페, '인터넷 마케팅 믹스 전략', http://cafe.daum.net/dongdeamoon/MyPF/362?q=%C0%CE%C5%CD%B3%DD%20%B8%B6%C4%C9%C6%C3%20%B9%CD%BD%BA&re=1
- 블로그, '마케팅-시장 세분화 사례', http://blog.naver.com/PostView.nhn?blogId=tlc700&logNo=40167923014
- 블로그, '쇼핑몰 만들기', http://blog.daum.net/anapana
- 블로그, '시장 세분화 - 쉽게 이해하는 시장 세분화, 08. STP', http://blog.naver.com/PostView.nhn?blogId=sako71&logNo=220347251934
- 블로그, '온라인 쇼핑몰 가격 결정 기준과 방법', http://blog.naver.com/PostView.nhn?blogId=hip34&logNo=20014494675
- 블로그, '인터넷마케팅 원론 - 4P의 변화', http://blog.naver.com/PostView.nhn?blogId=dbgn95&logNo=80189876008
- 블로그, '제품유형분류와 마케팅 전략', http://blog.naver.com/PostView.nhn?blogId=an11778&logNo=220374030811
- 중소기업청, '기관마당〉 기업마당〉 창업 길잡이', http://www.bizinfo.go.kr/EgovPageLink.do?menu

No=20301000&link=egovframework/bizinfo/uss/ise/bizguide/1-1-2-2#/

- 개인블로그, '1인기업 1인경영시대', http://oneceo.co.kr/263
- 교육부, 환경분석(1003010210_16v2), 세종 : 한국직업능력개발원, 2014.
- 교육부, 2016 고등학교 전문교과 수행 평가 모델 자료집, 세종 : 한국직업능력개발원, 2016.
- 김광석 · 권보람 · 최연경, 『4차 산업혁명과 초연결사회, 변화할 미래산업』, 삼정KPMG, 2017.
- 경제연구원, ISSUE MONITOR 제68호 January 2017.
- 김광석 · 김수경 · 박경진, 『소비 패턴의 11가지 구조적 변화』, 삼정KPMG 경제연구원, Issue 43. 2016(통권 제43호), 2016.
- 김동열, 『경제주평』, 현대경제연구원, 11-39. 2011(통권 제 466호), 2011.
- 장경채, 『인터넷 마케팅 플러스』, 무역경영사, 2006.
- 조경희 외, 『전자상거래 일반』, 씨마스, 2017.
- 한국인터넷마케팅연구회, 『인터넷 마케팅』, 삼우사, 2003.
- 류지완, "오픈 마켓 3월 브랜드 평판 조사, 'G마켓 1위'", 브레이크(http://www.breaknews.com). 2017.8.18. 검색, 2017.3.3.
- 매경 시사용어 사전, http://100.daum.net/book/645/list
- 미용경영컨설턴트협회, http://cafe.daum.net/embc2010/OBSs/30
- 위키 백과사전, https://ko.wikipedia.org
- 윤승환 · 정승원, "필승전략 MECE". 아시아경제(http://www.asiae.co.kr/news), 2017.8.18. 검색, 2017.5.17.
- 지연진, "모바일 거래액 3.6兆…유통업계 '지각변동'", 아시아경제(http://www.asiae.co.kr/news), 2017.8.18. 검색, 2017.6.29.
- 통계청, http://kostat.go.kr.
- 교육부, 마케팅 관리(1003010206_13v1), 세종 : 한국직업능력개발원, 2015.
- 김범종 · 박승환 · 송인암 · 조용한, 『디지털 시대의 마케팅 관리』, 대경, 2017.
- 신광수, 『온라인 유통마케팅』, 무역경영사, 2016.
- 신용성, 『온라인마케팅통찰』, 컨버전시, 2015.
- 안광호 · 김동훈 · 김영찬, 『시장지향적 비즈니스&마케팅 전략』, 학현사, 2015.
- 정기한 · 신재익 · 오재신, 『마케팅 관리』, 피엔씨미디어, 2014.
- 정분도, 『인터넷마케팅론』, 두남, 2016.
- 주윤황, 『인터넷마케팅』, 학현사, 2012.
- 최재혁, 『온라인채널마케팅』, 리온, 2017.

학습 1	온라인 유통시장의 개요
학습 2	쇼핑몰의 상품개발 전략 수립
학습 3	마케팅 고객관리 전략 수립
학습 4	**마케팅 가격 전략 수립**
학습 5	마케팅 유통 및 광고 전략 수립
학습 6	판매계획 수립
학습 7	재무계획 수립
학습 8	사이트 기획, 구축 및 운영
학습 9	오픈마켓 준비
학습 10	오픈마켓 제작
학습 11	주문처리 및 배송절차
학습 12	고객관리 및 CS 처리
학습 13	세무관리 실전
학습 14	해외 구매대행

학습 목표	1. 마케팅 가격 전략 수립을 이해할 수 있다.

4-1 가격결정 이론

1. 가격의 정의

가격이란 제품이나 서비스에 대해 부과되는 금액, 또는 제품이나 서비스를 사용함으로써 얻게 되는 이익과 교환하고자 하는 소비자 가치의 합을 의미한다.

가격은 마케팅 믹스 중 이익을 내는 유일한 요소로서 세심한 전략이 필요하다. 특히 인터넷 환경은 완전경쟁시장이다. 따라서 전자상거래에 있어서 가격은 온전히 수요와 공급에 따라 결정된다. 더구나 지금의 전자상거래 시장은 공급이 수요를 훨씬 초과하는 시장으로 수익성을 기대하기가 어려운 환경인 만큼, 인터넷 환경에서의 상품에 대한 가격결정 전략은 아직도 여러 가지 측면에서 실험적인 단계에 있다고 할 수 있다.

그러나 인터넷 비즈니스 시장이 확대되면서 인터넷 이용자의 수가 늘고 있어 가격

결정의 이론이 기존의 마케팅 개념에 근접해 가고 있다.

일반적으로 가격결정 전략에 영향을 미치는 요소는 마케팅 목표, 상품원가, 상품수요, 경쟁환경, 정부규제 등으로 매우 다양하다. 인터넷 비즈니스에서 가격을 결정하는 기준은 크게 공급자 원가기준, 경쟁기준, 소비자 가치기준의 세 가지로 구분할 수 있으며, 기존 오프라인 시장에서의 가격결정 이론과 큰 차이가 없다.

이러한 가격결정 기준 중 어느 하나만을 고려하여 가격을 정하는 것은 바람직하지 않고 항상 원가, 경쟁가격, 고객가치의 세 가지 요소를 종합적으로 고려하여 가격을 책정해야 한다.

특히 소비자 가격 수용도 조사에 의한 수용가격 산정 후 이 수용가격을 기준으로 판매가를 정하고 목표원가를 정한 다음, 그 목표원가에 맞추기 위한 원가절감 방안을 찾는 방식이 바람직하다.

2. 공급자 원가기준 가격결정(Cost-based Pricing)

공급자 원가기준에 의한 가격결정은 단순히 제품의 원가를 산정하여 적정 이윤을 감안한 제품가격을 정하는 것으로서, 원가가산법과 손익분기점법 두 가지로 나눌 수 있다.

1) 원가가산법(Cost-plus Pricing)

원가에 표준이윤을 붙이는 가격정책이다. 이때 원가는 변동비에 단위 생산량당 고정비를 합친 것이 된다.

즉 $\text{가격} = \dfrac{\left(\text{변동비} + \dfrac{\text{고정비}}{\text{생산량}}\right)}{(1-\text{이윤})}$ 이 된다.

표준이윤에 기초한 가격은 생산량에 기초하여 비용을 산출하였기 때문에 판매량이 예상치에 미치지 못했을 경우 가격이 한계비용에 미치지 못한다.

그럼에도 불구하고 원가가산법이 널리 쓰이는 이유는 생산자는 수요량보다 비용을 더 확실하게 계산할 수 있기 때문이다. 동종 업계가 이 방식을 사용하면 가격이 비슷해져서 가격경쟁이 줄어든다.

따라서 많은 사람들이 비용에 이윤을 더한 원가가산법에 의한 가격결정이 공정하다고 생각한다. 그러나 경쟁상황에 따른 가격 유동성을 반영하지 못하기 때문에 경쟁이 치열한 인터넷 비즈니스에는 적합하지 않다.

2) 손익분기점법(Breakeven Pricing)

이익 '0'의 매출액, 즉 BEP(Break Even Point, 손익분기점)가 결정되는 시점에서의 가격에 목표 이익 및 계획 생산량을 고려하여 판매가격을 결정하는 방식이다. 총비용 곡선과 총수익 곡선이 만나는 점에서 손익분기점이 나오고, 이를 제품의 단위 가격으로 나누면 손익분기량(Breakeven Volume)이 산출된다. 이는 위의 원가가산법에서의 가격 식에서 이윤=0로 했을 경우의 생산량으로 간단히 계산할 수 있다.

즉, $\text{손익분기생산량} = \dfrac{\text{고정비}}{\text{가격} - \text{단위당 변동비}}$가 된다.

인터넷 비즈니스에서의 상품은 대체로 정보재의 성격을 가지는 상품이 많다. 정보재는 추가 생산시 추가비용이 거의 들지 않으므로, 디지털 상품에 대해 손익분기점법으로 접근하는 것은 특히 비효율적이다.

3. 수요기준 가격결정

제품에 대한 수요를 기준으로 가격을 결정하는 방법이다. 대체로 제품가격은 제품의 생산비보다 수요의 크기에 영향을 많이 받기 때문에 생산비가 낮아도 수요가 많아지면 높은 가격을 책정할 수 있고, 생산비가 높아도 수요가 적을 때는 낮은 가격으로 판매할 수밖에 없다.

이 방법은 제품의 수요에 영향을 미칠 수 있는 대체품, 유사제품의 가격을 비롯하여 인구, 경쟁자 등의 요소도 함께 고려되어야 한다.

4. 경쟁기준 가격결정

경쟁기준은 경쟁제품 또는 경쟁사의 가격을 고려하여 가격을 정하는 방식으로서, 경쟁대응법과 입찰결정법 두 가지로 나눌 수 있다.

1) 경쟁대응 가격결정법(Going-rate Pricing)

비용 또는 수요에 기초하지 않고 전적으로 경쟁사 또는 경쟁제품의 가격에 의존하여 판매가격을 결정하는 것이다.

2) 입찰 가격결정법(Sealed-bid Pricing)

기업이 공개입찰에 응할 경우 자사의 원가분석이나 수요분석과 무관하게 수요자

기대가격과 경쟁자 입찰가격 수준에 따라 가격을 결정하는 것이다.

5. 가치기준 가격결정

가치기준 가격결정은 제품 생산에 들어간 원가가 아니라 소비자가 인식하는 제품의 가치에 따라 가격을 결정하는 방법으로, 오늘날의 제품 가격결정에 있어서 가장 중요시되는 방법이다. 즉 경쟁제품과 자사제품에 대해 고객의 인지된 가격을 비교평가하여 경쟁제품보다 얼마나 혜택과 비용의 차이가 있는지를 바탕으로 가격을 결정하는 것이다. 따라서 고객이 가치를 결정하면 이에 따라 제품의 가격이 결정되고, 이후에 제품의 원가가 결정되어 제품이 생산된다(가치 → 가격 → 원가 → 제품).

이렇게 결정된 가격은 구매 장애 요인 중 소유에 대한 장애 요인을 제거할 수 있게 해준다. 이러한 소비자 가치기준 가격책정을 위해서는 소비자들을 대상으로 특정 제품에 대해서 얼마면 구입할 의향이 있는지, 가격이 어느 정도일 것으로 보는지 등 설문에 의한 가격 수용도 조사를 실시하거나, 일정액의 쿠폰을 조사 대상자들에게 나누어 주고 이들에게 여러 상품을 제시하여 실제로 구매하도록 하는 등의 관찰 조사를 실시해야 한다.

1) Value-based Pricing

적절한 가격에 고품질의 제품 또는 서비스를 제공하는 것이다. 대부분 기존 브랜드를 이용하여 제품이나 서비스를 조금 낮은 가격에 제공한다.

반대로 기존 가격에 더 높은 품질의 제품을 공급하거나 동일한 품질 수준에 더 낮은 가격으로 제공하는 경우도 있다.

2) Value-added Pricing

경쟁상황에 맞추어 가격을 조정하기보다 제품 및 서비스를 차별화하여 고객이 얻게 되는 부가가치만큼 가격을 인상하는 방식이다.

4-2 가격결정 전략

가격을 결정한다는 것은 가격의 하한선인 제품 원가와 상한선인 소비자들의 지각된 가치(Perceived Price) 사이에서 경쟁제품의 가격과 기업 내부요인을 고려하여 최종 가격을 결정하는 것이다.

가격결정 과정에서는 [그림 4-1]에 표시된 것과 같은 제품원가, 제품수요, 경쟁상황 등을 종합적으로 고려해야 한다.

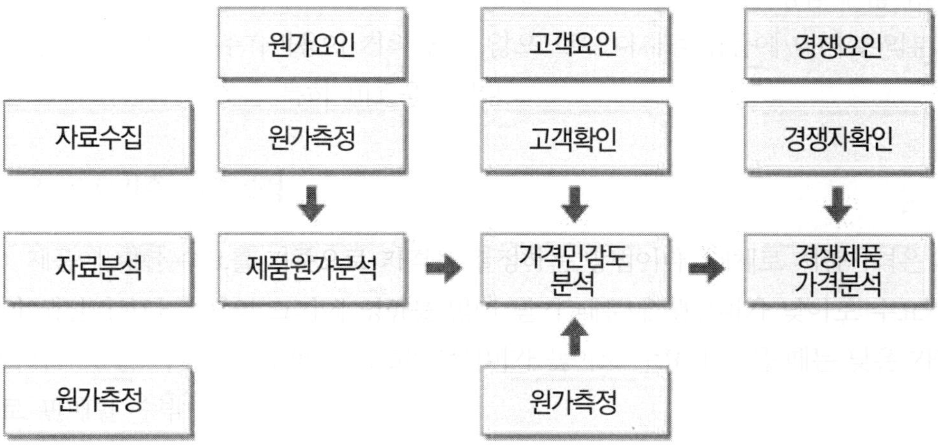

[그림 4-1] 가격결정시의 고려요소

제품 수요를 예측하기 위해서는 시장에서의 기대가격과 가격대별 예상 판매량을 조사해야 한다. 기대가격은 잠재고객의 의견을 분석하거나 경쟁업체의 유사제품 가격을 비교하는 방법으로 산출한다. 복수의 기대가격이 설정되면 각각의 가격에서 얼마나 판매량을 올릴 수 있는가를 예측한다.

판매량을 예측하는 방법에는 크게 정성적 방법과 계량적 방법이 있다. 과거의 축적된 판매 데이터가 있다면 통계적 기법을 통원한 계량적 방법을 적용할 수가 있다. 처음 사업을 시작하는 경우 등으로 과거의 데이터가 없다면 전문가 자문 또는 델파이 법 등의 정성적 기법을 통하여 판매량을 예측해야 한다.

끝으로 가격과 판매량과의 관계를 예측하기 위해 목표 고객에 대한 가격 민감도 분석을 한다. 가격 민감도는 수요 곡선과 수요의 가격 탄력성을 이용해 파악한다. 수요 곡선은 기업에서 설정한 제품 가격과 소비자들의 구매량과의 관계를 표시한다.

가격 탄력성은 가격의 변화에 따른 소비자 수요의 변화 정도를 나타낸 것으로서 대게 음(-)의 값을 가진다. 원가와 수요에 대한 조사에 이어서 경쟁제품의 수, 규모, 시장점유율, 품질, 가격 등을 평가 · 분석하여 경쟁제품에 대한 상대적인 가격 전략을 반영하고, 기대하는 마진의 적정 범위를 결정하여 함께 가격 전략에 반영한다. 조사자료를 바탕으로 최종 원가기준, 수요기준, 경쟁기준 또는 가치기준의 가격 전략 중 하나 혹은 복합적인 전략을 취하게 된다. 그러나 사실 이러한 조사과정은 쉬운 일이 아니다. 원가구조와 손익분기점을 이용한 가격책정 방법은 정확한 수요예측이 병행되어야만 의미가 있으며, 수요예측에 의한 가격책정 방법은 수요에 따른 정확한 원가변동 규모를 알아야만 의미가 있다. 즉 A를 계산하려면 B를 알아야 하고, B를 계산하려면 A를 알아야 하는 식이 된다. 현실적으로는 먼저 원가기준의 가격을 책정한 후에 여러 가지 복합적 요인을 고려하여 가격을 조정하게 된다.

4-3 가격조정 방법

가격은 여러 가지의 내외적 변수와 목적에 따라 조정될 수 있다. 가격조정은 소비자의 심리적 요소에 따라 혹은 판매촉진 목적에 따라 이루어진다.

1. 소비자 심리 지향 가격조정

소비자들은 가격에 대해 다양한 선입견을 가지고 있다. '싼게 비지떡'이라는 생각이 있는 반면, 무조건 싼 것만 선호하는 사람도 있다. 결국 가격을 결정하기 위해서는 수요 · 원가 · 경쟁환경 등이 아닌 소비자의 심리적 요소를 분석하여 가격을 조정하는 것이 필요하며, 여기에는 아래와 같이 단수가격 · 관습가격 · 권위가격 등의 유형이 있다.

1) 단수가격 결정(이미지 가격)

가격에 의도적으로 단수를 붙여 저가인 것으로 착각을 일으키게 한다(예 5,000원 → 4,990원). 소매점에서 많이 사용한다.

2) 관습가격

소비자들이 당연하게 느끼는 관습적 가격으로서 생필품에 주로 적용한다. 관습가격보다 가격을 올리면 매출이 감소하나, 관습가격보다 가격을 낮추어도 매출은 크게 향상되지 않는다.

3) 권위가격

제품의 가격과 소비자의 권위가 비례한다고 느끼는 경우이다. 고급제품에 주로 적용된다. 이런 제품은 가격을 낮추면 초기에는 수요량이 증가하나 나중에는 오히려 수요가 감소하게 된다.

2. 마케팅 지향 가격조정

마케팅 지향 가격조정은 원가, 경쟁, 가치기준 가격결정 방식 외에 전략적 의사결정에 의해 가격을 조정하는 방식을 의미한다. 고객들이 가격에 매우 민감하고 경쟁자들 간에 매출확대 경쟁이 치열할 경우 바람직하며, 극단적으로는 브랜드의 가치를 높이기 위해 원가와 무관하게 무료 혹은 이벤트 등을 통해 고객에게 금전적인 보상을 해주기도 한다. 주로 제품의 판매를 극대화 시킬 수 있도록 특정한 조건 하에서 제품의 가격을 낮추는 방법으로서 단기적 효과가 존재하지만 기업 이미지의 손상과 고정비나 간접비를 회수하지 못할 가능성도 존재한다. 판매지향 가격조정이라고도 하며, 아래와 같은 유형들이 있다.

① 제품 라인 가격결정 : 특정 제품 계열내 제품들 간에 가격단계를 설정
② 선택 제품 가격결정 : 주력 제품과 함께 판매하는 선택 제품에 대한 가격결정법
③ 묶음 제품 가격결정 : 몇 개의 제품을 묶어서 인하된 가격으로 판매
④ 노획 가격결정 : 주변 기기 또는 소모품과 함께 구입해야만 할 때 본 제품의 가격은 아주 저렴하게 결정하고, 이에 대한 이익은 주변기기나 소모품에 얹어 상쇄하는 방법
⑤ 그 외 미끼 상품에 대한 유인가격, 공제, 현금할인, 수량할인 등

3. 차별화 지향 가격조정

가격의 민감도에 영향을 주는 대체재 인식 효과의 감소나 독특한 가치효과 등의 증대를 통해 고객의 가격에 대한 민감도를 줄여 구매를 유도하는 방법이다. 크게 세분화 가격 전략과 제품 차별화 가격 전략으로 나눈다.

세분화 가격 전략은 세분 고객별, 구매 장소별(On-Line과 Off-Line), 구매 시점

별, 구매조건(결제 수단, 1회 구매량 등)별로 가격을 차별화하는 전략이다. 제품 차별화 가격 전략은 제품의 사양이나 디자인 등을 다르게 하여 차별화된 가격을 책정하는 방법으로서 차별화된 제품들 간에 생산 공정상 유사점이 존재해야 한다. 항공요금, 호텔비, 보험료 등의 가격 전략에 많이 사용된다.

4-4 마케팅 목표에 따른 가격결정 전략

가격결정에 대한 이론을 떠나 기업은 자신이 수립한 특별한 마케팅 목표가 있을 경우 이에 준해 가격 전략을 택하게 된다. 주로 신제품 론칭(Launching)이나 가격 인하 압력이 강한 인터넷 시장에서의 시장점유율 확대 등을 목표로 하는 경우에 적용된다. 선택 가능한 가격 전략들은 [그림 4-2]와 같으며, 각 전략별 자세한 내용은 아래와 같다.

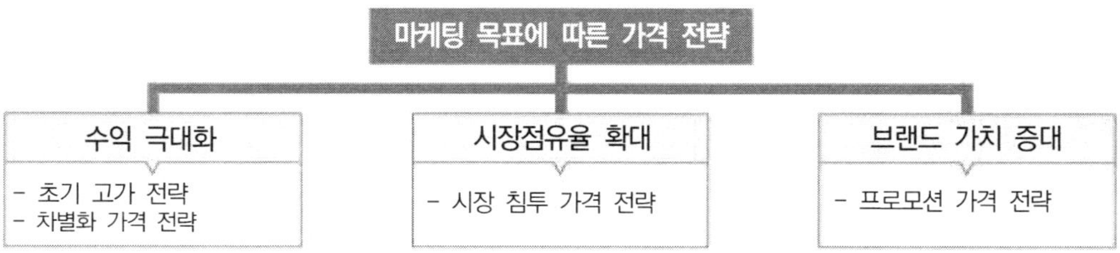

[그림 4-2] 마케팅 목표에 따른 가격 전략

1. 초기 고가 전략(Market Skimming Pricing)

높은 가격을 지불하고라도 고품질의 제품을 원하는 소수의 고객으로부터 초기에 최대의 이익을 끌어내는 방식이다. 인텔(Intel)이 자주 사용하는 기법으로 이 전략을 사용하기 위해서는 제품의 품질과 이미지가 실제 높은 가격을 지원할 수 있어야 하며, 고가정책으로부터 얻는 이익이 소량생산에 드는 비용보다 커야 한다. 또한 동일 제품에 대해 저가로 시장에 쉽게 진입할 수 있는 경쟁자가 없어야 된다. 이는 이익 획득가격 전략이라고도 한다.

다소 변형된 유형으로서 시간이 지남에 따라 고객이 제품에 대해서 느끼는 경제적 가치가 차이가 나는 내구성 제품의 경우, 초기에는 높은 경제적 가치를 느끼는 고객을 표적으로 삼고 이후 시장포화 시 가격을 낮추어 가격 민감도가 높은 고객을 대상으로 판매하는 전략도 있다. 문제점으로는 가격인하를 예상하여 고객이 구매를 늦추거나 제품의 희소성을 중시하는 고객에게 부정적 이미지를 심어줄 수도 있다.

2. 시장 침투 가격 전략(Market Penetration Pricing)

신제품에 대한 낮은 가격정책을 통해 초기의 진입 장벽을 극복하고 시장점유율을 올리는 전략이다. 매출이 신장하면 더욱 가격을 낮출 수 있다. 이 전략을 사용하기 위해서는 가격 민감도가 높고 판매량 증가시 한계비용이 감소할 수 있는 제품이라야 한다. 또한 낮은 가격정책이 경쟁자들을 물리칠 수 있어야 하며 저가 전략을 계속 유지할 수 있어야 한다. 주로 추가 생산, 판매에 드는 변동비가 적은 디지털 제품이나 대량 판매를 토대로 많은 물량을 저렴하게 주문할 수 있는 대형 인터넷 쇼핑몰에 유리하다. 경쟁사에 비해 원가에서 확실한 가격 우위를 가지고 있거나, 매출 규모가 작아 대규모 회사들이 별로 신경을 쓰지 않는 경우에 적합하다. 오프라인 시장에서 사업 기반을 구축하여 원가 경쟁 우위를 갖춘 기업이 온라인 시장으로 진출하는 경우에 효과적이다.

3. 프로모션 가격 전략(Promotion Pricing) 또는 균형 가격 전략(Neutral Pricing)

고객이 기대하는 경제적 가치와 일치하도록 제품 가격을 설정하는 전략이다. 고객의 특성 및 원가 구조 혹은 경쟁상황이 시장 침투 가격 전략이나 초기 고가 전략을 펼치기 힘든 상황에 적합하다.

전략 유형은 기본적으로 전항의 마케팅 지향 가격조정 방법과 유사하다.

4. 동적 가격 전략(Dynamic Pricing)

거래 당사자들이 제품에 대해서 느끼는 가격 민감도를 전적으로 수용해서 거래 당사자들이 원하는 가격을 직접 제시하게 하거나 제품을 조정할 뿐만 아니라 거래 당사자끼리 직접 매 거래마다 협상을 하게하는 방법이다. 실시간 가격 전략이라고도 한다. 경매, 역경매, 주문 제품제, 협상 가격제 등이 이에 속한다.

4-5 인터넷 상의 가격결정 영향 요인

쇼핑몰 시장은 전통적인 가격결정 및 조정이론에 부가하여 완전경쟁이라는 시장 특성과 기술적 성격이 강한 전자상거래의 특성에 의해 여러 가지 가격 인하 또는 인상 요인이 발생한다. 인하 또는 인상 요인과 요인별 내용은 〈표 4-1〉 및 〈표 4-2〉와 같다.

〈표 4-1〉 인터넷 상품의 가격인하 압력 요인

압력 요인	내 용
최저 가격 검색 기능	인터넷 사이트 중에서는 최저 가격을 검색할 수 있는 사이트가 다수 존재하며, 소비자는 상대적으로 낮은 가격의 제품을 적은 정보검색 비용으로 쉽게 찾을 수 있다.
가격 유지의 어려움	인터넷 상의 신상품은 출시와 동시에 경쟁 체제에 돌입한다. 인터넷은 변화가 심하고 상품의 독자성을 길게 유지할 수가 없다.
브랜드 확립 우선의 경쟁자	사이트의 지명도를 높여서 브랜드 총 자산가치를 추구하는 사이트는 원가보다 시장점유율을 우선하기 때문에 대부분 특별한 프로모션 가격 전략을 취한다. 전세계의 모든 사이트가 동시에 경쟁하기 때문에 같은 수준의 가격인하 압력을 받게 된다.
인터넷 구매에 대한 과세 유예	인터넷 비즈니스는 국경이 없다. 다국적 기업의 경우 국가간 관세 협정 등의 미비로 인해 5~8% 정도의 세금을 유예 받으므로 가격이 인하된 것과 같은 효과가 발생한다. 그러나 국내는 전자상거래도 법적으로는 똑같은 세금을 부과 받는다.
인터넷 판매의 낮은 경비	인터넷을 매개로 하는 전자상거래는 무재고, 무점포 경영이 가능하다. 공급자는 사무실 임차료, 개점 비용 및 상품 카탈로그 인쇄비 등을 필요로 하지 않기 때문에 많은 부분에서 인건비와 직접 경비를 절감할 수 있다.

〈표 4-2〉 인터넷 상품의 가격인상 압력 요인

압력 요인	내 용
판매에 대한 수수료	쇼핑몰을 비롯한 많은 웹사이트들은 자사의 사이트를 소개해준 에이전트 사이트에 수수료를 지불하고 있다.
배송 및 운영경비	주문 받은 상품을 최종 목적지까지 전달해야 하므로, 배송비를 비롯하여 적지 않은 운영경비가 필요하다.
웹사이트의 개발 및 유지관리비	웹사이트의 개발과 유지관리는 결코 적은 비용으로 할 수 없다. 유지관리에서도 하드웨어, 소프트웨어, 그리고 매월 인건비와 인터넷 접속 요금을 포함하면 적지 않은 경비가 들어가게 된다. 일괄 외부 자원에 의존할 경우에는 호스팅 비용이 들게 된다.
높은 인터넷 마케팅 비용	보스톤컨설팅그룹(BCG)의 조사에 의하면 인터넷 비즈니스 수입의 43%가 마케팅과 광고에 재투자된다고 한다. 그러나 백화점은 겨우 14.2%에 지나지 않는다.

4-6 마케팅 실행 전략의 구체화

1. 마케팅 전략의 핵심 요소(3C)

마케팅 목표를 달성하기 위해서는 구체적인 실행방안이 있어야 한다. 특히 자사의 핵심 역량을 활용하여 시장의 위험을 파악하고, 기회를 포착하며, 고객의 가치를 창출하기 위한 전반적인 지침을 제공하는 전략이 필요하다. 마케팅 전략에서 가장 많이 사용되는 것이 3C이며 이는 고객, 경쟁사, 회사를 말한다.

1) 고객(Customer)

기업은 고객의 니즈를 정확히 파악하고, 고객들의 범위를 정의하는 것이 중요하다. 목표 고객, 타깃 고객층의 니즈를 충족시킬 수 없다면 타깃을 수정하거나 다른 제품, 다른 서비스를 제공하는 것으로 전략을 수정해야 한다.

2) 경쟁사(Competitor)

고객에게 자사의 제품과 서비스를 확실하게 인식시키고 포지셔닝한다면 전략적으로 우위를 점할 수 있다. 자사의 규모, 산업내의 위치, 타깃 고객들을 경쟁사와 비교하여 상황에 맞는 전략을 수립해야 한다.

3) 회사(Company)

회사 내부의 그룹을 분석하여 회사의 각 부문들이 유기적으로 작용할 수 있도록 하는 일도 필요하다. 이러한 요소도 고객에게 더 나은 가치와 만족을 제공할 수 있는 궁극적인 이유가 된다.

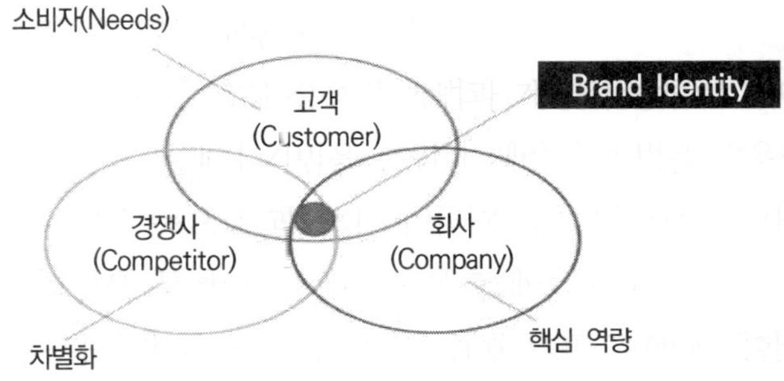

[그림 4-3] 3C 마케팅 전략

2. 마케팅 전략 목표

마케팅 경쟁 전략의 궁극적인 목표는 고객의 욕구를 구매의행으로 전환시키고 고객의 경쟁제품보다 자사의 제품과 서비스를 보다 선호하도록 만드는 것이다. 전략이란 무엇인가?

경쟁이라는 용어에 치중하다 보면 마치 경쟁자를 이기기 위한 수단에 집중하게 된다. 뿐만 아니라 경쟁자에게 집중하다 보면 소비자의 욕구를 등한시하게 되고, 경쟁자의 반응에 집착하여 고객에 대한 능동적인 전략을 펴지 못하고 경쟁자의 움직임에 따라 끌려 다니는 수동적인 전략을 펴는 오류를 범하게 된다.

전략의 궁극적 목표는 고객의 관점에서 고객의 욕구를 정확하게 파악하고 보다 높은 시간적, 공간적, 경제적, 심리적 가치를 제공해 줌으로써 기업의 생존과 성장을 할 수 있도록 하는 것이다. 다음에 제시된 마케팅 목표 레퍼토리 중에서 가장 적절한 것을 선택하여 반영함으로써 실행 가능한 목표를 설정할 수 있다.

1) 사업부 수준의 마케팅 전략 목표 구체화 예시

- 장기적인 시장지위 구축 : 시장 선도기업으로 위상 확립
- 단기적인 이익 극대화 : △△사업 ○○연도까지 이익 350억 달성
- 매출액의 향상 : 연간 매출액 300억 달성
- 매출 이익률의 향상 : 매출 이익률 10% 달성
- 시장점유율 확대 : 연말까지 30% 달성
- 유통망 커버리지 확대 : 취급 소매점 수 200개 확보
- 경쟁사의 침투 방어 또는 공략 : B사의 시장점유율 10%에서 저지
- 기타 : 신시장 개척, 제품믹스 확대, 기업이미지 구축 등

2) 제품 수준의 마케팅 전략 목표 구체화 예시

- 제품의 매출액 제고 : 100억 달성
- 제품 이익률 제고 : 매출 이익률 10% 달성
- 경쟁자 제품 견제 : A사의 B상표 시장점유율 20%로 억제
- 소비자 신규 구매율 제고 : 신규 고객 연내 10만 확보
- 소비자 재구매율 제고 : 재구매율 40% 이상 달성
- 신제품의 포지션 : 제품(상표)의 포지션 인식률 30% 달성

- 기타 : 제품 개선과 계획적 진부화, 브랜드 및 제품 효용인지도 제고, 취급점 비율 확대 등

총매출, 총이익 등과 같은 총체적인 재무적 목표는 마케팅에 의해서만 달성되는 것이 아니라 많은 다른 부문 활동의 통합 결과로 나타나는 것이기 때문에 특정 제품이나 상표의 성과에 직결되는 목표가 마케팅 전략과 전술에 대한 구체적인 지침을 제공한다는 점에서 보다 유용하다.

3) 우선순위를 명확하게 해야 할 상충된 목표

- 단기 이익의 극대화와 장기적 성장기반 구축
- 수익성 제고와 가격경쟁력 강화
- 마케팅 비용 통제와 시장기반 조성
- 기존 시장 침투와 신시장 개척
- 매출 증대와 촉진비 축소
- 성장 추구와 마케팅 투자 축소

여러 개의 목표를 모두 달성할 수 있다면 좋겠지만 현실적으로 하나를 달성하려고 하면 다른 하나를 포기해야 하는 경우가 발생한다. 포기한다는 것은 시간적 우선순위(시장점유율 확대 후 이익률 제고)를 달리한다는 것이지 완전히 포기하는 것은 아니다.

3. 마케팅 전략 목표 설정 예

마케팅 전략의 목표를 매출과 수익성에 중점을 두는 경우, 경쟁적 포지션에 중점을 두는 경우와 기업 이미지 향상에 중점을 두는 경우의 사례는 다음과 같다.

1) 매출과 수익성에 중점을 두는 경우

- 목표 : 매출액을 전년 대비 15% ~ 20% 증가시켜 2000억에서 2300억 수준을 달성

이러한 목표는 경쟁자를 고려하지 않아도 무방한 상황이다. 즉 독점적 지위를 누리고 있는 경우나 경쟁자의 잠식이나 새로운 경쟁자의 시장 진입이 예상되지 않을 때 적합한 목표이다.

2) 경쟁적 포지션에 중점을 두는 경우

• 목표 : 시장점유율을 35% 이상 확보하여 시장선도자 지위 확보

현재의 매출 규모나 이익보다는 경쟁자와의 시장 확보 경쟁이 장기적 관점에서 가장 시급한 과제로 인식될 때, 특히 시장성장기에 점유율 확보가 장기적인 이익과 안정에 초석이 될 것으로 예상될 때 적합한 목표이다.

3) 기업이미지 향상에 중점을 두는 경우

• 목표 : 고객불만 및 A/S 신청 후 10시간 내 처리 완료

고객의 편의를 최우선으로 생각하는 기업 이미지 구축, 소년소녀 가장인 학생을 위한 장학금으로 100억 기탁하여 종전의 영리를 추구하는 기업이미지를 불식하고 더불어 살아가는 사회 구성원으로 인식시키고자할 때 적합한 목표이다.

수행 내용

재료 · 자료

- 환경분석 보고서, 상품개발 계획서
- 전자상거래 사업기획 실무 지침서
- 종이, 필기구, 포스트잇 등

기기(장비 · 공구)

- 개인용 컴퓨터 및 프린터(인터넷 연결된 상태), 복사기, 빔 프로젝터, 화이트 보드

안전 · 유의사항

- 팀의 구성원은 4~5명으로 하고, 교수의 지시에 따라 진행한다. 팀장은 팀의 대표가 되어 과제 결과물을 수합하고 정리한다.
- 원가, 재무, 관리회계 등 회계학에 대한 기본 지식의 습득을 필요로 함에 유의하여 사전 학습토록 한다.
- 가격 전략 수립을 위한 토의 과정에서, 타인의 의견을 존중하고 모든 대안을 긍정적으로 받아들이는 오픈 마인드를 가진다.
- 실제 사업을 운영해 보지 않은 입장에서는 시장 세분화 및 목표 고객 선정 과정이 추상적이 될 수 있다. 구체적이고도 단순한 사례를 선정한다.

수행 순서

01 마케팅 가격 전략 수립의 요구사항과 목표를 분석하라.

① 환경 분석 보고서 및 상품개발 계획서의 내용과 목표 고객 세분시장의 특성을 숙지함으로써 가격 전략 수립에 대한 전략적 목표를 이해한다.

② 가격결정 이론과 인터넷 거래에서의 가격결정 이론이 가지는 특성을 이해하고, 이를 마케팅 전략에 반영하여 목표시장에서 자사 제품의 공급 가격을 결정한다.

③ 구체적 사례를 활용하여 실제 가격결정 과정을 실습해 본다.

학습 4

02 마케팅 가격 전략 수집의 원가 분석 과정을 분석하라.

많은 노력을 들여 새로운 상품을 개발하고 목표시장과 목표 고객을 선정하였다. 적지 않은 시간과 돈이 투입되는 일이다. 실습의 편의상 목표시장은 단일시장 전략을 채택한다.

가격 전략은 상품 간의 연계성을 확보하여 새로운 부가가치를 제안하여 소비자에게 상대적인 가격 절감 혜택을 줄 수 있는 차별적 패키징 가격 전략을 채택한다. 상품은 전량 외주 매입한다.

문제는 해당 상품을 얼마에 판매할 것인가이다. 손쉬운 방법으로 일단은 고정비를 회수하기 위해 판매하는 모든 상품에 고정비를 배분하여 손익분기 가격을 찾아본다.

우선 〈표 4-3〉과 같이 투자금액을 정리한다. 여기서는 단순히 투자내역에 대한 금융비용만 고려한다.

〈표 4-3〉 투자 내역

내 용	금액 (천원)	연 금리 (%)	월 이자 (천원)	비 고
임차보증금				실제 사무실을 임차하지 않았더라도 임대 기대 수익을 고려한 보증금을 가정한다.
시설비				차량 등
기타 비용-1				컴퓨터, 사무기기, 통신 등
기타 비용-2				
합계			A	

이어서 〈표 4-4〉 및 〈표 4-5〉와 같이 고정비와 변동비를 정리한다.

〈표 4-4〉 고정비 내역

내 용	금액(천원)	비 고
월 이자	A	투자내역의 월 이자 합계
인건비		실제 직원이 없더라도 본인의 인건비를 가정
일반관리비		수도, 전기, 통신비 등
월 임차료		컴퓨터, 사무 기기, 차량 등
감가상각비		
기타		
합계	B	

〈표 4-5〉 변동비 내역

내 용	변동비율(%)	비 고
상품원가율		상품별 평균
부대비용률		소모품, 배송비, 광고비 등
합계	C	

이제 공식에 의해 손익분기점은 '그정비 / (1-변동비 율)'로 계산한다. 이 경우 손익분기점 이후 발생하는 초과 매출액을 전부 이익으로 보아서는 안된다. 이익은 손익분기점 초과 매출액 중 변동비를 빼거나 총매출액에서 고정비와 변동비 합산 금액을 뺀 나머지 부분이 된다.

03 마케팅 가격 전략 수립의 수요(판매량) 과정에 대하여 분석하라.

시계열 분석 또는 회귀 분석에 의한 계량적 수요 예측을 위해서는 방대한 데이터가 필요하므로, 본 실습에서는 선정된 제품과 시장에 대한 정성적 조사분석에 근거하여 〈표 4-6〉과 같이 판매량을 추정해 본다.

〈표 4-6〉 예상 판매계획

상 품	손익분기 년간 판매량	분기별 예상 판매량				경쟁제품 판매량
		1Q	2Q	3Q	4Q	
상품-1						
상품-2						
합계						

판매량을 정확히 예측하는 것은 현실적으로 매우 어려운 일이다. 또한 쇼핑몰에서는 제품과 서비스의 수명 주기가 점점 짧아져서 판매량 예측이 더욱 불확실해 진다. 그러나 예상 판매량 정보는 전략을 수립하는 데 중요한 참고 자료이므로 최대한 정확하게 작성하도록 한다.

04 마케팅 가격 전략 수립의 경쟁상품 및 대체제 가격 분석 과정에 대하여 분석하라.

각각의 경쟁상품 그룹은 자체의 가격 스펙트럼을 가지고 있다. 경쟁상대를 올바로 선택하고 그에 맞춰 자신의 포지셔닝을 선택하면 완전히 다른 기존 소매가격을 책정할 수 있으며, 이를 통해 수익률을 변화시킬 수 있다.

또한 새로운 제품을 구입할 때 우리는 그 제품과 가장 밀접히 연관되는 다른 유사 제품들을 가격 지침으로 이용하곤 한다. 우리는 어떤 제품을 몇 개의 다른 대체 상품들과 비교하는 경향이 있는 것이다. 그래서 공급 업체는 자사 제품을 소비자가 좀 더 비싼 제품과 비교하도록 함으로써 소비자의 기대를 형성하게 된다.

당신의 제품을 무엇과 비교하도록 할 것인가? 에 대한 질문, 즉 제품의 포지셔닝에 따라 가격도 달라질 수 있다.

05 마케팅 가격 전략 수립의 가격결정 과정에 대하여 분석하라.

1. 가격조정 요인

목표 고객의 구매성향과 판촉활동을 위한 가격조정 요인을 평가하여 가격 전략에 반영한다.

2. 가격 포지셔닝

마케팅 목표에 따라 최종 가격 전략을 결정한다.

〈표 4-7〉 상품별 가격 정책

상품 구분	원가	판매가	마진율	경쟁사 가격	비 고
상품-1					
상품-2					
상품-3					
상품-4					
시사점					

06 마케팅 가격 전략 수립의 가격 검토 체크리스트 작성에 대하여 분석하라.

결정된 가격 전략에 대해 <표 4-8>와 같은 체크리스트를 통해 적정성을 평가해 본다.

<표 4-8> 가격 검토 체크리스트

분석 요인	체크리스트
제품의 가격	1) 제품 카테고리 마다 가격 체계는 어떠한가?
	2) 경쟁사와 비교하여 제픔의 가격 체계는 어떠한가?
	3) 정상 가격이 아닌 가격 할인, 판촉, 할당, 환불 정책 등의 가격 전략은 제품의 매출에 궁극적으로 중요하며, 영향을 크게 미치는가?
가격대별 매출 분포	1) 지난 5년간 귀사의 산업군 내에서 가격대별 매출의 분포는 어떠한가?
	2) 매출이 주로 하나의 가격대에서 대부분 일어나는가, 아니면 가격대별로 소비자 층이 세분화되는가?
	3) 가격대별 매출의 추이는 성장하고 있는가, 아니면 감소하고 있는가?
가격 탄력성	1) 귀사 제품들의 가격 탄력성은 어떤가?
	2) 주요 경쟁사 가격과 대비하여 귀사의 제품 가격은 비싼 편인가? 아니면 저렴한 편인가?

Tip

- 실습 환경은 최대한 단순화 시킨다. Ÿ 손익분기점 결정을 위한 변동비 비율은 초기에는 일정 비율을 가정하고 실제 매출 추이를 보아가며 조정해 가는 것이 현실적이다.
- 가격결정 전략을 선택하기 위한 원가 및 수요. 경쟁 등에 대한 조사는 결코 쉬운 일이 아닐뿐더러 많은 경험과 직관력이 필요한 일이다. 적절한 사례 와 템플릿 및 참고 자료를 활용하기 바란다.

07 마케팅 실행 전략 구체화에 대하여 분석하라.

1. 관련 상품의 사업부 수준의 마케팅 전략 목표를 구체화한다.

매출과 수익성, 경쟁적 포지션 및 기업 이미지 향상에 중점을 두고 마케팅 전략 목표를 수립한다.

〈표 4-9〉 관련 상품의 사업부 수준의 마케팅 전략 목표

주제 : 관련 상품의 마케팅 전략 목표	
전략 목표의 중점	전략 목표 내용
매출과 수익성에 중점	
경쟁적 포지션에 중점	
기업 이미지 향상에 중점	

2. 관련 상품에 대한 제품 수준의 마케팅 전략 목표를 구체화한다.

매출과 수익성, 경쟁적 포지션 및 기업 이미지 향상에 중점을 두고 마케팅 전략 목표를 수립한다.

〈표 4-10〉 제품 수준의 마케팅 전략 목표

주제 : 관련 상품의 실행 전략	
전략 목표의 중점	전략 목표 내용
제품의 매출액 제고	
제품 이익률 제고	
경쟁사 제품 견제	
제품 개선과 계획적 진부화	
소비자 신규 구매율 제고	
소비자 재구매율 제고	
브랜드 및 제품 효용인지도 제고	
신제품의 포지션	
취급점 비율 확대	

Tip

- 최신의 자료를 활용하도록 한다.
- 사례 등 많은 정보를 찾아보고 비교한다.
- 이론적 배경을 활용하여 실행 전략을 구체화 한다.
- 객관적인 위치에서 실현 가능한 전략 목표를 고려한다.

학습활동.4 교수 · 학습 방법

교수 방법

- 마케팅 가격 전략 수립에 대한 관련 용어, 구성, 방식 이해 정도를 파악한 후 수업을 진행한다.
- 교수자의 주도로 마케팅 가격 전략 수립 등의 내용을 PPT 자료로 제시한 후 설명한다.
- 가능하면 사전에 개인별 학습 자료를 준비하여 모든 학생이 참여할 수 있는 문제 해결식 수업, 협력 수업이 가능하도록 한다.
- 마케팅 가격 전략 수립 전 과정을 작업의 순서에 따라 단계적으로 실습이 이루어질 수 있도록 지도한다.
- 교재를 통해 수업을 준비하는데 있어서 필요한 모든 정보나 팁, 힌트 등 도움이 될 만한 내용들을 확인할 수 있다.
- 학생들이 만들게 될 각 모델들은 수업시간에 중점적으로 다뤄질 부분과 어휘, 질문, 답을 포함하고 있으며 또한 탐구할만한 추가적인 아이디어들도 포함하고 있다.

학습 방법

- 마케팅 가격 전략 수립에 대한 관련 용어를 숙지하고, 마케팅 가격 전략 수립 에 대해 이해한다.
- 마케팅 가격 전략 수립의 각 단계별 중점 사항을 체계적으로 학습한다.
- 마케팅 가격 전략 수립의 수행순서의 전 과정을 실습한다.
- 마케팅 가격 전략 수립의 내용을 이해한다.
- 마케팅 가격 전략 수립을 이해하고 숙달이 될 때까지 학습한다.

학습활동.4 평가 및 피드백

평가 준거

- 평가자는 피평가자가 수행 준거 및 평가 내용에 제시되어 있는 내용을 성공적으로 수행할 수 있는 지를 평가해야 한다.

학습내용	평가항목	성취수준		
		상	중	하
마케팅 가격 전략 수립	원가 분석 자료를 활용하여 다양한 가격 전략을 수립할 수 있다.			
	제품, 고객, 가격, 물류, 판촉 자료를 활용하여 종합적인 마케팅 전략을 수립할 수 있다.			

평가 방법

- 작업 포트폴리오

학습내용	평가항목	성취수준		
		상	중	하
마케팅 가격 전략 수립	도출된 마케팅 믹스 전략의 시장성 평가 정도 - 가격의 적정성 평가 - 광고/판촉 수단의 적정성 평가			

- 필기시험

학습내용	평가항목	성취수준		
		상	중	하
마케팅 가격 전략 수립	도출된 마케팅 믹스 전략의 시장성 평가 정도 - 가격의 적정성 평가 - 광고/판촉 수단의 적정성 평가			

- 실습

학습내용	평가항목	성취수준		
		상	중	하
마케팅 가격 전략 수립	도출된 마케팅 믹스 전략의 시장성 평가 정도 - 가격의 적정성 평가 - 광고/판촉 수단의 적정성 평가			

- 피드백

1. 작업 포트폴리오
   - 제출한 보고서의 내용을 평가하여 수정 보완 사항을 피드백 한다.
2. 실습
   - 가격과 판촉 수단의 결정 과정의 합리성과 도출된 전략의 적정성에 대해 피드백 한다.
3. 필기시험
   - 평가 결과 일정 점수 이하인 학생들은 추가 학습을 지시하고 그 결과를 제출하도록 한다.

참 | 고 | 문 | 헌

- 교육부, 임중선 외, '전자상거래(10030102) NCS학습모듈', 한국직업능력개발원, 2018.12.31.
- 강병서 · 정혜영 · 송상호 · 김성영, 『CEO를 위한 신경영학(경영전략, 마케팅)』, 무역경영사, 2001.
- 김관형 · 김진현 · 김태수 · 박남섭 · 박세환 · 허관도, 『현대창의공학』, 북스힐, 2014.
- 김영문, 『하루 만에 인터넷 쇼핑몰 창업하기』, 집현재, 2014.
- 김은경, 『창의적 공학설계』, 한빛아카데미, 2013.
- 매일경제신문, '온라인 쇼핑몰, 유통황제로 우뚝', 2015.5.11.
- 박대윤 · 김형수, 『인터넷쇼핑몰 기획실무 스타일 가이드』, 도서출판 비비컴, 2001.
- 서선원의 e-Shop 창업교실, '성공창업 가이드북 II – 쇼핑몰 창업 전 꼭! 알아야 할 성공비법!', 2013.8.
- 손현준, '인터넷에서 팔리는 상품의 조건', ㈜휴넷 경영지식생산본부 보고서, 2008.11.4.
- 안광호 · 김상용 · 김주영, 『인터넷마케팅 원론』, 법문사, 2001.
- 안웅, 『전자 상거래 관리사』, 연학사, 2007.
- 이동훈, 『전자 상거래와 e-비즈니스(개정판)』, 한빛아카데미, 2015.
- 임성기, 『돈 버는 쇼핑몰, 돈 버리는 쇼핑몰』, 도서출판 비비컴, 2005.
- 정희전 · 착한사진연구소, 『쇼핑몰 창업+운영+제작북』, 한빛미디어, 2012.
- 중소기업청 소상공인진흥원, '전자 상거래 창업가이드', 2006.11.30.
- 허계범, 『e-비즈니스 & 전자 상거래』, 0 한출판사, 2009.
- Chaffey.D., 『Internet Marketing : Strategy, Implementation and Practice』, Pearson Education, 2009.
- 다음 카페, '디지털 마케팅의 본질적 이해', http://cafe.daum.net/myneostory/Pbb/181?q=personalization%20%B8%B6%C4%C9%C6%C3&re=1
- 다음 카페, '인터넷 마케팅 믹스 전략', http://cafe.daum.net/dongdeamoon/MyPF/362?q=%C0%CE%C5%CD%B3%DD%20%B8%B6%C4%C9%C6%C3%20%B9%CD%BD%BA&re=1
- 블로그, '마케팅-시장 세분화 사례', http://blog.naver.com/PostView.nhn?blogId=tlc700&logNo=40167923014
- 블로그, '쇼핑몰 만들기', http://blog.daum.net/anapana
- 블로그, '시장 세분화 – 쉽게 이해하는 시장 세분화, 08. STP', http://blog.naver.com/PostView.nhn?blogId=sako71&logNo=220347251984
- 블로그, '온라인 쇼핑몰 가격 결정 기준과 방법', http://blog.naver.com/PostView.nhn?blogId=hip34&logNo=20014494675
- 블로그, '인터넷마케팅 원론 – 4P의 변화', http://blog.naver.com/PostView.nhn?blogId=dbgn95&logNo=80189876008
- 블로그, '제품유형분류와 마케팅 전략', http://blog.naver.com/PostView.nhn?blogId=an11778&logNo=220374030811
- 중소기업청, '기관마당〉 기업마당〉 창업 길잡이', http://www.bizinfo.go.kr/EgovPageLink.do?menu

학습 4

No=20301000&link=egovframework/bizinfo/uss/ise/bizguide/1-1-2-2#/
- 개인블로그, '1인기업 1인경영시대', http://oneceo.co.kr/263
- 교육부, 환경분석(1003010210_16v2), 세종 : 한국직업능력개발원, 2014.
- 교육부, 2016 고등학교 전문교과 수행 평가 모델 자료집, 세종 : 한국직업능력개발원, 2016.
- 김광석 · 권보람 · 최연경, 『4차 산업혁명과 초연결사회, 변화할 미래산업』, 삼정KPMG, 2017.
- 경제연구원, ISSUE MONITOR 제68호 January 2017.
- 김광석 · 김수경 · 박경진(2016), 『소비 패턴의 11가지 구조적 변화』, 삼정KPMG 경제연구원, Issue 43. 2016(통권 제43호).
- 김동열, 『경제주평』, 현대경제연구원, 11-39. 2011(통권 제 466호), 2011.
- 장경채, 『인터넷 마케팅 플러스』, 무역경영사, 2006.
- 조경희 외, 『전자상거래 일반』, 씨마스, 2017.
- 한국인터넷마케팅연구회, 『인터넷 마케팅』, 삼우사, 2003.
- 류지완, "오픈 마켓 3월 브랜드 평판 조사, 'G마켓 1위'", 브레이크(http://www.breaknews.com). 2017.8.18. 검색, 2017.3.3.
- 매경 시사용어 사전, http://100.daum.net/book/645/list
- 미용경영컨설턴트협회, http://cafe.daum.net/embc2010/OBSs/30
- 위키 백과사전, https://ko.wikipedia.org
- 윤승환 · 정승원, "필승전략 MECE", 아시아경제(http://www.asiae.co.kr/news), 2017.8.18. 검색, 2017.5.17.
- 지연진, "모바일 거래액 3.6兆…유통업계 '지각변동'", 아시아경제(http://www.asiae.co.kr/news), 2017.8.18. 검색, 2017.6.29.
- 통계청, http://kostat.go.kr
- 교육부, 마케팅 관리(1003010206_13v1), 세종 : 한국직업능력개발원, 2015.
- 김범종 · 박승환 · 송인암 · 조용한, 『디지털 시대의 마케팅 관리』, 대경, 2017.
- 신광수, 『온라인 유통마케팅』, 무역경영사, 2016.
- 신용성, 『온라인마케팅통찰』, 컨버전시, 2015.
- 안광호 · 김동훈 · 김영찬, 『시장지향적 비즈니스&마케팅 전략』, 학현사, 2015.
- 정기한 · 신재익 · 오재신, 『마케팅 관리』, 피엔씨미디어, 2014.
- 정분도, 『인터넷마케팅론』, 두남, 2016.
- 주윤황, 『인터넷마케팅』, 학현사, 2012.
- 최재혁, 『온라인채널마케팅』, 리온, 2017.

〈표 5-2〉 상품매입 과정

단 계	과 정	주요 점검 사항
1단계	상품발주	• 신상품, 탈점상품 등에 대한 정보를 공급자와 신속히 공유하여 이를 주문과 반품에 반영해야 한다. • 팔릴 수 있는 상품을 적정 수량만큼 매입하여 재고 부담을 줄여야 한다.
2단계	입고 예정일 확인	• 공급업체의 재고를 확인하여 가능한 입고 일자를 확인한다. • 공급 지연, 일시 품절 등에 대해서는 반드시 사전 통보를 주도록 공급업체에게 인식시켜 둔다.
3단계	상품발송 준비	• 공급업체로부터 통보받은 혹은 확인한 입고 가능일과 입고 예정 수량을 재고 담당자에게 연락하여 상품 발송에 차질이 생기지 않도록 사전 준비한다.
4단계	상품입고	• 인터넷 쇼핑몰은 빠른 배송이 생명이므로 입고일 엄수는 매우 중요한 문제임을 인식시킨다.
5단계	상품검수	• 입고된 상품이 주문서 내용과 동일한지 대조하는 것을 비롯하여, 상품의 상태를 면밀히 체크하여 불량품을 발송하지 않도록 해야 한다.
6단계	대금정산	• 대금의 정산은 거래의 신뢰 구축에 중요한 부분이다. 정산 기일에 정산이 되었는지를 확인하고 공급업체에도 통보해 준다.

마지막으로 따로 검토해야 할 부분이 '상품 반품'이다. 반품 요인은 판매 부진 또는 상품의 불량 문제이며, 대체로 판매 부진에 의한 반품 비중이 크다. 반품은 양사의 사전 합의사항이라 할지라도 항상 쌍방을 불편하게 하는 부분이므로 사전에 몇 가지 원칙을 정해 두면 좋다.

① 반품은 정기적으로 하며, 적절한 반품 주기를 양사가 협의해 둔다.
② 공급업체가 부담할 수 있는 반품양의 규모를 사전에 협의하여 가급적 그 선을 넘지 않도록 한다.
③ 반품에만 의지하기보다 다양한 소진방법을 통해 반품량을 줄이도록 한다.
④ 상품재고를 수시로 체크하여 부진 상품과 베스트셀러를 구분하도록 하며, 부진 상품에 대해서는 할인 판매를 진행할 수 있도록 사전 협의해 둔다.
⑤ 매출 추이 분석을 통해 적정 매입량 결정 노하우를 키우도록 한다.

5-2 상품물류 전략

물류란 발생지에서 소비지까지 원재료, 반제품 또는 완제품의 효율적인 흐름을 계획 · 실행 · 통제하는 활동으로 정의한다. 여기에는 수송, 재고, 하역, 포장, 그리고 정보관리 등이 포함된다. 물류활동은 신속하고(Speedy), 안전하고(Safely), 확실하게(Surely), 그리고 싸게(Low) 물품을 소비자에게 전달하는 서비스를 말한다. 이를 물류의 3S1L 원칙이라고 한다.

또한 물류란 적절한 상품(Right Commidity)을 적절한 품질(Right Quality)로, 적절한 양(Right Quantity)을, 적절한 시기(Right Time)와 장소(Right Place)에, 적절한 가격(Right Price)과 적절한 인상(Right Impression)으로 고객에게 전달하는 활동이기도 하다. 이를 물류의 7R 원칙이라고 한다.

쇼핑몰은 기존의 물류과정과는 달리 고객이 인터넷을 통해 원거리에서 상품을 주문하고 공급자가 주문받은 상품을 여러 창고에서 여러 배송경로를 통해 고객에게 상품을 전달하기 때문에 물류 역할이 대단히 중요하다. 전자상거래의 확산으로 물류 환경 또한 변하고 있다. 핵심은 다품종, 소량, 다빈도, 적기 수송 네 가지로 모아진다.

5-3 인터넷 광고 전략

인터넷 광고란 인터넷을 매체로 행해지는 광고활동 전반을 의미한다. 이는 보편적으로 인터넷 광고라고 인식하는 배너 광고뿐만 아니라 인터넷상에서 행해지는 기업과 관련된 모든 행위를 포함한다. 인터넷 초기에는 과연 인터넷에서 광고를 허용해야 하는가에 대한 논란이 많았다. 요즘은 시간과 공간의 제약을 극복할 수 있도록 해 주는 인터넷의 장점 덕분에 인터넷 광고가 당연시되고 있다. 이제 인터넷 광고는 당연히 해야 하는 기업의 필수 행위이고, 문제는 어떻게 해야 인터넷의 특성에 맞는 광고를 할 수 있는가에 초점이 모이고 있다.

1. 인터넷 광고의 장단점

인터넷 광고는 다른 매체에 비해 상대적으로 많은 양의 정보를 다양한 방법으로 전달할 수 있다. 메일이나 DM 등에 비하면 가격효율성이 월등히 높다는 장점이 있는 반면, 광고만으로 구매를 유도하기에는 한계가 있다는 단점도 있다. 인터넷 광고의 장 · 단점은 〈표 5-3〉과 같다.

〈표 5-3〉 인터넷 광고의 장 · 단점

구 분	내 용
장점	• 24시간 365일, 1:1 광고가 가능하다. • 소비자의 거주 지역에 제한을 받지 않는다. • 소비자의 특성이 확연히 나타나므로 시장 세분화가 쉽다. • 멀티미디어 및 가상현실 등의 첨단기술을 이용한 효과적 광고가 가능하다. • 최소의 비용으로 광고 내용의 제작과 수정이 가능하다. • 광고를 보는데 따른 시간이나 내용의 제한이 없다.
단점	• 시장의 크기를 측정하기가 어렵다. • 광고효과의 측정 기준에 다한 표준과 방법이 모호하다. • 첨단기술의 도입에도 불구하고, 소비자가 광고만을 보고 구매하기에는 한계가 있다.

2. 인터넷 광고의 유형

인터넷 광고는 크게 검색형과 노출형으로 나눈다. 검색형은 대형 포털사이트 운영업체와의 계약에 의해 이루어지며 키워드 광고, 웹 문서 마케팅, 바이럴 마케팅 등의 유형이 있다. 노출형은 웹사이트의 특성에 의한 전형적인 인터넷 광고로서 아래와 같은 유형이 있다.

1) 노출경로에 따른 분류

(1) 푸시(Push)형 광고

푸시형 광고는 대부분 매스미디어 광고와 같이 광고주 의지를 전달할 뿐 광고를 접하는 고객의 의견은 반영되지 않는다. TV 및 라디오와 같은 인터넷 방송(Broadcasting) 방식과, 인터넷을 이용한 정크메일 방식 등이 전형적인 푸시형 광고이다.

푸시형 광고는 무선 인터넷과 모바일 쇼핑의 급속한 확산과 더불어 SMS, MMS, 위치 기반형 쿠폰 등으로 나날이 확대 생산되고 있다. 그러나 이 방식은 인터넷의

학습 5

성을 살리지 못할 뿐만 아니라 기업 이미지에 부정적 효과를 내는 경우가 많으므로 최근에는 그다지 비중 있게 사용하지 않는다.

(2) 풀(Pull)형 광고

풀형 광고는 기존의 전통적인 매체가 제공하지 못하는 양방향 대화가 가능하다는 것이 특징이다. 배너(Banner) 등의 노출형 광고와 키워드 검색방식의 검색광고 등 웹을 이용한 방식과, 고객이 회사의 제품이나 서비스를 이용하고 난 후에 자신의 경험을 인터넷에 올려놓는 고객지지 방식이 대표적인 풀형 광고이다. 특히 고객 지지 모델은 고객의 신뢰도를 높이는 가장 효과적인 방법으로 꼽힌다.

2) 광고의 형태별 분류

(1) 노출형 광고

노출형 광고는 표현 방식에 따라 [그림 5-1]과 같이 버튼형, 배너형, 빌보드형으로 구분한다.

버튼형은 작은 버튼 모양으로 관련 사이트의 링크가 걸려 있다. 배너 광고란 화면 한 구석에 나와 있는 깃발 모양의 띠 광고를 말한다. 배너 광고는 클릭을 통해서 타깃 광고로 연결되는 경우에는 효과를 볼 수 있지만, 배너 광고 그 자체만으로는 TV 스팟(Spot) 광고나 인쇄 매체 광고만큼의 효과를 기대할 수 없을 뿐만 아니라 시각적 효과에도 한계가 있다. 빌보드형 광고는 순위를 표기하는 형태의 광고이다.

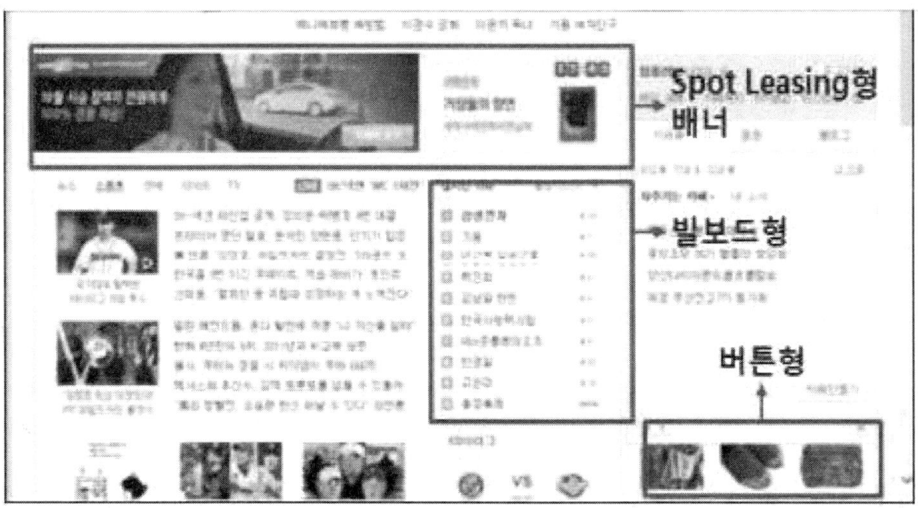

[그림 5-1] 노출형 광고

노출형 광고의 운영방식 중 하나인 스폿리싱(Spot Leasing) 방식은 검색엔진 사이트의 홈페이지 내 일부 공간(Spot)을 일정 기간 동안 임대(Leasing)하여 특정한 고정 구역에 항상 광고를 내보내는 방식이다. 광고의 크기가 제한적이라는 단점이 있으나, 배너 광고와 달리 경쟁이 줄어들고 사용자 인지가 높다는 장점이 있어서 보편적인 인터넷 광고 형태로 자리 잡게 되었다.

(2) 후원형 광고

전통적인 광고에서 스포츠 경기나 자선행사 같은 비영리 목적의 이벤트 등을 후원함으로써 광고 효과를 노리는 마케팅 방법의 온라인 판이라고 할 수 있다. 스폰서십(Sponsorship) 광고 라고도 한다. 대부분의 전통적인 스폰서십은 순간의 구매를 유발하는 것이 목적이 아니라 장기적인 안목에서 브랜드 인지도를 강화하기 위한 브랜드 마케팅이 그 목적이다. 때문에 스폰서십을 광고주가 매체사의 웹사이트, 이메일 등을 활용하여 광고주의 브랜드 인지도를 긍정적으로 강화시킬 수 있는 일체의 노력에 대하여 비용을 지불하는 방식의 인터넷 마케팅이라고 정의하기도 한다.

(3) 삽입형 광고

웹사이트의 페이지 전환시 중간에 전체 화면으로 삽입되어 메시지를 보여 주는 틈새 광고가 대표적이다. 광고효과가 확실한 장점이 있으며, 점차 그 비중이 확대되고 있는 효과적인 광고기법이다.

5-4 마케팅 믹스 전략

1. 전통적 마케팅 믹스의 전략 요소, 4P

마케팅 믹스는 그 조직이 목표시장과 고객 니즈(Needs)를 충족시키기 위해 제공할 수 있는 수단들의 결합을 의미한다. 전통적 마케팅 이론에서 마케팅 믹스는 흔히 4P라 부르며 제품(Product) 전략, 가격(Price) 전략, 유통(Place) 전략, 그리고 촉진(Promotion) 전략의 4가지 의사 결정으로 이루어져 있다.

4P에 대해서는 전 항의 학습 내용을 통해 모두 정의되었다. 이제 이들을 결합하여 제품의 형태나 기업의 구조에 따라 다양한 믹스를 만들어 낼 수 있다.

또한 4P는 서비스 등의 무형의 상품을 위해 7P로 확장한다. 위의 4가지 이외에

Process, People, Physical Evidence이다. 제품의 생산뿐만 아니라 유통과 서비스를 위한 모든 프로세스를 정립하고, 이를 다루는 내부 직원들의 숙련도와 태도 및 내외부의 실물 환경을 일컫는다. 공연기획을 예로 든다면 공연일정 기획 프로세스, 스텝, 공연장 등의 이슈가 있다.

2. 인터넷 마케팅 믹스의 전략 요소, 4C

인터넷 마케팅의 가장 중요한 변수는 상대하는 고객이 네티즌이라는 것이다. 인터넷상에서의 고객은 조금이라도 만족스럽지 않으면 언제든지 다른 웹사이트로 옮겨갈 수 있다. 따라서 인터넷 마케팅과 전통적 마케팅은 마케팅 수단에서 차이가 있음을 이해해야 한다.

4P는 여전히 유효한 개념으로 인용되고 있지만 기업의 입장만을 강조하고 있다고 해서 비판을 받기도 했다. 또한 4P는 오프라인 기업의 관점에 맞춰져 있는 마케팅 믹스라 할 수 있다. 요즘 같은 인터넷 시대에서 온라인 기업이 갖춰야할 마케팅 믹스 전략은 부분적으로 달라질 수밖에 없다.

지금까지 가장 설득력을 얻고 있는 인터넷 기업의 마케팅 믹스는 4C이다. 인터넷 기업의 마케팅 믹스 4C는 다음 〈표 5-4〉와 같다.

〈표 5-4〉 마케팅 믹스 4C

4C	내 용
콘텐츠(Contents)	정보를 포함한 인터넷상에서 제공하는 각종 내용물
커뮤니티(Community)	클럽이나 게시판 등 인터넷 사용자들의 공동체
전자상거래(Commerce)	상품판매
개인화 서비스(Customization)	인터넷 사용자 개개인에 대한 맞춤 서비스

인터넷 기업의 비즈니스 모델이 발전해 나가는 방향은 대체로 콘텐츠 → 커뮤니티 → 전자상거래 → 개인화 서비스 → 전자상거래 강화로 흘러간다. 즉 인터넷 사용자들에게 콘텐츠를 제공하고 이 콘텐츠를 중심으로 회원을 모아 커뮤니티를 구성한다. 이 커뮤니티를 활성화시켜 전자상거래를 하도록 유도하고, 전자상거래 정보가 쌓이면 회원 개개인에 대한 정보를 기반으로 개인화 서비스를 제공함으로써 전자상거래를 활성화시킨다.

3. 인터넷 마케팅 믹스 요소의 확대, 6C

미국의 인터넷 기업의 4C에 의한 마케팅 믹스 전략은 큰 성공을 거두었다. 이에 힘입어 국내 인터넷 기업도 4C를 강화하는 추세이다. 이메일 서비스로 유명한 다음(Daum)은 채팅 서비스를 도입해 커뮤니티를 더욱 활성화하고 있으며, 야후는 여러 쇼핑업체와의 제휴를 통해 전자상거래를 강화하고 있다.

이런 4C 통합을 통한 마케팅 믹스가 중요하긴 하지만 결국 인터넷 기업의 승패를 가르는 것은 이 4C를 어떻게 인터넷 이용자들이 느끼는 가치로 바꿔 놓느냐이다.

마케팅 믹스를 실행할 때 고객에게 줄 수 있는 가치가 무엇인지 고민하는 것이 가장 중요하다는 점에서는 온라인 기업이나 오프라인 기업이 똑같다.

여러 성공사례에 힘입어 인터넷 마케팅에서의 마케팅 수단은 전통적인 4P로부터 〈표 5-5〉와 같은 4C, 나아가 6C로 확대되고 있다.

학습 5

〈표 5-5〉 인터넷 마케팅의 전략 요소

단 계	전 략	검토 기준
콘텐츠 (Contents)	사이버 소비자는 단순히 상품만 구입하는 것이 아니라 상품과 관련한 토탈 정보서비스를 원한다.	상품 종합정보
공동체 (Community)	커뮤니티에 관련된 멤버는 소속감과 공통 관심사를 가지고 있다. 사이트에 대한 충성도가 매우 높고 또한 전문적이다.	카페, 블로그
상거래 (Commerce)	인터넷 사이트에서 수익을 내지 못하는 불필요한 요소는 제거하고 수익권을 다양화해야 한다. 또 직접적인 거래 수익이 없다고 하더라도 홍보, 마케팅, 고객관리 등에 집중해야 한다.	인터넷 거래의 편의성
개별화 (Customization)	사이트의 단순 방문객을 고객으로 만들고, 일반 고객을 고정 고객으로 만들기 위한 전략이다.	일대일 마케팅, 후기
소통 (Communication)	전자상거래에서 상품에 대한 소비자 평가는 매우 빠르게 일반화되기 때문에, 소비자와의 다양한 커뮤니케이션 통로를 열어주는 것이 중요하다.	전자게시판, 이메일, 인터넷 광고, 판촉(쿠폰 등)
연결 (Connection)	인터넷은 네트워크, 즉 연결의 산물이다. 따라서 인터넷 마케팅에서 협력관계는 매우 중요하다.	아웃소싱, 타 사이트 협업

5-5 콘텐츠 전략방향 수립

1. 콘텐츠 전략의 개념

콘텐츠 전략이란 비즈니스 목표와 고객 인사이트에 영향을 미치는 고객과 잠재 고객에게 의미 있는 콘텐츠를 생산, 분배, 유지하며 결과적으로 원하는 행동을 위한 참여와 전환을 이끌어내는 연속적인 프로세스를 말한다.

즉 성공적인 콘텐츠는 데이터 중심적이며 콘텐츠 생산목적에 따라 콘텐츠가 만들어지는 것을 보장하기 위해 잘 알려진 프레임워크(고객 라이프 사이클 등)를 활용한다. 또한 콘텐츠 전략은 마케팅 전략, 분석, 기술 및 창조 등의 다양한 영역을 결합하며 콘텐츠 전략의 결과는 콘텐츠 자산뿐만 아니라 사람, 프로세스, 기술 등의 니즈를 만족시키는 툴의 영역을 포괄적으로 포함한다.

2. 콘텐츠 전략 유형

콘텐츠 전략은 브랜드가 목표로 하는 콘텐츠 비전과 연관돼야 한다. 그 비전을 통해 각각의 브랜드는 어떤 콘텐츠를 어떻게 생산, 관리하고 이해관계자들과 공유해야 하는지에 대한 답변을 담아 콘텐츠 전략을 마련해야 한다.

많은 사람들에게 공유되기 위한 콘텐츠인가, 정보를 알리기 위한 콘텐츠인가, 커뮤니케이션을 위한 콘텐츠인가 등 콘텐츠가 추구하는 목표와 방향에 따라 콘텐츠의 기획 의도가 달라지기 때문이다.

그러므로 각 브랜드마다의 채널과 카테고리에 적합하고 세밀화된 콘텐츠 설계가 필요한 것이다. 디지털 전략 컨설팅 회사인 알티○○ 그룹은 글로벌 기업사례 및 콘텐츠 마케팅 업계 전문가 인터뷰를 통해 성공하는 기업들의 콘텐츠 전략 유형을 5가지로 구분하였다.

1) 존재감 확보를 위한 콘텐츠 전략

브랜드 인지도를 확보하기 위한 일반적 방식으로 식음료 등의 업종에서 자주 사용되는 전략이다.

〈표 5-6〉 존재감 확보를 위한 콘텐츠 전략

전략 내용	• 제품 혁신 없이 일상적으로 판매되는 식음료 업종이 주로 취하는 콘텐츠 전략 • 경쟁사가 많지만 광고예산이 충분하지 않은 브랜드가 존재감 확보를 위해 취하는 전략
콘텐츠 유형	• 기존 브랜드들이 취하는 접근법으로 소셜미디어 광고, 콘테스트, 스폰서십 등으로 진행 • 타깃 고객들의 주목을 확보하고, 그들의 참여를 이끌어내기 위한 콘텐츠 마케팅 진행
브랜드 사례	• Red Bull, Taco Bell • Red Bull's Media House는 에너지 드링크와 동일시되는 브랜드로서 레드불이 후원하는 다양한 익스트림 스포츠, 광고, 스폰서십, 이벤트 등을 콘텐츠화하여 공유함 • 전설적인 스노보드 선수로 추앙받는 트래비스 라이스(Travis Rice)와 그의 스노보더 친구들이 주인공으로 출연하는 〈비행의 기술〉은 온갖 오지를 돌아다니며 압도적인 스케일과 영상미로 스노보딩의 묘미를 영상으로 구현하며 엄청난 입소문을 냄

2) 신뢰감 확보를 위한 콘텐츠 전략

소비자들의 불만관리가 핵심인 브랜드에 필요한 전략이다.

〈표 5-7〉 신뢰감 확보를 위한 콘텐츠 전략

전략 내용	• 위험 산업군 브랜드로서 고객신뢰도 확보를 위해 취하는 콘텐츠 전략 • 정보가 충분히 제공되지 않아 불신을 살 수 있는 헬스케어, 웰니스, 식품 등의 브랜드에 적합
콘텐츠 유형	• 브랜드 구성원들이 어떻게 일하고 있고, 어떤 가치를 중요하게 생각하는지 자사 임직원 인터뷰, 고객 스토리, 비디오 영상 등 비주얼로 보여줄 수 있는 콘텐츠 유형
브랜드 사례	• Piedmont Healthcare, McDonlad's • 맥도날드 캐나다는 201´년 말, 영국의 유명 요리사 제이미 올리버(Jamid Oliver)가 패티 원료의 문제점을 지적하는 동영상을 유튜브에 업로드하자 웹사이트와 소셜미디어 기반 고객의 사소한 질문에도 성실하게 텍스트, 이미지, 비디오 콘텐츠로 제작하여 성실하게 답변을 지속적으로 제공함

3) 높은 가치 제공을 위한 콘텐츠 전략

투자 관련 정보 등 리서치 기반 브랜드가 독점적인 정보를 제공해 가치를 만드는 유형이다.

〈표 5-8〉 높은 가치 제공을 위한 콘텐츠 전략

구분	내용
전략 내용	• 전문적인 제품 및 서비스 기반 독점정보를 제공하는 금융산업군 브랜드 • 가치가 담긴 정보제공을 통해 고객교육이 필요한 업종이 취하는 전략
콘텐츠 유형	• 리서치 리포트, 웹, 백서 등 • 특정 고객의 니즈를 해결하는 리서치 기반 주제 전문가의 의견이 담긴 독점정보 성격의 콘텐츠 유형
브랜드 사례	• Charles Schwab, Dun & Bradstreet • Charles Schwab는 애널리스트 리포트에 투자 관련 팁, 방법, 성공사례 등 관련 내부 멤버들의 전문성을 담아 지속적으로 제공하고 있으며 잠재 고객이 이해하기 쉽도록 텍스트보다 비디오, 인포그래픽, 슬라이드쉐어 중심으로 제공함

4) 커뮤니티 지원을 위한 콘텐츠 전략

아웃도어, 게임과 같은 브랜드가 아이템 노하우, 팁에 관한 콘텐츠를 생산해 유저들끼리 공유하고 대화하면서 팬 커뮤니티를 형성하는 전략이다.

〈표 5-9〉 커뮤니티 지원을 위한 콘텐츠 전략

구분	내용
전략 내용	• 취미, 라이프 스타일 및 고객 열정 아이템 관련 경험, 노하우, 팁, 성공사례 등 제공 • 콘텐츠 제공과 동시에 고객들이 자신들의 콘텐츠를 공유하는 공간을 제공하여 커뮤니티화함
콘텐츠 유형	• 커뮤니티 니즈를 해결해주는 팁, 노하우 등 콘텐츠가 담긴 웹사이트, 전문 잡지, 온라인 포럼 등 • 커뮤니티 구성원들이 직접 생산해서 업로드하는 UCC를 통해 정기적인 방문 유도
브랜드 사례	• REI, PlayStation • REI는 아웃도어 브랜드로 제품 중심의 콘텐츠를 생산함과 동시에 커뮤니티 멤버들에게 영감을 주는 콘텐츠를 생산하였고, 커뮤니티 멤버로서 커뮤니티의 활성화를 위한 콘텐츠를 지속적으로 생산히기 위해 노력함

5) 지원 서비스를 위한 콘텐츠 전략

자동차와 같은 고가 브랜드의 전략으로 제품을 구입해서 사용하는 각 단계별로 콘텐츠를 제공한다.

〈표 5-10〉 지원 서비스를 위한 콘텐츠 전략

구분	내용
전략 내용	• 구매 의사 결정 시간의 소요가 긴 고가 브랜드의 콘텐츠 전략 • 구매 이후 지원 서비스 차원에서 충분한 정보제공이 필요
콘텐츠 유형	• 하우투 영상, FAQ, 사용자 매뉴얼, 자가진단정보, 스펙시트 등
브랜드 사례	• General Motors, Comcast • General Motors는 자동차 판매 이후 구매자들이 차량정보를 어느 곳에서나 쉽게 얻을 수 있도록 다양한 채널과 플랫폼을 통해 콘텐츠를 제공하고 있으며, 고객의 구매 의사 결정에 있어 각 단계별로 자가 전문성이 담긴 콘텐츠를 제공함

수행 내용

재료 · 자료

- 환경분석 보고서, 상품개발 계획서
- 전자상거래 사업기획 실무 지침서
- 종이, 필기구, 포스트잇 등

기기(장비 · 공구)

- 개인용 컴퓨터 및 프린터(인터넷 연결된 상태), 복사기, 빔 프로젝터, 화이트 보드

학습 5

안전 · 유의사항

- 팀의 구성원은 4~5명으로 하고, 교수의 지시에 따라 진행한다. 팀장은 팀의 대표가 되어 과제 결과물을 수합하고 정리한다.
- 마케팅에 대한 기본 지식의 습득을 필요로 함에 유의하여 사전 학습토록 한다.
- 유통/광고 전략 수립을 위한 토의 과정에서, 타인의 의견을 존중하고 모든 대안을 긍정적으로 받아들이는 오픈 마인드를 가진다.
- 실제 사업을 운영해 보지 않은 입장에서는 시장 세분화 및 목표 고객 선정 과정이 추상적이 될 수 있다. 구체적이고도 단순한 사례를 선정한다.

수행 순서

01 마케팅 유통 및 광고 전략수립의 요구사항과 목표를 분석하라.

① 환경 분석 보고서 및 상품개발 계획, 목표 고객 세분시장의 특성, 가격 전략을 숙지함으로써, 유통/광고 전략 수립에 대한 전략적 목표를 이해한다.

② 유통 전략에 대한 이론과 인터넷 광고의 특성을 이해하고, 이를 마케팅 전략에 반영하여 목표시장에서 자사 제품의 유통/광고 포지셔닝을 결정할 수 있도록 한다.

③ 구체적 사례를 활용하여 실제 유통/광고 전략 결정 과정을 실습해 본다.

02 마케팅 유통 및 광고 전략 수립의 유통전략 수립 과정을 분석하라.

자사 쇼핑몰의 특징에 따른 매입 전략을 수립하고, 공급자별 평가를 통해 매입자를 결정한다.

〈표 5-11〉 공급업체 평가

상 품	공급업체	평 가	매입방식	비 고
상품-1	업체-A			
	업체-B			
	업체-C			
상품-2	업체-A			
	업체-B			
	업체-C			

03 마케팅 유통 및 광고 전략 수립의 매입계약서 작성 과정을 분석하라.

거래 조건에 대한 협의가 끝난 공급자를 대상으로 실제 매입 계약서를 작성해 본다

04 마케팅 유통 및 광고 전략 수립의 광고전략 수립 과정을 분석하라.

다음 〈표 5-12〉과 같이 자사 상품에 대해 가능한 그리고 적절한 인터넷 광고 수단들을 나열해 보고, 〈표 5-13〉와 같이 상품별 구체적인 프로모션 계획을 수립한다.

〈표 5-12〉 프로모션 전략 수단

프로모션 종류		상품별 세부 수단
광고	A1, A2, A3	
홍보	B1, B2	
판매 촉진	C1, C2, C3	
다이렉트 마케팅	D1, D2	
웹 프로모션	E1, E2	
기타		

〈표 5-13〉 프로모션 전략 수단별 실행 계획

[상품-1]

프로모션 종류		세부 내용				
		목표	일정(기간)	예산	점검사항	비고
광고	A1					
	A2					
	A3					
홍보	B1					
	B2					
판매 촉진	C1					
	C2					
	C3					
다이렉트 마케팅	D1					
	D2					
웹 프로모션	E1					
	E2					
기타						

학습 5

05 마케팅 유통 및 광고 전략 수립의 인터넷 광고 실행 과정을 분석하라.

아래 〈표 5-14〉을 참고하여 적절한 인터넷 광고 수단들을 찾아보고 실행해 본다. 구체적으로 블로그 찾아다니며 글 남기기, 카페에 가입하고 게시판 글 남기기, SNS에서 광고하기, 키워드 검색 하고 답변 달기, 관련 홈페이지 글 등록하기, 웹문서 등록하기 등의 활동을 통해 자사 상품을 광고할 수 있다.

〈표 5-14〉 인터넷 광고 수단별 비교표

구 분	검색 광고			노출 광고		1:1
	키워드 검색	바이럴 마케팅	웹문서 마케팅	배너 광고	뉴스 광고	이메일 마케팅
노출범위	낮음	-	높음	높음	높음	높음
타깃화	높음	높음	높음	낮음	낮음	낮음
광고비	높음	낮음	높음	-	-	낮음

Tip

- 매입 계약서는 오프라인에서의 매입계약서와 큰 차이가 없다. 일반적인 매입계약서를 참고하여 계약서의 중요 검토사항을 익히도록 한다.
- 인터넷상의 광고 수단으로 제시한 블로그 및 카페에 글을 남기는 행위 등은 매우 번거로운 일이며 회원의 거부감을 불러올 수 있음에 유의하여야 한다.

06 콘텐츠 전략방향 수립에 대하여 분석하라.

1. 관련 상품의 콘텐츠 전략방향을 수립

성공적인 콘텐츠 전략을 세우는 방법을 조사하고, 관련 상품의 콘텐츠 전략방향을 수립한다.

1) 성공적인 콘텐츠 전략을 세우는 효과적인 방법을 조사하여 정리

① 콘텐츠의 목적을 정확하게 한다.

② 목적을 전달할 핵심 메시지를 작성한다.

③ 사용자가 원하는 추가정보를 수집한다.

④ 편집계획, 검색엔진 최적화(SEO) 계획, 콘텐츠 관리계획, 콘텐츠 운영계획, 콘텐츠 배포계획을 수립한다.

2) 관련 상품의 콘텐츠 전략방향을 수립

① 콘텐츠 벤치마킹 보고서를 작성한다.

〈표 5-15〉 콘텐츠 벤치마킹 보고서

주제 : 콘텐츠 벤치마킹 보고서	
[상품 이미지]	• 상품명
	• 쇼핑몰
	• 콘텐츠 전략

② 관련 상품의 콘텐츠 콘셉트를 도출한다.

㉠ 관련 상품에 차별화 콘텐츠 전략 도출한다.

㉡ 관련 상품의 콘텐츠 콘셉트를 도출한다.

〈표 5-16〉 관련 상품의 콘텐츠 콘셉트 도출 보고서

주제 : 관련 상품의 콘텐츠 콘셉트 도출 보고서	
구 분	내 용
콘텐츠 전략	• 콘텐츠 활용 목적 • 콘텐츠의 주요 고객 • 콘텐츠 활용 영역 • 콘텐츠 핵심 키워드
콘셉트 도출	

학습 5

③ 스토리텔링을 적용한다.

〈표 5-17〉 스토리텔링 마케팅 유형(Storytelling Marketing Type)

유 형	특 징	사 례
	사실 기반의 스토리텔링	
에피소드 스토리텔링	CEO, 기업, 제품 탄생의 뒷이야기나 브랜드 네임의 의미를 이야기 소재로 활용하고, 최대한 리얼리티를 반영해야 효과가 큼	애플 : CEO(스티브 잡스)의 히스토리를 부각하여 독특하고 창조적인 브랜드 가치를 만들고 이미지를 확립함
체험담 스토리텔링	소비자가 직접 경험한 이야기를 다시 소비자에게 전달하여 제품과의 유대감 및 브랜드 경험을 강화함	SK텔레콤의 현대생활백서 : 개개인이 핸드폰을 통해 겪은 다양한 에피소드를 '내가 만들어가는 생활의 중심'이라는 테마로 경험담을 공유함
	수정/가공 스토리텔링	
루머 스토리텔링	리얼리티가 아닌 흥미롭고 재미있는 이야기를 그럴듯하게 만들어 관심을 갖게 함	(우유) 바나나는 원래 하얗다 : 마케팅 부서 직원의 대화를 몰래카메라 촬영으로 자연스럽게 전달하여 제품 탄생 및 브랜드 네임의 비화를 알림
패러디 스토리텔링	기존에 활용됐던 인기 스토리를 제품의 콘셉트에 맞게 새로운 시각으로 가공하여 전달함, 친근하고 빨리 부각시킬 수 있음	롯데리아 크랩버거 : '노인과 바다' 소설의 주요 소재를 활용하여 원작 속의 상어를 커다란 게로 바꾸어 과장되고 유머스럽게 표현함
디리버티브 스토리텔링	하나의 브랜드에서 스토리를 통해 다른 영역의 브랜드를 파생적으로 연상할 수 있도록 함	페르소나 : '로미오와 줄리엣' 러브스토리를 주얼리 제품과 소품을 통해 연상할 수 있도록 재해석하여 이야기를 전개함
	창작 스토리텔링	
드림(Dream) 스토리텔링	소비자가 동경하는 꿈과 희망을 브랜드에 담아 브랜드에 대한 동경으로 느끼게 함	나이키 : 승리에 대한 의지와 열정을 선수들의 멋진 모습과 플레이를 통해 동경심을 자극함
시리즈 스토리텔링	하나의 주제에 대한 일관된 콘셉트로 연속적이고 다양한 이야깃거리를 전달함	박카스 : 대학, 군대, 직장인 등 일상생활에서 드링크제와 연관성을 부여하는 스토리로 브랜드 친근감을 제고시킴
기념일 스토리텔링	특정한 기념일에 맞는 이야기를 개발하여 관련 타깃 그룹이 공감하고 참여하게 함	빼빼로 과자 : 빼빼로 모양과 비슷한 11월 11일을 '빼빼로 데이'로 지정하여 친구들끼리 선물로 주고받는 의미를 전달함

Tip

- 최신의 자료를 활용하도록 한다.
- 사례 등 많은 정보를 찾아보고 비교한다.
- 조사한 자료를 기계적으로 활용하는 것보다 기업의 규모와 상황, 업종 등을 고려하여 콘텐츠 전략방향을 수립한다.

학습활동.5 교수 · 학습 방법

교수 방법

- 마케팅 유통 및 광고 전략 수립에 대한 관련 용어, 구성, 방식 이해 정도를 파악한 후 수업을 진행한다.
- 교수자의 주도로 마케팅 유통 및 광고 전략 수립 등의 내용을 PPT 자료로 제시한 후 설명한다.
- 가능하면 사전에 개인별 학습 자료를 준비하여 모든 학생이 참여할 수 있는 문제 해결식 수업, 협력 수업이 가능하도록 한다.
- 마케팅 유통 및 광고 전략 수립 전 과정을 작업의 순서에 따라 단계적으로 실습이 이루어질 수 있도록 지도한다.
- 교재를 통해 수업을 준비하는데 있어서 필요한 모든 정보나 팁, 힌트 등 도움이 될 만한 내용들을 확인할 수 있다.
- 학생들이 만들게 될 각 모델들은 수업시간에 중점적으로 다뤄질 부분과 어휘, 질문, 답을 포함하고 있으며 또한 탐구할만한 추가적인 아이디어들도 포함하고 있다.

학습 방법

- 마케팅 유통 및 광고 전략 수립에 대한 관련 용어를 숙지하고, 마케팅 유통 및 광고 전략 수립 에 대해 이해한다.
- 마케팅 유통 및 광고 전략 수립의 각 단계별 중점사항을 체계적으로 학습한다.
- 마케팅 유통 및 광고 전략 수립의 수행순서의 전 과정을 실습한다.
- 마케팅 유통 및 광고 전략 수립의 내용을 이해한다.
- 마케팅 유통 및 광고 전략 수립을 이해하고 숙달이 될 때까지 학습한다.

학습활동.5 평가 및 피드백

평가 준거

- 평가자는 피평가자가 수행 준거 및 평가 내용에 제시되어 있는 내용을 성공적으로 수행할 수 있는 지를 평가해야 한다.

학습내용	평가항목	성취수준		
		상	중	하
마케팅 유통 및 광고 전략 수립	개발하고자 하는 제품, 서비스의 특성과 가격 전략을 활용하여 구매, 판매, 유통 흐름을 설계할 수 있다.			
	제품, 고객, 가격, 물류, 판촉 자료를 활용하여 종합적인 마케팅 전략을 수립할 수 있다.			

학습 5

평가 방법

- 작업 포트폴리오

학습내용	평가항목	성취수준		
		상	중	하
마케팅 유통 및 광고 전략 수립	마케팅 전략 보고서의 완성도			

- 필기시험

학습내용	평가항목	성취수준		
		상	중	하
마케팅 유통 및 광고 전략 수립	- 마케팅 전략 보고서의 완성도 - 인터넷 시장의 특성에 대한 이해 여부 - 인터넷 쇼핑몰 상품의 판촉 이론에 대한 이해 정도			

- 실습

학습내용	평가항목	성취수준		
		상	중	하
마케팅 유통 및 광고 전략 수립	마케팅 전략 보고서의 완성도			

- 피드백

1. 작업 포트폴리오
   - 제출한 보고서의 내용을 평가하여 수정 보완 사항을 피드백 한다.
2. 실습
   - 가격과 판촉 수단의 결정 과정의 합리성과 도출된 전략의 적정성에 대해 피드백 한다.
3. 필기시험
   - 평가 결과 일정 점수 이하인 학생들은 추가 학습을 지시하고 그 결과를 제출하도록 한다.

참 | 고 | 문 | 헌

- 교육부, 임중선 외, '전자상거래(10030102) NCS학습모듈', 한국직업능력개발원, 2018.12.31.
- 강병서 · 정혜영 · 송상호 · 김성영, 『CEO를 위한 신경영학(경영전략, 마케팅)』, 무역경영사, 2001.
- 김관형 · 김진현 · 김태수 · 박남섭 · 박세환 · 허관도, 『현대창의공학』, 북스힐, 2014.
- 김영문, 『하루 만에 인터넷 쇼핑몰 창업하기』, 집현재, 2014.
- 김은경, 『창의적 공학설계』, 한빛아카데미. 2013.
- 매일경제신문, '온라인 쇼핑몰, 유통황제로 우뚝', 2015.5.11.
- 박대윤 · 김형수, 『인터넷쇼핑몰 기획실무 스타일 가이드』, 도서출판 비비컴, 2001.
- 서선원의 e-Shop 창업교실, '성공창업 가이드북 II - 쇼핑몰 창업 전 꼭! 알아야 할 성공비법!', 2013.8.
- 손현준, '인터넷에서 팔리는 상품의 조건', ㈜휴넷 경영지식생산본부 보고서, 2008.11.4.
- 안광호 · 김상용 · 김주영, 『인터넷마케팅 원론』, 법문사, 2001.
- 안웅, 『전자 상거래 관리사』, 연학사, 2007.
- 이동훈, 『전자 상거래와 e-비즈니스(개정판)』, 한빛아카데미, 2015.
- 임성기, 『돈 버는 쇼핑몰, 돈 버리는 쇼핑몰』, 도서출판 비비컴, 2005.
- 정희전 · 착한사진연구소, 『쇼핑몰 창업+운영+제작북』, 한빛미디어, 2012.
- 중소기업청 소상공인진흥원, '전자 상거래 창업가이드', 2006.11.30.
- 허계범, 『e-비즈니스 & 전자 상거래』, 이한출판사, 2009.
- Chaffey.D., 『Internet Marketing : Strategy, Implementation and Practice』, Pearson Education, 2009.
- 다음 카페, '디지털 마케팅의 본질적 이해', http://cafe.daum.net/myneostory/Pbb/181?q=personalization%20%B8%B6%C4%C9%C6%C3&re=1
- 다음 카페, '인터넷 마케팅 믹스 전략', http://cafe.daum.net/dongdeamoon/MyPF/362?q=%C0%CE%C5%CD%B3%DD%20%B8%B6%C4%C9%C6%C3%20%B9%CD%BD%BA&re=1
- 블로그, '마케팅-시장 세분화 사례', http://blog.naver.com/PostView.nhn?blogId=tlc700&logNo=40167923014
- 블로그, '쇼핑몰 만들기', http://blog.daum.net/anapana.
- 블로그, '시장 세분화 - 쉽게 이해하는 시장 세분화, 08. STP', http://blog.naver.com/PostView.nhn?blogId=sako71&logNo=220347251984
- 블로그, '온라인 쇼핑몰 가격 결정 기준과 방법', http://blog.naver.com/PostView.nhn?blogId=hip34&logNo=20014494675
- 블로그, '인터넷마케팅 원론 - 4P의 변화', http://blog.naver.com/PostView.nhn?blogId=dbgn95&logNo=80189876008
- 블로그, '제품유형분류와 마케팅 전략', http://blog.naver.com/PostView.nhn?blogId=an11778&logNo=220374030811
- 중소기업청, '기관마당〉 기업마당〉 창업 길잡이', http://www.bizinfo.go.kr/EgovPageLink.do?menu

학습 5

No=20301000&link=egovframework/bizinfo/uss/ise/bizguide/1-1-2-2#/
- 개인블로그, '1인기업 1인경영시대', http://oneceo.co.kr/263
- 교육부, 환경분석(1003010210_16v2), 세종 : 한국직업능력개발원, 2014.
- 교육부, 2016 고등학교 전문교과 수행 평가 모델 자료집, 세종 : 한국직업능력개발원, 2016.
- 김광석 · 권보람 · 최연경, 『4차 산업혁명과 초연결사회, 변화할 미래산업』, 삼정KPMG, 2017.
- 경제연구원, ISSUE MONITOR 제68호, January 2017.
- 김광석 · 김수경 · 박경진, 『소비 패턴의 11가지 구조적 변화』, 삼정KPMG 경제연구원, Issue 43. 2016(통권 제43호), 2016.
- 김동열, 『경제주평』, 현대경제연구원, 11-39. 2011(통권 제 466호), 2011.
- 장경채, 『인터넷 마케팅 플러스』, 무역경영사, 2006.
- 조경희 외, 『전자상거래 일반』, 씨마스, 2017.
- 한국인터넷마케팅연구회, 『인터넷 마케팅』, 삼우사, 2003.
- 류지완, "오픈 마켓 3월 브랜드 평판 조사, 'G마켓 1위'", 브레이크(http://www.breaknews.com). 2017.8.18. 검색, 2017.3.3.
- 매경 시사용어 사전, http://100.daum.net/book/645/list
- 미용경영컨설턴트협회, http://cafe.daum.net/embc2010/OBSs/30
- 위키 백과사전, https://ko.wikipedia.org
- 윤승환 · 정승원, "필승전략 MECE", 아시아경제(http://www.asiae.co.kr/news), 2017.8.18. 검색, 2017.5.17.
- 지연진, "모바일 거래액 3.6兆…유통업계 '지각변동'", 아시아경제(http://www.asiae.co.kr/news), 2017.8.18. 검색, 2017.6.29.
- 통계청, http://kostat.go.kr
- 교육부, 마케팅 관리(1003010206_13v1), 세종 : 한국직업능력개발원, 2015.
- 김범종 · 박승환 · 송인암 · 조용한, 『디지털 시대의 마케팅 관리』, 대경, 2017.
- 신광수, 『온라인 유통마케팅』, 무역경영사, 2016.
- 신용성, 『온라인마케팅통찰』, 컨버전시, 2015.
- 안광호 · 김동훈 · 김영찬, 『시장지향적 비즈니스&마케팅 전략』, 학현사, 2015.
- 정기한 · 신재익 · 오재신, 『마케팅 관리』, 피엔씨미디어, 2014.
- 정분도, 『인터넷마케팅론』, 두남, 2016.
- 주윤황, 『인터넷마케팅』, 학현사, 2012.
- 최재혁, 『온라인채널마케팅』, 리온, 2017.

학습 1	온라인 유통시장의 개요
학습 2	쇼핑몰의 상품개발 전략 수립
학습 3	마케팅 고객관리 전략 수립
학습 4	마케팅 가격 전략 수립
학습 5	마케팅 유통 및 광고 전략 수립
학습 6	**판매계획 수립**
학습 7	재무계획 수립
학습 8	사이트 기획, 구축 및 운영
학습 9	오픈마켓 준비
학습 10	오픈마켓 제작
학습 11	주문처리 및 배송절차
학습 12	고객관리 및 CS 처리
학습 13	세무관리 실전
학습 14	해외 구매대행

학습 목표	1. 판매계획 수립을 이해할 수 있다.

6-1 판매계획의 의의

판매계획이란 자체 판매, 판매 대리점, 유통업자, 기존업체의 판매조직, 다이렉트 판매 등 이용 가능한 판매수단을 열거하고 유통경로를 설명한다. 그리고 유통업자, 판매 대리점 등의 선정방법을 밝히고 그들 각자가 올릴 예상 판매액을 제시한다.

자체 판매의 경우 연간 판매 사원당 판매액을 제시하고 업종 평균과 비교한다. 다이렉트 판매를 이용한다면 이용 가능한 매체를 열거하고 예상 반응율을 밝히고, 초기 및 장기 판매계획을 제시한다. 광고와 판촉 제품이나 서비스가 잠재 고객의 관심을 불러일으킬 수 있는 방법을 제시한다. 매체 광고, 다이렉트 메일링, 텔레 마케팅, 카탈로그, 판촉, 인쇄물, 광고 대행사의 활용 등에 대한 계획을 세운다. 판촉 및 광고 캠페인의 일정과 비용을 제시한다.

판매계획은 불확실한 환경하에서 계획제품에 대한 판매가능 수량과 가격을 도출하여 매출액을 계수적으로 추정해 내는 작업이라고 할 수 있다.

제품의 품질이 아무리 우수하고 기술력이 뛰어나고 원가가 저렴하다 하더라도 그 제품이 고객의 욕구를 충족시키지 못하여 팔리지 않는다면 상품으로서의 가치가 있을 수 없다. 창업기업이 유지, 존속하고 성장, 발전하기 위해서는 무엇보다도 먼저 계획 제품을 이익이 실현되는 수준까지 판매할 수 있어야 한다. 판매계획이 모든 사업계획에 있어서 가장 중요하고 선결되어야 하는 계획이면서도 '가장 어려운 계획'이 되는 이유는 외부 환경의 미래 변화를 분석 · 예측하고 전망하여 의사결정을 해야 되기 때문이다.

모든 것이 불확실한 상황하에서 창업 또는 신규사업에 대한 의사결정을 한다는 것은 나름대로의 독창적인 시각과 관점을 통해 내리는 의사결정이기 때문에 이에 대한 신념과 용기가 없다면 창업이나 신규사업은 불가능한 일이 된다.

6-2 판매계획과 전략

판매계획상의 목표 매출액을 달성하기 위해서는 판매 전략과 더불어 구체적인 달성수단이 필요하게 된다. 일반적으로 판매계획은 계획사업의 사업 아이템이 팔릴 수 있는 충분한 크기의 시장이 존재함을 확인할 수 있고, 마케팅 환경과 고객의 소비 및 구매행동 특성상 매력적인 마케팅 기회가 발생 가능함을 전제로 하여 결정된다. 즉 새로운 시장이 확인되고 마케팅 기회가 평가되면 목표시장을 선정하고 목표시장의 현황과 특성(수급 구조, 시장규모, 시장특성, 세분화, 포지셔닝 등)을 분석한다. 다음으로 목표시장에 참여하고 있는 유사 또는 동종 경쟁업체의 능력과 규모 및 시장점유율을 감안하여 계획사업의 가능수요를 예측한다.

마지막으로 계획사업의 마케팅 능력 수준(경쟁수준)을 감안한 상대적 시장점유율을 설정하여 매출액 계획을 수립하는 절차를 밟게 되는 것이다.

매출액 목표가 설정되면 목표를 달성하기 위한 마케팅 전략 수단을 선택해야 되는데, 이것이 바로 마케팅 관리에서 논의되는 네 가지 기본요소인 제품(Products),가격(Price), 유통(Place), 촉진(Promotion)의 4P, 즉 마케팅 믹스를 개발하여 추진하는 전략인 것이다

6-3 판매계획 수립

1. 판매목표 설정 및 할당 전개 절차

판매전략은 계획 매출액(목표매출액)을 달성하기 위하여 어떠한 가격전략을 구사할 것이며, 판매경로의 채택과 판매촉진을 위한 제반 전략을 어떻게 전개할 것인지를 구체적으로 기술하여야 한다. 아울러 거래 구조와 관행 및 특성 등을 고려한 판매대금 회수 전략에 대해서도 구체적인 계획을 세워 향후 자금계획 수립에 도움이 될 수 있도록 한다. 전체적인 마케팅 조사(시장 조사)를 실시하였을 경우에는 이에 근거하여 작성하면 되고 시장 조사 결과물을 첨부하면 더욱 좋다. 절차는 [그림 6-1]과 같다.

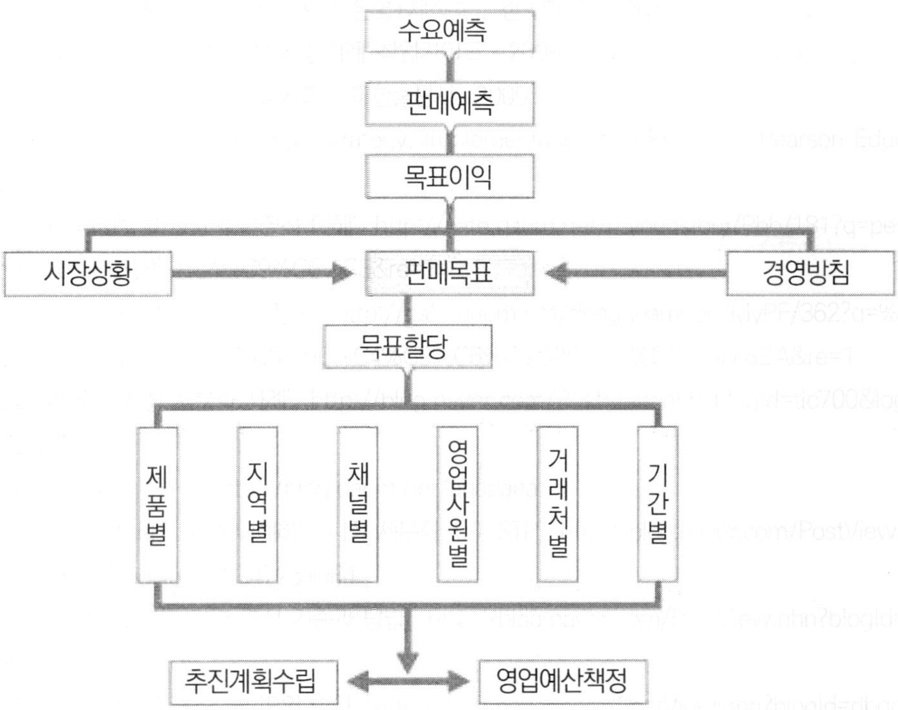

[그림 6-1] 판매목표 설정 절차

2. 수요예측 방법

시장조사법	- 시장을 실제 조사하여 수요(매출액)을 예측하는 방법 a. 경쟁사 판매량 조사 b. 거래처 판매량 조사 : 표본&전수조사 c. 소비자 조사 : 표본 질문조사 d. 업계 조사 : 전문가 인터뷰 등
추정법	- 지난 3~4년간의 판매실적 분석 / 경향성을 파악 / 미래 예측수요 파악 방법
2분 평균법	- 과거 6년간의 판매실적 Data가 있는 경우 / 각 3개년의 평균치를 산출 / 경향을 파악하여 수요 예측
이동 평균법	- 3년 / 5년 / 7년 등의 기간 구분 / 그 기간의 산술평균 산출 / 이를 기준으로 이동 평균치를 산출 : 다음 분기 수요 예측
최소제공법	- 과거 실적을 수학적으로 계산 / 경험치를 산출 / 보다 정확한 예측 가능
상관관계 예측법	- 시장을 실제 조사하여 수요(매출액)을 예측하는 방법 a. 경쟁사 판매량 조사 b. 거래처 판매량 조사 : 표본&전수조사 c. 소비자 조사 : 표본 질문조사 d. 업계 조사 : 전문가 인터뷰 등
인구비례법	- 인구 1인당 소비량을 관할 지역의 인구수로 계산, 수요 예측 → 1인당 소비량 × 인구수 = 수요량

[그림 6-2] 수요예측 방법

3. 이익목표 설정

1) 이익목표의 의미

이익에 대한 개념도 변하고 있다. 과거에는 이익이란 판매실행 후의 개념이었으나, 현재는 사전계획에 의한 목표의 개념으로서 목표매출에서 목표이익을 차감한

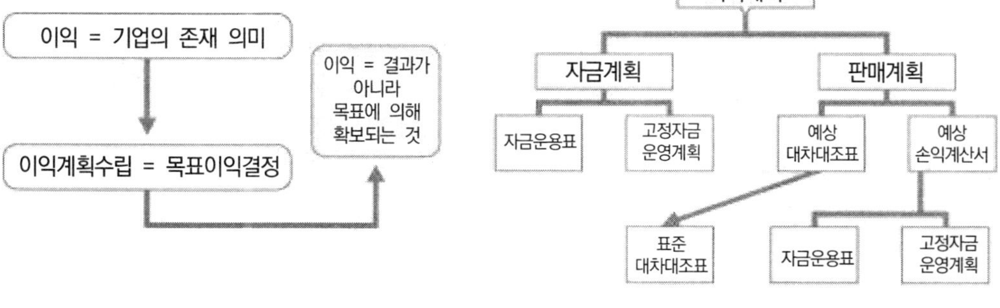

[그림 6-3] 이익목표의 의의와 계획 체계

허용 비용의 개념으로 접근하고 있다. 즉 판매목표의 수립이란 목표이익을 달성한다는 의미이며, 판매계획만 있고 목표이익이 없다면 사업에 대한 전략과 전술이 없는 것이라 할 수 있다. 따라서 판매계획을 통하여 먼저 얻고자 하는 이익목표를 설정 후 이익 획득 계획에 따라 판매전략 및 판매수단이 정해져야 한다. 그 체계는 [그림 6-3]과 같다.

2) 목표이익 설정방법

목표이익 설정방법에는 총자본 이익률에 의한 방법과 인적 지표에서 얻는 방법 두 가지가 있다. 총자본 이익률은 총자본 대비 이익률을 설정하는 방식이며, 인적 지표 방식은 종업원 1인당 목표 이익률을 설정하는 방식이다. 총자본 이익률은 은행 이율 보다는 높아야 하며, 인적 지표 이익률은 1인당 투입되는 모든 비용을 상회하는 금액이어야 할 것이다.

학습 6

4. 판매목표 설정

목표이익이 설정되고 나면 아래 과정에 따라 목표 매출액을 설정하고 이를 기간별, 제품별, 거래처별로 할당한다.

1) 목표 매출액 설정

보통 손익분기점에 의한 방법을 사용하며 아래의 공식에 따른다.

$$\text{목표 매출액} = \frac{(\text{고정비} + \text{목표이익})}{\text{부가가치율}} \times 100$$

이 식은 아래와 같이 변형하여 사용되기도 한다.

$$\text{목표 매출액} = \text{고정비} \div \left[1 - \left(\frac{\text{변동비}}{\text{매출액}}\right)\right]$$

$$= \left(\frac{\text{고정비}}{\text{변동비율}}\right) = \left(\frac{\text{고정비}}{\text{한계이익률}}\right)$$

2) 기간별 판매목표 할당

① 최근 3개년간의 연도별 매출실적을 산출한다.

② 최근 3개년간의 매출액 합계의 월별 구성비를 산출한다.

③ 월별 구성비에 따른 연간, 월별 판매경향을 분석한다.

④ 계절 요인, 신제품 출시 계획 등을 검토, 월별 실적 구성비를 산출한다.

3) 제품별 판매목표 할당

(1) 제품별 판매실적 산출

① 제품별 최근 3개년 간 매출실적 파악

② 매출 비중이 높은 순서에 따른 제품별 한계 이익률 파악

③ 핵심 브랜드 관리(매출순위 상위 1~10위의 핵심 브랜드는 별도로 세부적, 집중적인 전략 수립)

(2) 제품별 매출계획을 작성

① 최근 3개년 매출실적에서 제품별 구성비율 산출

② 신제품과 기존 제품에 대한 수요 예측 등을 바탕으로 제품별 매출계획 수립

(3) 제품별 이익 공헌도 분석

① 판매계획=이익 중심의 계산임을 명심하고, 제품별 이익 공헌도를 검토

② 매출액은 높지만 이익률이 낮은 제품과 매출액은 낮지만 이익률이 높은 제품을 구분

③ 제품별 공헌 이익률=제품별 한계 이익률×제품별 구성 비율

(4) 판매 이익 목표 미달 시 신제품 개발 등 영업 및 마케팅 전략 재수립

4) 거래처별 매출목표 할당

(1) 거래처별 매출실적 파악

① 최근 3개년간의 거래처별 매출실적 파악

② 각 부서의 거래처별 판매동향을 분석

(2) 거래처별 매출계획 파악

① 거래처의 동향 및 판매현황

② 경쟁사와의 시장경쟁 상황

③ 신규개척 및 신규 출점 거래처

6-4 판매정보 관리

1. 판매분석 방법

1) 판매효율 분석

판매효율 분석이란 일정한 판매기간에 판매와 비용 외의 요인을 고려한 성과를 말하며 노동 생산성, 매출 총이익률, 경영 이익률, 상품 회전율, 평당 매출액, 1인당 매출액 등이 판단요인이 된다.

또 교차비율 [(상품별 매출 이익×상품 회전율)÷상품별 매출액]을 기준으로 해서 [(상품별 매출액/교차 비율) × (상품별 매출액/매장 구성비) = 그 상품 매장이 어느 정도 이익에 공헌했는지] 등의 공헌비율을 산출하는 방법 등 여러 종류의 효율판정의 방법이 있다.

학습 6

2) 판매액 실적 분석

판매는 회사의 이윤을 창출하기 위한 활동으로 판매를 통해 벌어들인 수익을 매출이라고 한다. 매출은 기업이 상품을 판매하고 용역을 제공한 대가로 얻는 수익을 말한다. 판매 실적표란 기업에서 판매 관련 실적을 보고하기 위해 작성하는 표 형식의 문서를 말한다. 판매 실적표에는 해당 직원의 부서명과 성명, 직급 등을 표기하고, 판매계획량과 실제 달성한 실적량 등을 항목에 따라 빠짐없이 기재해야 한다. 판매 실적표를 작성하게 되면 직원별 판매 실적량을 확인함으로써 판매 분포를 분석할 수 있고, 미래에 발생할 기업매출을 예측할 수 있다는 장점이 있다.

(1) ABC 분석

통계적 방법에 따라 관리 대상을 A, B, C 그룹으로 나누고, 먼저 A 그룹을 최중점 관리 대상으로 선정하여 관리 노력을 집중함으로써 관리 효과를 높이려는 분석 방법이다. 이는 “극히 소수의 요인에 의해서 대세는 결정된다”라는 V.파레토의 법칙에서 도출된 분석 방법이기 때문에 ‘파레토 분석’이라고도 한다.

(2) 추세변동 계산법

일반적으로 일방적인 방향을 지속하는 것과 같은 장시간에 걸치는 경향변동(傾向變動)이나, 주기 15년 이상의 장기변동도 이와 같이 불리는 일이 있다. 추세변동을 정확하게 파악할 수가 있다면 그 곡선을 사용하여 금후의 변동을 어느 정도 예측할 수가 있다.

(3) 부문구성 계산법

판매계획이나 상품계획을 세우는 데 유효한 정보가 되는 것으로, 상품부문별 매출액을 분석하는 방법이다.

2. 판매정보 분석결과 마케팅 적용

1) 온라인 쇼핑몰 거래 마케팅

온라인 쇼핑몰 거래 마케팅이란 온라인 쇼핑몰 거래를 통해 이루어지는 모든 상업적인 활동을 의미한다.

(1) 온라인 쇼핑몰 거래 마케팅 성공요소

① 수익력이 장기적 경쟁력의 핵심, 고객만족의 실현과 이를 통한 수익성 실현
② 미디어 시너지 효과(인터넷+미디어)에 힘입은 강력한 브랜드 이미지
③ 대기업의 거대 자본력과 인력을 이겨 낼 혁신적인 아이템과 그에 따른 전략 필요

(2) 온라인 쇼핑몰 거래 마케팅의 근원적 전략

① 고도의 고객 맞춤인 개인화를 통하여 고객점유율 확보, 충성고객 확대
② 고객 데이터베이스를 통한 고객 맞춤으로 부가가치 생성
③ 커뮤니티와 타 기업과의 제휴로 효율적인 아웃소싱 활용, 고객층 확대

(3) 마케팅 전략 수립의 두 가지 접근법

① STP(Segmentation Targeting Positioning)
- Segmentation, Target, Positioning

② CBP(Compectiveness factoring Business modeling, Positioning)
- Product, Service Package

2) 소비자 분석

(1) 나의 진정한 소비자는 누구인가?

사업기회의 활성화 요인 잠재시장이 존재하는 곳

(2) 상품의 구매자는 누구이고, 사용자는 누구인가?
사용자뿐만 아니라 구매자도 고려

(3) 어떤 구매과정을 거치는가?
5단계 구매 의사 결정 과정(인지, 정보 탐색, 대안 평가, 구매 결정, 구매 후 행동)

(4) 나의 상품은 고몰입 상품인가, 저몰입 상품인가?
관여란 관심도와 중요도의 정도

(5) 어떤 소비자를 목표로 할 것인가?
돈 되는 소비자

3. 판매성향 분석

1) 자료의 수집 분석

자료의 수집 분석은 전사적 자료로는 Web Enabled Data(웹으로 접근 가능한 자료)와 Web Unenabled Data(웹으로 접근 불가능한 자료)가 있으며, 실물적 자료는 물리적 첨부파일 등이 있다.

(1) 내부자료
내부자료란 고객등록자료, 거래자료 등 기업 내부에서 축적되는 자료를 의미한다. 수집에 드는 비용은 추가로 들지 않으나 거시적 정보는 얻기 어렵고 이미 등록된 고객을 대상으로 한정적인 자료만 얻을 수 있다.

(2) 외부자료
외부자료란 자료의 출처가 기업 외부로부터 신문, 방송 등의 공공 자료와 IDC 등의 전문 자료수집 기관의 자료를 의미한다.

2) 판매 성향 분석 요소

① 웹로그 파일　② 검색엔진 키워드　③ 방명록과 게시판
④ 설문조사　⑤ 사용성 평가　⑥ 반응 고객정보

3) 분석 방법

① 웹로그 분석　② 데이터 마이닝

수행 내용

재료 · 자료

- 환경분석 보고서
- 상품개발/목표 고객 세분화/가격 전략/유통, 광고 전략 보고서
- 전자상거래 사업기획 실무 지침서
- 종이, 필기구, 포스트잇 등

기기(장비 · 공구)

- 개인용 컴퓨터 및 프린터(인터넷 연결된 상태), 복사기, 빔 프로젝터, 화이트 보드

안전 · 유의사항

- 팀의 구성원은 4~5명으로 하고, 교수의 지시에 따라 진행한다. 팀장은 팀의 대표가 되어 과제 결과물을 수합하고 정리한다.
- 마케팅에 대한 기본 지식의 습득을 필요로 함에 유의하여 사전 학습을 하도록 한다.
- 판매계획은 마케팅 믹스에 의한 실질적인 판매 전략의 전개이다. 선행 학습에서의 산출물들을 충분히 숙지하도록 한다.

수행 순서

01 판매계획 수립의 요구사항과 목표를 분석하라.

① 환경분석 보고서 및 상품개발 계획, 목표 고객 세분시장의 특성, 가격 전략, 유통/광고 전략을 숙지함으로써 판매계획 수립의 전략적 목표를 이해한다.

② 선행학습에서의 4P 전략 산출물들을 충분히 숙지하고, 이를 전개하기 위한 구체적인 판매목표를 도출해 낸다.

③ 구체적 사례를 활용하여 판매목표를 할당하고 구현계획 과정을 실습해 본다.

05 판매정보 분석결과의 마케팅 적용과정에 대하여 분석하라.

1. 온라인 쇼핑몰 거래 판매정보를 주기적으로 분석

1) 판매정보 분석을 주기별로 실시한다.

① 수시 : 특정사항은 즉시 분석할 수 있도록 한다.
② 정기 : 일일, 주간, 월간 등 정기적 단위로 통계자료를 집계하여 분석한다.
③ 그 외 : 주기를 정하여 통계자료를 집계하여 분석한다.

2) 판매 데이터 분석을 한다.

상품판매 정보를 인구 통계적, 심리 묘사적, 행동 분석적, 웹로직 유형별로 파악한다.

3) 개인정보보호법에 동의한 고객 데이터 분석을 한다.

① 고객의 최신 개인정보를 취합한다.
② 고객의 상품 구매정보를 취합한다.
③ 고객의 교환/반품정보를 취합한다.

4) 경쟁사 판매정보를 모니터링 한다.

2. 분석된 판매정보를 해당 부서에 피드백

1) 분석된 판매정보 결과를 해당 부서에 피드백 한다.

① 인구통계적 세분화 분석정보를 제공한다.
② 심리묘사적 세분화 분석정보를 제공한다.
③ 행동분석적 세분화 분석정보를 제공한다.
④ 웹로직 분석정보를 제공한다.

2) 분석정보를 피드백 받아 마케팅 전략을 수립한다.

① 판매 데이터(상품 유형별)
② 고객 데이터(지역별, 성별, 연령대별)

3. 개인정보보호법에 동의한 고객자료를 대상으로 판매분석된 고객자료를 온라인 쇼핑몰 거래 마케팅 자료로 활용

1) 고객정보를 활용한 마케팅 전략을 수립한다.

① 기존 고객과 잠재 고객을 대상으로 마케팅 전략을 수립하고 적용한다.

② 기존 상품과 신규상품을 대상으로 마케팅 전략을 수립하고 적용한다.

2) 판매촉진 마케팅 전략을 전개한다.

(1) 고객 유형별 전략을 수행한다.

① 고객에 대한 데이터를 수집 및 분석하여 시장을 세분화한다.

② 세분화된 시장을 대상으로 분명한 목표시장을 선택한다.

③ 목표시장별 표적 고객을 분류하고 선정한다.

④ 선정된 고객의 직업, 소득 정도, 성별, 구매 행태 등을 종합적으로 분석하여 고객을 추출한다.

(2) 우량 고객 획득 전략을 수행한다.

① 구매금액과 구매빈도가 상대적으로 높은 소비재를 적극 마케팅한다.

② 브랜드 애호도 제고, 사용빈도 증가 등을 목적으로 하는 고객 획득 전략을 전개하여 마케팅 한다.

③ 고객들에 대한 인센티브 제공, 샘플, 쿠폰, 경품 등의 판매 촉진 전략과 결부시켜 고객 획득 전략을 적용한다.

(3) 이탈 고객 강화 전략을 수행한다.

① 과거 고객에 대한 정보를 유지, 관리하여 과거 고객을 실제 고객으로 전환시킨다.

② 이탈 고객에게는 과거 실적에 대한 면밀한 분석과 거래를 중단하게 된 이유에 대해 규명한다.

③ 가치가 있다고 판단한 고객에 대해 비효율성이 있는 범위 내에서 고객 강화 전략을 적용한다.

(4) 기존 고객 유지 전략을 수행한다.

① 고객이 구매한 제품에 관한 여러 가지 정보를 제공한다.

② 기존 고객과의 우호적인 관계를 지속적으로 유지하는 수단을 사용한다.

(5) 고객 판매성장 전략을 수행한다.

① 개인정보보호법에 동의한 잠재 고객을 대상으로 추출한다.

② 기존 고객으로부터 특정 제품 서비스에 관심이 있는 잠재 고객을 소개받은 후 전화, 인적 판매, 다이렉트 메일 등을 통해 새로운 고객을 확보한다.
③ 제품, 서비스에 대한 문의를 권유하는 직접 반응 광고를 통해 고객 리스트를 확보하고 이들 잠재 고객을 신규 고객으로 전환시킨다.
④ 판매 가능성이 높은 고객만을 방문하여 제품, 서비스에 대해 설명한다.

학습 6

학습활동.6 교수 · 학습 방법

교수 방법

- 판매계획과 관련한 학습자의 학습 수준을 파악하고 관련 용어 등에 대한 학습자의 인지 정도를 사전에 확인한 후 수업을 진행한다.
- 교육 사이트 및 참고 서적을 통한 개인별 사전 학습 과정을 이수해 오게 함으로써 모든 학생이 수업에 참여할 수 있도록 지도한다.
- 교수자가 상품개발과 관련한 프레젠테이션 자료를 제시하면서 사례와 최신 트렌드 중심으로 강의한다.
- 조별 토론과 발표를 통하여 1인 창업에 활용할 수 있는 능력을 배양할 수 있도록 수업을 진행한다.
- 판매계획 수립을 위한 과정을 수행 순서에 따라 단계적으로 실습할 수 있도록 한다.

학습 방법

- 환경분석 보고서 및 4P 관련 자료를 확인하고 적용한다.
- 4P와 마케팅 믹스 전략 보고서에 근거하여 판매계획 수립 과정을 단계적으로 실습한다.
- 판매계획서를 작성함에 있어 관련 템플릿들을 활용한다.
- 아이디어 도출을 위한 방법론들과 그에 따른 특성을 팀원들과의 토의를 통해 정확히 이해하고 숙지한다.

학습활동.6 평가 및 피드백

평가 준거

- 평가자는 피평가자가 수행 준거 및 평가 내용에 제시되어 있는 내용을 성공적으로 수행할 수 있는 지를 평가해야 한다.

학습내용	평가항목	성취수준		
		상	중	하
판매계획 수립	상품별 판매일정과 경로별 유통 대상자를 선정할 수 있다.			
	유통 경로별 예상 판매계획을 수립할 수 있다			
	상품 판매 필요 요소를 시기에 맞게 예측하고 도출해 낼 수 있다.			
	판매일정에 따라 생산일정, 재고현황 등을 파악할 수 있으며, 재고처리계획을 세움으로써 판매부진에 대비할 수 있다.			
	상품별 유통망을 선정하여 상품을 런칭할 수 있다.			

평가 방법

• 작업 포트폴리오

학습내용	평가항목	성취수준		
		상	중	하
판매계획 수립	판매계획 수립 과정의 적정성 - 수요 예측 - 이익목표 및 판매목표 설정 - 판매목표 할당 및 4P 연계			
	판매계획서의 완성도			

• 필기시험

학습내용	평가항목	성취수준		
		상	중	하
판매계획 수립	판매계획의 전략적 의미에 대한 이해 여부			
	판매계획 수립 절차에 대한 이해 여부			
	이익목표 및 판매목표 수립방법에 대한 이해 정도			
	판매목표 할당 및 4P 연계 방안에 대한 이해 정도			

• 실습

학습내용	평가항목	성취수준		
		상	중	하
판매계획 수립	판매계획서 도출 과정의 참여도			

• 피드백

1. 작업 포트폴리오
   - 제출한 보고서의 내용을 평가하여 수정 보완 사항을 피드백 한다.
2. 실습
   - 판매계획서 작성 과정의 합리성과 도출된 계획서의 적정성에 대해 피드백 한다.
3. 필기시험
   - 평가 결과 일정 점수 이하인 학생들은 추가 학습을 지시하고 그 결과를 제출하도록 한다.

학습 6

참 | 고 | 문 | 헌

- 교육부 · 임중선 외, '전자상거래(10030102) NCS학습모듈', 한국직업능력개발원, 2018.12.31.
- 강병서 · 정혜영 · 송상호 · 김성영, 『CEO를 위한 신경영학(경영전략, 마케팅)』, 무역경영사, 2001.
- 김관형 · 김진현 · 김태수 · 박남섭 · 박세환 · 허관도, 『현대창의공학』, 북스힐, 2014.
- 김영문, 『하루 만에 인터넷 쇼핑몰 창업하기』, 집현재, 2014.
- 김은경, 『창의적 공학설계』, 한빛아카데미, 2013.
- 매일경제신문, '온라인 쇼핑몰, 유통황제로 우뚝', 2015.5.11.
- 박대윤 · 김형수, 『인터넷쇼핑몰 기획실무 스타일 가이드』, 도서출판 비비컴, 2001.
- 서선원의 e-Shop 창업교실, '성공창업 가이드북 II - 쇼핑몰 창업 전 꼭! 알아야 할 성공비법!', 2013.8.
- 손현준, '인터넷에서 팔리는 상품의 조건', ㈜휴넷 경영지식생산본부 보고서, 2008.11.4.
- 안광호 · 김상용 · 김주영, 『인터넷마케팅 원론』, 법문사, 2001.
- 안웅, 『전자 상거래 관리사』, 연학사, 2007.
- 이동훈, 『전자 상거래와 e-비즈니스(개정판)』, 한빛아카데미, 2015.
- 임성기, 『돈 버는 쇼핑몰, 돈 버리는 쇼핑몰』, 도서출판 비비컴, 2005.
- 정희전 · 착한사진연구소, 『쇼핑몰 창업+운영+제작북』, 한빛미디어, 2012.
- 중소기업청 소상공인진흥원, '전자 상거래 창업가이드', 2006.11.30.
- 허계범, 『e-비즈니스 & 전자 상거래』, 이한 출판사, 2009.
- Chaffey.D., 『Internet Marketing : Strategy, Implementation and Practice』, Pearson Education, 2009.
- 다음 카페, '디지털 마케팅의 본질적 이해', http://cafe.daum.net/myneostory/Pbb/181?q=personalization%20%B8%B6%C4%C9%C6%C3&re=1
- 다음 카페, '인터넷 마케팅 믹스 전략', http://cafe.daum.net/dongdeamoon/MyPF/362?q=%C0%CE%C5%CD%B3%DD%20%B8%B6%C4%C9%C6%C3%20%B9%CD%BD%BA&re=1
- 블로그, '마케팅-시장 세분화 사례', http://blog.naver.com/PostView.nhn?blogId=tlc700&logNo=40167923014
- 블로그, '쇼핑몰 만들기', http://blog.daum.net/anapana
- 블로그, '시장 세분화 - 쉽게 이해하는 시장 세분화, 08. STP', http://blog.naver.com/PostView.nhn?blogId=sako71&logNo=220347251984
- 블로그, '온라인 쇼핑몰 가격 결정 기준과 방법', http://blog.naver.com/PostView.nhn?blogId=hip34&logNo=20014494675
- 블로그, '인터넷마케팅 원론 - 4P의 변화', http://blog.naver.com/PostView.nhn?blogId=dbgn95&logNo=80189876008
- 블로그, '제품유형분류와 마케팅 전략', http://blog.naver.com/PostView.nhn?blogId=an11778&logNo=220374030811
- 중소기업청, '기관마당〉 기업마당〉 창업 길잡이', http://www.bizinfo.go.kr/EgovPageLink.do?menu

No=20301000&link=egovframework/bizinfo/uss/ise/bizguide/1-1-2-2#/
- 개인블로그, '1인기업 1인경영시대', http://oneceo.co.kr/263
- 교육부, 환경분석(1003010210_16v2), 세종 : 한국직업능력개발원, 2014.
- 교육부, 2016 고등학교 전문교과 수행 평가 모델 자료집, 세종 : 한국직업능력개발원, 2016.
- 김광석 · 권보람 · 최연경, 『4차 산업혁명과 초연결사회, 변화할 미래산업』, 삼정KPMG, 2017.
- 경제연구원, ISSUE MONITOR 제68호 January 2017.
- 김광석 · 김수경 · 박경진, 『소비 패턴의 11가지 구조적 변화』, 삼정KPMG 경제연구원, Issue 43. 2016(통권 제43호), 2016.
- 김동열, 『경제주평』, 현대경제연구원, 11-39. 2011(통권 제 466호), 2011.
- 장경채, 『인터넷 마케팅 플러스』, 무역경영사 , 2006.
- 조경희 외, 『전자상거래 일반』, 씨마스, 2017.
- 한국인터넷마케팅연구회, 『인터넷 마케팅』, 삼우사, 2003.
- 류지완, "오픈 마켓 3월 브랜드 평판 조사, 'G마켓 1위'". 브레이크(http://www.breaknews.com). 2017.8.18. 검색, 2017.3.3.
- 매경 시사용어 사전, http://100.daum.net/book/645/list
- 미용경영컨설턴트협회, http://cafe.daum.net/embc2010/OBSs/30
- 위키 백과사전, https://ko.wikipedia.org
- 윤승환 · 정승원, "필승전략 MECE", 아시아경제(http://www.asiae.co.kr/news), 2017.8.18. 검색, 2017.5.17.
- 지연진, "모바일 거래액 3.6兆…유통업계 '지각변동'", 아시아경제(http://www.asiae.co.kr/news), 2017.8.18. 검색, 2017.6.29.
- 통계청, 'http://kostat.go.kr
- 교육부, 마케팅 관리(1003010206_13v1), 세종 : 한국직업능력개발원, 2015.
- 김범종 · 박승환 · 송인암 · 조용한, 『디지털 시대의 마케팅 관리』, 대경, 2017.
- 신광수, 『온라인 유통마케팅』, 무역경영사, 2016.
- 신용성, 『온라인마케팅통찰』, 컨버전시, 2015.
- 안광호 · 김동훈 · 김영찬, 『시장지향적 비즈니스&마케팅 전략』, 학현사, 2015.
- 정기한 · 신재익 · 오재신, 『마케팅 관리』, 피엔씨미디어, 2014.
- 정분도, 『인터넷마케팅론』, 두남, 2016.
- 주윤황, 『인터넷마케팅』, 학현사, 2012.
- 최재혁, 『온라인채널마케팅』, 리온, 2017.

학습 1	온라인 유통시장의 개요
학습 2	쇼핑몰의 상품개발 전략 수립
학습 3	마케팅 고객관리 전략 수립
학습 4	마케팅 가격 전략 수립
학습 5	마케팅 유통 및 광고 전략 수립
학습 6	판매계획 수립
학습 7	**재무계획 수립**
학습 8	사이트 기획, 구축 및 운영
학습 9	오픈마켓 준비
학습 10	오픈마켓 제작
학습 11	주문처리 및 배송절차
학습 12	고객관리 및 CS 처리
학습 13	세무관리 실전
학습 14	해외 구매대행

학습 목표

1. 재무계획 수립을 이해할 수 있다.

7-1 사업계획서와 재무계획의 의의

사업기획의 최종 결과물이 사업계획서이다. 사업계획서를 작성하는 과정에서 마케팅, 재무, 운영업무 등 기업의 모든 측면을 사전에 검토하게 되므로 사업의 성공 가능성을 다시 점검할 수 있으며, 계획사업의 강점과 약점을 재인식을 할 수 있는 기회를 제공한다.

따라서 사려 깊게 준비된 사업계획서는 사업을 수행하는 과정에서 실행 전략을 제공하게 된다. 사업계획서는 어디에서 어떠한 방법으로 누구에게 당신 회사의 제품을 광고해야 하는지 알려주며, 고객의 관심사에 대하여 회사가 어떻게 서비스를 제공할 것인가를 설정해주고 자사의 제품이나 서비스에 대한 경쟁적인 가격결정 전략을 제시해 줄 것이다.

사업계획서는 창업과 관련된 많은 이해 관계자들에게 다양한 정보를 제공한다.

내적으로는 창업의 주체 및 기업의 내부 구성원들로 하여금 고려 중인 사업을 성공적인 사업으로 키울 수 있도록 지속적인 관리기능을 제공한다. 외적으로는 창업 자본을 제공하는 외부 투자자들에게 투자 의사결정에 참고할 정보를 제공한다.

사업계획서의 마지막 장은 재무계획, 즉 자금에 대한 계획이다. 자금이란 기업을 설립 운영하는데 필요한 금전적인 자원뿐만 아니라 자금을 이용해 동원할 수 있는 기계, 원재료, 운영인력 등을 포함하는 포괄적 의미의 경영자원을 의미한다.

자금은 자본의 형태로 창업자의 출자에 의하거나 창업팀에 속한 사람들이 제공하는 경우 또는 창업과정과 경영에 직접 참여하지 않는 제3자로부터 조달할 수 있다.

창업의 가장 큰 장애 요인은 창업자금 확보의 어려움으로, 아무리 유망한 사업 아이디어가 있다 하더라도 자금이 없는 아이디어는 사장될 수밖에 없다.

창업을 위한 자금공급의 필요성은 개인적인 차원뿐만 아니라 공익적인 차원에서도 그 중요성이 인정되어 국가적으로 여러 가지 지원제도를 운영하고 있다. 그러나 대부분의 창업 지원 프로그램은 기술형 창업 지원에 무게를 두고 있어 시장형 창업에 대한 지원은 상대적으로 빈약한 실정이다.

7-2 사업계획서의 구성 및 검토 요소

1. 사업계획서의 구성

1) 회사 개요

점포명, 소재지, 설립일자, 주요 사업내용, 연혁, 경영자 이력 등

2) 사업의 개요

계획중인 사업명, 사업추진 배경, 사업효과, 제품(또는 서비스)의 개요 및 특성

3) 판매계획

① 계획제품의 용도, 주요 판매처, 판매전략, 중장기 매출계획, 신제품 개발계획
② 계획제품의 국내외 수급현황 및 전망, 국내외 경쟁업체 현황 및 전망

4) 시설계획

주요 시설내용, 공사일정계획, 시설능력 보유계획

5) 소요자금 및 자금 조달계획

시설투자 소요자금, 기타소요자금 조달내역

6) 재무계획

① 중장기 추정 재무제표(손익계산서, 대차대조표, 제조원가계산서)
② 중장기 자금수지(현금 흐름) 예상 및 각종 추정자료의 추정근거

2. 사업계획서 작성 시 분석 요소

1) 창업 가능성 검토

① 창업자의 적성에 맞아야 하고 창업 대상 사업에 대한 전문지식이 있어야 한다.
② 총 소요자금 중 자기 자본과 타인 자본의 비율은 7:3이 적당하다.

2) 사업타당성 검토

① 업종 선택은 2~3개 업체로 범위를 넓혀 비교 분석한다.
② 독립형 쇼핑몰로 할 것인지 임대형, 입점형으로 할 것인지를 결정한다.
③ 선택한 제품의 경쟁현황과 매출전망이 긍정적인지를 확인한다.
④ 선택한 업종의 발전 단계가 쇠퇴기가 아닌 도입기나 성장 기업 종을 선택한다.

3) 수익성 검토

① 현금흐름 초기 투자금액이 2년 이내에 회수 가능해야 한다.
② 재무제표 월고정비 지출이 너무 과다해서는 안 된다.
③ 영업이익이 최소 20%이상은 보장되어야 한다.

7-3 소요자금 및 자금조달 전략

1. 자금 전략 개요

기업의 자금 전략이란 기업활등을 위해 필요한 자금을 안정적이고 효율적으로 적시에 조달하는 것과, 조달된 자금을 효과적·효율적으로 어떻게 운용하는가 하는 것이다. 즉 자금 조달 전략과 자금 운용 전략으로 구분할 수 있다. 자금 조달 전략은 자본 코스트의 최소화와 자금운용 전략에 있어서 투자가치인 순 현재가치의 극대화가 조화를 이루어 기업가치가 극대화될 수 있도록 기업의 자금 전략이 수립되어야 한다.

자금운용 전략을 위해서는 회사가 필요로 하는 자금의 규모가 얼마인가를 파악해야 한다. 공급자인 주주 또는 채권자는 기업의 가치를 극대화시켜 줄 수 있다는 믿음 또는 신뢰를 가질 수 있어야 하며, 그렇게 되도록 기업의 자금 전략은 이러한 시장의 논리를 잘 이해하고 그에 맞는 전략을 수립해야 한다.

학습 7

2. 자금 전략 수립

자금 관리자가 자금조달 전략의 수립을 위해 구체적으로 해야 할 일은 다음과 같다.

1) 자기자본 대 타인자본

자기자본(내부 유보 자금, 유상증자 등)으로 필요자금을 조달할 것인가, 아니면 타인자본(차입금, 회사채 등)으로 조달할 것인가, 또는 그 비율을 얼마로 할 것인가에 대한 계획을 수립해야 한다.

2) 타인자본의 장단기 비율

타인자본으로 조달하는 경우 얼마를 단기부채로, 얼마를 장기부채로 조달할 것인가의 문제이다. 이는 기본적으로 유동자산 투자를 위한 자금은 유동부채(단기 차입금)로 충당하고 투자자산 및 유형자산 등 장기자산에 대한 투자자금은 장기 자금으로 충당함으로써 자산과 부채의 만기 구조를 일치시키는 것이 가장 이상적일 것이다. 유동성 위험을 최소화하기 위해 자산과 부채의 균형된 만기 구조를 유지한다는 것은 상당히 중요하다.

3) 타인자본 조달비용의 최소화

상기의 의사결정에 있어 자금조달 비용의 최소화이다. 즉 자금 시장동향 및 전망을 토대로 언제 어떠한 자금으로 조달하는 것이 기업의 재무비용을 최소로 할 수 있을 것인가에 대한 판단을 필요로 한다.

4) 조달된 자금의 투자전략 결정

최근의 추세는 자금전략이 전통적인 자금조달의 기능에 머물지 않고 조달된 자금이 유동자산 및 고정자산으로 전환되는 투자의사 결정 과정까지 그 영역이 확대되고 있다. 왜냐하면 기업의 자금조달 필요성 자체가 바로 투자 의사결정을 전제로 하기 때문이다. 따라서 기업의 자금전략이란 자금의 조달과 운용의 문제가 거의 불가분의 관계를 갖고 있다.

5) 가치경영

최근에는 재무관리자(CFO : Chief Financial Officer)에게 요구되는 중요한 개념이 가치경영(Value Management)이다. 이는 최근 일반화되고 있는 인수합병(M&A : Merge & Acquisition) 또는 인수개발(A&D : Acquisition & Development) 등을 통한 적극적인 기업구조의 개편 전략을 추진하는 주체가 되기를 요구하고 있다. 다른 한편으로는 중소기업청 등 각종 지원자금을 받을 수 있도록 하고 기업의 재무 구조를 감안하여 적절한 수준의 차입금을 통한 최소한의 자금 확보를 위해 노력을 기울여야 할 것이다.

3. 자금조달 방법

1) 간접 금융(타인에 의한 자본 조달)

타인에 의한 자본조달은 개별적인 금전 소비 대차 계약에 의한 차입과 사채발행을 통한 자금조달로 분류할 수 있고, 자기자본에 의한 조달은 신주를 발행하여 자금을 조달하는 방법이다. 간접 금융은 다시 정부 각 부처에서 실시중인 정책금융으로부터의 조달과 은행 등 일반 금융으로부터의 조달, 불특정 다수인으로부터의 회사채 발행을 통한 자금조달로 구분된다.

2) 직접 금융

직접 금융은 일반 투자자를 주주로 끌어 들이는 방법을 통하여 기업이 필요로 하는 자금을 조달하는 방법이다.

직접 금융은 다시 신주를 발행하여 자금을 조달하는 방법과 최근에 각광을 받고 있는 거래소 시장(증권거래소, KOSDAQ)에 기업을 공개하여 대규모 증자자금을 조달하는 방법과 해외 벤처산업계에서 유행 중인 MBO, MBI, Trade Sales, Buy-Back, M&A를 통한 자금을 조달하는 방법으로 분류된다.

3) 기업정책 자금조달

기업정책 자금은 지식경제부, 중소기업청, 중소기업진흥공단 등에서 집행하는 자금이다. 종류로는 창업자금, 설비자금, 운영자금, 시설자금 등이 있다. 정책자금은 중요하고도 유용한 자금조달 수단이지만 과정이 복잡하며 세심한 주의가 필요한 까닭에 각 집행기관별 법령을 참조하여 별도로 검색해 보는 것을 권고한다. 필요에 따라 전문 컨설팅을 받는 것도 좋은 방법이다.

학습 7

4. 자금운용 계획

시설계획, 인력충원 계획 등과 연계하여 자금운용 계획을 수립한다. 이때 꼭 고려되어야 할 초기 운영비는 다음과 같다.

① 초도 물품 구입비
② 쇼핑몰 제작비
③ 인건비(최소 6개월)
④ 홍보비(광고비, 인터넷 검색사이트 등록 등)
⑤ 운영비(사무실 월세, 소모품 비용, 통신비, 광역비, 제세공과금, 출장비 등 : 6개월)
⑥ 예비비 : 전체 소요비용의 약 10~15%

7-4 추정 재무제표 작성

1. 추정 재무제표 작성 절차

자금조달 및 운영계획이 세워지고 나면 계획사업을 위한 추정 재무제표를 작성하게 된다. 그 절차는 [그림 7-1]과 같다.

[그림 7-1] 재무제표 작성 절차

매출액과 매출원가 및 판매비 · 일반관리비의 추정이 끝나면 손익계산서의 주요 부분 작성이 완료되나, 금융수익과 금융비용의 추정을 위해서는 먼저 소요자산과 부채 및 자본의 자금조달 추정이 선행되어야 한다.

5단계가 끝나면 기업의 손익계산서와 재무상태의 추정이 완료되며, 이를 토대로 추정현금 흐름표가 완성된다.

2. 추정 손익계산서 작성

손익계산서는 일정기간 동안의 경영성과를 측정하는 재무제표이다. 사업계획서에는 향후 3년간의 추정 손익계산서를 첨부하는 것이 일반적이다.

손익계산서는 수익성과 현금창출에 대한 사업의 잠재적인 능력을 판단하는 기준이 되므로 매우 중요한 부분이다.

1) 매출액 추정

전 항의 판매계획에 근거하여 향후 3~5년간의 예상 매출액을 추정해 본다. 매출액 추정방법에는 시장조사법, 델파이법, 전문가 자문법 등의 정성적 방법과 평균성장률, 시장점유율, 회귀분석 등에 의한 정량적 추정법이 있다. 이는 기본적으로 판매량 예측기법과 동일하다.

2) 매출원가, 판매비 및 일반 관리비 추정

제조업의 경우, 제품 제조원가는 재료비와 노무비 및 제조경비로 구성된다. 재료비는 일반적으로 변동비 성격이 강하기 때문에 매출수량에 대한 일정 비율로서 추정한다. 제조원가 중의 노무비 및 판매비와 일반관리비 중의 인건비는 고정비 성격이 강하기 때문에 과거의 1인당 평균 인건비 및 향후 인건비 상승률 및 채용계획 등을 감안하여 추정한다. 인건비를 제외한 항목에 대해서는 변동비와 고정비를 구분하여 변동비는 추정 매출액에 대한 일정 비율로, 고정비는 각 해당 비용항목의 성격에 적합하게 추정한다.

3) 추정 손익계산

상기의 추정 항목들에 근거하여 추정 손익을 구하고, 추정 손익계산서를 완성한다. Excel 또는 기타 프로그램으로 작성한 추정 재무제표에 대한 자동화된 도구들이 많이 나와 있으니, 이를 활용하면 더욱 쉽게 추정 손익계산서를 작성할 수 있다

학습 7

7-5 사업성과 분석하기

1. 사업성과 집계

1) 핵심성과지표(KPI)

핵심성과지표(KPI : Key Performance Indicator)란 조직의 목표달성도를 체크하는 지표이다. 즉 핵심성과지표가 100%이면 조직의 목표가 달성되었음을 의미한다.

〈표 7-1〉 마케팅 부문 KPI

매출채권 회전율	수주율	수주출하 리드타임	매출채권 회전기간
브랜드 인지도	시장점유율	영업비율	신제품 영업이익률
고정계약률	신규고객 개척수	운송비율	미수금 비율
신규대리점	신시장 개척율	재고자산 회전율	부실채권 금액
개설 건수	우수고객 유지율	재고일수	현금판매 비율
매출액 달성도	제품재고 회전기간	절감금액	판매가 유지율
매출영업액 이익률	고객 납기 준수율	단가유지율	고객납기 지연일수
클레임률	주문 Cycletime	매출액 공헌이익률	신제품 매출 성장률

이러한 핵심성과지표는 부서별로 상이하다. 〈표 7-1〉은 마케팅 부문 KPI이다. KPI 지표는 다음과 같이 KPI 공식에 수치를 대입하여 구한다.

매출채권 회전율 = 매출액 ÷ 매출

산출은 채권금액으로 하고, 산출된 매출채권 회전율을 점수화하는 과정을 거쳐 KPI 지표를 활용한다. 기타 KPI 공식은 회사별 매뉴얼을 참고하여 산출하면 된다.

2. 사업성과 분석

1) QC 스토리

문제해결방법에는 여러 가지가 있으나 보편적으로 사용하는 방법이 QC 스토리이다. QC story의 단계를 기술하면 아래와 같다.

(1) 주제선정

① 업무를 처리하는 과정에서 우리 주변에는 수많은 문제점[품질(Q), 가격(C), 납기(D), 사기(M), 안전(S)] 등이 있다.

② 그렇다고 이 많은 문제들을 한꺼번에 해결할 수는 없기 때문에 가장 실천하기 쉽고 시급하고 중요한 것부터 하나하나 단계적으로 해결해 나가야 한다. 이때 무엇보다 중요한 일은 데이터에 의한 분석으로 우선순위를 선정하는 것이다.

(2) 활동계획 수립

① 주제가 선정되고 목표가 정해지면 문제해결을 위한 활동계획을 세부적으로 수립하여 추진하도록 해야 한다.

② 활동을 원활하게 추진하기 위해서 실시항목, 역할 분담 등을 정하고 활동계획은 6하 원칙에 의해 세밀하게 작성해야 하며 일정기간에 소기의 성과를 얻을 수 있도록 간트차트 등을 사용하여 관리해야 한다.

〈표 7-2〉 6하 원칙 활동계획

Who(누가) : 담당자 결정	How(어떻게) : 조사분석방법
What(무엇을) : 조사 분석대상	Where(어디서) : 자료수집할 곳
When(언제까지) : 기한을 명확하게	Why(왜) : 활동목적을 분명하게

(3) 현상파악

① 문제에 대한 원인을 철저히 규명해야만 적절한 대책을 수립할 수 있으며, 만족할 만한 개선책을 유도해 낼 수 있다.

② 즉 문제점에 대한 주원인이 무엇인가를 경험이나 육감에 의한 것이 아니라 사실에 입각해서 근본 원인을 확인하는 것이다.

③ 현상을 규명할 때는 구체적으로 계량화 · 표준화 등의 통계적 과학적인 방법을 사용하는 것이 바람직하다.

(4) 원인분석

① 근본 원인을 추적하여 이것을 밝혀내는 것으로 목적과 수단, 2차 목적과 수단의 관계를 찾아내서 왜 그런가를 밝혀내는 것이다.

㉠ 품질 특성에 영향을 미치는 모든 원인을 찾아낸다(특성 요인도, 연관도 사용).

㉡ 여러 가지 원인들 중 근본 원인을 찾아낸다.

② 여기에 사용되는 회의 기법은 브레인스토밍(Brainstorming)법과 원인분석을 위한 Why-Why기법(Why를 5회 이상 반복해서 사용함)을 적극 활용한다.

학습 7

(5) 목표설정

① 주제가 선정되면 활동기간을 정하고 현재상황과 비교하여 목표를 설정해야 한다.

② 그 문제에 대해 무엇을 언제까지 어느 정도 달성해 보겠다는 것을 구체적으로 정해야 한다(막대그래프 사용).

③ 이는 설정근거가 명확해야 하며 계량화 데이터로 말할 수 있어야 한다. 그래야 추후 확인이 가능하다.

(6) 대책수립

① 철저하게 규명된 원인에 의한 충분한 현상조사 분석이 끝나면 적절한 대책을 강구하는 것은 어려운 문제가 아니다.

② 원인분석이 철저하게 이루어지면 좋은 대책을 수립할 수 있다. 대책수립 시에는 전 분임조원이 검토하여 자기 분임조에만 집착하지 않고 다른 과 부서에 미치는 영향도 고려해야 한다.

③ Why를 반복해서 5회 이상 사용하면 목적과 수단으로 연결되어 결국에는 정확한 원인과 수단이 나타나게 된다.

(7) 대책실시

① 대책검토 및 수립이 끝나면 전 분임원이 분담하여 대책을 실시한다.

② 전 분임원이 분담하여 관찰하고 5W1H에 의하여 담당자, 일정, 방법 등을 정해야 한다. 또한 대책을 실시하는 과정(PDCA cycle 활용)에서 효과를 보여서 한 단계 한 단계를 끈기 있게 진행하는 것도 중요하다(Plan-Do-Check-Action Cycle 활용).

(8) 효과파악

① 결과분석

㉠ 좋은 대책이라 생각했던 것도 실제로 실행에 옮기다보면 잘 안 되는 경우가 있다.

㉡ 따라서 수립된 대책을 실시해 본 후에는 결과를 분석하여 기대했던 효과가 나타났는가를 반드시 확인해 보아야 한다(목표설정보다 크거나 같거나).

㉢ 사용기법은 현상파악 시 사용했던 QC 기법을 반복해서 사용해야 한다. 이는 성과를 비교하기 위해서이다. 만약 결과가 기대했던 목표보다 미달될 경우에는 (3) 현상파악으로 되돌아가서 2차 대책을 다시 실시한다.

② 유형효과

㉠ 실시 후 향상된 부문의 개선 성과를 모든 부문에 대해 연간금액으로 환산하여 정리한다.

㉡ 공수, 품질, 원료, 직간접 인원 등의 수치들을 단위별로 계산하고, 연간 사용량 또는 효과를 계산한다. 또한 투자된 비용을 차감하여 순수효과 금액으로 계산한다.

㉢ 주의할 것은 사소하다고 생략하지 말고, 이중으로도 반영하면 안 된다.

③ 무형효과

㉠ 실시하면서 즐거웠던 일이나 힘들었던 일들을 메모하여 다음 테마 해결 시 활용할 수 있는 자료들로 정리한다.

수행 내용

재료 · 자료

- 환경분석 보고서, 상품개발 계획서
- 4P와 마케팅 믹스 전략 보고서
- 전자상거래 사업기획 실무 지침서
- 종이, 필기구, 포스트잇 등

기기(장비 · 공구)

- 개인용 컴퓨터 및 프린터(인터넷 연결된 상태), 복사기, 빔 프로젝터, 화이트 보드

안전 · 유의사항

- 팀의 구성원은 4~5명으로 하고, 교수의 지시에 따라 진행한다. 팀장은 팀의 대표가 되어 과제 결과물을 수합하고 정리한다.
- 마케팅과 재무회계에 대한 기본 지식의 습득을 필요로 함에 유의하여 사전 학습토록 한다.
- 재무계획에는 많은 추정 사항들을 필요로 하게 된다. 작업 과정에서 추정의 근거가 되는 자료 또는 출처를 즉시에 기재함으로써 나중에 혼란이 생기지 않도록 유의한다.

학습 7

수행 순서

01 재무계획 수립의 요구사항과 목표를 분석하라.

① 환경분석 보고서 및 상품/목표 세분시장/가격/유통, 광고 전략을 숙지하고 이를 체계적으로 정리함으로써 사업계획서의 구성을 이해한다.
② 판매계획에 따른 매출액 추정과정을 실습한다.
③ 자금조달방법 및 운용계획에 대해 실습한다.
④ 추정 손익계산서의 작성과정을 실습해 본다.
⑤ 사업계획서를 마무리하고, 사업계획서가 가지는 전략적 목표를 이해한다.

02 재무계획 수립의 소요자금 산출과정을 분석하라.

〈표 7-3〉과 〈표 7-4〉에 따라 소요자금 내역을 산출하고 산출근거를 작성해 본다.

〈표 7-3〉 소요자금 내역

소요자금	기 투자액	소요 금액			계
		2022년	2023년	2024년	
시설자금					
개발자금					
생산자금					
운영·판매자금					
합 계					

〈표 7-4〉 소요자금 산출 근거

소요자금	산출 근거
시설자금	
개발자금	
생산자금	
운영·판매자금	

03 재무계획 수립의 소요자금 조달방법 과정에 대하여 분석하라.

아래 〈표 7-5〉에 따라 소요자금 조달방법을 작성해 본다.

〈표 7-5〉 자금조달방법

구 분	내 용	금 액
자기자본	대표자 증자	
	주주 증자	
	기관투자	
	소 계	
타인자본	금융기관	
	사 채	
	정책자금	
	소 계	

학습 7

04 재무계획 수립의 추정 손익계산서 작성과정에 대하여 분석하라.

아래 〈표 7-6〉와 같이 기업회계 원칙에 의한 손익계산서의 일반적 모양에 따라 추정 손익계산서를 작성한다.

〈표 7-6〉 추정 손익계산서

항 목	년도			비 고
	2022	2023	2024	
매출액				A
매출 원가				B
매출 이익				C=A-B
판매비 및 일반관리비				D
영업 이익				E=C-D
영업외 수익				F
영업외 비용				G
세전 이익				H=E+F-G
법인세				I
단기 순이익				J=H-I

05 재무계획 수립의 사업계획서 작성과정에 대하여 분석하라.

1. 회사소개 및 사업개요

2. 시장분석

1) 시장환경

① 목표시장 분석

② 목표고객 분석

3. 상품개발 전략(또는 상품소개)

4. 경쟁사 분석

5. 매출계획

6. 가격정책

7. 마케팅 및 홍보 계획

8. 운영계획

① 사이트 개발 및 운영계획

② 투자유치 및 자금 운용계획

③ 추정 손익계산서

Tip

추정 손익계산서는 Spread Sheet 형태의 자동화된 도구들을 활용할 수 있으며, 무료 또는 유료로 쉽게 구할 수 있다.

06 사업성과로 제시된 핵심성과 지표와 산출과정에 대하여 분석하라.

1. 사업성과로 제시된 핵심성과지표와 산출공식을 파악

사업계획 등에서 제시된 핵심성과지표와 산출공식을 파악한다. 〈표 7-7〉은 마케팅 부서에 사업성과로 제시된 핵심성과지표와 산출공식 파악하기 예시이다.

〈표 7-7〉 사업성과로 제시된 핵심성과 지표와 산출공식 파악하기 예시

구 분	핵심성과지표	산 식
재 무	매출채권 회전율(%)	매출액/미수금액
	수주목표 달성률(%)	수주액/목표×100
	매출목표 달성률(%)	매출액/목표×100
	이익율(%)	(공장가-판매가)÷공장도가×100

학습 7

2. 핵심성과지표를 집계

사업성과로 제시된 핵심성과지표와 산출공식을 파악한 후에 주별, 또는 월별로 핵심성과지표를 집계하고 월별 평균도 구한다. 〈표 7-8〉은 핵심성과 지표 집계하기 예시이다.

〈표 7-8〉 핵심성과 지표 집계하기 예시

핵심성과지표	목표	1월	2월	3월	4월	5월	6월	평균	달성률
매출채권 회전율(%)	2.5	2.6	3.0	3.3	2.6	3.1	2.7	2.9	115.3%
수주목표 달성률(%)	100	140	144	113	102	135	85	119.8	119.8%
매출목표 달성률(%)	100	99	103	109	109	100	89	101.5	101.5%
이익률(%)	20	18	16	14	8	8	17	13.5	67.5%

〈표 7-8〉에서 매출채권 회전율(%)의 평균을 구하는 방법은 1월부터 6월까지 매출채권 회전율(%) 합계를 6개월 나누어서 계산한다.

즉 (2.6 + 3.0 + 3.3 + 2.6 + 3.1 + 2.7) ÷ 6으로 계산하여 2.9라는 평균값을 구한다.

3. 사업성과 계획 대비 실적을 비교

사업성과 집계에 목표 대비 달성률을 계산한다. 사업성과가 미진한 핵심성과지표를 파악한다.

핵심성과지표 달성률은 매출채권 회전율이 115.3%, 수주목표 달성률이 119.8%, 매출목표 달성률이 101.5%, 이익률이 67.5%이다. 그러므로 달성률이 100% 미만인 이익률이 미진한 성과지표임을 알 수 있다.

4. 사업성과 미진부문의 원인을 파악하고 목표를 설정하고 대책을 수립

브레인스토밍(Brainstorming)법과 원인 분석을 위한 Why-Why기법(Why를 5회 이상 반복해서 사용함)을 적극 활용함 원인을 분석한다. 목표 설정은 회사가 처해 있는 상황을 고려하여 선정하되, 달성 가능성이 높은 목표를 세우기 위해서 SMART 기법을 활용을 고려해야 한다.

즉 S-Specific(구체적이어야 하며), M-Measurable(측정 가능하며) A-Action-oriented(행위 중심적이고), R-Realistic(현실적이고) T-Timely(적절한 시간 배정)을 해야 한다.

대책 수립은 5W1H에 의하여 담당자 · 일정 · 방법 등을 정하고, 대책을 실시하는 과정(PDCA Cycle 활용)에서 효과를 보여서 한 단계 한 단계를 끈기 있게 진행하는 것도 중요하다. 〈표 7-9〉는 사업성과 미진 부문 원인 파악, 목표 설정 및 대책 수립의 예시이다.

〈표 7-9〉 사업성과 미진 부문 원인 파악, 목표 설정 및 대책 수립하기 예시

미진부문	이익률
원인 파악	• 재료비 비중이 63.2%로 동종 회사보다 높다. • 홍보비 비중이 5.2%로 동종 회사보다 높다.
목표 설정	• 재료비 비중을 동종업체 수준인 55% 이하로 축소한다. • 홍보비 비중을 동종업체 수준인 3.0% 이하로 축소한다.
대책 수립	• 재료비 축소를 위하여 연구소와 구매부 주축으로 프로젝트 추진 팀을 구성하여 6개월 동안 활동한다. • 마케팅부에서는 3.0% 홍보비를 사용하면서 현재와 같은 효과를 나타낼 수 있는 방안을 수립하여 보고한다.

Tip

• 경쟁회사 또는 일반회사의 사업성과 개선활동을 벤치마킹하여 당사의 정책에 반영한다.

학습활동.7 교수 · 학습 방법

교수 방법

- 재무계획 수립에 대한 관련 용어, 구성, 방식 이해 정도를 파악한 후 수업을 진행한다.
- 교수자의 주도로 재무계획 수립 등의 내용을 PPT 자료로 제시한 후 설명한다.
- 가능하면 사전에 개인별 학습 자료를 준비하여 모든 학생이 참여할 수 있는 문제 해결식 수업, 협력 수업이 가능하도록 한다.
- 재무계획 수립 전 과정을 작업의 순서에 따라 단계적으로 실습이 이루어질 수 있도록 지도한다.
- 교재를 통해 수업을 준비하는데 있어서 필요한 모든 정보나 팁, 힌트 등 도움이 될 만한 내용들을 확인할 수 있다.
- 학생들이 만들게 될 각 모델들은 수업시간에 중점적으로 다뤄질 부분과 어휘, 질문, 답을 포함하고 있으며 또한 탐구할만한 추가적인 아이디어들도 포함하고 있다.

학습 방법

- 재무계획 수립에 대한 관련 용어를 숙지하고, 재무계획 수립에 대해 이해한다.
- 재무계획 수립의 각 단계별 중점사항을 체계적으로 학습한다.
- 재무계획 수립의 수행순서의 전 과정을 실습한다.
- 재무계획 수립의 내용을 이해한다.
- 재무계획 수립을 이해하고 숙달이 될 때까지 학습한다.
- 환경 분석 보고서 및 4P 관련 자료를 확인하고 적용한다.
- 4P 와 마케팅 믹스 전략 보고서에 근거하여 재무 전략 수립 과정을 단계적으로 실습한다.
- 추정 손익계산서를 작성함에 있어, 관련 툴 또는 템플릿들을 활용한다.
- 재무 전략을 포함하여 사업계획서 전 과정을 문서화함에 있어, 관련 템플릿들을 활용한다

학습활동.7 평가 및 피드백

평가 준거

- 평가자는 피평가자가 수행 준거 및 평가 내용에 제시되어 있는 내용을 성공적으로 수행할 수 있는 지를 평가해야 한다.

• 평가자는 다음 사항을 평가한다.

학습내용	평가항목	성취수준		
		상	중	하
재무계획 수립	마케팅 전략과 예상 판매계획에 따라 단기, 중장기 투자 규모를 산정할 수 있다.			
	산정된 투자 규모를 각각 설비, 시설, 자재, 인력으로 구분할 수 있다.			
	구분 분야별 기획, 구매, 생산, 유통, 운영, 유지보수에 따른 필요를 산정할 수 있다.			
	시장/자사 현황에 근거한 시기별 소요비용에 대한 투자유치 계획을 제시할 수 있다.			
	제시된 투자 방법과 유치 계획에 대한 투자 후 회수 계획을 수립할 수 있다.			

평가 방법

• 작업 포트폴리오

학습내용	평가항목	성취수준		
		상	중	하
재무계획 수립	판매계획을 기초로 매출계획을 수립하는 과정에 대한 이해 정도			
	추정 손익계산서에 의한 사업타당성 분석 과정에 대한 이해 정도			
	사업계획서의 적정성 및 완성도			

• 필기시험

학습내용	평가항목	성취수준		
		상	중	하
재무계획 수립	재무회계 기본에 대한 이해 여부			
	재무전략 수립 과정에 대한 이해 여부			
	사업타당성 분석 과정에 대한 이해 여부			
	사업계획서 구성에 대한 이해 정도			

• 실습

학습내용	평가항목	성취수준		
		상	중	하
재무계획 수립	사업계획서 종합 과정의 참여도			

• 피드백

1. 작업 포트폴리오
   - 제출한 보고서의 내용을 평가하여 스정 보완 사항을 피드백 한다.
2. 실습
   - 4P 전략과 재무계획에 따른 종합 사업계획서의 적정성과 완성도에 대해 피드백 한다. 3. 필기시험
   - 평가 결과 일정 점수 이하인 학생들은 추가 학습을 지시하고 그 결과를 제출하도록 한다

참 | 고 | 문 | 헌

- 교육부 · 임중선 외, '전자상거래(10030102) NCS학습모듈', 한국직업능력개발원, 2018.12.31.
- 강병서 · 정혜영 · 송상호 · 김성영, 『CEO를 위한 신경영학(경영전략, 마케팅)』, 무역경영사, 2001.
- 김관형 · 김진현 · 김태수 · 박남섭 · 박세환 · 허관도, 『현대창의공학』, 북스힐, 2014.
- 김영문, 『하루 만에 인터넷 쇼핑몰 창업하기』, 집현재, 2014.
- 김은경, 『창의적 공학설계』, 한빛아카데미, 2013.
- 매일경제신문, '온라인 쇼핑몰, 유통황제로 우뚝', 2015.5.11.
- 박대윤 · 김형수, 『인터넷쇼핑몰 기획실무 스타일 가이드』, 도서출판 비비컴, 2001.
- 서선원의 e-Shop 창업교실, '성공창업 가이드북 II - 쇼핑몰 창업 전 꼭! 알아야 할 성공비법!', 2013.8.
- 손현준, '인터넷에서 팔리는 상품의 조건', ㈜휴넷 경영지식생산본부 보고서, 2008.11.4.
- 안광호 · 김상용 · 김주영, 『인터넷마케팅 원론』, 법문사, 2001.
- 안웅, 『전자 상거래 관리사』, 연학사, 2007.
- 이동훈, 『전자 상거래와 e-비즈니스(개정판)』, 한빛아카데미, 2015.
- 임성기, 『돈 버는 쇼핑몰, 돈 버리는 쇼핑몰』, 도서출판 비비컴, 2005.
- 정희전 · 착한사진연구소, 『쇼핑몰 창업+운영+제작북』, 한빛미디어, 2012.
- 중소기업청 소상공인진흥원, '전자 상거래 창업가이드', 2006.11.30.
- 허계범, 『e-비즈니스 & 전자 상거래』, 이한출판사, 2009.
- Chaffey.D., 『Internet Marketing : Strategy, Implementation and Practice』, Pearson Education, 2009.
- 다음 카페, '디지털 마케팅의 본질적 이해', http://cafe.daum.net/myneostory/Pbb/181?q=personalization%20%B8%B6%C4%C9%C6%C3&re=1
- 다음 카페, '인터넷 마케팅 믹스 전략', http://cafe.daum.net/dongdeamoon/MyPF/362?q=%C0%CE%C5%CD%B3%DD%20%B8%B6%C4%C9%C6%C3%20%B9%CD%BD%BA&re=1
- 블로그, '마케팅-시장 세분화 사례', http://blog.naver.com/PostView.nhn?blogId=tlc700&logNo=40167923014
- 블로그, '쇼핑몰 만들기', http://blog.daum.net/anapana
- 블로그, '시장 세분화 - 쉽게 이해하는 시장 세분화, 08. STP', http://blog.naver.com/PostView.nhn?blogId=sako71&logNo=220347251984
- 블로그, '온라인 쇼핑몰 가격 결정 기준과 방법', http://blog.naver.com/PostView.nhn?blogId=hip34&logNo=20014494675
- 블로그, '인터넷마케팅 원론 - 4P의 변화', http://blog.naver.com/PostView.nhn?blogId=dbgn95&logNo=80189876008
- 블로그, '제품유형분류와 마케팅 전략', http://blog.naver.com/PostView.nhn?blogId=an11778&logNo=220374030811
- 중소기업청, '기관마당〉 기업마당〉 창업 길잡이', http://www.bizinfo.go.kr/EgovPageLink.do?menu

No=20301000&link=egovframework/bizinfo/uss/ise/bizguide/1-1-2-2#/

- 개인블로그, '1인기업 1인경영시대', http://oneceo.co.kr/263
- 교육부, 환경분석(1003010210_16v2), 세종 : 한국직업능력개발원, 2014.
- 교육부, 2016 고등학교 전문교과 수행 평가 모델 자료집, 세종 : 한국직업능력개발원, 2016.
- 김광석 · 권보람 · 최연경, 『4차 산업혁명과 초연결사회, 변화할 미래산업』, 삼정KPMG, 2017.
- 경제연구원, ISSUE MONITOR 제68호 January 2017.
- 김광석 · 김수경 · 박경진, 『소비 패턴의 11가지 구조적 변화』, 삼정KPMG 경제연구원, Issue 43, 2016(통권 제43호), 2016.
- 김동열, 『경제주평』, 현대경제연구원, 11-39. 2011(통권 제 466호), 2011.
- 장경채, 『인터넷 마케팅 플러스』, 무역경영사, 2006.
- 조경희 외, 『전자상거래 일반』, 씨마스, 2017.
- 한국인터넷마케팅연구회, 『인터넷 마케팅』, 삼우사, 2003.
- 류지완, "오픈 마켓 3월 브랜드 평판 조사, 'G마켓 1위'", 브레이크(http://www.breaknews.com), 2017.8.18. 검색, 2017.3.3.
- 매경 시사용어 사전, http://100.daum.net/book/645/list
- 미용경영컨설턴트협회, http://cafe.daum.net/embc2010/OBSs/30
- 위키 백과사전, https://ko.wikipedia.org
- 윤승환 · 정승원, "필승전략 MECE", 아시아경제(http://www.asiae.co.kr/news), 2017. 8. 18. 검색, 2017.5.17.
- 지연진, "모바일 거래액 3.6兆…유통업계 '지각변동'", 아시아경제(http://www.asiae.co.kr/news), 2017.8.18. 검색, 2017.6.29.
- 통계청, http://kostat.go.kr
- 교육부, 마케팅 관리(1003010206_13v1), 세종 : 한국직업능력개발원, 2015.
- 김범종 · 박승환 · 송인암 · 조용한, 『디지털 시대의 마케팅 관리』, 대경, 2017.
- 신광수, 『온라인 유통마케팅』, 무역경영사, 2016.
- 신용성, 『온라인마케팅통찰』, 컨버전시, 2015.
- 안광호 · 김동훈 · 김영찬, 『시장지향적 비즈니스&마케팅 전략』, 학현사, 2015.
- 정기한 · 신재익 · 오재신, 『마케팅 관리』, 피엔씨미디어, 2014.
- 정분도, 『인터넷마케팅론』, 두남, 2016.
- 주윤황, 『인터넷마케팅』, 학현사, 2012.
- 최재혁, 『온라인채널마케팅』, 리온 2017
- 김종학, 『엑셀 2007 무조건 따라하기』, 서울 : 길벗, 2007.
- 기획재정부, 『공공 기관 고객 만족도 조사 모델(PCSI)의 이해』, 2006.
- 이상복, 『품질 이야기』, 서울 : 이레테크, 2012.
- 지마켓, 상품분석평, http://item2.gmarket.co.kr/Item/detailview/Item.aspx?goodscode=150753529 2015.7.26.

학습 1	온라인 유통시장의 개요
학습 2	쇼핑몰의 상품개발 전략 수립
학습 3	마케팅 고객관리 전략 수립
학습 4	마케팅 가격 전략 수립
학습 5	마케팅 유통 및 광고 전략 수립
학습 6	판매계획 수립
학습 7	재무계획 수립
학습 8	**사이트 기획, 구축 및 운영**
학습 9	오픈마켓 준비
학습 10	오픈마켓 제작
학습 11	주문처리 및 배송절차
학습 12	고객관리 및 CS 처리
학습 13	세무관리 실전
학습 14	해외 구매대행

학습 목표

1. 사이트 기획, 구축 및 운영을 이해할 수 있다.

8-1 사이트 기획

1. 사이트 구축계획

일반적인 사업계획서의 경우에는 생산 전략을 수립하지만, 쇼핑몰과 같은 e-비즈니스 사업의 경우에는 사이트 구축계획을 수립해야 한다. 사이트 구축계획에는 웹서버의 형태 결정 및 운영방안, 사이트 구조 및 콘텐츠 전략 등이 필요하다.

실제 사이트를 이용하는 고객으로 사이트 기획을 위해 연령 · 성별 · 직업 · 지역 · 기업 등 여러가지로 이용자를 설정할 수 있고, 그에 따른 사이트 기획도 바뀌어야 한다.

사이트 개발계획을 수립할 때 관련된 법과 제도를 참조하여 수행되어야 한다. 거래가 있는 곳에는 늘 속임수가 있기 마련이다. 그렇기 때문에 공정하고 신뢰성 있는 거래가 이루어질 수 있도록 하기 위해 제도와 법규가 존재한다.

2. 사이트 디자인 계획

1) 사이트 컨셉 디자인

컨셉은 기본적으로 본질성, 차별성, 기준성의 요소가 있다.

(1) 본질을 파악한다

시장의 규모와 구조를 파악한다. 지금 시장이 어떤 방향으로 흘러가는지, 무엇을 추구하는지를 파악해야 한다. 가령 자신이 차별화된 자동차를 만들겠다고 할 때 지금까지 자동차가 어떻게 변해왔는지, 앞으로 어떻게 변할 것인지 등 큰 그림을 그리며 생각해 본다. 이 때 정확하게 판단할 수 있는 능력이 필요하다.

(2) 기준을 잡는다

대상의 기준이 될 수 있는 시장과 상품을 정한다. 흐름을 파악했다면 자신의 상품이 어느 것과 비교될 것인지를 정한다. 앞서 말했듯이 홀로 존재해서는 차별화가 되지 않는다. 예를 들어 자동차라면 BMW를 타깃으로 정하고 "내 상품은 자동차와 다른 어떤 컨셉을 갖는다."와 같은 생각을 갖는 것이다.

(3) 차별화 한다

대상 기준과 비교해서 우리가 가지는 장점은 무엇인가, 또는 경제적 우위점은 무엇인지 보여줘야 한다.

대상이 정해지면 차별화를 하면 된다. 차별화를 할 때는 '어떤 점에서 다른가?', '그것이 어떤 점에서 우위에 있는가?', 또 '어떤 점이 부족할 것인가?'를 판단한다.

2) 디자인 컨셉(Concept) 정의 방법

(1) 키워드(Key-word)

디자인으로 표현하고 싶은 느낌의 단어와 사물들을 쭉 나열해 보고 그 단어들과 사물들에서 느낄 수 있는 이미지를 정의한다.

형용사나 감성을 표현하는 단어들이 주로 사용된다(예 도시적-전형적, 단순-다채로움, 시원-따뜻).

(2) 이미지 맵(Image Map)

디자인 요소들의 방향을 맵에 그려 전체적인 이미지를 추출하는 방법으로 사용된다. 또 유사 경쟁 사이트들과 이미지를 비교해 보거나 차별화 방안을 모색하기 위해 활용되기도 한다.

3) 사이트 디자인 방법

(1) 아이덴티티 디자인(Identity Design)

다양한 종류의 시각물에 일률적인 디자인 성격을 부가하여 쉽게 오랫동안 기억에 남도록 하는 것을 의미한다.

웹사이트에서도 전체 페이지의 동질감이나 나중에 다른 매체에서의 사용(프로모션용 제품이나 인쇄 광고에서의 인지도)을 위해서도 필요하다.

(2) 웹에서의 아이덴티티 디자인 방법

① 일관된 WI(Web Identity) BI(Brand Identity)를 적용하라.
② 수직적/수평적 아이덴티티가 표현될 수 있도록 구현하라.
③ 기업의 가치관이 표현될 수 있도록 하라.
④ 로고와 일관된 아이덴티티를 적용하라.
⑤ 브랜드 특성을 고려한 컬러 아이덴티티를 적용하라.

(3) 색채계획

색 이미지를 부드러운 - 딱딱한, 동적인 - 정적인의 두 축을 기준으로 정의한 배색 이미지 공간을 만든다. 배색공간에서는 서로 멀리 떨어진 배색들은 서로 상반된 이미지를, 가까이에 위치한 배색은 비슷한 이미지를 지닌다.

[그림 8-1] 색채계획

4) 스토리 보드

스토리 보드는 [그림 8-2]처럼 크게 페이지의 제목을 기재하는 01번 영역과 페이지의 수를 표기하는 02번 영역, 그리고 실제 화면의 레이아웃을 정리하는 영역과 이 영역들의 각 요소를 디자인, 개발적인 측면에서 설명하는 상세설명 영역으로 구분된다.

페이지별로 위의 네 가지 항목은 대부분 들어가야 하지만, 이 영역의 배치는 정형화된 것이 아니며 스토리 보드의 형태나 내용에 따라 가변적일 수 있으므로 형식에 얽매일 필요는 없다.

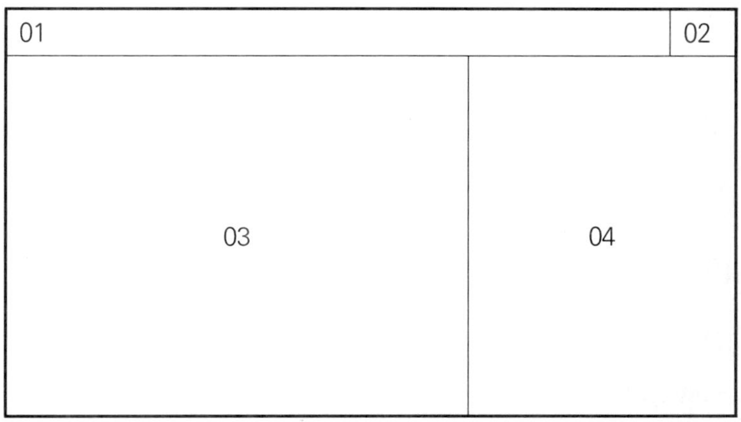

[그림 8-2] 스토리 보드 레이아웃

대략 이와 같은 내용들을 기반으로 스토리 보드를 작성하면 된다. 그러나 회사의 업무 양식이나 기획자의 특성에 따라 순서의 차이는 있겠지만, 대체적으로 이와 같은 내용의 항목들이 들어간다.

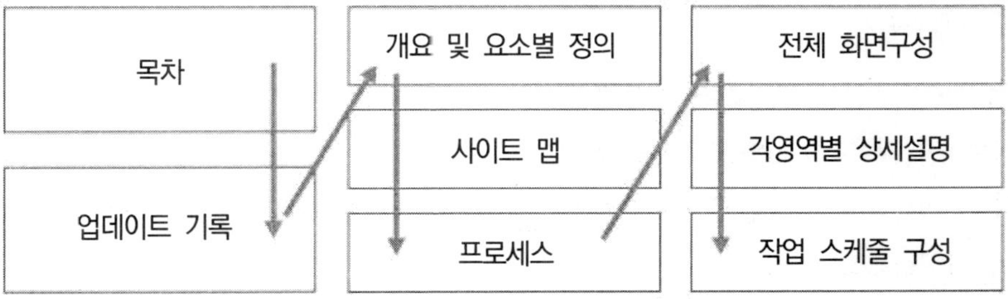

[그림 8-3] 스토리 보드 구성

스토리 보드에 들어갈 항목은 대략 목차를 시작으로 작업 스케줄까지 모두 여덟 가지 항목으로 구성되는데 내용을 살펴보면 〈표 8-1〉과 같다.

〈표 8-1〉 스토리 보드의 항목

목 차	페이지별 제목을 기재
업데이트 기록	언제 어떤 페이지에 어떤 내용이 수정되었으며, 해당 수정 이슈의 작업을 진행할 포지션 기재
개요 및 정의	기획의 목적을 정의하고, 만들고자 하는 서버의 운용정책을 기재
사이트 맵	각 페이지의 메인 메뉴와 그 메뉴에 귀속된 하위 메뉴를 시각화해서 기재
프로세스	프로세스는 특성 서비스의 기본 흐름도와 세부 흐름도로 구분되며, 주로 기본 흐름도를 기재
전체화면 구성	만들고자 하는 페이지의 전체 화면 레이아웃을 정리
영역별 상세 설명	정리한 레이아웃을 바탕으로 영역 별로 디자인/기술적 상세설명을 기재
작업 스케줄 구성	해당 기획안의 기획부터 개발 완료까지의 스케줄 정리

3. 사이트 설계

1) 주제선정

주제는 가장 관심있는 분야를 선정하는 것이 좋다. 연예, 스포츠, 음악, 미술, 교육 등과 같은 주제를 선정해서 흥미를 갖고 홈페이지 제작에 임한다. 웹사이트의 주제는 다른 웹사이트에서 보기 힘든 독특한 내용을 제공한다. 웹사이트의 방문대상이 어떠한 계층을 대상으로 하는가에 따라 웹페이지의 스타일이 달라지고 누구를 대상으로 하는 웹페이지를 만들 것인지를 결정하고 그들의 요구와 취향에 맞는 웹페이지를 구성한다.

2) 웹페이지 내용정리

주제를 선정했으면 홈페이지에 담을 내용을 수집 · 정리해야 한다. 책이나 통신을 이용하면 많은 정보를 얻을 수 있지만 무엇보다 중요한 것은 참신한 아이디어이다. 많은 사람들이 이미 알고 있거나 인터넷에서 많이 제공되는 정보를 선택하기 보다는 본인의 독창적인 생각이 필요하다.

3) 화면 디자인

아무리 좋은 내용이라도 눈에 띄지 않으면 네티즌의 관심을 끌기 어렵다. 사용하기 편하면서 일목요연하게 정보를 제공할 수 있도록 화면을 설계해야 한다. 종이 위에 화면을 직접 그려보고, 다른 홈페이지들과 비교·분석하면서 자신의 개성을 담을 수 있는 사용자 인터페이스를 설계한다. 아이디어를 도출(Brain Storming)하는데 선정한 주제와 관련된 것들을 자유롭게 생각해 보고 일단 생각나는 것들을 모두 종합해 유사 웹사이트를 벤치마킹(Benchmarking)한다.

웹사이트 구축 목표에 적합한 콘텐츠, 기능, 디자인 요소들을 초기화면에 어떻게 설계해서 어떠한 유형의 레이아웃으로 디자인 할 것인가를 설정하는 것이다. 크게 초기화면 레이아웃 유형은 3가지가 있다.

(1) 단순형 : 인트로 방식

대체로 메인 비주얼과 글로벌 내비게이션만으로 간결한 구성을 보인다. 영화, 자동차, 패션, 마이크로사이트 등 예술성이 강한 곳에 쓰인다. 특색있는 디자인에 어울리고 개인 사이트에 인트로 방식을 활용하면 좋다. 목적과 연결하면 굉장히 좋은 방식이 될 수 있다. 콘텐츠가 많은 곳에는 인트로 방식과 맞지 않다.

(2) 일반형 : 인덱스 방식

웹사이트의 모든 콘텐츠를 한눈에 볼 수 있는 인덱스 방식의 초기화면 레이아웃 유형이다. 대체로 기업소개, 서비스 소개를 목적으로 하는 웹사이트에서 일반적으로 볼 수 있다.

(3) 복합형 : 포털방식

웹사이트의 많은 정보를 최대한 초기화면에 노출하여서 사용자가 원하는 콘텐츠, 제품, 서비스 정보를 가능한 빨리 찾도록 돕는 포탈 방식의 초기화면 레이아웃 유형이다.

4) 필요한 자료를 검색

웹페이지에 사용할 이미지, 소리, 동영상과 같은 자료는 직접 제작하는 것이 바람직하지만 처음부터 모든 것을 준비하기 어려우므로 무료로 제공되는 멀티미디어 자료들을 구해서 활용하는 것도 좋은 방법이다.

웹페이지에 들어갈 자료를 수집하는데는 다른 웹페이지, 또는 책, 신문 등에서 얻을 수 있고 다른 사람의 자료를 가져다 사용할 때에는 저작권에 위배되지 않는지 주의한다.

스토리 보드(Storyboard)를 작성하는데 각각의 웹페이지를 종이 위에 그려 스토리 보드를 작성하고 웹페이지의 구성 요소들의 위치, 크기, 배치 등의 레이아웃(Layout)을 결정한다.

5) 웹페이지를 제작

웹페이지를 작성하는 데는 스토리 보드를 따라 각 웹페이지를 작성한다. 또한 먼저 웹페이지에 필요한 그래픽 이미지를 직접 만들거나 편집하고, 수집한 자료를 정리한 후 웹페이지 작성한다.

모든 준비가 끝났으면 웹페이지를 제작해야 한다. 나모, FrontPage, HotDog와 같은 홈페이지 제작도구를 이용하거나 메모장이나 워드프로세서 편집기를 이용해서 제작한다.

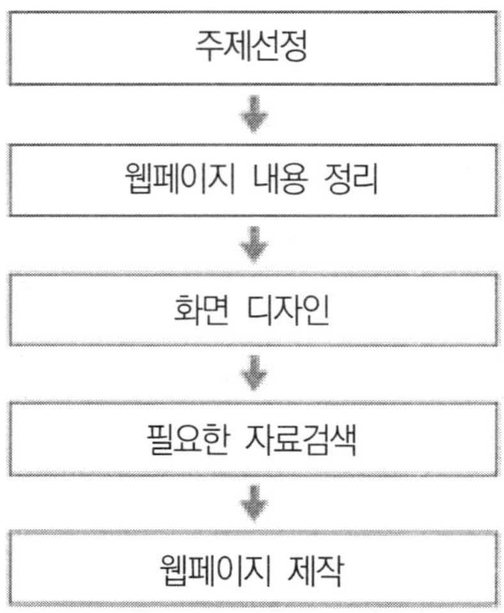

[그림 8-4] 웹사이트 제작 순서

8-2 사이트 구축

1. 쇼핑몰 사이트 구축 유형

쇼핑몰 사이트를 구축하는 방법은 여러 가지가 있을 수 있으나, 제작방법에 따라 임대형, 독립형, 입점형의 세 가지로 나눌 수 있다. 이에 대한 결정은 사업기획 및 사이트 기획단계에서 쇼핑몰 구축의 예산과 기대 수익의 크기 및 쇼핑몰의 콘텐츠 등에 따라 결정되어야 할 것이다.

1) 임대형 쇼핑몰

기본 인력이나 장비가 부족한 상황에서 운영자가 상품만 등록하여 쇼핑몰을 운영할 수 있도록 만든 쇼핑몰 관리 프로그램 서비스를 이용하는 형태이다. 독립형과 달리 월 사용료를 지불해야 하는 반면, 트렌드에 맞는 마케팅 관련 기능을 앞서서 제공한다. 또한 상품등록, 회원관리, 주문관리 등이 쉬워 대부분의 SOHO 쇼핑몰이 선택하는 방식 중의 하나이다.

임대형은 많은 취급 품목을 다루는 대형 인터넷 쇼핑몰과는 달리 특정 카테고리의 상품을 구성하는데 적합하다. 또한 임대형 쇼핑몰 솔루션 업체에서는 웹호스팅, 이미지 호스팅, 메일 호스팅, 상품등록 서비스 등을 함께 제공하므로 적은 인력과 비용으로 쇼핑몰을 창업하는 경우에 적합한 형태이다.

따라서 예산이 적고 기대수익이 특별히 크지 않다면 임대형 쇼핑몰을 활용하는 것이 타당하다. 아울러 독립형 쇼핑몰을 구축하고자 하는 경우에도 우선 적은 비용을 들여 임대형 쇼핑몰로 시험운영을 해보는 것이 유리하다.

2) 독립형 쇼핑몰

일반적으로 쇼핑몰을 구축하기 위해서는 웹디자이너, 웹프로그래머와 같은 기술인력과 서버 등의 장비가 필요하다. 독립형 쇼핑몰은 이러한 기본 요건을 갖추고서 서버 구축부터 디자인과 프로그램 구축까지 모두 직접 설계하고 운영하는 방식이다. 이는 충분한 인력과 예산이 있는 기업형태의 판매자에게 적합한 방식이다.

독립형 쇼핑몰은 운영자의 특성에 맞게 모든 내용을 최적화할 수 있는 반면, 구축에 많은 비용을 수반하며 향후 수정 · 운영 및 유지보수에도 적지 않은 비용을 투입해야 하므로 사업기획 단계에서부터 충분한 검토를 필요로 한다. 특히 인력의 채용은 더욱 많은 고정비를 발생시키그로 신중을 기해야 한다.

독립형 쇼핑몰 구축시 흔히 발생하는 문제점은 시간의 지연이다. 예정된 기간 내에 목표하는 수준의 쇼핑몰 구축을 완료하기 위해서는 철저한 프로젝트 관리능력을 갖추어야 한다. 구축기간과 예산 및 품질에 대한 기대치를 정량화하여 관리하기 위해, 경우에 따라서는 외부의 전문 업체나 전문 프리랜서에게 의뢰하여 제작할 수도 있다.

3) 입점형 쇼핑몰

입점형 쇼핑몰이란 인터파크, GS샵 등 거의 모든 제품을 취급하는 대형 인터넷

학습 8

쇼핑몰에 개인이나 기업이 입점해 판매하는 형태로서, 쇼핑몰 제작 방법에 따른 분류가 아니라 판매 방식에 따른 분류이다. 이상의 세 가지 유형에 대한 장단점을 정리하면 〈표 8-2〉과 같다.

〈표 8-2〉 사이트 구축 유형별 장단점

구분	임대형 사이트	독립형 사이트	입점형 사이트
장점	• 구축 비용이 비교적 저렴함 • 전문적 지식 없이도 솔루션 프로그램을 사용한 사이트 운영이 가능 • 타 솔루션 업체로의 자유로운 이동이 가능 • 브랜드 네이밍 가능 • 쇼핑몰의 기본 템플릿 제공	• 차별화된 쇼핑몰 구축 가능 • 자체 프로그램 적용 가능 • 브랜드 네이밍 가능 • 자신만의 프로모션 진행 가능 • 고객정보를 직접 관리 • 매수익에 대한 수수료가 없음	• 무경험자도 쉽게 구축이 가능 • 비교적 적은 비용 • 이미 구축되어 있는 시스템 사용 • 초기 고객확보가 용이
단점	• 획일화된 디자인 • 임대료와 판매수익 수수료를 솔루션 회사에 지급	• 서버운영 및 시스템 관리 비용이 적지 않음 • 프로그램 관리를 해야 함 • 외부 해킹에 주의해야 함 • 많은 관리 인력이 필요	• 높은 판매 수수료를 오픈마켓에 지급 • 브랜드 네이밍이 어려움

2. 임대형 쇼핑몰 사이트 구축방법 및 절차

가장 일반적으로 선택하는 쇼핑몰의 형태는 임대형 쇼핑몰 솔루션을 활용하는 것이다. 대표적인 임대형 쇼핑몰 솔루션으로는 메이크샵, 카페24, 고도몰, 후이즈몰 등이 있다. 이 책에 기술된 쇼핑몰 솔루션의 기술 순서는 무작위적인 것이며 특별한 의미를 가지지 않는다.

임대형 쇼핑몰 솔루션을 활용하여 쇼핑몰을 직접 만들기 위해서는 주요 솔루션 제공업체에서 실시하는 교육에 참가하면 된다. 예를 들어 메이크샵에서 운영하는 샵인사이드(www.shopinside.net)에서는 쇼핑몰 구축에 대한 온라인 및 오프라인 교육에 대한 정보를 제공하고 있다.

솔루션 업체별 교육사이트는 〈표 8-3〉와 같다. 이러한 전문기업 외에도 다음(Daum), 네이버(Naver) 등 포털의 창업카페에서도 인터넷 쇼핑몰 구축교육을 진행하고 있다. 이러한 솔루션들은 쇼핑몰에서 가장 많이 사용되는 기능들을 최적의 상태로 미리 설정해 두었기 때문에 초보자들도 3~4일만 공부하면 쇼핑몰을 만들 수 있다는 장점이 있다.

〈표 8-3〉 임대형 쇼핑몰 솔루션별 교육사이트

솔루션명	교육사이트	교육내용
메이크샵 (www.makeshop.co.kr)	www.shopinside.net	• 인터넷 쇼핑몰 창업에 대한 오라인 및 오프라인 교육정보 제공 • 다양한 동영상 교육자료 제공이 특징
카페24 (www.cafe24.com)	edu.cafe24.com	• 전국적 제휴망을 통한 인터넷쇼핑몰 창업 교육정보 제공 • 수준별 맞춤 교육정보 제공
고도몰 (www.godo.co.kr)	edu.godo.co kr	• 고도아카데미와 고도창업스쿨로 구성 • 서울, 부산 두 곳에서 창업스쿨 운영
후이즈몰 (mall.whois.co.kr)	study.whois.co.kr	• 온라인 비즈니스 중심 교육

대부분의 쇼핑몰 솔루션 서비스는 사용기간과 사용기능에 일부 제한이 있는 무료 서비스와 그러한 제한을 두지 않는 유료 서비스로 나뉜다. 예를 들어 메이크샵의 경우, 프리2(www.free2.co.kr)라는 무료 서비스를 제공한다. 무료 사용기간 동안에는 쇼핑몰 솔루션을 결제하지 않고도 관리자 페이지의 기능을 사용해 볼 수 있으니 충분한 테스트를 해본 후 본격적인 쇼핑몰 구축작업을 하는 것이 좋다. 임대형 쇼핑몰 솔루션별 호스팅 비용과 장단점을 비교해 보면 〈표 8-4〉과 같다.

〈표 8-4〉 임대형 쇼핑몰 솔루션별 장단점

구분	메이크샵	카페24	고도몰
장점	• 임대형 쇼핑몰 전문 • 쉽고 디자인이 세련됨 • 다양한 해외 쇼핑몰 제휴	• 대표적 무료 솔루션 • 쉽고 디자인 변경이 용이 • 해외 진출 용이 • 모바일 쇼핑몰 무료 제공	• 무료형/임대형/독립형 • 독립형으로 전환 가능 • 이용 비용이 저렴 • 다양한 부가 서비스
단점	• 임대형 중심 • 임대료와 판매수익 수수료를 솔루션 회사에 지급	• 솔루션 자체는 무료이나 부가 서비스 추가 비용 발생	• 독립형 쇼핑몰 중심

임대형 솔루션 각각의 기능, 디자인, 고객 지원, 호스팅 비용 등에서 사용자의 평가가 서로 다를 수 있으므로 충분한 테스트를 거쳐 가장 적합한 솔루션을 선택하도록 한다. 특히 호스팅 비용을 구성하고 있는 솔루션 이용료, PG 등록비, 도메인 등록비, 카드결제 수수료 등은 솔루션 제공업체별로 서로 다른 부분이 있으므로 잘 비교

학습 8

해 보도록 한다. 임대형 솔루션을 활용한 구체적인 쇼핑몰 제작방법에 대해서는 시중에서 쉽게 구할 수 있는 서적들이나 인터넷 카페를 참고하면 된다.

3. 독립형 쇼핑몰 사이트 구축

1) 독립형 쇼핑몰 사이트 구축 개요

쇼핑몰을 직접 만들기 위해서는 웹서버 구축, 웹프로그래밍, 컴퓨터 네트워킹, 데이터베이스, 컴퓨터 그래픽, 개발 프레임웍 등 다양한 범위의 정보통신기술에 대한 이해와 숙련도를 필요로 한다. 그런 점에서 전자상거래는 오프라인 상의 상거래에 비해 기술적 특성이 강하다.

독립형 쇼핑몰을 구축하는 방법에도 만들어져 있는 쇼핑몰 프로그램을 구매하는 방식과 자체 인력을 동원하여 직접 기획, 설계, 구축하는 두 가지 방법이 있다.

자신만의 브랜드 색깔이 담긴 전문 쇼핑몰을 구축하고자 하며 웹프로그래밍에 대한 일정수준의 전문지식이 있다면 전자의 방식에 의해 쇼핑몰을 구축할 수 있다. 이 방법은 중소규모의 독립형 쇼핑몰 구축을 대표하는 방식이긴 하나, 일회성의 솔루션 구매임에 따라 지속적 업데이트가 이루어지지 않는다는 단점이 있다.

후자의 방식은 모두에 언급한 정보공학, 웹프로그래밍, 서버/네트워크/데이터베이스 등에 대한 광범위한 지식과 그에 따른 조직을 필요로 한다. 대형 종합 쇼핑몰을 구축하거나 일정규모 이상의 특정기업을 위한 전문 쇼핑몰을 구축코자 할 때 적용되는 방식이다.

2) 시스템 구성 및 구축환경 종합

독립형 쇼핑몰을 구축하기 위해서는 개발 프레임워크, 데이터베이스, 서버 시스템, 테스트 방법론 등에 대한 깊이 있는 지식을 필요로 한다. 물론 그 적용범위는 쇼핑몰의 규모(쇼핑몰의 성격, 상품 카테고리 범위, 상품 수, 예상 매출 등)에 따라 탄력적으로 적용하는 것이 바람직하다. 독립형 쇼핑몰이라 하더라도 일반적인 SOHO형 쇼핑몰의 경우에는 독립형 쇼핑몰을 위한 기본 솔루션을 구매하여 자사의 환경에 맞게 수정하고 데이터베이스 및 서버시스템은 적절한 서버호스팅 업체의 서비스와 연동하는 것이 일반적인 구축 형태이다. 그러나 비록 쇼핑몰을 구축하고자 하는 대부분의 사업자가 정보공학 및 소프트웨어공학 전문가가 아니라고 하더라도 쇼핑몰의 원활한 운영을 위해서는 전자상거래 플랫폼의 계층별 기반기술에 대한 기본적 이해와 함께 웹페이지를 구성하는 프로그래밍 언어와 데이터베이스에 대한 지식을 갖추는 것이 쇼핑몰의 성공을 담보하는 부차적 요건이 될 것이라는 것은 자명한 사실이다.

[그림 8-5]는 설계를 끝낸 독립형 쇼핑몰 시스템의 종합적 구성도이다.

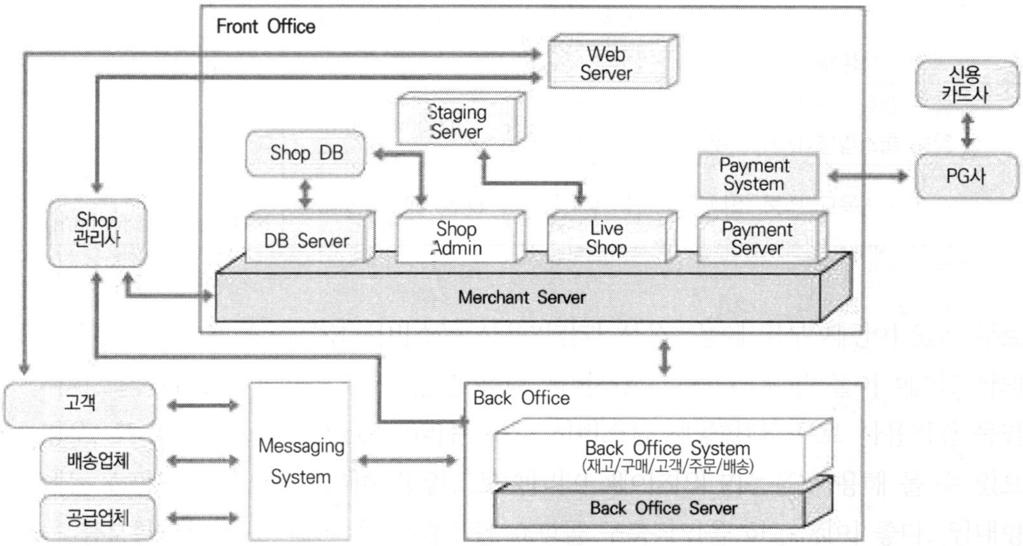

[그림 8-5] 독립형 쇼핑몰 시스템의 종합적 구성도

독립형 쇼핑몰에 있어서 가장 두렷한 진화 방향은 '해외 온라인 쇼핑몰 구축'을 들 수 있다. 물론 임대형 쇼핑몰도 해외 진출이 가능하며, 메이크샵이나 카페24에서도 해외 쇼핑몰을 개설할 수 있도록 관련 솔루션을 제공하고 있다. 최근의 전자상거래 비즈니스에서 중요한 화두로 떠오르고 있는 글로벌셀링(Golbal Selling)과 관련하여 중요하고도 흥미로운 부분이다.

4. 입점형 사이트 쇼핑몰 구축

입점형 쇼핑몰이란 인터파크, GS샵 등 거의 모든 제품을 취급하는 대형 인터넷 쇼핑몰에 개인이나 기업이 입점해 판매하는 형태로서 쇼핑몰 제작방법에 따른 분류가 아니라 판매방식에 따른 분류이다. 입점의 대상이 되는 대형 쇼핑몰에는 오픈마켓, 종합 쇼핑몰, 프랜차이즈 몰 등이 있을 수 있다. 가장 일반적인 입점 형태가 오픈마켓으로의 입점이다. 그 외 종합 쇼핑몰이나 포털 사이트에서 운영하는 사이트에

학습 8

입점하는 방법도 고려해 볼 수 있으며, 최근에는 소셜미디어의 확산으로 인해 소셜 커머스와 같은 새로운 형태의 판매방식도 생겨나고 있는 추세이다.

개인 인터넷 쇼핑몰을 운영하면서 동시에 오픈마켓에 제품을 등록해 판매하는 이유는 새로운 고객을 만나고 판매처를 확대해 나가기 위해서이다. 적은 마진이지만 꾸준한 판매수익과 제품이나 브랜드에 대한 홍보를 위해 타 대형사이트에서 고객을 만나고 그 사이트 고객을 추후 내 인터넷 쇼핑몰로 유입시키기 위해서도 타 사이트 입점이 필요한 것이다.

1) 국내 오픈마켓 현황

오픈마켓이란 '개인과 소규모 판매업체 등이 온라인 상에서 자유롭게 상품을 거래하는 중개형 인터넷 쇼핑몰'을 일컫는다. 현재 국내의 4대 오픈마켓은 옥션, G마켓, 11번가, 인터파크이다.

오픈마켓은 B-to-C 또는 C-to-C 형태의 전자상거래로서, 예비 창업자들이 가장 쉽게 상품판매를 경험해 볼 수 있다. 오픈마켓은 회원가입만 하면 누구나 제품을 올려 판매할 수 있으므로 판매처를 늘리기 위한 방편으로 매우 유용하다. 일부 업체의 경우에는 장기간 판매되지 않고 있는 재고상품들을 처리하기 위한 방법으로 오픈마켓을 활용하기도 한다. 오픈마켓을 방문하는 구매자는 이미 제품 구매의사가 있기 때문에 구매확률도 높다.

그러나 그 만큼 수많은 판매업체가 있기 때문에 판매자 간의 경쟁이 치열하다. 생존을 위해 광고비를 추가로 사용해야 하며, 무엇보다도 가격경쟁력을 높이기 위해 마진을 포기하는 경우도 발생할 수 있다. 더욱이 최근에는 제조업체나 도매업체에서 직접 오픈마켓에 자사 제품을 판매하는 경우가 늘고 있어 사실상 소규모의 제품을 도매로 구입해 판매하는 판매자에게는 어려운 시장이 되어가고 있다.

2) 오픈마켓 입점 시 검토사항

높은 수수료와 과도한 경쟁으로 인한 오픈마켓의 문제점에도 불구하고, 인터넷 비즈니스 경험이 없는 초기 판매자의 경우에는 오픈마켓 입점을 통해 제품등록, 판매절차, 배송 등의 전자상거래 시스템을 경험해 보는 것이 매우 유용하다. 기존 사업자의 경우 이월 재고상품을 처리하는 방법으로 오픈마켓을 활용하는 것도 좋은 방법이다.

따라서 판매자의 사업경험과 사업계획, 그리고 마케팅 전략에 따라 오픈마켓 입점이 필요한지를 잘 살펴 결정하여야 할 것이며, 입점 시에는 입점이 가능한 타 사이트

작은 매출에 실망하게 된다. 대부분의 판매자들은 소셜커머스의 목적이 상품판매가 아닌 상품홍보에 더 초점을 맞추게 된다는 사실에 대한 이해가 부족했기 때문이다.

적은 마진이지만 많은 고객을 유치할 수 있고, 고객에게 만족스러운 서비스를 제공함으로써 재방문을 유도하고, 결과적으로 내 상품을 알리는 것이 소셜커머스 이용의 목적이다. 소셜커머스를 통한 제품판매는 50%가 넘는 높은 할인율과 수수료 때문에 수익이 거의 발생하지 않는다. 그렇다고 제품이나 서비스의 품질을 소홀히 했다가는 큰 낭패를 볼 수 있다. 따라서 소셜커머스에의 입점은 이러한 특성들을 신중히 고려한 전략적 접근이 필수적이다.

6) 해외 온라인 쇼핑몰 입점

(1) 글로벌 셀러

해외 온라인 쇼핑몰 입점을 비롯하여, 인터넷을 이용한 국경 없는 개인 무역상인을 의미하는 글로벌 셀러는 최근의 전자상거래 비즈니스 모델에서 큰 화두가 되어 있다.

해외 온라인 시장에는 수십억명의 잠재 고객이 있으며, 인터넷 시장의 특성상 국경을 구분하는 것이 무의미해 질 것이므로 국내에서의 해외직구 및 해외에서의 국내제품에 대한 역직구에 대한 수요 또한 급증하고 있다. 해외직구 및 역직구는 일명 '소비자의 반란'으로도 불리어지며, '직구족'이라는 신조어도 만들어 내고 있다.

이러한 일이 가능해 진 것은 국가간 해외 결제시스템, 국제배송 등의 발달로 해외 온라인 시장의 진출이 예전보다 훨씬 수월해진 결과이며, 아울러 세계적으로도 사라져 가는 일자리 문제에 대한 대안 중의 하나로 주목받고 있는 까닭이다. 비록 민간자격이지만 한국사회문화교육진흥원, (주)나누리코리아가 주관하여 발급하는 '쇼핑몰 운영관리지도사' 자격증 제도도 생겼다.

글로벌 셀러는 첫째 해외제품을 국내로 들여와 판매하는 수입형 셀러, 둘째 국내제품을 해외로 파는 수출형 셀러, 셋째 해외제품을 해외로 판매하는 삼각무역형 셀러의 세 가지 유형으로 나눌 수 있다.

해외 구매대행 및 직구는 판매가 아니라 구매행위이기 때문에 엄밀히 말해 글로벌 셀러 범주에 넣지 않는다. 다음 항에서 기술하게 될 해외 온라인 쇼핑몰에 입점하여 국내제품을 해외에 판매하는 것이 수출형 글로벌 셀러의 전형적인 모델이라 할 수 있다. 물론 삼각무역형 셀링도 가능하다.

인터넷을 이용한 글로벌 셀링은 최근 SOHO 창업 모델로서 많은 관심을 받고 있으며, 차세대 전자상거래 모델로서의 가능성이 충분히 열려 있는 만큼 정부차원에서도 다양한 지원정책을 펴고 있다.

그럼에도 불구하고 해외 온라인 시장에의 진출은 언어를 비롯하여 비싼 국제배송료, 복잡한 조세제도, 고객의 낮은 충성도 등에 따른 위험이 상존하고 있다. 또한 언론에 노출된 몇 건의 성공사례 이면에 숱한 실패 또는 중도포기 사례가 숨어 있음을 직시하여, 초기에 독자적인 글로벌 셀러 쇼핑몰을 구축하는 것과 같은 공격적 투자는 사업의 추이를 보아가며 신중히 결정하는 것이 좋다.

(2) 해외 온라인 쇼핑몰 입점

국내 온라인 쇼핑몰 시장의 경쟁심화와 더불어 중국 등 해외 온라인 시장의 성장가능성, 동남아 관광객의 급증, 해외에서의 한류 열풍 등에 힘입어 국내 다수의 온라인 쇼핑몰이 해외 온라인 시장에의 진출이 늘어나고 있는 추세이다.

임대형 쇼핑몰 구축을 위한 대표적 솔루션으로 앞서 기술한 메이크샵이나 카페24에서도 해외 쇼핑몰을 개설할 수 있도록 지원하고 있다. 아울러 해외 쇼핑몰에의 입점은 곧 온라인 수출이라는 인식하에, 이와 관련한 전문 교육기관 및 입점 대행업체까지 생겨나고 있다. 따라서 온라인 쇼핑몰을 국내에만 국한하지 않고 해외 온라인 시장으로 진출해 나가는 것이 새로운 기회를 가져다줄 수 있을 것이다.

입점 대상이 되는 대표적 해외 온라인 쇼핑몰로는 미국의 이베이(www.ebay.com)와 아마존(www.amazon.com), 일본의 라쿠텐(www.rakuten.co.jp), 중국의 타오바오(www.taobao.com) 등을 꼽을 수 있다. 이들의 사이트별 개요 및 특징은 〈표 8-6〉과 같다.

〈표 8-6〉에서 보는 것과 같이 미국의 이베이의 경우 입점절차가 매우 개방적이며 판매자 회원가입에 제한을 두지 않는 반면, 일본의 라쿠텐이나 중국의 타오바오 같은 경우 입점절차가 상대적으로 폐쇄적이다. 라쿠텐에 입점하기 위해서는 입점신청 전에 일본 현지법인 설립 및 비자신청 등의 준비절차를 거친 다음 라쿠텐에 연락해 서면으로 입점신청을 하여야 한다. 타오바오에 입점하기 위해서는 중국에서 통장개설을 한 다음 여권 사본, 중국 내 은행통장 사본, 중국인 담보자 신분증 사본, 중국인 담보자의 담보서 등의 서류를 준비하여 타오바오에 서면으로 판매자 회원가입신청 및 입점신청을 하여야 한다.

〈표 8-6〉 해외 오픈마켓 개요 및 특징

구분	이베이(미국)	라쿠텐(일본)	타오바오(중국)
설립년도	1995년	1997년	2003년
운영업체	미국 eBay Inc.	일본 樂天(라쿠텐)그룹	중국 알리바바닷컴
사이트명	www.ebay.com	www.rakuten.co.jp	www.taobao.com
특징	• 36개 국가에 회원 보유, 계정 하나로 36개 국가에서 이용 가능 • PayPal 결제 권장	• 우리나라의 임대형 쇼핑몰 창업과 유사 • 초기 비용이 상대적으로 많이 들어감	• 왕왕(旺旺)이라는 자체 메신저를 이용해 거래 • 결제과정이 빠름
입점 절차	• 세계 최대 규모의 온라인 마켓플레이스 판매방식 - 경매(Online Auction) - 스토어(Store Inventory) - 고정가(Fixed Price)사업자 등록 및 통신판매 신고 필요 없음, 부가세 없음	• 단독 사업자형의 쇼핑몰 형태로 입점시 사업자 등록과 대표자 비자발급, 세금신고 등의 절차 필요 • 1~3개월의 기간 필요 • 외국인의 입점이 까다로운 편	• 국내 오픈마켓과 같이 미니샵 형태로 운영 입점을 위해 여권 사본, 중국내 은행 통장 사본, 현지 담보자 신분증 사본, 현지 담보자의 담보서 등이 필요(즉 중국 현지인이 필요)
수수료	• 판매방식별로 복잡한 수수료 체계 유지 - 등록 수수료(Insertion Fee) - 낙찰 수수료(Final Value Fee) - Patpal 수수료 : 2.9~3.0% - 기타	• 사용료 : 월 ¥19,500~5,000 • 판매 수수료 : 2~6.5% • 신용카드 수수료 : 4.5% • 기타 수수료 : 2% 내외	• 입점 수수료와 판매 수수료 없음

(3) 솔루션 서비스를 활용한 독립형 해외 온라인 쇼핑몰 구축

해외 고객을 대상으로 글로벌 셀링을 하기 위해서는 해외 마켓플레이스에 상품을 등록해 판매하는 방법 외에, 다양한 해외 전용 쇼핑몰 솔루션을 통해 직접 해외 쇼핑몰을 개설하는 방법이 있다. 즉 국내에 쇼핑몰을 구축하는 것처럼 해외에서 결제가 가능한 결제 시스템을 연동해 쇼핑몰을 구축하는 것이다.

① 메이크샵의 해외 쇼핑몰 서비스

메이크샵의 '메이크트랜스(www.maketrans.com)' 서비스를 통해 일본어 쇼핑몰을 만들어 일본으로 제품을 판매할 수 있다. 메이크트랜스는 국내 사업자로 사업자등록과 통신판매업 신고를 하고 운영하기 때문에 일본 사업자 등록이 필요 없다. 상품등록시 한·일 자동 번역기능이 있고, 관리자 페이지는 한국어를 지원한다. 메이크샵의 '메이크몰(china.makeshop.co.kr)'에서는 중국법인 설립 또는 ICP 발급을 하지 않고 한국에서 사업자 등록과 통신판매업 신고를 하면 중국어 쇼핑몰을 운영할 수 있도록 서비스한다. 중국 결제업체인 Alipay를 통해 해외결제가 가능하고, 중국어 번역 서비스를 지원한다(ICP : Internet Content Provider, 전신업무 경영 허가증을 말하고, 중국 내에서 사이트를 운영할 경우 반드시 ICP 허가증을 취득해야 함).

② 카페24의 해외 쇼핑몰 서비스

카페24의 '글로벌 쇼핑몰(global.cafe24.com)'에서도 해외 쇼핑몰을 개설할 수 있다. 기본적인 번역서비스 외에 해외 결제시스템 및 국제 배송서비스 운영을 지원한다. 카페24의 글로벌 쇼핑몰을 신청하기 위해서는 운영중인 쇼핑몰 솔루션으로 카페24를 이용하고 있어야 한다. 카페24의 중국 쇼핑몰의 관리자 페이지는 중국어와 한국어 중 선택할 수 있으며, Alipay를 통해 해외결제가 가능하고, 중국 구매자가 입금한 결제대금을 한국 계좌로 바로 송금 받을 수 있다. 카페24의 영문 쇼핑몰은 상품가격의 달러화 표시가 가능하고 회원가입, 주문서, 결제 페이지 등을 영문으로 제공하며 결제시스템은 Paypal을 사용한다.

8-3 사이트 운영

1. 운영계획의 수립

운영계획의 수립은 현재 운영되고 있는 웹사이트의 운영현황을 분석하여 웹 보안성, 운영의 안정성, 서비스 이용의 용이성 등을 확보하기 위해 운영계획을 수립하는 것이다. 또 운영하고 있는 웹사이트를 정기 혹은 수시로 점검 및 진단하여 미흡한 점을 개선 · 추진해야 한다.

이때 시스템 운영중 발생하는 여러 가지의 문제점, 요청사항 등을 기록하고 이를 통보하여 해결해 가는 과정을 수행할 수 있도록 운영계획을 수립한다. 운영계획자는 운영현황을 분석하기 위해서 다음의 항목들을 고려해야 한다.

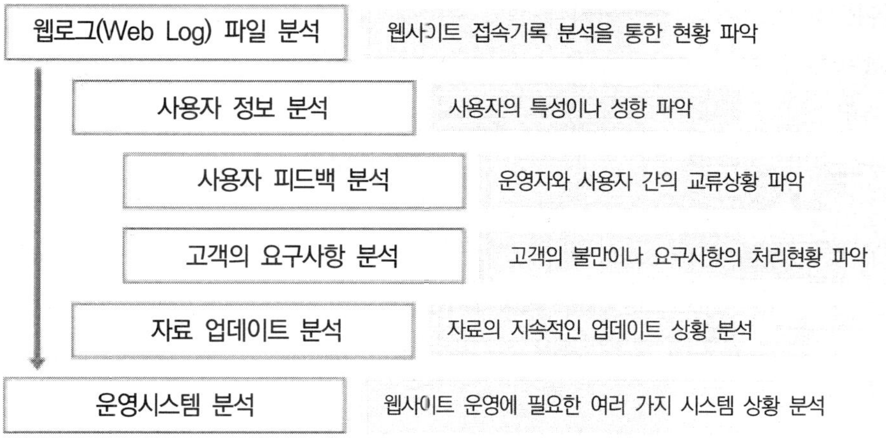

[그림 8-6] 사이트 운영계획의 수립 영역

2. 운영관리 활동의 수행

운영활동은 크게 쇼핑몰 사이트가 제공하는 서비스 및 콘텐츠에 대한 운영관리를 하는 것과 쇼핑몰 시스템을 운영관리하는 것으로 구성된다. 서비스 및 콘텐츠 운영관리는 어떤 콘텐츠를 어떻게 서비스할 것인지에 초점을 두고 있는 것으로 팝업 및 배너의 운영이나 게시물 관리, 웹사이트 링크 등과 같은 운영내용에 초점을 둔다.

반면 시스템 운영관리는 정상적으로 사이트가 운영되고 있는지에 대하여 초점을 두고 있어 주로 성능 및 장애관리, 백업관리 등을 다룬다.

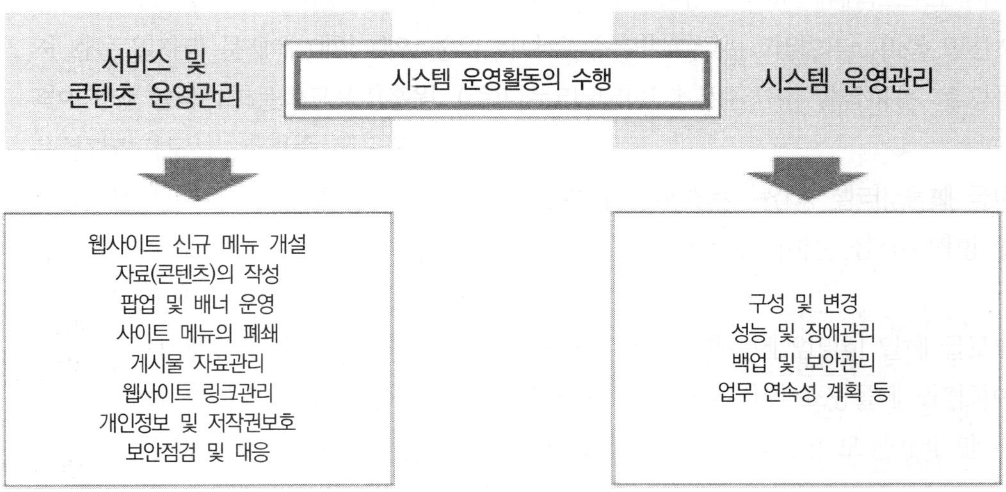

[그림 8-7] 사이트 운영활동의 수행

3. 사이트 유지보수

1) 사이트 유지보수의 의미

사이트 유지보수는 좁은 의미에서의 사이트 운영관리라고 볼 수 있다. 이는 크게 디자인적인 유지보수와 프로그램적인 유지보수로 구분할 수 있다. 일반적으로 디자인적인 유지보수는 가장 많이 요구되는 부분이며 부분 이미지 교체, 팝업, 페이지 제작, 계절별 분위기 연출, 콘텐츠 페이지 추가 등이 있다. 프로그램 유지보수는 사이트를 운영하는 데 있어서 업무 흐름에 따른 약간의 보정이나 개조, 간단한 기능의 추가 등이 이에 해당한다.

① 디자인 유지보수 영역 : 디자인 유지보수는 사이트 운영과 관련하여 이용 고객들이 좀 더 쉽고 편리하게 접근하거나 이용할 수 있도록 디자인을 개선하는 것으로 페이지의 제작이나 개선, 페이지 안의 배너, 팝업 창 등의 구성 요소를 유지보수하는 것이다.

② 프로그램 유지보수 영역 : 프로그램 유지보수는 사이트 운영과 관련하여 기능을 추가하거나 업무를 좀 더 효율적으로 운영하기 위해서 모니터링하고 유지보수하는 것이다.

2) 사이트 유지보수의 필요성

유지보수의 필요성은 크게 이용자 관점과 관리자 관점으로 구분할 수 있다. 이용자 관점은 시간의 흐름에 맞춘 부분적인 변화를 통해 사이트 이용자들에게 새로움을 주고 동시에 관심을 유도시켜 사이트의 발전을 꾀하는 측면이 있다.

관리자 측면은 사이트를 운영하는 과정에서 관리자가 느끼는 불편함을 개선하고 관리자의 편의를 위한 기능 개선을 위해서 유지보수는 필요하다.

4. 사이트 운영 모니터링 및 계획

사이트 운영 모니터링은 사이트의 가용성 및 신뢰성을 확보하기 위하여 사이트 운영 중 발생하는 각종 시스템 이벤트 및 주요 자원 사용현황을 모니터링 하는 것이다. 크게 웹프로그램, 웹콘텐츠, 장애처리, 사이트 제휴 및 연계, 형상관리, 정보보호로 구분할 수 있다.

사이트 운영계획은 사이트의 유지관리 및 인력 투입, 시스템 운영, 웹사이트 디자인 및 기능 개선, 상용 SW 유지보수, 홈페이지 운영, DB 관리, 장애 대처, 보안관리 등에 대한 계획을 항목별로 수립하는 것이다.

수행 내용

재료 · 자료

- 기업별 사이트 운영관리 계획 수립 사례

기기(장비 · 공구)

- 컴퓨터, 문서작성 프로그램, 프린터, 주변기기

안전 · 유의사항

- 사이트 개발 계획 수립, 사이트 디자인, 사이트 설계 등의 작업을 통하여 전자상거래 사이트의 종합적인 기획안을 수립하는 업무에 적용한다.
- 컴퓨터 작업 시 VDT 증후군(컴퓨터 단말기 증후군)이 발생하지 않도록 일정 시간의 작업 후에는 휴식을 취한다.
- 컴퓨터 작업 시 거북목 증후군이 발생하지 않도록 모니터의 높이를 눈높이에 맞게 올려서 사용하며, 어깨를 뒤로 젖히고 가슴을 똑바로 펴도록 한다.
- 야간작업 시에는 충분한 수면과 휴식을 취하도록 한다.

학습 8

수행 순서

01 키워드 및 이미지맵을 활용하여 사이트 디자인의 컨셉과정을 분석하라.

1. 키워드를 활용하여 사이트 디자인의 컨셉을 잡는다

① 표현하고 싶은 느낌과 단어들을 나열해 본다.

② 유사 사이트들의 디자인을 캡처 받아 비슷한 느낌의 그룹으로 분류해 본다.

③ 그룹들이 풍기는 분위기와 사용된 표현방법에 대해서 분석해 본다.

④ 표현하고자 했던 분위기와 가장 가깝다고 생각되는 하나의 그룹을 선택하여 컨셉을 정리한다.

⑤ 컨셉정리 예

㉠ 모던하면서 고급스러운 느낌을 살리기 위하여 메인 컬러를 Black으로 정한다.

㉡ 제품의 이미지를 돋보이게 하기 위해 이미지 영역을 넓히고, 그 외의 메뉴들은 축소한다.

㉢ 배경과 이미지 영역을 구분하지 않고 빛의 효과를 이용하여 신비로운 이미지를 부각시켜 제품의 느낌을 살린다.

㉣ 이미지 영역에 플래시 애니메이션을 사용하여 동적인 느낌을 표현한다.

2. 이미지맵을 활용하여 사이트 디자인의 컨셉을 잡는다

① 유사 경쟁 사이트들과 이미지를 비교해 보기 위해 환경분석을 실시한다. 디자인 요소(Layout, Color, Visual)들의 방향을 맵에 그려 이미지를 추출해 본다.

② 현재 유사 경쟁사 사이트들의 이미지 방향을 비교해 가며 정의할 디자인 결과물의 이미지 방향을 맵에 표시해 본다.

③ 차별화 방안을 생각해 보며 디자인 결과물의 이미지 방향을 컨셉으로 정리해 본다. 〈표 8-7〉는 컨셉 정리의 예를 나타낸 것이다.

〈표 8-7〉 컨셉 정리

Layout	내비게이션 영역을 축소화하고, 심플한 레이아웃으로 제품 이미지를 부각시킨다. 이미지 영역을 구분하지 않음으로써 제품의 비주얼적인 면을 강조한다.
Color Tone	Two톤 또는 제한적인 컬러 사용으로 전체적으로 모던한 느낌을 준다. 저 대비 색상을 배치함으로써 차분하고 무게감이 느껴지도록 표현한다.
Visual	Black 계열 배경을 사용하여 고급스러움을 살리고, 정적인 사진 이미지에 플래시 애니메이션을 추가함으로써 동적으로 표현한다.

02 전체적인 사이트 설계과정에 대하여 분석하라.

사이트의 컨셉, 디자인, 아이덴티티를 잡았다면 다음과 같은 사항들을 생각하며 전체 사이트의 구성을 설계한다.

1. 제품이나 서비스와 연계된 디자인을 한다

모든 쇼핑몰 사이트는 다양한 제품이나 서비스를 제공한다. 따라서 사이트의 디자인들이 제품이나 서비스의 종류와 관계가 있는지 확인해야 한다. 다른 사람이 사용할 수 있는 접근 방법이지만, 디자이너가 타이프그래피와 컬러 · 상품 이미지와 레이아웃 등 사이트에 모든 디자인 요소는 일관된 스타일을 유지하도록 관리해야 한다. 웹사이트가 아기를 위한 장난감을 판매하는 경우, 디자인은 경쾌하고 유치하지 않도록 디자인해야 한다.

2. 친숙한 내비게이션을 사용한다

탐색을 쉽게 할 수 있다고 보는가? 내비게이션이 방문자가 쇼핑을 힘든 시간으로 경험할 수 있기 때문에 내비게이션을 복잡하게 디자인하면 안 된다. 탐색은 방문자가 쉽게 특정 카테고리나 상품 페이지와 사이트의 일부에 도착하기 위해서는 필요하다. 내비게이션은 쉽게 볼 수 도록 상단이나 측면 표시줄에 배치한다.

3. 제품을 강조한다

쇼핑몰 사이트의 목적은 제품을 알리고 구매를 유도하여 매출을 올리는 것이므로, 제품을 강조하는 것은 당연하다. 상품에 대한 정보와 시각적인 요소를 최대한 반영하여 상품 자체를 돋보이게 하여 상품의 가치를 높여야 한다. 이 외에도 사용자가 원하는 제품에 대한 콘텐츠를 갖춰 제품의 좋은 이디지를 포함하고 주목을 시키는 것이 중요하다. 사용자는 실제로 제품에 대한 정보를 확인하고 구매를 고려하기 위해 사이트를 방문하기 때문이다.

4. 고품질의 이미지를 사용한다

제품이 스포트라이트를 받는 것은 전자상거래에서는 매우 중요하다. 사용자는 제품을 실제로 보지 못하기 때문에 가상으로 제품을 다양한 각도로 확인하고 확인할 수 있어야 한다. 제품을 더 매력적으로 보이는 것은 사용자가 제품을 실제로 만져 보고 사용하는 것처럼 이해할 수 있도록 돕는다.

예를 들어 수도꼭지와 세면대를 판매하는 사이트의 경우, 제품을 어떻게 사용하는지 판매제품을 설치할 부엌 디자인을 소개하면 효과적이다. 적어도 한 아이템에 한 개 이상의 사진을 포함해야 한다.

학습 8

5. 가격을 분명하게 보여 준다

사용자가 사이트에 방문하는 이유 중의 하나는 제품 가격이 얼마인지 확인하기 위해서이다. 카트에 아이템을 담은 후 배송비나 할인된 최종 구매가격이 얼마인지 보여주는 데 있어 사용자의 오해를 일으켜서는 안 된다. 최종 구매결정 단계에서 그 부분은 매우 민감할 수 있다. 가격이 명확하지 않을 경우 사용자의 일부는 해당 사이트를 떠날 수도 있다. 정확하고 명확하게 가격을 보여줘야 한다. 할인이 있는 경우 사용자가 얼마나 할인을 받는지에 대해 정확하게 인식시켜야 한다.

6. 쉽게 접근 가능한 레이아웃을 사용한다

방문자들이 쉽게 접근하고 사용할 수 있는 레이아웃을 사용한다. 사용자가 쉽게 사이트의 모든 중요한 요소를 볼 수 있어야 한다. 사용자가 FAQ나 쇼핑 카트와 같은 특정 링크나 기능을 찾을 때 시간이 오래 걸지 않도록 해야 한다. 즉 레이아웃은 전자상거래 사이트를 디자인할 때 조사할 수 있는 가장 중요한 것들 중에 하나이다.

7. 필요한 모든 내용을 넣는다

제품이 어떻게 사용되는지와 관련된 이미지, 텍스트, 정보 페이지, 쇼핑 카트, FAQ, 연락처 페이지 등의 제품의 모든 정보를 소개한다. 또 특정된 상점을 찾을 수 있는지에 대한 링크 내용도 배치한다. 만약 개인 블로그가 있다면 이 또한 탐색의 일환으로 사용할 수 있다. 사용자가 필요로 하거나 찾는 것에 대해 모든 것을 보여준다.

8. 좋은 컨텍스트를 사용한다

고품질의 이미지를 사용하는 것 외에 동시에 초대를 하거나 정보를 제공하는 데 사용되는 텍스트 또한 매우 중요하다. '사용자가 필요로 하는 제품이 무엇인가?', '그 제품이 사용자에게 어떤 혜택을 주는가?',에 대한 정보를 제공해야 한다. 좋은 텍스트는 중요 제품을 홍보하는 또 다른 방법이다. 이 때 텍스트는 모호하지 않은 직접적인 단어를 사용하여 짧게 표현한다.

9. 웹사이트가 매력적으로 보여야 한다

점포같은 경우 점포 앞에서 자신이 아름답게 보일 때, 방문자는 매장을 방문하려 한다. 마찬가지로 웹사이트에서도 이와 동일하게 디자인해야 한다. 즉 사이트 디자인과 같은 시각적 요소가 흥미를 끌 수 있어야 사용자가 구매환경에 만족을 느끼게 된다. 일반적으로 사용자의 관심을 얻는 홈페이지(뿐만 아니라 전체 사이트)는 좋은 디자인을 갖추고 있다. 차별화된 이미지를 구축하기 위해 필요한 여러 가지 시각요소 중 서체는 큰 비중을 차지한다. 웹사이트에서 콘텐츠를 전달할 때 서체만큼 강력한 이미지를 주는 것은 없다.

10. 신뢰할 수 있는 정보를 보여 준다

사용자는 개인적으로 판매자의 정보보다는 제품을 구매하는 사이트를 신뢰할 수 있는 정보를 알고 싶어 한다.

11. 모든 결제방법을 처리할 수 있도록 만든다

결제할 때 사용자가 지불할 수 있는 방법에 다양한 선택권을 부여하는 것이 좋다. 이때 간단하고 접근이 쉽도록 만들어야 하고, 다양한 결제 방식들이 잘 처리된다는 과정을 보여 줘야 한다. 온라인 샵에서 사용자에게 아이템이 잘 보이도록 하고 편리하게 결제할 수 있도록 만들어야 한다.

학습 8

학습활동.8 교수 · 학습 방법

교수 방법

- 사이트 기획, 운영 및 관리에 대한 관련 용어, 구성, 방식 이해 정도를 파악한 후 수업을 진행한다.
- 교수자의 주도로 사이트 기획, 운영 및 관리 등의 내용을 PPT 자료로 제시한 후 설명한다.
- 가능하면 사전에 개인별 학습 자료를 준비하여 모든 학생이 참여할 수 있는 문제 해결식 수업, 협력 수업이 가능하도록 한다.
- 사이트 기획, 운영 및 관리 전 과정을 작업의 순서에 따라 단계적으로 실습이 이루어질 수 있도록 지도한다.
- 교재를 통해 수업을 준비하는데 있어서 필요한 모든 정보나 팁, 힌트 등 도움이 될 만한 내용들을 확인할 수 있다.
- 학생들이 만들게 될 각 모델들은 수업시간에 중점적으로 다뤄질 부분과 어휘, 질문, 답을 포함하고 있으며 또한 탐구할만한 추가적인 아이디어들도 포함하고 있다.

학습 방법

- 사이트 기획, 운영 및 관리에 대한 관련 용어를 숙지하고, 사이트 기획, 운영 및 관리에 대해 이해한다.
- 사이트 기획, 운영 및 관리의 각 단계별 중점 사항을 체계적으로 학습한다.
- 사이트 기획, 운영 및 관리의 수행순서의 전 과정을 실습한다.
- 사이트 기획, 운영 및 관리의 내용을 이해한다.
- 사이트 기획, 운영 및 관리을 이해하고 숙달이 될 때까지 학습한다.

학습활동.8 평가 및 피드백

평가 준거

- 평가자는 피평가자가 수행 준거 및 평가 내용에 제시되어 있는 내용을 성공적으로 수행할 수 있는 지를 평가해야 한다.

학습내용	평가항목	성취수준		
		상	중	하
사이트 기획, 운영 및 관리	사이트 기획, 운영 및 관리 를 이해할 수 있다.			

평가 방법

• 작업 포트폴리오

학습내용	평가항목	성취수준		
		상	중	하
사이트 기획, 운영 및 관리	사이트 기획, 운영 및 관리 를 이해할 수 있다.			

• 필기시험

학습내용	평가항목	성취수준		
		상	중	하
사이트 기획, 운영 및 관리	사이트 기획, 운영 및 관리 를 이해할 수 있다.			

• 체크리스트를 통한 관찰

학습내용	평가항목	성취수준		
		상	중	하
사이트 기획, 운영 및 관리	사이트 기획, 운영 및 관리 를 이해할 수 있다.			

• 피드백

1. 작업 포트폴리오
   - 제출한 보고서를 평가한 후 주요 사항에 대하여 표시하여 돌려준다.
2. 필기시험
   - 평가 결과 성적이 저조한 학생은 보고서 제출 기회를 부여한다.
3. 체크리스트를 통한 관찰
   - 실습 과정에서 평가한 후 개선해야 할 사항 등을 정리하여 돌려둔다.

참 | 고 | 문 | 헌

- 교육부, 임중선 외, '전자상거래(10030102) NCS학습모듈', 한국직업능력개발원, 2018.12.31.
- 강병서 · 정혜영 · 송상호 · 김성영, 『CEO를 위한 신경영학(경영전략, 마케팅)』, 무역경영사, 2001.
- 김관형 · 김진현 · 김태수 · 박남섭 · 박세환 · 허관도, 『현대창의공학』, 북스힐, 2014.
- 김영문, 『하루 만에 인터넷 쇼핑몰 창업하기』, 집현재, 2014.
- 김은경, 『창의적 공학설계』, 한빛아카데미, 2013.
- 매일경제신문, '온라인 쇼핑몰, 유통황제로 우뚝', 2015.5.11.
- 박대윤 · 김형수, 『인터넷쇼핑몰 기획실무 스타일 가이드』, 도서출판 비비컴, 2001.
- 서선원의 e-Shop 창업교실, '성공창업 가이드북 II - 쇼핑몰 창업 전 꼭! 알아야 할 성공비법!', 2013.8.
- 손현준, '인터넷에서 팔리는 상품의 조건', ㈜휴넷 경영지식생산본부 보고서, 2008.11.4.
- 안광호 · 김상용 · 김주영, 『인터넷마케팅 원론』, 법문사, 2001.
- 안웅, 『전자 상거래 관리사』, 연학사, 2007.
- 이동훈, 『전자 상거래와 e-비즈니스(개정판)』, 한빛아카데미, 2015.
- 임성기, 『돈 버는 쇼핑몰, 돈 버리는 쇼핑몰』, 도서출판 비비컴, 2005.
- 정희전 · 착한사진연구소, 『쇼핑몰 창업+운영+제작북』, 한빛미디어, 2012.
- 중소기업청 소상공인진흥원, '전자 상거래 창업가이드', 2006.11.30.
- 허계범, 『e-비즈니스 & 전자 상거래』, 이한출판사, 2009.
- Chaffey.D., 『Internet Marketing : Strategy, Implementation and Practice』, Pearson Education, 2009.
- 다음 카페, '디지털 마케팅의 본질적 이해', http://cafe.daum.net/myneostory/Pbb/181?q=personalization%20%B8%B6%C4%C9%C6%C3&re=1
- 다음 카페, '인터넷 마케팅 믹스 전략', http://cafe.daum.net/dongdeamoon/MyPF/362?q=%C0%CE%C5%CD%B3%DD%20%B8%B6%C4%C9%C6%C3%20%B9%CD%BD%BA&re=1
- 블로그, '마케팅-시장 세분화 사례', http://blog.naver.com/PostView.nhn?blogId=tlc700&logNo=40167923014
- 블로그, '쇼핑몰 만들기', http://blog.daum.net/anapana
- 블로그, '시장 세분화 - 쉽게 이해하는 시장 세분화, 08. STP', http://blog.naver.com/PostView.nhn?blogId=sako71&logNo=220347251984
- 블로그, '온라인 쇼핑몰 가격 결정 기준과 방법', http://blog.naver.com/PostView.nhn?blogId=hip34&logNo=20014494675
- 블로그, '인터넷마케팅 원론 - 4P의 변화', http://blog.naver.com/PostView.nhn?blogId=dbgn95&logNo=80189876008
- 블로그, '제품유형분류와 마케팅 전략', http://blog.naver.com/PostView.nhn?blogId=an11778&logNo=220374030811
- 중소기업청, '기관마당〉 기업마당〉 창업 길잡이', http://www.bizinfo.go.kr/EgovPageLink.do?menu

No=20301000&link=egovframework/bizinfo/uss/ise/bizguide/1-1-2-2#/
- 개인블로그, '1인기업 1인경영시대', http://oneceo.co.kr/263
- 구교봉 · 이종호, 『소셜 네트워크를 활용한 전자상거래』, 탑북스, 2012.
- 김대영, 『전자상거래 운용사 필기』, 중앙교육, 2004.
- 김대영 · 오익재 · 김태순, 『전자상거래운용사 필기』, 중앙교육진흥연구소, 2002.
- 김진우, 『인터넷비즈니스.com』, 영진출판사, 1999.
- 김현호, ㈜다음커뮤니케이션, User research Lab http://convas.tistory.com/
- 애자일, 초심자를 위한 애자일SW개발101(nipa소프트웨어공학센터)
- 오종혁, 『성공적인 웹 사이트 구축을 위한 웹 기획 & 웹 프로젝트 매니지먼트』, 영진닷컴, 2008.
- 이동훈, 『전자상거래와 e-비즈니스의 이해』, 한빛미디어, 2008.
- 이제홍 · 박종돈, 『전자상거래 입문』, 보경Books, 2006.
- 이필승), 『웹 기반 정보시스템감리 프로세스 개선에 대한 연구』, 건국대학교 석사학위논문, 2009.
- 이해일, 『전자상거래 관리사2급』, 대명출판사, 2005.
- 주재훈 · 류시욱, 『전자상거래@e-비즈니스』, 삼영사, 2009.
- Hagel & Amrstrong, Net Gain : Expanding Markets through Virtual Communities, Harvard Business
- School Press, 한영주 역, 『가상사회와 전자상거래』, 세종서적, 1997.
- Hagel.J. & Singerg.M., Net Worth, Harvard Business School Press, 이경전 역(1999), 『정보중개와 전자상거래』, 세종서적.
- Robert A. Maksimchuk, Eric J. Naiburg, 『운명적 존재를 위한 UML』, 사이텍미디어, 2005.
- Shapiro.C. and Varian, H., Information Rules, Harvard Business School Press, 임세윤 역, 『정보법칙을 알면 .com 이 보인다』, 미디어 퓨전, 1999
- (주)인포코리아 홈페이지 개발 프로세스, http://www.infokr.co.kr/02home/home_01.asp
- (주)하림 정보전략팀 차장 김선식, http://i-bada.blogspot.kr/2012/07/blog-post_4487.html
- 디자인컨셉 관련 ppt, fashion.cbnu.ac.kr/user/saveDir/board/www68/299_1318576134_0.pdf
- 삼성경제연구소, http://www.seri.org
- 웹사이트 설계, www.mediaschool.co.kr
- 위키피디아(기본 개념), https://ko.wikipedia.org/wiki/
- 프레임워크에 대하여, www.kemco.or.kr
- 한국인터넷전문가협회 블로그, http://kipfanews.tistory.com/35
- http://i-bada.blogspot.kr/2012/04/cbd-component-based-development.html
- http://i-bada.blogspot.kr/2012/03/umlunified-modeling-language.html
- http://software.naver.com
- http://www.softpedia.com
- http://www.brothersoft.com
- http://web.kunstbada.com/how-to

- http://www.yamestyle.com/
- http://data.adic.co.kr/lit/thesis/1998/P0002665/03.html
- http://blog.naver.com/an11778?Redirect=Log&logNo=220380174457(경영지도사 안시헌)
- www.yesform.com
- http://www.easy T-shirts.co.kr
- http://hong1022.dothome.co.kr/schedule/07_01.htm
- 김영문, 『카페(Cafe)로 창업하기』, 집현재, 2012.
- 김영문, 『하루 만에 인터넷 쇼핑몰 창업하기』, 집현재, 2014.
- 김주원, 『좋은 사진을 만드는 김주원의 포토샵 사진 강의』, 한빛미디어, 2012.
- 남궁성, 『JAVA의 정석-2판』, 도우출판, 2010.
- 남정현 옮김, 『스프링 프레임워크의 실제』, 아이티씨, 2015.
- 남궁성, 『JAVA의 정석-2판』, 도우출판, 2010.
- 네이버, '네이버쇼핑 상품정보 제공 가이드', 2015.
- 대한상공회의소, '전자상거래 관리사 출제기준(http://license.korcham.net/index.jsp)', 2015.7.
- 미래창조부 · 한국정보화진흥원 · 빅데이터전략센터, 『빅데이터 활용단계별 업무절차 및 기술활용 매뉴얼(Version 1.0)』, 2014.5.20.
- 박효근 · 윤이사라, 『맛있는 디자인 포토샵 CC』, 한빛미디어, 2015.
- 블로그, '독립형 솔루션', http://blog.naver.com/PostList.nhn?blogId=bumilion2&from=postList&categoryNo=20
- 블로그, '스프링 프레임워크 개요', http://blog.naver.com/PostView.nhn?blogId=0221jyh&logNo=220326237171
- 블로그, '스프링 프레임워크 게시판', http://syaku.tistory.com/263
- 블로그, '윈도우에서 Eclipse와 Tomcat으로 로컬 웹서버 구축하기', http://blog.naver.com/PostView.nhn?blogId=clean820818&logNo=220348731756
- 블로그, '전자정부 프레임워크', http://m.blog.naver.com/smilemin0/220303280357#
- 블로그, 'Circus AR', http://blog.naver.com/PostView.nhn?blogId=circus_ar&logNo=50167979698
- 블로그, 'Getmall', http://blog.naver.com/PostView.nhn?blogId=getmall_pr&logNo=220284409665
- 블로그, 'sERP-기초정보-일괄등록', http://blog.naver.com/PostView.nhn?blogId=dionysos_sin&logNo=220230265279
- 사카타코고이치 · 황선유, 『예제로 쉽게 배우는 스프링 프레임워크 3.0』, 한빛미디어, 2012.
- 양재헌, 『DSLR 사진 촬영 & 포토샵 리터칭』, 성안당, 2015.
- 에너지경제신문, '스마트폰, 성인 5명중 4명 사용...만 5년도 안걸려', http://www.ekn.kr/news/article.html?no=161972, 2015.9.3.
- 위키 사이트 Gurubee, '꿈꾸는 개발자, DBA 커뮤니티 - 9장, 데이터베이스 구축', http://wiki.gurubee.net/pages/viewpage.action?pageId=14024898
- 이동훈, 『전자상거래와 e-비즈니스(개정판)』, 한빛아카데미, 2015.

- 이춘식, 『아는 만큼 보이는 데이터베이스 설계와 구축』, 한빛미디어, 2002
- 인터넷 진흥원, 『웹 개발 프레임웍(HTML5 SDK)』, 2015.7.
- 임성기, 『돈 버는 쇼핑몰, 돈 버리는 쇼핑몰』, 도서출판 비비컴 pp.141-149, 2005.
- 임화연, 『실전 쇼핑몰 포토샵 북』, 한빛미디어, 2014.
- 임화연 · 이해령 · 디자인아트플러스, 『맛있는 디자인 드림위버CC』, 한빛미디어, 2015.
- 정다영, 『포토샵 디자인 강의』, 한빛미디어, 2015.
- 정윤선, 『포토샵+일러스트레이터 작업의 기술』, 혜지원, 2014.
- 정책뉴스, '전자상거래 소비자보호 지침 개정', http://www.korea.kr/policy/pressReleaseView.do?newsId=156065757&call_from=extlink, 2015.7.23.
- 정희전 · 착한사진연구소(남상욱), 『쇼핑몰 창업+운영+제작북』, 한빛미디어, 2012.
- 채흥석, 『UML과 JAVA로 배우는 객체지향 CBD실전 프로젝트』, 한빛미디어, 2009.
- 허계범, 『e-비즈니스 & 전자상거래』, 이한출판사, 2009.
- '공정거래위원회', http://www.ftc.go.kr
- '표준프레임워크 포털', http://www.egovframe.go.kr
- '한국데이터베이스진흥원', http://www.kodb.or.kr
- 'DBGuide.net', http://www.dbguide.net
- https://firstmall.kr/ec_hosting/education/cu_list.php?idx_b=2
- 김수정 · 신연경 · 최연수 · 김성일 · 이정원, 『전자상거래 실무』, 서울 : 이오북스, 2015.
- 김의창 · 최세현, 『웹 환경과 연동된 중소 쇼핑몰 물류 관리 시스템 구현』, 디지털정책연구, 3(1). 165~182, 2005.
- 김일환 · 박동석 · 전근수 · 고대원 · 노현목, 『전자상거래 실무』, 서울 : 성림출판사, 2015.
- 대전광역시시설관리공단, 『RFID 자산 관리 시스템 구축』, 2013.
- 이종호 · 고종남 · 민성희 · 손기철 · 전미경 · 채도병, 『전자상거래 실무』, 서울 : 씨마스, 2015.
- 이채은, 『모바일을 활용한 실시간 ERP 시스템 연동 모형의 구축』, 경북대학교 경영대학원 석사학위 논문, 2004.
- 임문희 · 허선영, 『전자상거래 실무』, 서울 : 삼양미디어, 2015.
- 정문영 · 정용락 · 손종호 · 김선묵 · 구영준, 『전자상거래 실무』, 서울 : 창의발전소, 2015.
- 한국인터넷진흥원, 『웹 서버 구축 보안점검 안내서』, 2010.
- 한국인터넷진흥원, 『홈페이지 개발 보안 안내서』, 2010.
- 한국통합앱스토어, 『한국 통합 앱스토어 시스템 통합 운영관리 제안 요청서』, 2013.
- 한국해운조합, 『전자 결재 시스템 구추 계획』, 2008.
- 행정안전부, 『IT 아웃 소싱 운영 관리 매뉴얼』, 2009.
- 행정안전부, 『전자 정부 서비스 호환성 준수지침』, 2010.
- 행정안전부, 『웹 사이트 운영 가이드 라인』, 2011.
- ASEIC, 『사이트 S/W 및 H/W 통합 유지 보수 제안 요청서』, ASEIC, 2015.
- 교육부, 환경분석(1003010210_16v2), 세종 : 한국직업능력개발원, 2014.

- 교육부, 2016 고등학교 전문교과 수행 평가 모델 자료집, 세종 : 한국직업능력개발원, 2016.
- 김광석 · 권보람 · 최연경, 『4차 산업혁명과 초연결사회, 변화할 미래산업』, 삼정KPMG, 2017.
- 경제연구원, ISSUE MONITOR 제68호 January, 2017.
- 김광석 · 김수경 · 박경진, 『소비 패턴의 11가지 구조적 변화』, 삼정KPMG 경제연구원, Issue 43. 2016(통권 제43호), 2016.
- 김동열, 『경제주평』, 현대경제연구원, 11-39, 2011(통권 제 466호), 2011.
- 장경채, 『인터넷 마케팅 플러스』, 무역경영사, 2006.
- 조경희 외, 『전자상거래 일반』, 씨마스, 2017.
- 한국인터넷마케팅연구회, 『인터넷 마케팅』, 삼우사, 2003.
- 류지완, "오픈 마켓 3월 브랜드 평판 조사, 'G마켓 1위'", 브레이크(http://www.breaknews.com), 2017.8.18., 검색. 2017.3.3.
- 매경 시사용어 사전, http://100.daum.net/book/645/list
- 미용경영컨설턴트협회, http://cafe.daum.net/embc2010/OBSs/30
- 위키 백과사전, https://ko.wikipedia.org
- 윤승환 · 정승원, "필승전략 MECE". 아시아경제(http://www.asiae.co.kr/news), 2017.8.18. 검색, 2017.5.17.
- 지연진, "모바일 거래액 3.6兆…유통업계 '지각변동'", 아시아경제(http://www.asiae.co.kr/news), 2017.8.18. 검색, 2017.6.29.
- 통계청, http://kostat.go.kr
- 교육부, 마케팅 관리(1003010206_13v1), 세종 : 한국직업능력개발원, 2015.
- 김범종 · 박승환 · 송인암 · 조용한, 『디지털 시대의 마케팅 관리』, 대경, 2017.
- 신광수, 『온라인 유통마케팅』, 무역경영사, 2016.
- 신용성, 『온라인마케팅통찰』, 컨버전시, 2015.
- 안광호 · 김동훈 · 김영찬, 『시장지향적 비즈니스&마케팅 전략』, 학현사, 2015.
- 정기한 · 신재익 · 오재신, 『마케팅 관리』, 피엔씨미디어, 2014.
- 정분도, 『인터넷마케팅론』, 두남, 2016.
- 주윤황, 『인터넷마케팅』, 학현사, 2012.
- 최재혁, 『온라인채널마케팅』, 리온, 2017.
- 김종학, 『엑셀 2007 무조건 따라하기』, 서울 : 길벗, 2007.
- 기획재정부, 『공공 기관 고객 만족도 조사 모델(PCSI)의 이해』, 2006.
- 이상복, 『품질 이야기』, 서울 : 이레테크, 2012.
- 지마켓, 상품분석평, http://item2.gmarket.co.kr/Item/detailview/Item.aspx?goodscode=150753529 2015.7.26., 2015.7.26.

학습 1	온라인 유통시장의 개요
학습 2	쇼핑몰의 상품개발 전략 수립
학습 3	마케팅 고객관리 전략 수립
학습 4	마케팅 가격 전략 수립
학습 5	마케팅 유통 및 광고 전략 수립
학습 6	판매계획 수립
학습 7	재무계획 수립
학습 8	사이트 기획, 구축 및 운영
학습 9	**오픈마켓 준비**
학습 10	오픈마켓 제작
학습 11	주문처리 및 배송절차
학습 12	고객관리 및 CS 처리
학습 13	세무관리 실전
학습 14	해외 구매대행

학습 목표

1. 오픈마켓 준비를 이해할 수 있다.

학습 9

9-1 스마트 스토어 오픈 실무

1. 스마트 스토어 개설

국내외 다양한 오픈마켓이 존재한다. 오픈마켓은 판매자와 구매자에게 열려 있는 인터넷 중개물이다. 판매자와 구매자 간에 자유롭게 거래를 할 수 있다. 이로 인해 인터넷 쇼핑몰에서 유통마진을 생략할 수 있어 좀 더 저렴한 가격으로 판매가 가능하다. 또한 쉬운 입점 프로세스로 누구나 참여하여 진입장벽이 낮다. 한국에서의 마켓은 오픈마켓, 소셜커머스, 종합몰 등으로 나누어 있다. 이중 오픈마켓은 쿠팡, 옥션, 지마켓, 인터파크, 티몬 등이 있다.

각 오픈마켓은 다 똑같지 않으며 각각의 장단점이 존재한다. 여기서 지금 다루는 네이버 스마트 스토어는 쇼핑몰 운영자 마다 또는 상품의 종류에 따라 다 오픈마켓의 적합도가 다르지만 국내 검색엔진을 기반으로 매출이 높은 네이버 스마트 스토어를 기반으로 설명을 하겠다.

네이버스마트 스토어는 초기 스토어팜부터 1인 소규모 셀러들의 오픈마켓 컨셉으로 개인 쇼핑몰처럼 고객관리 상품 모아보기 등 고객리뷰 관리의 편의성을 기반으로 많은 소규모 셀러에게 도움을 주고 있다.

최근에는 네이버에 최적화하기 위해서 자사몰이 있더라도 따로 스마트 스토어를 가입하여 판매하는 사람들이 많아 졌다. 스마트 스토어는 스토어 개설 및 내 상품 등록까지 모든 비용이 무료라는 장점을 가지고 있으나, 결제 수수료나 쇼핑 연동 수수료가 존재한다.

1) 스마트 스토어 가입

네이버 스토어센터를 검색하여 접속을 하고, 네이버 아이디로 로그인하면 회원가입이 필요하다고 나온다.

판매자 유형을 보면 개인, 사업자, 해외사업자 세가지 분류로 나오는데 개인으로 가입 후 둘러보고 상품을 올려 보는 것이 쉽고 빠른 방법이다.

향후 매출이 나오면 사업자 등록을 하고 통신판매 허가를 받은 후 사업자 전환을 신청하면 된다.

(1) 스토어 가입하기

네이버에 '스마트 스토어 판매자 센터'를 검색하여 [그림 9-1]처럼 화면으로 이동 후 로그인하기를 클릭한다.

[그림 9-1] 네이버 아이디로 로그인 후 스토어 가입하기

네이버 스마트스토어에 들어가면 우선 첫 페이지로 가입하기, 로그인 하기가 뜨고 네이버 아이디로 로그인 후 스토어 가입하기를 한다(판매자 가입(X)은 아니다).

자주 문의하는 사항이 깔끔하게 잘 정리되어 있으니 한 번쯤 읽어보자.

네이버 아이디로 로그인하면 회원가입이 필요하다고 나온다.

[그림 9-2]처럼 판매자 유형을 보면 개인, 사업자, 해외사업자 세 가지 분류로 나오는데 개인으로 가입 후 사업자로 전환이 가능하니 개인으로 가입을 진행한다

아직 사업자 등록을 하지 않은 경우 개인 판매자로 활동이 가능하다. 가입 이후 사업자 등록을 한다면 판매자 정보에서 사업자 전환이 가능하니 걱정 안해도 된다.

[그림 9-2] 판매자 유형

[그림 9-3] 네이버 아이디로 가입하기

네이버 아이디 또는 이외 다른 이메일로 가입이 가능하나, [그림 9-3]처럼 네이버 아이디로 가입하시는 것이 편리하여 웬만하면 네이버 아이디로 가입하는 것을 '권장'한다.

[그림 9-4] 휴대폰 및 이메일 인증

[그림 9-4]처럼 체크 네모칸 작성 후 휴대폰 또는 이메일로 인증 후 다음으로 이동한다.

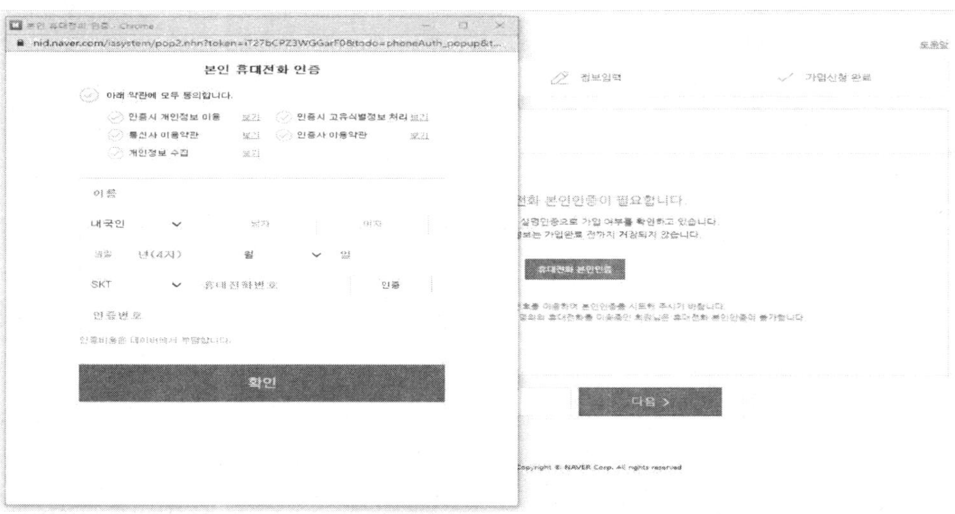

[그림 9-5] 휴대폰 인증

[그림 9-5]처럼 휴대전화 인증을 다시 한번 해준다.

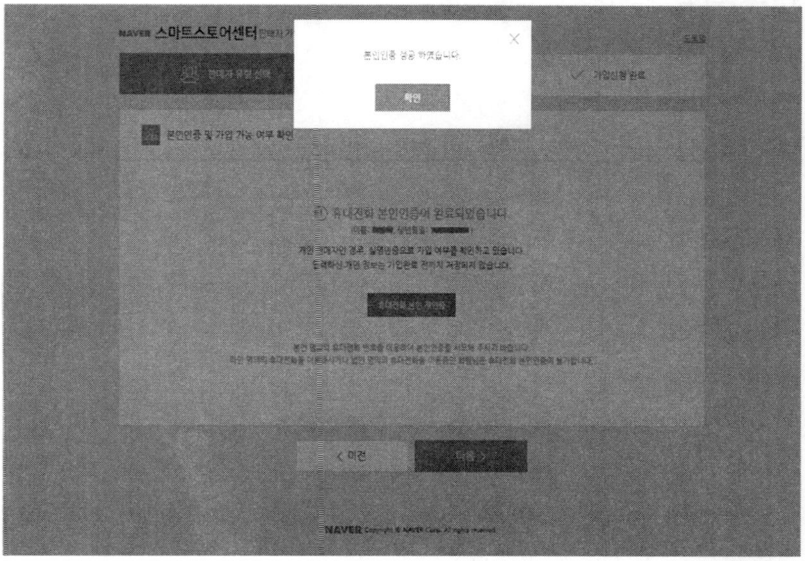

[그림 9-6] 인증 성공 후 다음 이동

[그림 9-6]처럼 인증 성공 후 다음 페이지로 이동한다.

[그림 9-7] 네이버 쇼핑몰과 네이버 톡톡 활성화

[그림 9-7]처럼 네모 체크박스 버튼을 눌러 네이버 쇼핑몰과 네이버 톡톡을 활성화 해준 후 다음 페이지로 이동한다.

[그림 9-8] 약관 동의

[그림 9-8]처럼 약관 전체 동의 체크 후 다음 페이지로 이동한다.

2) 판매자 정보 작성

[그림 9-9] 판매자 정보작성

[그림 9-9]처럼 체크 네모박스의 판매자 정보를 작성 후 다음 페이지로 이동한다

3) 쇼핑몰 이름 작성

[그림 9-10] 쇼핑몰 이름 작성

학습 9

[그림 9-10]처럼 체크 네모박스의 쇼핑몰 이름 관련 정보를 작성하면 된다. 다만 주의할 점은 스마트 스토어 이름을 한글로 하는 것이 추후 마케팅 등 브랜드화 하기에 유리하다. 단지, 이름은 한글로 개설 후 로고나 영문으로 대체 가능하다.

스마트 스토어 이름은 최초 생성 후 딱 '1번' 변경 가능하기에 신중히 결정 하는 것이 좋다. 스마트 스토어 URL의 경우 최초 생성 후 변경이 불가능하다. 그러므로 위 두 가지 주의사항인 이름과 URL를 확인 후 신중히 결정하는 것을 권장한다.

고객센터 전화번호는 상품 관련 전화를 받을 번호를 넣는다. 완료되었다면 다음 페이지로 이동한다.

4) 카테고리 정하기

[그림 9-11]처럼 대표상품 카테고리는 팔고자 하는 상품 카테고리를 설정해주고 해외상품을 판매하는 경우 아래 해외상품 판매이용약관 체크 해주고 밑으로 내려간다.

[그림 9-11] 카테고리 정하기

5) 배송과 정산정보 입력

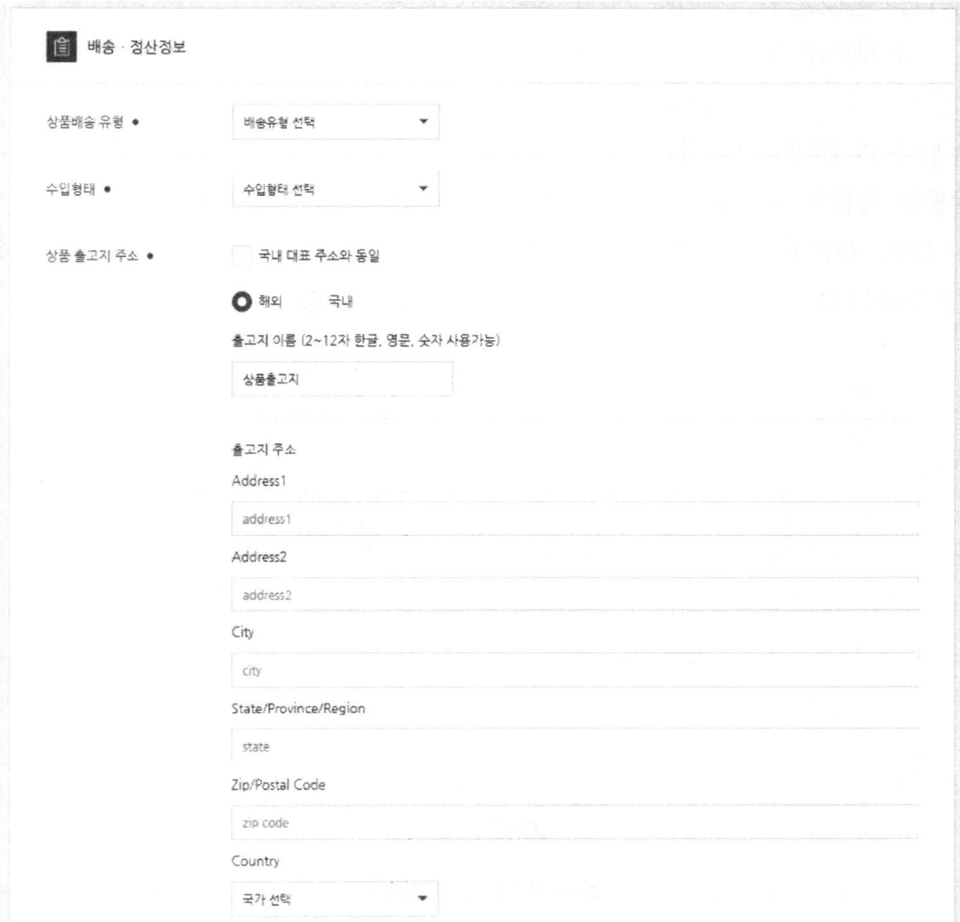

[그림 9-12] 배송과 정산정보

[그림 9-12]처럼 배송정보를 작성한다. 상품 배송 유형은 택배, 수입 형태는 병행으로 선택해주고 상품 출고지 주소는 해외 체크 후 임의로 작성된 해외 주소를 아래 칸에 작성 후 국가까지 선택해주견 된다.

학습 9

[그림 9-13] 정산 입금 계좌 작성

[그림 9-13]처럼 체크 박스에 판매대금을 정산 받을 입금계좌를 적어 넣고 인증을 누른 후 다음 페이지로 넘어간다.

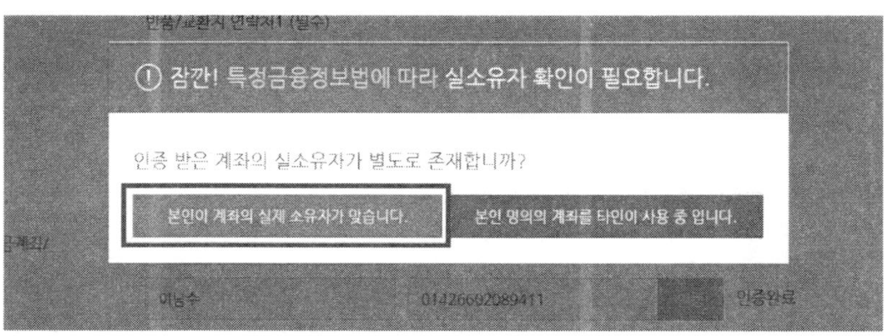

[그림 9-14] 특정금융정보법에 따라 실소유자 확인

[그림 9-14]처럼 특정금융정보법에 따라 실소유자 확인 창이 생성됨으로 본인 계좌가 실소유자임을 확인하는 초록색 버튼을 클릭한다.

6) 추가정보 입력

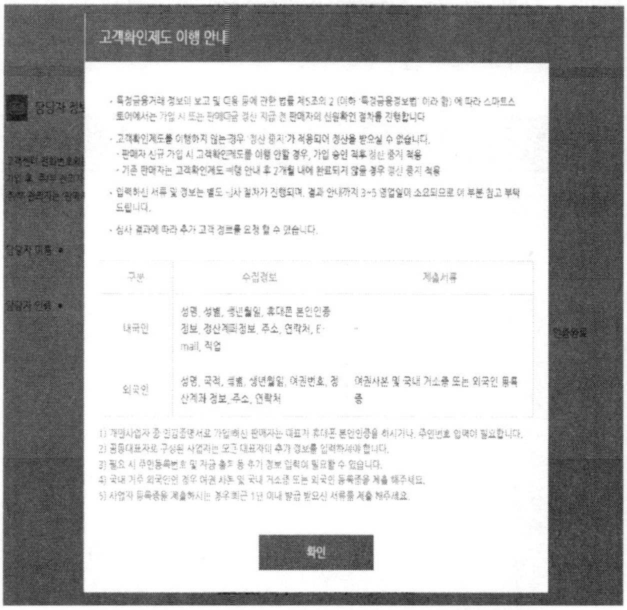

[그림 9-15] 고객 확인제도 이행 안내

[그림 9-15]처럼 본인 계좌 인증 완료된 것을 확인 후 담당자 정보를 이메일, 휴대폰으로 진행해 준다.

[그림 9-16] 판매자 추가정보 입력

[그림 9-16]처럼 100만원 이상 귀금속, 외환에 대한 환전서비스, 대부업, 카지노, 가상화폐와 연관된 상품 또는 서비스의 취급을 계획하는지 확인사항을 체크한다. 아니요를 체크한 후 정보입력을 누른다.

[그림 9-17] 판매자 추가정보 입력

마지막 인증이다. [그림 9-17]처럼 판매자 추가정보 입력의 네모 체크박스 전체 작성 및 인증 해주면 된다.

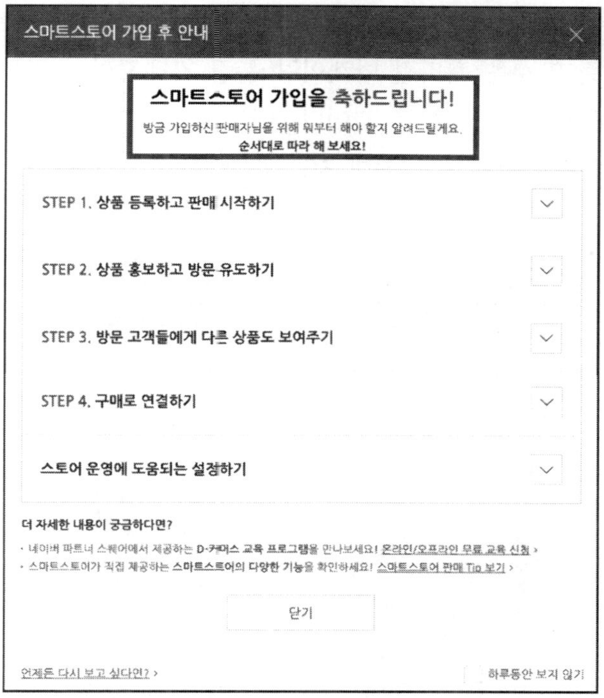

[그림 9-18] 가입완료

[그림 9-18]처럼 스마트 스토어의 가입완료 메시지가 나타난다.
지금부터 스마트 스토어의 사장님이 된 것이다.

학습 9

9-2 스마트 스토어의 서비스

1. 수수료

[그림 9-19]처럼 온라인 쇼핑골에는 크게 4가지 분류가 있다.

첫번째는 자체 홈페이지, 즉 자사몰이다. 카페24를 통하거나 개인적으로 사이트를 생성하여 운영하는 쇼핑몰이다. 자사몰의 경우 결제 수수료는 최대 5%가 발생한다.

두번째 스마트 스토어는 우리가 이용하는 스마트 스토어이다. 수수료는 최대 6%가 발생한다.

세번째 오픈마켓은 옥션, G마켓, 11번가 등 타 쇼핑몰이 해당 마켓에 입점하여 판매하는 쇼핑몰이다. 수수료는 최대 20%가 발생한다.

마지막 버티컬 마켓은 버티컬 마켓이랑 특정 카테고리에 있는 사람들에게 맞는 특정 상품을 공급하여 판매하는 것이다. 이는 구매대행으로 진행하기에는 무리가 있을 것으로 보이며 수수료도 최대 30%로 매우 높은 편이다.

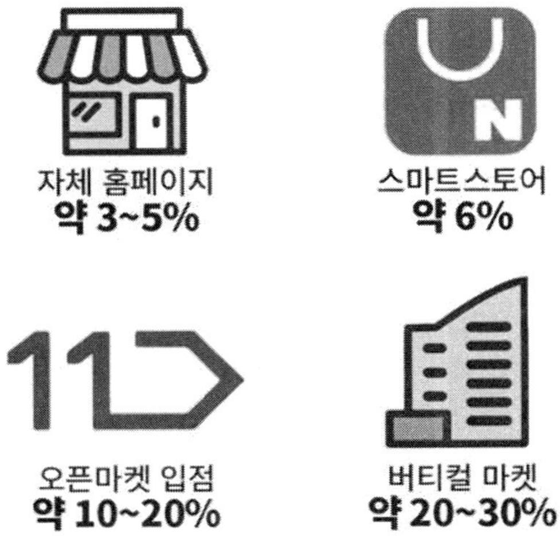

[그림 9-19] 온라인 쇼핑몰의 수수료

자사몰의 경우 결제 수수료로만 봤을 때 독보적으로 좋아 보이지만, 마케팅 및 노출 채널이 형성되지 않았기 때문에 광고를 활용해 마케팅과 노출을 해야 하는 단점이 있다. 또한 스마트 스토어의 경우 고객의 구매가 이루어 질 때에만 매출 연동 수수료 2%가 발생하지만 자사몰의 경우 소비자가 상품을 클릭하는 순간 클릭당 광고 비용이 발생되는 큰 차이가 있다. 이는 적게는 전체 매출 볼륨에 10%, 많게는 30%까지도 사용하는게 일반적으로 보여진다.

버티컬 마켓은 평균적으로 높은 수수료가 있지만, 특정 카테고리 안에서 판매하기에 판매될 가능성이 높다는 장점이 있다. 그렇지만 20~30%의 수수료는 아무래도 많이 부담이 될 것이다.

스마트 스토어의 경우 자사몰처럼 클릭당 광고비도 없으면서 네이버 자체에서 운영하는 쇼핑몰이기에 자사몰과 타 오픈마켓과의 경쟁에서 내 상품이 소비자에게 노출될 가능성도 높으며, 결제 수수료 또한 최대 6%로 수수료 또한 합리적이다.

[그림 9-20] 온라인 쇼핑몰의 수수료 비교

=

결제 수단		수수료
신용카드 / 체크카드	일반	3.74%
	영세	2.20%
	중소 1	2.75%
	중소 2	2.86%
	중소 3	3.08%
계좌이체		1.65%
무통장 입금 (가상계좌)		1% (최대 275원)
휴대폰 결제		3.85%
보조 결제 (네이버 포인트)		3.74%

[그림 9-21] 결제수단별 결제 수수료

스토어의 수수료율은 [그림 9-21]처럼 결제 수수료, 매출 연동 수수료의 경우 우리가 선택할 수 있는 사항이 아니기 때문에 간단하게 개념만 알아두면 좋을 것 같다.

매출 연동 수수료는 최소 1%에서 최대 5.58%의 수수료가 발생할 수 있다. 대부분 카드결제이고, 주로 검색 결과로 들어오기 때문이다. 그래서 우리는 그냥 계산하기 편하게 약 6%라고 계산을 한다.

만약 특정 키워드를 검색 후 클릭해서 들어온 사람이 휴대폰 결제를 했다면 수수료율은 5.85%이다. 즉 3.85%(휴대폰 결제 수수료) + 2%(매출 연동 수수료) = 5.85%(총 수수료)이다.

그럼 내 쇼핑몰의 링크로 바로 들어온 사람이 계좌 이체로 결제했다면 수수료는 1.65%이다. 즉 1.65(계좌 이체 결제 수수료) + 0%(매출 연동 수수료) = 1.65%(총 수수료)이다.

2. 노 출

하루 3천 만명 이상이 이용하는 국내 압도적 공룡 포털 네이버는 매년 큰 폭으로 성장해 국내 1위를 굳건히 지키고 있는 비즈니스 플랫폼이다. 그런 네이버는 스마트스토어 상품의 경우 '최소 노출보장'이라는 특권을 부여한다.

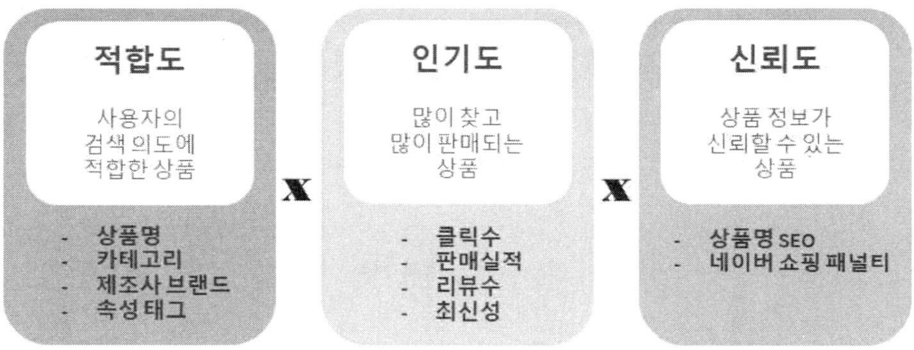

[그림 9-22] 네이버 쇼핑 상품검색 알고리즘

한 페이지당 최소 20% 이상의 비율로 스마트 스토어 상품이 노출되도록 하며 신생 스토어, 신상품에 노출 우선권을 주며 광고료를 지불하지 않아도 충분히 상위에 노출될 수 있다. 그 비법은 바로 네이버의 상품검색 알고리즘을 잘 활용하면 되는데 [그림 9-22]처럼 세가지 사항을 잘 이용하는 것이다.

즉 적합도(키워드 카테고리), 인기도(검색량 및 클릭률), 신뢰도(꾸준한 업로드 및 샵 지수)이다.

적합도는 업로드된 상품의 상품명과 카테고리 등 사용자의 검색 의도에 적합한지, 인기도 · 찜 또는 클릭 수 판매량이 많으며 리뷰의 평점 등등 고객이 만족하는 상품인지, 그리고 신뢰도 · 전반적인 스토어 운영에 필요한 스토어의 문의 응답률 · 응대소요시간 · 업로드 수 · 네이버 패널티 점수 등이 있으며, 이 이유로 꾸준히 상품을 업로드 해주어야 하는 것이다. 이는 덧셈이 아닌 곱셈으로 보아야 한다.

인기도의 경우 처음 시작부터 높을 수 없으니 논외로 하고, 적합도와 신뢰도 둘

중 하나라도 놓치게 되면 큰 플러스 점수를 기대하기 어려운 것이기에 이 두 가지를 정확히 하는 것이 좋다.

온라인 포털 입점업체 311곳의 주거래 플랫폼은 네이버(97.7%), 다음(1.6%), 구글(0.6%)이다. 오픈마켓 189곳의 주 거래처는 네이버 스마트 스토어(51.9%), 쿠팡(36.0%), 11번가(5.8%), G마켓(3.7%)이다.

3. 정 산

쿠팡은 '배송은 빠르게! 정산은 천천히'이다. 쿠팡의 경우 로켓배송으로 엄청난 배송 속도를 자랑하지만 정산은 오래 걸리는 단점이 있다. 2가지의 정산방법이 있는데 2가지 모두 100%의 정산금을 받기 위해서는 구매확정 후 2달의 시간이 필요하다.

[그림 9-23]처럼 스마트 스토어의 정산의 경우는 배송일로부터 8일, 구매확정 후 익일 자동 정산이 되니 쿠팡과 정산속도에서 엄청 큰 차이가 있다.

쿠팡 정산은 월정산, 주정산이다 월정산은 구매 확정건 말일 기준 15일 이후 정산이고 주정산은 구매 확정된 주 일요일로 부터 15일후 70% 지급, 익월 1일에 30% 지급한다.

[Coupang]
배송은 빠르게
정산은 두 달후

[Smart Store]
구매 확정 후
다음날 입금

[그림 9-23] 쿠팡과 스마트 스토어의 결제 정산 비교

4. 편리한 관리

[그림 9-24]처럼 스마트 스토어 센터에서는 주문배송 및 결재일/정산 관련사항의 편리한 서비스를 제공한다.

[그림 9-24] 스마트 스토어 센터의 편리한 관리

[그림 9-25]처럼 스마트 스토어의 고객현황의 유입수, 스토어 찜, 소식 알림 수와 같은 편리한 관리 기능을 확인할 수 있다.

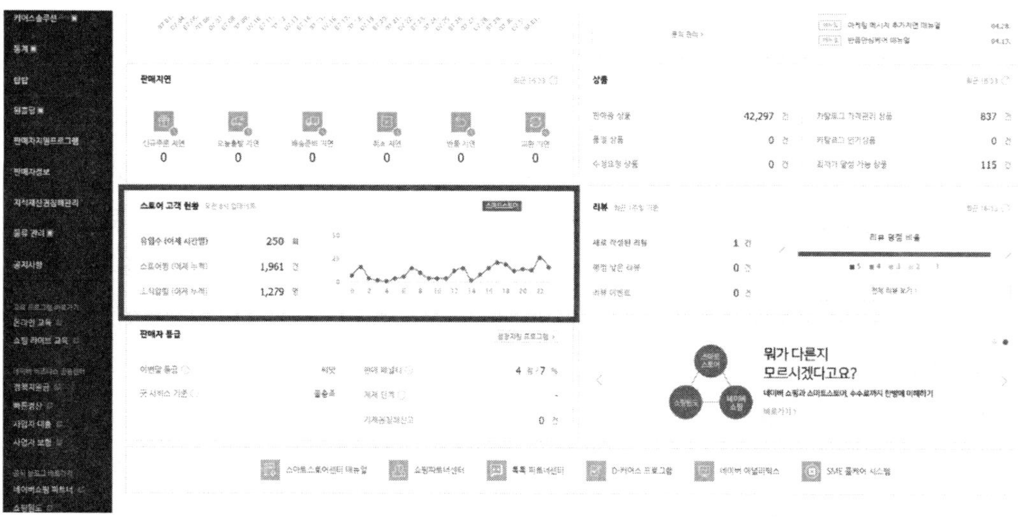

[그림 9-25] 스마트 스토어의 고객현황

[그림 9-26] 네이버 애널리틱스

[그림 9-26]처럼 더 정확하게 확인이 가능한 사이트는 바로 애널리틱스이다. 실시간 유입 키워드, 일일 또는 주간 별 유입량, 키워드 확인이 가능하다.

9-3 스마트 스토어의 성공포인트

스마트 스토어에서 성공하는 노하우를 물어 보는 사람들이 많다. 많은 판매자들이 엄청난 비밀이 있는 것처럼 찾아 헤매는 그 노하우는 사실 비밀이 아니다. 네이버의 공개된 정보와 규정에 맞춰 진행하면 된다.

많은 광고 대행사 및 마케팅 전문가들이 비용을 받고 컨설팅을 하는데 기본 원칙에만 충실하면 누구나 빅셀러가 될 수 있다. 앞으로 키워드 최적화 및 다양한 상품 소싱, 직접하는 광고 마케팅 등을 통하여 한걸음씩 나아가면 된다.

실례로 어떤 셀러가 찾아와 본인의 스토어가 방문객도 없고 노출도 잘 안되고 판매도 안된다고 한 적이 있다. 스토어를 들여다 보니 해당 스토어는 같은 카테고리 안에 같은 제목으로 상품을 무려 하루에 500개씩이나 올리고 있었다.

그래서 그 셀러에게 이렇게 물어 봤다. 본인이 네이버의 검색 알고리즘이라면 이 상품은 몇 개일까요? 한참을 망설이다가 "한 개요." 라고 대답을 한 적이 있다. 가끔 보면 대부분의 사람들은 본인 쇼핑몰의 문제를 본인만 모르는 경우가 많다. 여기서는 그런 실수를 하는 사람들이 없었으면 한다.

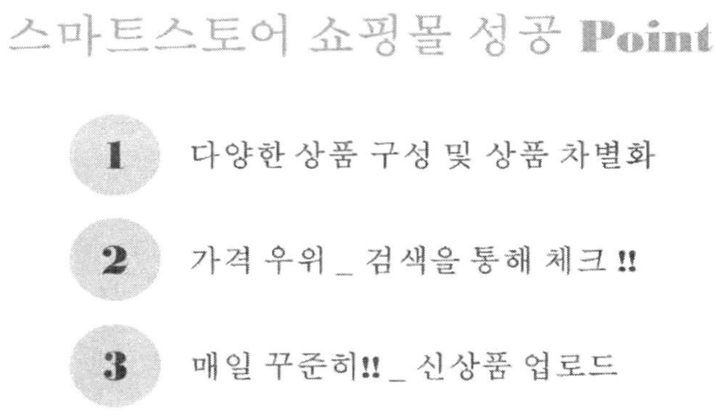

[그림 9-27] 스마트 스토어 쇼핑몰 성공 포인트

① 이제 시작하는 여러분들의 경우 의류, 잡화, 가구인테리어, 생활 주방용품 등의 모든 카테고리를 채운다는 생각으로 하면 훨씬 발전속도가 빠르다.

② 상품을 수집 및 업로드하기 전 국내에서는 이 상품의 가격대가 어떻게 형성되어 있는지 분석 후 수집 및 업로드하는 것을 권장한다.
예를 들면 겨울 오리 잠바가 국내는 8만원대, 이 가격과 비교해서 가격경쟁력이 없다면 상위 키워드지만 의미가 없다. 때문에 상품의 소싱단계에서부터 원가계산 및 수익률 계산을 통하여 판매가능 상품을 선정하여야 한다.

③ 위탁판매와 구매대행의 쇼핑몰을 하는 경우 다양한 상품을 끊임없이 등록을 할 수 있는 장점이 있다. 판매, 광고전략의 불리함을 극복하는 방법으로 끊임없이 신상품을 등록하는 것이 좋다.

수행 내용

재료 · 자료

- 쇼핑몰 사업기획 실무지침서
- 환경분석 보고서
- 종이, 필기구, 포스트잇 등

기기(장비 · 공구)

- 컴퓨터, 문서작성 프로그램, 프린터, 주변기기

안전 · 유의사항

- 상품개발에서 중요한 것은 어떠한 tool이나 지식보다는 상품개발 절차의 근본적인 사상을 인지하도록 한다.
- 기존의 고정 관념을 벗어 던지고 타인과 consensus를 이룰 수 있도록 모든 아이디어를 긍정적으로 받아들여 구체적으로 상품에 적용하고자 하는 개발 마인드를 갖도록 한다.

수행 순서

학습 9

01 네이버 스마트 스토어의 진행과정에 대하여 분석하라.

[그림 9-28]처럼 스마트 스토어를 이용하는 진행과정은 다음과 같다.

① 스마트 스토어 상품 판매
② 신규 주문목록 엑셀 출력
③ 상품코드 검색(타오바오 링크 확인)
④ 상품주문(수량, 색상, 사이즈 확인)
⑤ 배송지연 안내(네이버 : 문자, 쿠팡 : 주문 내역)
⑥ 타오바오 판매자 배송대행 지로 상품발송
⑦ 배송대행 회사에 신규주문 목록 출력물 및 해외 트랭킹 번호 등 등록
⑧ CJ 대한통운 송장번호 해당 고객에게 등록

⑨ 고객에게 배송후 자동배송 완료

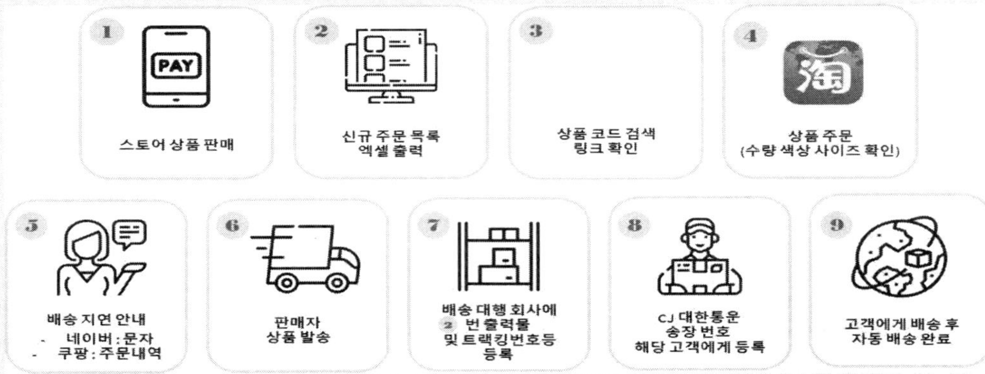

[그림 9-28] 스마트 스토어를 이용하는 진행과정

02 해외 구매대행 알리왕왕의 설치과정에 대하여 분석하라.

1. 네이버 등에서 알리왕왕 다운로드 검색

[그림 9-29]처럼 네이버에서 알리왕왕 검색 후 클릭해서 이동한다.

[그림 9-29] 네이버에서 알리왕왕 다운로드 검색

2. 메신저 설치하기

[그림 9-30] 메신저 접속

인터넷 사이트 접속(https://wangwang.taobao.com)하여 [그림 9-30]처럼 바이어(Buyer)를 클릭한다.

3. 컴퓨터 환경설정

[그림 9-31] 개인 컴퓨터 환경에 따라 선택

개인 컴퓨터 환경에 맞는 버튼을 클릭한다.

4. 메신저 설치

[그림 9-32] 메신저를 설치

5. 기존 본인 타오바오 아이디로 접속

[그림 9-33] 타오바오 아이디로 접속

[그림 9-33]처럼 기존의 본인 타오바오 아이디로 접속하면 별도 가입이 필요없다.

6. 채팅창 사라질 경우 체크

[그림 9-34] 채팅창 설정

알리왕왕 챗팅창이 나타났다가 사라질 경우 [그림 9-34]처럼 바탕화면에 바로가기를 클릭하거나 오른쪽 하단의 옵션 창에서 알리왕왕 클릭하면 나타난다.

7. 주문상품 판매자 왕왕과 대화 요청시 연결하기

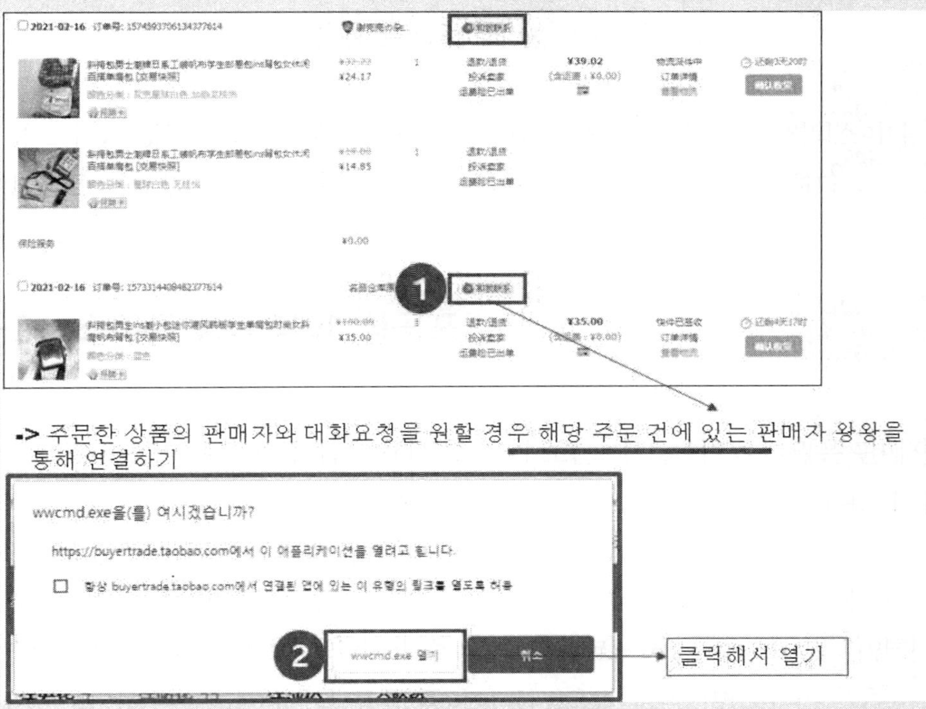

[그림 9-35] 판매자 왕왕을 통해 연결하기

[그림 9-35]처럼 주문한 상품의 판매자와 대화요청을 원할 경우 해당 주문 건에 있는 판매자 왕왕을 통해 연결할 경우에 사용한다.

8. 구글과 네이버 번역기를 활용하여 타오바오 판매자와 대화하기

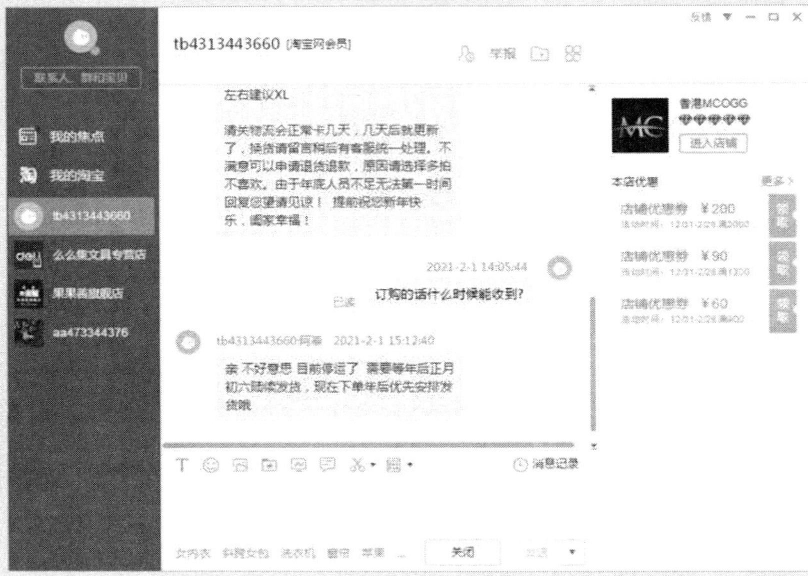

[그림 9-36] 번역기를 통해 대화하기

[그림 9-36]처럼 구글과 네이버 번역기를 활용하여 타오바오 판매자와 대화하기 위하여 사용한다.

학습활동.9 교수 · 학습 방법

교수 방법

- 오픈마켓 준비에 대한 관련 용어, 구성, 방식 이해 정도를 파악한 후 수업을 진행한다.
- 교수자의 주도로 오픈마켓 준비 등의 내용을 PPT 자료로 제시한 후 설명한다.
- 가능하면 사전에 개인별 학습 자료를 준비하여 모든 학생이 참여할 수 있는 문제 해결식 수업, 협력 수업이 가능하도록 한다.
- 오픈마켓 준비 전 과정을 작업의 순서에 따라 단계적으로 실습이 이루어질 수 있도록 지도한다.
- 교재를 통해 수업을 준비하는데 있어서 필요한 모든 정보나 팁, 힌트 등 도움이 될 만한 내용들을 확인할 수 있다.
- 학생들이 만들게 될 각 모델들은 수업시간에 중점적으로 다뤄질 부분과 어휘, 질문, 답을 포함하고 있으며 또한 탐구할만한 추가적인 아이디어들도 포함하고 있다.

학습 방법

- 오픈마켓 준비에 대한 관련 용어를 숙지하고, 오픈마켓 준비에 대해 이해한다.
- 오픈마켓 준비의 각 단계별 중점 사항을 체계적으로 학습한다.
- 오픈마켓 준비의 수행순서의 전 과정을 실습한다.
- 오픈마켓 준비의 내용을 이해한다.
- 오픈마켓 준비를 이해하고 숙달이 될 때까지 학습한다.

학습활동.9 평가 및 피드백

평가 준거

- 평가자는 피평가자가 수행 준거 및 평가 내용에 제시되어 있는 내용을 성공적으로 수행할 수 있는 지를 평가해야 한다.

학습내용	평가항목	성취수준		
		상	중	하
오픈마켓 준비	오픈마켓 준비를 이해할 수 있다.			

평가 방법

• 작업 포트폴리오

학습내용	평가항목	성취수준		
		상	중	하
오픈마켓 준비	오픈마켓 준비를 이해할 수 있다.			

• 필기시험

학습내용	평가항목	성취수준		
		상	중	하
오픈마켓 준비	오픈마켓 준비를 이해할 수 있다.			

• 체크리스트를 통한 관찰

학습내용	평가항목	성취수준		
		상	중	하
오픈마켓 준비	오픈마켓 준비를 이해할 수 있다.			

• 피드백

1. 작업 포트폴리오
   - 제출한 보고서를 평가한 후 주요 사항에 대하여 표시하여 돌려준다.
2. 필기시험
   - 평가 결과 성적이 저조한 학생은 보고서 제출 기회를 부여한다.
3. 체크리스트를 통한 관찰
   - 실습 과정에서 평가한 후 개선해야 할 사항 등을 정리하여 돌려둔다.

참 | 고 | 문 | 헌

- 교육부 · 임중선 외, '전자상거래(10030-02) NCS학습모듈', 한국직업능력개발원, 2018.12.31.
- 강병서 · 정혜영 · 송상호 · 김성영, 『CEO를 위한 신경영학(경영전략, 마케팅)』, 무역경영사, 2001.
- 김관형 · 김진현 · 김태수 · 박남섭 · 박세훈 · 허관도, 『현대창의공학』, 북스힐, 2014.
- 김영문, 『하루 만에 인터넷 쇼핑몰 창업하기』, 집현재, 2014.
- 김은경, 『창의적 공학설계』, 한빛아카데미, 2013.
- 매일경제신문, '온라인 쇼핑몰, 유통황제로 우뚝', 2015.5.11.
- 박대윤 · 김형수, 『인터넷쇼핑몰 기획실무 스타일 가이드』, 도서출판 비비컴, 2001.
- 서선원의 e-Shop 창업교실, '성공창업 가이드북 II - 쇼핑몰 창업 전 꼭! 알아야 할 성공비법!', 2013.8.
- 손현준, '인터넷에서 팔리는 상품의 조건' ㈜휴넷 경영지식생산본부 보고서, 2008.11.4.
- 안광호 · 김상용 · 김주영, 『인터넷마케팅 원론』, 법문사, 2001.
- 안웅, 『전자 상거래 관리사』, 연학사, 2007.
- 이동훈, 『전자 상거래와 e-비즈니스(개정판)』, 한빛아카데미, 2015.
- 임성기, 『돈 버는 쇼핑몰, 돈 버리는 쇼핑몰』, 도서출판 비비컴, 2005.
- 정희전 · 착한사진연구소, 『쇼핑몰 창업+운경+제작북』, 한빛미디어, 2012.
- 중소기업청 소상공인진흥원, '전자 상거래 창업가이드', 2006.11.30.
- 허계범, 『e-비즈니스 & 전자 상거래』, 이한출판사, 2009.
- Chaffey.D., 『Internet Marketing : Strategy, Implementation and Practice』, Pearson Education, 2009.
- 다음 카페, '디지털 마케팅의 본질적 이해', http://cafe.daum.net/myneostory/Pbb/181?q=personalization%20%B8%B6%C4%C9%C6%C3&re=1
- 다음 카페, '인터넷 마케팅 믹스 전략', http://cafe.daum.net/dongdeamoon/MyPF/362?q=%C0%CE%C5%CD%B3%DD%20%B8%B6%C4%C9%C6%C3%20%B9%CD%BD%BA&re=1
- 블로그, '마케팅-시장 세분화 사례', http://blog.naver.com/PostView.nhn?blogId=tlc700&logNo=40167923014
- 블로그, '쇼핑몰 만들기', http://blog.daum.net/anapana
- 블로그, '시장 세분화 - 쉽게 이해하는 시장 세분화, 08. STP', http://blog.naver.com/PostView.nhn?blogId=sako71&logNo=220347251984
- 블로그, '온라인 쇼핑몰 가격 결정 기준과 방법', http://blog.naver.com/PostView.nhn?blogId=hip34&logNo=20014494675
- 블로그, '인터넷마케팅 원론 - 4P의 변화', http://blog.naver.com/PostView.nhn?blogId=dbgn95&logNo=80189876008
- 블로그, '제품유형분류와 마케팅 전략', http://blog.naver.com/PostView.nhn?blogId=an11778&logNo=220374030811
- 중소기업청, '기관마당〉 기업마당〉 창업 길잡이', http://www.bizinfo.go.kr/EgovPageLink.do?menuNo=20301000&link=egovframework/bizinfo/uss/ise/bizguide/1-1-2-2#/

- 개인블로그, '1인기업 1인경영시대', http://oneceo.co.kr/263
- 구교봉 · 이종호, 『소셜 네트워크를 활용한 전자상거래』, 탑북스, 2012.
- 김대영, 『전자상거래 운용사 필기』, 중앙교육, 2004.
- 김대영 · 오익재 · 김태순, 『전자상거래운용사 필기』, 중앙교육진흥연구소, 2002.
- 김진우, 『인터넷비즈니스.com』, 영진출판사, 1999.
- 김현호, ㈜다음커뮤니케이션 User research Lab, http://convas.tistory.com/
- 애자일 초심자를 위한 애자일SW개발101(nipa소프트웨어공학센터)
- 오종혁, 『성공적인 웹 사이트 구축을 위한 웹 기획 & 웹 프로젝트 매니지먼트』, 영진닷컴, 2008.
- 이동훈, 『전자상거래와 e-비즈니스의 이해』, 한빛미디어, 2008.
- 이제홍 · 박종돈, 『전자상거래 입문』, 보경Books, 2006.
- 이필승), 『웹 기반 정보시스템감리 프로세스 개선에 대한 연구』, 건국대학교 석사학위논문, 2009.
- 이해일, 『전자상거래 관리사2급』, 대명출판사, 2005.
- 주재훈 · 류시욱, 『전자상거래@e-비즈니스』, 삼영사, 2009.
- Hagel & Amrstrong, Net Gain : Expanding Markets through Virtual Communities, Harvard Business
- School Press, 한영주 역, 『가상사회와 전자상거래』, 세종서적, 1997.
- Hagel.J. & Singerg,M., Net Worth, Harvard Business School Press, 이경전 역 『정보중개와 전자상거래』, 세종서적, 1999.
- Robert A. Maksimchuk, Eric J. Naiburg, 『운명적 존재를 위한 UML』, 사이텍미디어, 2005.
- Shapiro,C. and Varian, H., Information Rules, Harvard Business School Press, 임세윤 역, 『정보법칙을 알면 .com 이 보인다』, 미디어 퓨전, 1999.
- (주)인포코리아 홈페이지 개발 프로세스, http://www.infokr.co.kr/02home/home_01.asp
- (주)하림 정보전략팀 차장 김선식, http://i-bada.blogspot.kr/2012/07/blog-post_4487.html
- 디자인컨셉관련 ppt, fashion.cbnu.ac.kr/user/saveDir/board/www68/299_1318576134_0.pdf
- 삼성경제연구소, http://www.seri.org
- 웹사이트 설계, www.mediaschool.co.kr
- 위키피디아(기본 개념), https://ko.wikipedia.org/wiki/
- 프레임워크에 대하여, www.kemco.or.kr
- 한국인터넷전문가협회 블로그, http://kipfanews.tistory.com/35
- http://i-bada.blogspot.kr/2012/04/cbd-component-based-development.html
- http://i-bada.blogspot.kr/2012/03/umlunified-modeling-language.html
- http://software.naver.com
- http://www.softpedia.com
- http://www.brothersoft.com
- http://web.kunstbada.com/how-to
- http://www.yamestyle.com/

- http://data.adic.co.kr/lit/thesis/1998/P0002665/03.html
- http://blog.naver.com/an11778?Recirect=Log&logNo=220380174457(경영지도사 안시헌)
- www.yesform.com
- http://www.easy T-shirts.co.kr
- http://hong1022.dothome.co.kr/schedule/07_01.htm
- 김영문, 『카페(Cafe)로 창업하기』, 집현재, 2012.
- 김영문, 『하루 만에 인터넷 쇼핑몰 창업하기』, 집현재, 2014.
- 김주원, 『좋은 사진을 만드는 김주원의 프토샵 사진 강의』, 한빛미디어, 2012.
- 남궁성, 『JAVA의 정석-2판』, 도우출판, 2010.
- 남정현 옮김, 『스프링 프레임워크의 실제』, 아이티씨, 2015.
- 남궁성, 『JAVA의 정석-2판』, 도우출판, 2010.
- 네이버, '네이버쇼핑 상품정보 제공 가이드', 2015.
- 대한상공회의소, '전자상거래 관리사 출제기준(http://license.korcham.net/index.jsp)', 2015.7.
- 미래창조부 · 한국정보화진흥원 · 빅데이터전략센터, 『빅데이터 활용단계별 업무절차 및 기술활용 매뉴얼(Version 1.0)』, 2014.5.20.
- 박효근 · 윤이사라, 『맛있는 디자인 포토샵 CC』, 한빛미디어, 2015.
- 블로그, '독립형 솔루션', http://blog.naver.com/PostList.nhn?blogId=bumilion2&from=postList&categoryNo=20
- 블로그, '스프링 프레임워크 개요', http://b og.naver.com/PostView.nhn?blogId=0221jyh&logNo=220326237171
- 블로그, '스프링 프레임워크 게시판', http://syaku.tistory.com/263
- 블로그, '윈도우에서 Eclipse와 Tomcat으로 로컬 웹서버 구축하기', http://blog.naver.com/PostView.nhn?blogId=clean820818&logNo=220348731756
- 블로그, '전자정부 프레임워크', http://m.blog.naver.com/smilemin0/220303280357#
- 블로그, 'Circus AR', http://blog.naver.com/PostView.nhn?blogId=circus_ar&logNo=50167979698
- 블로그, 'Getmall', http://blog.naver.com/PostView.nhn?blogId=getmall_pr&logNo=220284409665
- 블로그, 'sERP-기초정보-일괄등록', http://blog.naver.com/PostView.nhn?blogId=dionysos_sin&logNo=220230265279
- 사카타코고이치 · 황선유, 『예제로 쉽게 배우는 스프링 프레임워크 3.0』, 한빛미디어, 2012.
- 양재헌, 『DSLR 사진 촬영 & 포토샵 리터칭』, 성안당, 2015.
- 에너지경제신문, '스마트폰, 성인 5명중 4명 사용...만 5년도 안걸려', http://www.ekn.kr/news/article.html?no=161972, 2015.9.3.
- 위키 사이트 Gurubee, '꿈꾸는 개발자, DBA 커뮤니티 – 9장, 데이터베이스 구축', http://wiki.gurubee.net/pages/viewpage.action?pageId=14024898
- 이동훈, 『전자상거래와 e-비즈니스(개정판)』, 한빛아카데미, 2015.
- 이춘식, 『아는 만큼 보이는 데이터베이스 설계와 구축』, 한빛미디어, 2002.

- 인터넷 진흥원, 『웹 개발 프레임웍(HTML5 SDK)』, 2015.7.
- 임성기, 『돈 버는 쇼핑몰, 돈 버리는 쇼핑몰』, 도서출판 비비컴, pp.141-149, 2005.
- 임화연, 『실전 쇼핑몰 포토샵 북』, 한빛미디어, 2014.
- 임화연 · 이해령 · 디자인아트플러스, 『맛있는 디자인 드림위버CC』, 한빛미디어, 2015.
- 정다영, 『포토샵 디자인 강의』, 한빛미디어, 2015.
- 정윤선, 『포토샵+일러스트레이터 작업의 기술』, 혜지원, 2014.
- 정책뉴스, '전자상거래 소비자보호 지침 개정', http://www.korea.kr/policy/pressReleaseView.do?newsId=156065757&call_from=extlink, 2015.7.23.
- 정희전 · 착한사진연구소(남상욱), 『쇼핑몰 창업+운영+제작북』, 한빛미디어, 2012.
- 채흥석, 『UML과 JAVA로 배우는 객체지향 CBD실전 프로젝트』, 한빛미디어, 2009.
- 허계범, 『e-비즈니스 & 전자상거래』, 이한출판사, 2009.
- '공정거래위원회', http:\\www.ftc.go.kr
- '표준프레임워크 포털', http://www.egovframe.go.kr
- '한국데이터베이스진흥원', http://www.kodb.or.kr
- 'DBGuide.net', http://www.dbguide.net
- https://firstmall.kr/ec_hosting/education/cu_list.php?idx_b=2
- 김수정 · 신연경 · 최연수 · 김성일 · 이정원, 『전자상거래 실무』, 서울 : 이오북스, 2015.
- 김의창 · 최세현, 『웹 환경과 연동된 중소 쇼핑몰 물류 관리 시스템 구현』, 디지털정책연구, 3(1). 165~182, 2005.
- 김일환 · 박동석 · 전근수 · 고대원 · 노현목, 『전자상거래 실무』, 서울 : 성림출판사, 2015.
- 대전광역시시설관리공단, 『RFID 자산 관리 시스템 구축』, 2013.
- 이종호 · 고종남 · 민성희 · 손기철 · 전미경 · 채도병, 『전자상거래 실무』, 서울 : 씨마스, 2015.
- 이채은, 『모바일을 활용한 실시간 ERP 시스템 연동 모형의 구축』, 경북대학교 경영대학원 석사학위 논문, 2004.
- 임문희 · 허선영, 『전자상거래 실무』, 서울 : 삼양미디어, 2015.
- 정문영 · 정용락 · 손종호 · 김선묵 · 구영준, 『전자상거래 실무』, 서울 : 창의발전소, 2015.
- 한국인터넷진흥원, 『웹 서버 구축 보안점검 안내서』, 2010.
- 한국인터넷진흥원, 『홈페이지 개발 보안 안내서』, 2010.
- 한국통합앱스토어, 『한국 통합 앱스토어 시스템 통합 운영관리 제안 요청서』, 2013.
- 한국해운조합, 『전자 결재 시스템 구축 계획』, 2008.
- 행정안전부, 『IT 아웃 소싱 운영 관리 매뉴얼』, 2009.
- 행정안전부, 『전자 정부 서비스 호환성 준수지침』, 2010.
- 행정안전부, 『웹 사이트 운영 가이드 라인』, 2011.
- ASEIC, 『사이트 S/W 및 H/W 통합 유지 보수 제안 요청서』, ASEIC, 2015.
- 교육부, 환경분석(1003010210_16v2), 세종 : 한국직업능력개발원, 2014.
- 교육부, 2016 고등학교 전문교과 수행 평가 모델 자료집, 세종 : 한국직업능력개발원, 2016.
- 김광석 · 권보람 · 최연경, 『4차 산업혁명과 초연결사회, 변화할 미래산업』, 삼정KPMG, 2017.

- 경제연구원, ISSUE MONITOR 제68호 January 2017.
- 김광석 · 김수경 · 박경진, 『소비 패턴의 11가지 구조적 변화』, 삼정KPMG 경제연구원, Issue 43. 2016(통권 제43호), 2016.
- 김동열, 『경제주평』, 현대경제연구원, 11-39. 2011(통권 제 466호), 2011.
- 장경채, 『인터넷 마케팅 플러스』, 무역경영사, 2006.
- 조경희 외, 『전자상거래 일반』, 씨마스, 2017.
- 한국인터넷마케팅연구회, 『인터넷 마케팅』, 삼우사, 2003.
- 류지완, "오픈 마켓 3월 브랜드 평판 조사. 'G마켓 1위'", 브레이크(http://www.breaknews.com), 2017.8.18. 검색, 2017.3.3.
- 매경 시사용어 사전, http://100.daum.net/book/645/list
- 미용경영컨설턴트협회, http://cafe.daum.net/embc2010/OBSs/30
- 위키 백과사전, https://ko.wikipedia.org
- 윤승환 · 정승원, "필승전략 MECE", 아시아경제(http://www.asiae.co.kr/news), 2017.8.18. 검색, 2017.5.17.
- 지연진, "모바일 거래액 3.6兆…유통업계 '지각변동'", 아시아경제(http://www.asiae.co.kr/news), 2017.8.18. 검색, 2017.6.29.
- 통계청, http://kostat.go.kr
- 교육부, 마케팅 관리(1003010206_13v1). 세종 : 한국직업능력개발원, 2015.
- 김범종 · 박승환 · 송인암 · 조용한, 『디지털 시대의 마케팅 관리』, 대경, 2017.
- 신광수, 『온라인 유통마케팅』, 무역경영사, 2016.
- 신용성, 『온라인마케팅통찰』, 컨버전시, 2015.
- 안광호 · 김동훈 · 김영찬, 『시장지향적 비즈니스&마케팅 전략』, 학현사, 2015.
- 정기한 · 신재익 · 오재신, 『마케팅 관리』, 피엔씨미디어, 2014.
- 정분도, 『인터넷마케팅론』, 두남, 2016.
- 주유황, 『인터넷마케팅』, 학현사, 2012.
- 최재혁, 『온라인채널마케팅』, 리온, 2017.
- 김종학, 『엑셀 2007 무조건 따라하기』, 서울 : 길벗, 2007.
- 획재정부, 『공공 기관 고객 만족도 조사 모델(PCSI)의 이해』, 2006.
- 이상복, 『품질 이야기』, 서울 : 이레테크, 2012.
- 지마켓, 상품분석평, http://item2.gmarket.co.kr/Item/detailview/Item.aspx?goodscode=150753529, 2015.7.26.

학습 10 오픈마켓 제작

학습 목표

1. 오픈마켓 제작을 이해할 수 있다.

10-1 상세페이지 제작

1. 네이버 스마트 스토어 상품 등록하기

스토어에 상품을 등록하기 위한 사전준비는 다음과 같다.

1) 상품 이미지 준비(최소 5장 이상)

상품의 상세 컷을 촬영하여야 하며 네이버 스마트 스토어 센터에서 제공하는 스튜디오를 활용하거나 카메라로 직접 촬영을 하여 준비하는 것이 좋다. 기타 다른 곳에서 이미지를 가지고 올 경우에는 이미지 저작권을 확인하여 사용 가능 여부를 확인하여야 한다.

2) 상품옵션별 재고수량 및 판매가격 정리

상품의 판매가는 단독형, 조합형으로 정할 수 있으며 상품의 종류, 옵션의 종류, 판매방법에 따라 가격정책을 가져갈 수 있다.

3) 상품이름(검색키워드 고려) 정하기

상품의 이름은 키워드 최적화의 단계를 걸쳐서 최종 선택을 해야 한다. 네이버의 검색 알고리즘에 의하여 50자 이내의 같은 단어의 반복이 없고 띄어쓰기도 한번씩만 들어가야 하며 신상, 특가 등의 단어가 들어가면 노출에 영향을 줄 수가 있다.

2. 네이버 스마트 스토어 템플릿 활용하기

스마트 스토어에서 상품관리 - 상품등록을 클릭하여 들어간다.

[그림 10-1]처럼 스마트 스토어 상품 상세부분에 있는 직접작성 중간에 Smart Editor3.0으로 작성 부분을 클릭한다.

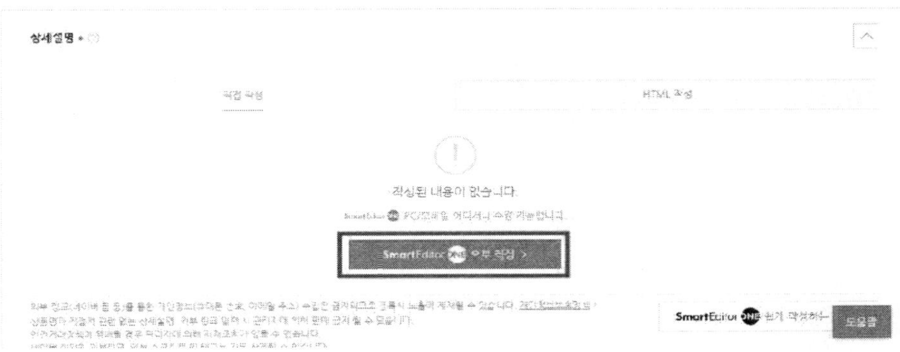

[그림 10-1] Smart Editor 3.0으로 작성 부분을 클릭

① [그림 10-2]처럼 오른쪽 상단에 있는 템플릿 클릭 후 선택한다.

[그림 10-2] 오른쪽 상단에 있는 템플릿 클릭 후 선택

학습 10

패션, 잡화, 뷰티, 리빙 등 업로드 하고자 하는 상품의 카테고리 관련하여 템플릿을 골라 선택하여 작업하여 사용해 준다.

② 템플릿 샘플 활용하기

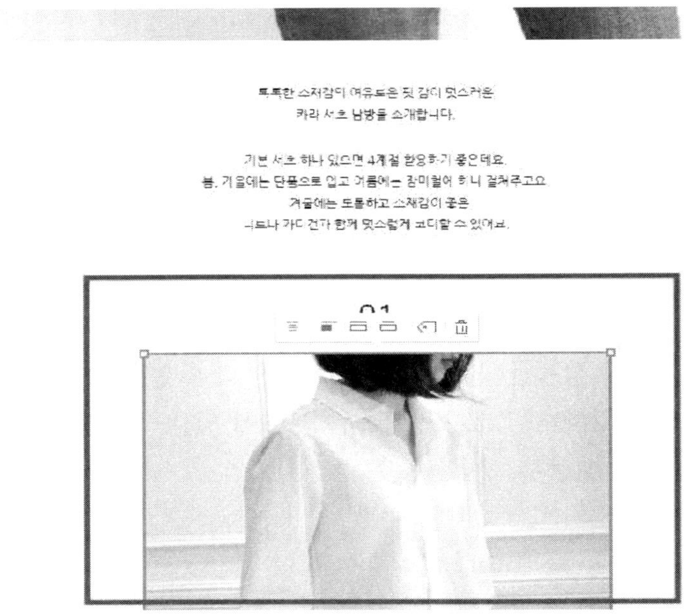

[그림 10-3] 샘플에 있는 글과 이미지를 선택하여 수정

[그림 10-3]처럼 미리 만들어져 있는 샘플에 있는 글과 이미지를 선택하여 수정한다.

[그림 10-4] 정렬 방식 및 이미지 삭제 기능과 이미지 등록

[그림 10-4]의 [1]번 이미지를 클릭하면 정렬하는 방식 및 이미지를 지울 수 있는 기능이 나온다. [그림 10-4]의 [2] +를 선택하여 등록하고자 하는 상품의 이미지를 자유롭게 삽입한다.

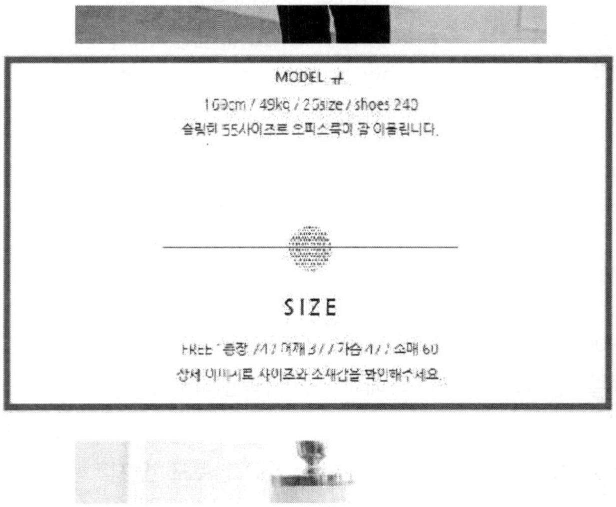

[그림 10-5] 인용구와 구분선 활용

[그림 10-5]처럼 템플릿 샘플에 만들어져 있는 인용구나 구분선들을 최대한 활용하여 나만의 상세페이지를 꾸며준다.

3. 미리 캔버스 활용하기

1) 가입하기

미리 캔버스는 크롬에 최적화가 되어있기 때문에 크롬을 이용하여 사이트에 접속 후 회원가입을 한다. 소셜 계정(구글, 페이스북, 네이버, 카카오톡)으로 간편하게 가입도 가능하다.

2) 디자인 만들기

(1) 페이지 사이즈 변경하기

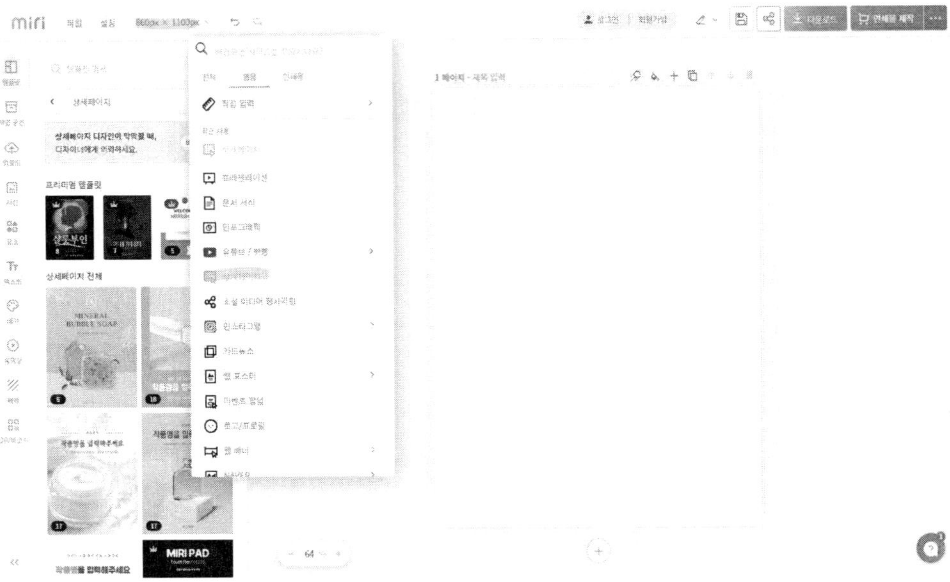

[그림 10-6] 페이지 사이크 변경

[그림 10-6]처럼 왼쪽 상단에 있는 사이즈를 클릭하여 웹용에 있는 상세페이지를 선택한다.

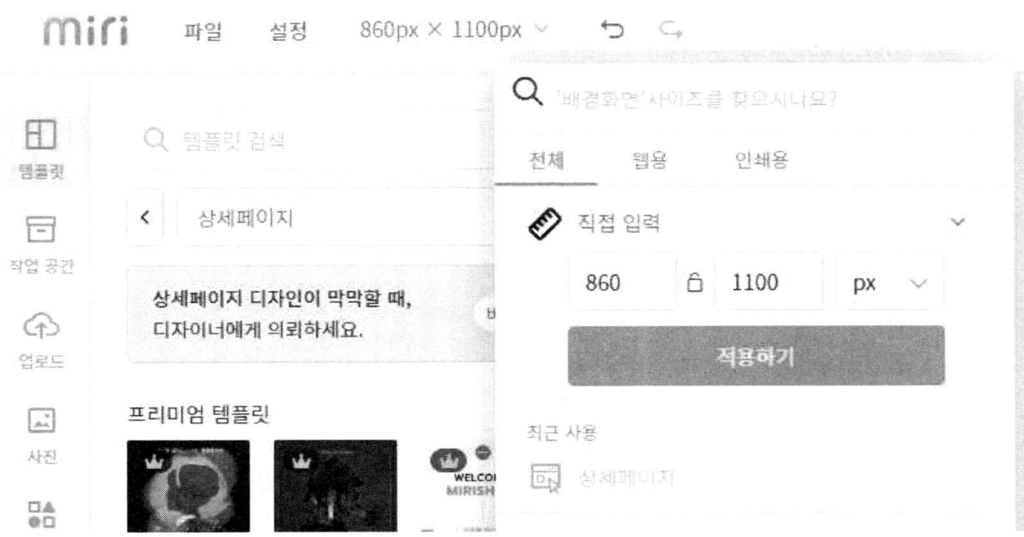

[그림 10-7] 직접 입력으로 사이즈 변경

[그림 10-7]처럼 본적으로 사이즈가 정해져있지만 '직접입력'을 선택해서 상세페이지의 사이즈를 변경할 수 있다.

(2) 템플릿 사용하기

[그림 10-8]의 왼쪽 바에 있는 [탬플릿]를 클릭한 후 검색창에 검색어를 입력한다. 예를 들면 샌들, 가방, 음식 등 그 다음 보고 싶은 탬플릿 유형을 선택한다. 그 중 템플릿을 선택했다면 그 안에 문구나 디자인 요소를 바꾸어 나만의 상세페이지를 만들어본다.

[그림 10-8] 탬플릿 사용

[그림 10-9]처럼 마음에 드는 템플릿을 선택하여 클릭하면 상세한 상세페이지 디자인이 나온다.

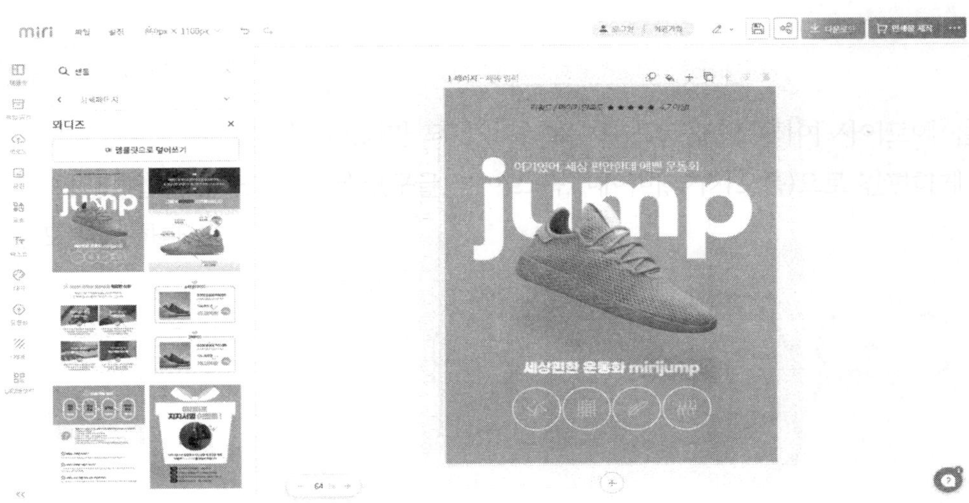

[그림 10-9] 마음에 드는 탬플릿 선택

여기서 이미지, 문구, 배경, 색상 등 마우스로 클릭하여 하나씩 나만의 상세페이지로 바꿔준다.

[그림 10-10]처럼 문구를 선택하여 텍스트 변경 및 위치를 변경할 수 있다.

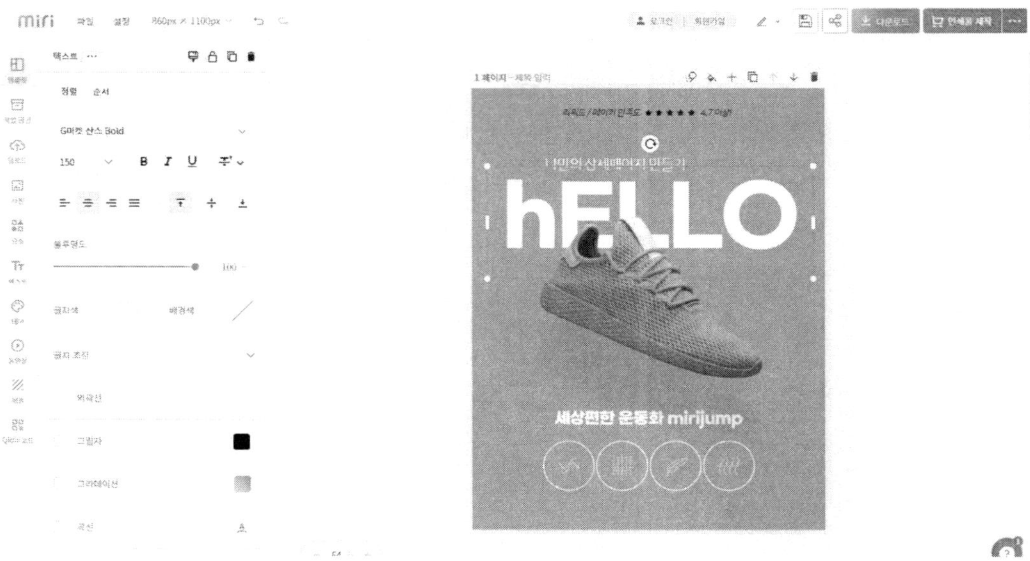

[그림 10-10] 문구선택으로 텍스트의 변경 및 위치변경

[그림 10-11]처럼 왼쪽 바에 사진 또는 요소 등을 선택하여 다양한 효과와 이미지들을 활용하여 꾸밀 수 있다. 여기에는 크기변경, 자르기, 회전하기 등으로 꾸며 본다.

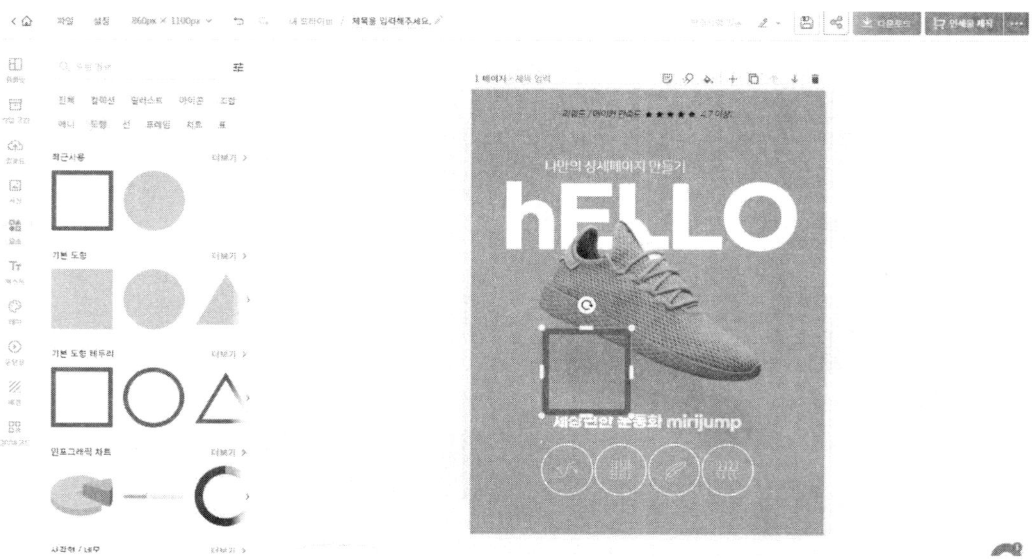

[그림 10-11] 왼쪽 바의 사진 등 선택

4. 포토샵 템플릿 활용하기

1) Adobe Photoshop를 활용하여 상세페이지 자체 제작

포토샵은 2차원 그래픽 프로그램으로 입력된 화상에 대하여 다양한 편집과 수정을 할 수 있는 프로그램으로 이디지의 이미지 복원, 색상 보정, 문자 디자인, 이미지 합성, 인쇄물 디자인, 웹디자인 등의 작업을 할 수 있다. 크게 그래픽은 벡터와 비트맵으로 그래픽 편집 작업을 하는 프로그램에서는 비트맵 그래픽 개념을 사용한다.

어도비 포토샵 7.0에서부터는 무선 인터넷용 이미지인 웹그래픽의 제작과 저장 기능을 갖추어 'Jpg' 포맷과는 달리 'Wbmp' 포맷을 사용해 이미지 저장을 할 수 있고, 최신 버전인 포토샵 CS에서는 미디어를 넘어서 디지털 화상편집을 하는 전문가용 프로그램으로 더욱 진보하였다. 포토샵은 혁신적인 신기능을 탑재하고, 아도브의 이미지레디 등과 같은 다른 프로그램과의 연계도 강화하는 등 그래픽디자이너와 포토 그래퍼, 웹디자이너, 비디오와 필름 제작자 등이 최고 품질의 화상을 효율적으로 제작·관리할 수 있도록 기능을 강화하고 있다.

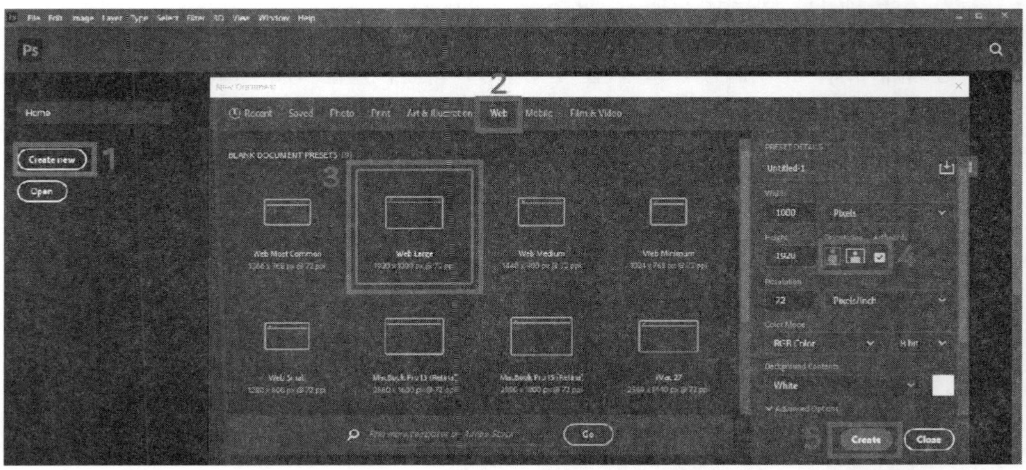

[그림 10-12] Adobe Photoshop을 활용

먼저 포토샵을 켜고 [그림 10-12]처럼 왼쪽에 있는 [1]번을 클릭하여 새로 만들기(New)버튼을 클릭한다. [2]번을 클릭하여 상단에 있는 '웹' 탭을 클릭한 다음, [3]번의 웹용 대형(1920*1080px)을 선택 후 [4]번 처럼 상세페이지를 제작할 것이므로 오른쪽 설정 부분의 세로 길이를 대략 길게 설정 후 [5]번의 다음에 제작(Create)버튼을 클릭한다.

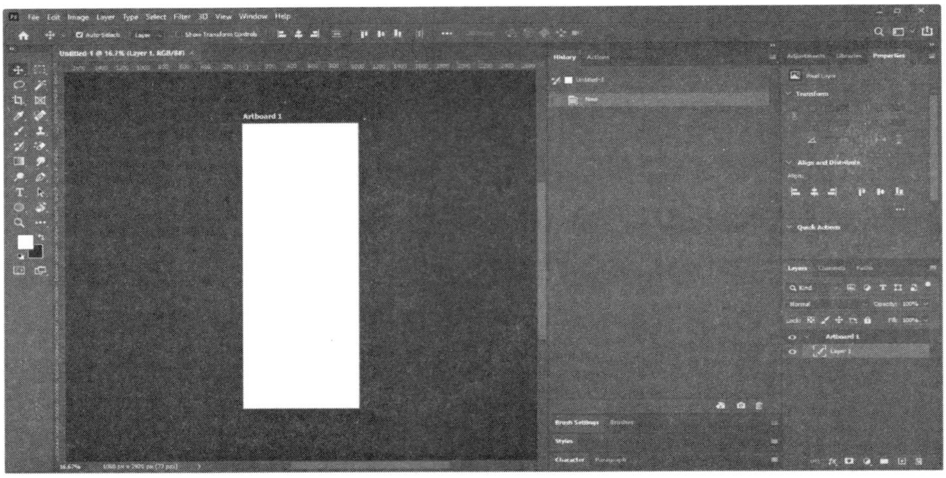

[그림 10-13] 캔버스 구성 확인

창이 닫히면 [그림 10-13]처럼 세로가 긴 사이즈의 캔버스가 만들어졌는지 확인 후 작업한다.

2) 상세페이지 템플릿 구입 후 활용

상세페이지 자체제작이 오래 걸리거나 어려움이 있을 경우 [그림 10-14]처럼 기존 상세페이지 템플릿 PDF 원본파일을 판매하는 사이트를 이용하여 템플릿을 구매 후 활용한다(www.ribonshopping.com).

[그림 10-14] PDF 원본 판매사이트 이용 템플릿 구매 후 활용

[그림 10-15]처럼 상세페이지가 구간별로 나누어져 있으므로 선택하여 수정한다.

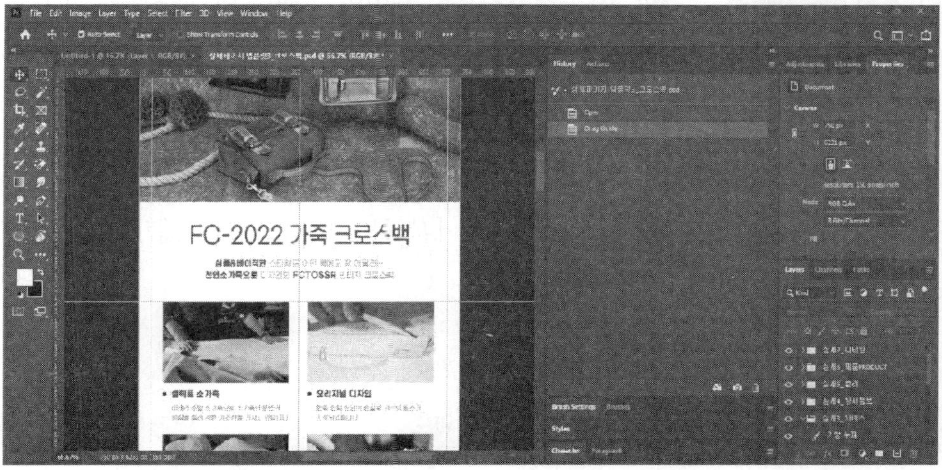

[그림 10-15] 구간별로 나누어져 있으므로 선택 수정

10-2 키워드 최적화

1. 키워드

1) 키워드의 정의

키워드(Key-word)는 검색이나 광고, 내용 요약, 프로그램 개발 등에서 사용하는 핵심 단어를 말한다. 〈표 10-1〉처럼 키워드 관련 용어는 키워드, 키워드 검색, 키워드 광고 및 인터넷 키워드 등이 있다.

〈표 10-1〉 키워드 관련 용어

용어	정의 내용
키워드	컴퓨터 프로그램용으로 고정된 예약어이자 식별자로 사용할 수 없는 단어이다.
키워드 검색	인터넷 검색사이트에서 특정 키워드를 입력하여 원하는 검색결과를 얻는 행위를 말한다.
키워드 광고	인터넷 검색사이트에 특정 키워드를 검색한 사람들을 대상으로 광고주의 사이트가 노출되도록 하는 광고기법이다.
인터넷 키워드	브라우저의 주소창에 입력하여 인터넷 사이트로 바로 이동할 수 있는 키워드를 말한다. 넷피아의 한글 인터넷 주소 등이 있다.

데이터를 검색할 때에 특정한 내용이 들어 있는 정보를 찾기 위하여 사용하는 단어나 기호 · 기록을 검색할 때에 접근점으로 쓰이며, 기록물의 제목이나 초록 · 전문에서 그대로 추출하거나, 해당 개념에 상응하는 단어를 통제 어휘집에서 추출하게 된다. 정보검색에서 매우 중요하게 쓰인다.

2) 키워드의 종류

키워드의 종류는 〈표 10-2〉처럼 상품 키워드, 시즌 키워드 및 연관 키워드 등으로 구분한다.

〈표 10-2〉 키워드의 종류

상품 키워드	시즌 키워드	연관 키워드
네이버 쇼핑검색이나 네이버 통합검색은 모두 동일한 검색엔진을 사용	시즌성이란 판매량이 특정 시기에 집중되는 기간 또는 그 시기의 유행에 따라 판매가 높아지는 것	검색엔진이 사용자의 검색의도를 파악하여 적합한 검색어 제공을 통해 편리하게 정보탐색을 할 수 있도록 지원하는 서비스

2. 검색엔진 최적화

검색엔진 최적화(SEO : Search Engine Optimization)는 쉽게 말해 검색결과에서의 상위노출을 의미한다.

비즈니스를 하면 네이버나 구글과 같은 검색엔진에서 상위노출이 된다는 것이 얼마나 강력한 마케팅 효과가 있는지는 잘 알고 계실 것이다. 하지만 글이나 콘텐츠를 올리기만 한다고 그것들이 전부 상위노출이 될까? 물론 운이 좋거나 콘텐츠가 정말로 훌륭하다면 간간이 상위노출이 될 수도 있다. 하지만 모든 콘텐츠를 원하는 대로 상위에 노출 시키는 것은 전문지식이 없다면 결코 쉬운 일이 아니다.

조금씩은 차이가 있지만 구글이나 네이버와 같은 검색엔진은 상위노출을 시켜주는 '조건'이라는 것을 가지고 있다. 그래서 같은 주제로 콘텐츠를 발행하더라도 이 '조건'에 더 잘 맞는 콘텐츠가 상위에 노출되는 것이다.

결국 SEO를 한다는 의미는 '검색엔진이 정한 상위노출을 위한 조건'을 맞춰 나가는 과정이라고 할 수 있다. 즉 소비자는 더욱 합리적인 의사결정을 위해 '검색'이라는 과정을 거치기 때문에 판매자 혹은 공급자는 자신의 제품이나 서비스가 이 '검색'이라는 과정의 결과에 노출이 되도록 해야 하는 것이다.

하지만 단순히 검색결과에 노출되는 것만으로는 큰 의미가 없다. 왜냐하면 해장국한 그릇 먹겠다고 4~5페이지에 있는 검색결과까지 들여다 볼 고객은 많지 않기 때문이다. 즉 검색결과에서 1페이지, 그 안에서도 1~2번째 게시물에는 노출이 되어야 진정으로 SEO가 잘 되었다고 할 수 있는 것이다.

즉 SEO란 수많은 검색결과 중에서 자신의 콘텐츠 혹은 사이트를 상위에 노출시키는 작업라고 할 수 있다.

3. 네이버 데이터랩

1) 네이버 데이터랩의 개요

네이버 데이터랩(Naver DataLab, https://datalab.naver.com)은 [그림 10-16]처럼 네이버의 검색 트렌드 및 급상승 검색어 이력, 쇼핑 카테고리별 검색 트렌드 등을 제공한다.

[그림 10-16] 네이버 데이터랩

네이버에서는 데이터랩이라는 데이터 조회 서비스를 운영하고 있다.

"데이터 조회만으로 별다른 활용이 가능할까?" 하는 의문이 들 수 있겠으나 우리나라에서 사용자가 가장 많은 네이버 검색기록 등을 통한 데이터 조회로 관심 분야 또는 영업 등 다양한 분야에 활용 · 적용할 수 있다

네이버 데이터랩에 접속하면 홈화면은 쇼핑 인사이트로 되어 있으며, 쇼핑분야별로 어떠한 품목이 검색 상위권을 차지하고 있는지 확인할 수 있다. 분야별 인기 검색어는 날짜별, 분야별로 어떤 키워드가 검색이 많이 되고 있는지 알 수 있다.

(1) 검색어 트렌드

검색어 트렌드 메뉴에는 주제어와 기간, 범위, 성별, 연령층을 선택하고 조회할 수 있다. 어떠한 주제어를 입력하느냐에 따라 주제어별 검색 조회량에 대한 추세를 그래프로 비교할 수 있는 기능이라 할 수 있다.

여기서 내가 원하는 주제어를 넣고 그 주제어에 관련된 검색어를 최대 20개까지 넣은 후 내가 보고 싶은 기간과 범위, 검색하는 사람의 성별과 연령을 선택한 후 네이버 검색 데이터를 조회하면 된다.

(2) 쇼핑 인사이트

쇼핑 인사이트 탭은 클릭량의 변화와 키워드에 대한 기간별, 성별, 연령에 대한 정보를 볼 수 있다. 검색어 트랜드에서 원피스의 분야로 3개월간의 클릭량을 검색하였다면 눈여겨볼 부분은 검색이 모바일에서 95%가 이루어지고 있다는 부분이다. 원피스를 홍보할 때는 모바일에 관련된 홍보가 PC로 보이는 것보다 효과적일 수 있을 것이다.

그리고 원피스와 연관된 인기 검색어가 우측에 순위별로 나오는데, 원피스보다 좀 더 자세하게 나오기 때문에 원피스에 관한 키워드나 내가 판매할 원피스가 어떤 것이 검색량이 많은지도 함께 알 수 있다.

그리고 지역통계와 댓글 통계가 있는데, 이는 키워드를 잡는 데에는 크게 역할이 될 것 같지 않다.

(3) 지역통계

지역통계 같은 경우에는 키워드로 검색하는 것이 아닌, 업종에 대해 검색량이 어느 정도되는지 보여주는 것이다.

지금 강남구의 패션, 뷰티 관련 검색량은 청담동과 신사동이 가장 높은 것을 확인할 수 있다. 이 자료는 내가 실제로 가게를 차릴 때 어느 지역에 어떤 분야가 인기가 많은지 알아볼 때 사용할 수 있을 것 같다. 하지만 청담동의 뷰티 관계라고 한다면 관심도도 높지만 그만큼 경쟁자도 많을 것 같다.

(4) 댓글통계

이 탭은 뉴스 서비스에서 작성된 댓글들의 현황을 볼 수 있는 곳이다. 댓글이 몇 개 달렸는지, 몇 명이 어떤 섹션에 어떤 시간대에 달았는지, 댓글을 단 성별과 연령, 기기별, 국가별로 나누어 볼 수 있다.

2) 데이터랩의 활용방법

네이버 데이터랩의 여러 통계 및 조회 서비스를 활용하는 가장 좋은 방법은 내 관심사와 나의 업무 등에 적용해보는 것이 좋다.

음식점 등의 자영업에 관련된 분들이나 마케터, MD 등 직업별, 업종별로 다양하게 통계를 활용해볼 수 있다.

물론 처음부터 모든 통계를 한 번에 적용하면 좋겠지만 하나씩 분석해서 차근차근 적용해본다면 좋은 성과를 낼 수 있다.

수행 내용

재료 · 자료

• 각종 편집 프로그램을 활용하여 상세페이지 제작하기

기기(장비 · 공구)

• 포토샵, 미리캠퍼스, 네이버 편집툴, 템플릿 활용하기

수행 순서

01 쉽고 빠르게 키워드를 만드는 방법에 대하여 분석하라.

① 잘 파는 샵은 뭘 파는지 벤치마킹하기

② 리뷰 많은 제품 확인하기

③ 잘 나가는 샵 키워드 따라하기

02 키워드 분석에 대하여 분석하라.

키워드 분석을 위하여 네이버의 데이터랩, 네이버의 쇼핑 베스트, 네이버의 키워드 도구를 이용한다.

1) 데이터 랩의 이용하는 경우

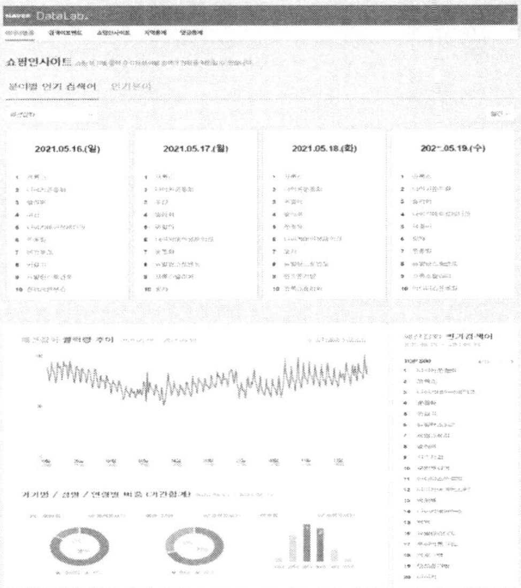

2) 쇼핑 BEST를 이용하는 방법

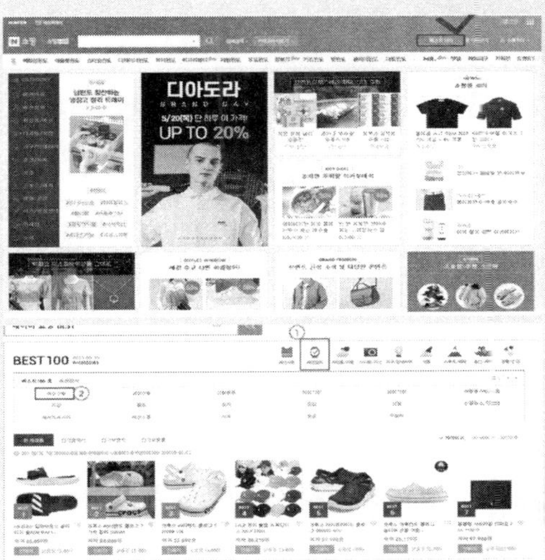

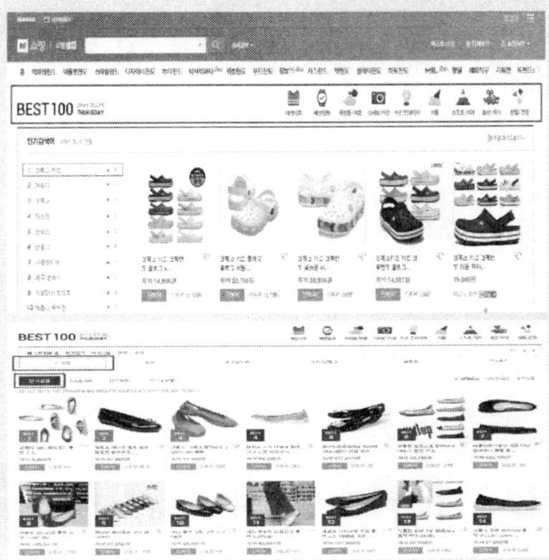

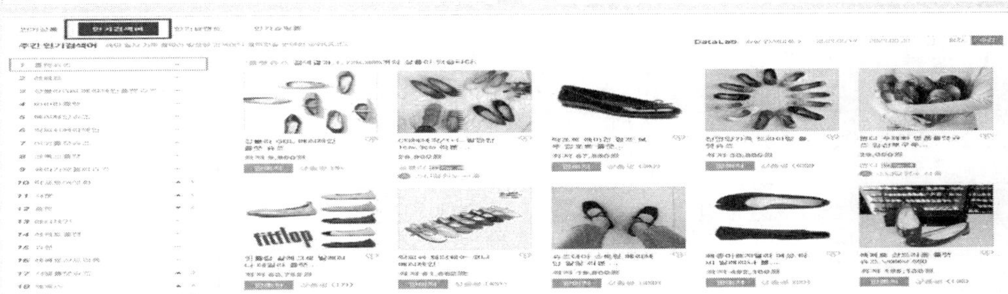

학습 10

3) 키워크 도구를 이용하는 방법

03 키워드 예시를 통한 키워드 만드는 방법에 대하여 분석하라.

1. 좋은 키워드와 나쁜 키워드의 키워드 예시를 통한 비교

BAD	GOOD
쉬폰 원피스	쉬폰 플라워 브이넥 랩 원피스
데님 원피스	뷔스티에 데님 끈 나시 원피스
셔츠 원피스	루즈핏 셔츠 원피스 커플룩 웨딩
린넨 원피스	린넨 스퀘어넥 퍼프 원피스
롱 원피스	빅사이즈 반팔 롱 원피스 임부복

2. 엑셀 정제 예시

수식어, 중복단어 등을 삭제 후 국내 키워드로 유추 가능한 번역단어로 변경한다.

재 킷	자 켓
모든 경기, 올 매치	데일리(어디에나 잘 어울리는)
중간 길이	미디
야생	아웃도어
느슨한	루즈핏
격자무늬	체크
플러스 사이즈, 지방, mm, 큰 사0 즈	빅사이즈
라운드 넥	라운드넥
검은 색	검은색
중간 소매	반팔
브레스트	버튼(단추)
카디건	가디건
칼라	카라
쇼트	숏

04 검색엔진을 최적화(SEO)하는 방법을 기술적인 관점에서 분석하라.

검색성능이 우수한 웹사이트는 콘텐츠와 구조, 기술에 대한 이해와 사용자의 만족도가 높은 것을 알 수 있다. 사용자의 상호작용을 높이기 위해 콘텐츠 마케터와 개발자, 디자이너, 엔지니어가 스스로 SEO 진단을 수행할 수 있는 몇 가지 기술적인 관점에 대하여 서술한다.

구글, 네이버 검색엔진은 사용자가 사이트의 문제점을 진단하고 개선할 수 있도록 서치 콘솔, 서치 어드바이저의 웹마스터 도구를 지원하고 크롤링과 색인, 업데이트에 많은 자원을 할당하고 있다. 하지만 아쉽게도 여전히 많은 웹사이트가 색인에 지장을 주고 크롤링에 막대한 부하가 발생하는 장애를 가지고 있다.

테크니컬 SEO는 검색엔진이 페이지를 이해하고 더 효과적으로 크롤링하고 색인을 생성하는 데 도움이 되는 서버단계의 최적화를 의미한다. 기술단계의 권장지침을 따르면 사용자의 경험을 높이고 검색엔진의 평가와 기대치를 충족시켜 검색으로부터 다양한 부가

혜택을 받을 수 있다.

어디까지나 테크니컬 SEO는 알고리즘 요소 보다는 콘텐츠 제작에 기여하는 디지털 기획자, 디자이너와 개발자가 사용자의 경험을 높이는 데 목적이 있다.

SEO 전문가의 마케팅 퍼넬에 위치한 핵심성과지표(KPI)는 크게 세 가지로 요약할 수 있다. 즉 SEO 트래픽, SEO 리드, SEO에 의한 신규고객이다.

SEO 진단과정에서 가장 많이 검출되는 부분은 모바일 친화성 부족, 깨진 링크(Broken Link), 이미지 사용의 문제점, 리다이렉션 설정의 부족, 느린 페이지 로딩시간, robots.txt 오류라고 할 수 있다. 다음 몇 가지 테크니컬 SEO를 참조하면 검색성능을 높이는데 기여할 것이다.

1. 이미지를 최적화하자

사용자의 상호작용이 높은 웹사이트들은 호스팅과 CDN에만 의존하는 것이 아니라 이미지 최적화가 이뤄진 사이트라는 점이다. 많은 웹사이트가 고해상도 이미지 파일을 그대로 사용하고 있고 심지어 버튼 이미지마저 대용량 이미지를 그대로 사용한다면 SEO 관점에서 좋은 성능을 기대할 수 없게 된다.

성능을 높이려면 우선 이미지 압축을 위해 전체 사이즈에서 이미지가 차지하는 비중을 고려하여 로딩에 지장을 초래하는 용량이 큰 이미지부터 최적화를 고려해야 한다.

2. 자바스크립트를 줄여보자

많은 웹사이트가 지나치게 많은 지바스크립트 의존도를 보여주고 있다. 10개 이상 자바스크립트를 사용하게 되면 사용자의 접속 환경에 따라 브라우저의 렌더링 타임과 로딩이 지연되고 구현 의도와 다르게 보이기도 한다.

또한 검색 크롤러가 웹사이트를 방문하고 문서를 수집하는 데에도 방해 요소로 작용할 수 있다. 많은 기업이 사용하는 CMS(워드프레스, 드루팔, 줌라 등)에서 초기 설치버전에 포함된 자바스크립트 중 로딩에 영향을 주는 코드를 제거하고 최적화하지 않은 채 방치하는 경우를 볼 수 있다. 사용하지 않는 스크립트를 제거하지 않을 경우 페이지 로딩시간 지연은 물론 보안이슈 등의 다양한 문제가 발생할 수 있다.

사용되지 않는 JavaScript 제거를 위해 다음과 같은 무료 도구[PageSpeed Insights, Lighthouse(Chrome 개발자 도구)]를 활용하여 점검할 수 있다.

SEO 성능이 우수한 웹사이트는 10개 미만의 자바스크립트를 사용한다. 자바스크립트 의존도를 낮춰볼 것을 권장한다.

3. 구글 CWV(코어 웹 바이탈), 네이버의 다운로드 시간을 줄여 보라

구글 서치 콘솔과 네이버 서치 어드바이저에서는 각각 사이트 성능지표에 관한 충실한 데이터를 제공한다. 코어 웹 바이탈에서는 페이지 경험을 중요하게 여기는 구글의 의도를 이해하고 페이지별로 지연이 발생하는 구간을 최적화하라.

네이버 서치 어드바이저가 제공하는 웹페이지 다운로드 크기와 소요시간은 국내 환경에서 반드시 고려해야 할 성능지표타 할 수 있다. 평균 다운로드 시간이 1,400ms 이상 지연되면 사이트의 성능에 문제가 발생하는 것이다.

4. 콘텐츠의 폰트는 가독성을 우선해야 한다

폰트는 사용자의 시스템 환경을 고려해야 한다. OS와 브라우저, 디바이스에 따라 구현 의도와 다르게 기본 폰트로 출력되기 때문이다. 일부 한글폰트는 영어와 다르게 무겁고 느려질 수 있다.

폰트의 선택이 중요하지만 가장 우선 고려해야 할 점은 사용자의 가독성이다. 데스크톱뿐만 아니라 모바일 화면에서도 읽기 쉽고 시각적인 배치를 고려해야 한다. 검색엔진은 이러한 시각적인 고려를 높게 평가한다.

주의할 점은 숨겨진 텍스트와 링크를 피해야 한다. 화이트 배경에 흐린 글씨로 표현하거나 키워드 밀도를 목적으로 배경화면과 같은 색상으로 태그를 구성하는 것은 피해야 한다. 검색엔진은 사용자에게 유용한 웹사이트를 가장 선호한다는 점을 기억해야 한다.

5. 정보보안을 위해 SSL을 사용한다

SSL(Secure Sockets Layer)은 웹서버와 브라우저 사이에 암호화된 코드를 생성하는 보안기술이다. 웹사이트 URL은 'http://'가 아닌 'https://'로 시작한다. Google은 검색 결과에서 보안 HTTPS 웹사이트가 안전하지 않은 웹사이트보다 우선적으로 표시될 것이라고 발표하였다. 따라서 가능한 경우 사이트의 보안을 유지하는 것이 중요하다.

웹사이트에 SSL 인증서를 설치하여 이 작업을 수행할 수 있다. 많은 웹사이트가 기본적으로 SSL을 포함하고 있음을 볼 수 있다. 작년 11월부터 구글은 HTTP/2 크롤링을 지원하면서 보다 유연하고 효율적인 문서수집 환경을 제공하고 있다.

6. 웹페이지가 모바일 친화적인지 확인하라

반응형 웹사이트는 모든 장치에서 쉽게 접속하고 읽을 수 있다. 구글은 반응형 사이트를 갖는 것이 알고리즘에 의해 매우 중요한 순위 신호로 간주된다는 사실이 분명하다. 또한 콘텐츠 색인 생성에 대한 Google의 '모바일 우선' 접근방식이 도입됨에 따라 반응형 웹사이트가 그 어느 때보다 중요해졌다. 따라서 웹사이트가 완전히 반응하고 모바일, 태블릿 또는 데스크톱 사용자에게 가능한 최상의 형식으로 표시되도록 제공해야 한다.

7. 페이지의 속도를 더 높여보라

검색엔진은 빠르게 로딩되는 웹사이트를 선호한다. 페이지 속도는 중요한 순위 신호로 간주된다. 사이트 속도를 높일 수 있는 몇 가지 방법은 다음과 같다.

① 빠르고 안정된 호스팅을 사용한다.
② 빠른 DNS 제공 회사로 교체한다.
③ 'HTTP 요청' 최소화, 스크립트 및 플러그인 사용을 최소화해야 한다.
④ CSS 스타일시트 또는 인라인 CSS보다는 하나의 CSS 스타일시트를 권장한다.
⑤ 웹페이지를 압축(GZIP 도구 사용 권장)한다.
⑥ HTML, CSS, 자바 스크립트 축소 : 불필요한 공백, 라인 바꿈 또는 들여 쓰기를 제거한다.

8. 자동화된 쿼리와 스팸 데이터를 검색엔진에 보내지 않아야 한다

많은 웹마스터들은 트래픽 유입의 증가를 목적으로 다양한 전략을 사용한다. 하지만 부주의로 인해 관련이 없거나 스팸으로 채워진 키워드가 대부분인 웹사이트를 보게 된다. 대형 이커머스에서도 발견되는 오류 가운데 내부 검색을 허용(Allow)하는 부분과, 비회원 공개 글쓰기 게시판에 스팸으로 가득 채워진 결과를 보게 된다.

구글은 자동화된 쿼리에 대한 많은 요청으로 리소스의 문제를 지적하고 있다. 최근 발표한 Google의 스팸 방지시스템 SpamBrain이 더 좋은 품질의 검색결과를 제공하려면 웹마스터는 자동화된 쿼리가 검색에 전달되지 않도록 내부 검색을 비허용으로 처리하고 스팸으로 채워진 게시판을 삭제·정리하는 지혜가 필요한 시점이다.

9. HTTP 상태코드에 대해 알아보라

HTTP 응답코드, 네트워크 및 DNS 오류가 구글과 네이버 검색에 미치는 영향에 대한 기본 지식을 익혀 둔다. 지난 6월 27일 구글 검색센터에 새롭게 추가된 내용을 참조한다. 구글 검색에서 상태코드의 처리는 정보를 제공하는 응답, 성공적인 응답, 리다이렉트, 클라이언트 에러, 그리고 서버 에러로 정의하고 HTTP 상태코드는 RFC 7231에 정의되어 있다. HTTP 상태코드는 서치 콘솔의 크롤링 통계 보고서에 해당하는 오류 또는 경고를 생성한다. 많은 방문자를 보유한 국내의 웹사이트 진단과정에서 5xx 및 429 서버 오류 메시지로 인해 크롤링이 느려지고 색인에서 삭제되는 것을 발견하곤 한다. 서치 콘솔 보고서를 기준으로 장애 요인을 파악하여 서버 에러 상태에 대한 개선이 필요하고 점진적인 개선이 병행되어야 한다. 이번 구글 업데이트에서는 2xx(Success) 성공코드가 인덱싱은 할 수 있지만, 색인이 보장되지 않음을 발견하게 된다.

블로그를 읽고 있는 개발자라면 Mozilla 개발자 기술문서에 소개된 HTTP 상태코드 전체문서도 좋은 참조가 될 것이다. 최근 Google 검색센터는 HTTP 상태코드에 대한 기술문서에 중요한 언급을 추가했다. 3XX, 4XX, 5XX를 반환하는 URL은 유효하지 않고 무시된다. Googlebot은 3XX 리다이렉션의 경우 최종 연결 URL의 콘텐츠 색인을 고려한다.

10. CDN과 함께 글로벌 방문자에게 더 빠르게 다가간다

CDN(콘텐츠 전송 네트워크)은 서버와 사용자 간 물리적인 거리를 줄여 웹페이지에 포함된 이미지, 스크립트, 비디오 콘텐츠 로딩의 지연을 최소화하는 분산된 서버로 이루어진 플랫폼이다. CDN을 이용하면 전세계 사용자들이 로딩시간을 늦추지 않고 동일한 고품질 콘텐츠를 경험할 수 있고 상호작용을 높일 수 있다.

CDN을 활용하지 않으면 콘텐츠가 운영되는 오리진 서버들은 모든 엔드 유저의 요청시마다 응답해야 한다. 이 경우 오리진에 막대한 트래픽을 유발하고 이후에도 부하를 유발하여 트래픽이 과도하게 증가하거나 부하가 끊임없이 들어오는 경우 오리진에 위치한 서버에서 장애가 발생할 확률을 높이게 된다. CDN을 활용하면 글로벌 방문자의 경험은 물론 코어 웹 바이탈 수치를 비롯한 검색성능도 향상시킬 수 있다.

CDN 제공회사 가운데 클라우드플레어는 무료요금제를 제공하는 몇 안 되는 CDN 기업 중 하나이며, 성장하는 웹사이트를 위해 좋은 선택이 될 수 있다. Cloudflare는 CDN 서비스를 DDoS 공격으로부터 보호하기 위해 별도의 조직을 구성하고 있고 분기별 리포트를 제공한다. WAF(웹 애플리케이션 방화벽), 이미지 최적화 , IP 범위 우선순위 지정 등과 같은 기능과 결합하여 CDN 만족도를 높인다.

많은 호스팅 제공회사가 간단한 통합 옵션을 제공하면서 Cloudflare와 같은 CDN 플랫폼의 인기는 앞으로도 증가 할 것으로 예상한다. 하지만 CDN 성능을 높이고 트래픽 손실을 낮추어 사용자의 웹사이트 경험을 개선하기 위해서는 플랫폼에만 의존할 수 없다.

지역서버와 회선, 서버와 클라이언트의 응답시간의 이해, 보안지식을 겸비한 훈련된 CDN 전문가와 SEO 기술 컨설턴트의 자문이 필요하다. Cloudflare, 인터애드와 함께 웹사이트를 최적화한다면 사용자 경험을 향상하고 트래픽 손실을 방지하는 훌륭한 선택이 될 수 있다.

2021년 INTRICATELY는 계정 점유현황 TOP3 기업으로 클라우드플레어, 아마존 AWS, Akamai라고 발표하였다.

11. 중복 콘텐츠 문제를 해결한다

중복 콘텐츠는 사용자에게 혼란을 줄 수 있다. 또한 검색순위를 조작하려는 목적으로 색인수치를 의도적으로 늘리거나 더 많은 트래픽을 확보하는 데 사용될 수 있다.

결과적으로 검색엔진은 이러한 조작에 부정적이며 Google과 Bing은 웹마스터 도구를 통해 다양한 중복 콘텐츠 문제를 수정하도록 권장한다. 다음과 같은 방법으로 중복 콘텐츠 문제를 해결할 수 있다.

① CMS 설정을 통해 페이지 또는 게시물의 중복 게시를 방지한다.

② 선호URL(Rel Canonical)을 사용 하여 콘텐츠의 '표준' 버전이 어디에 있는지 검색엔진에 알려 준다.

12. XML 사이트맵을 만들어 보라

XML 사이트맵은 페이지를 크롤링하는 동안 귀하의 웹사이트를 이해하기 위해 검색엔진이 파악하는 중요한 파일이다.

당신의 페이지 로드맵으로 생각할 수 있다. 또한 사이트의 각 페이지에 대한 유용한 정보를 포함한다.

① 페이지가 마지막으로 수정된 시기

② 당신의 사이트에 대한 우선고려 순위

③ 얼마나 자주 업데이트되는지

13. 순위 요소로 작용하는 내부링크

Google SEO 스타터 가이드에 따르면 내부링크가 순위와 관련이 있음을 보여 준다. 구글은 다음과 같이 조언한다. "자연스러운 콘텐츠 계층 구조를 만들어 보세요. 사용자가 사이트에서 찾는 일반 콘텐츠 보다 구체적인 콘텐츠로 최대한 쉽게 이동할 수 있도록 고려해 보세요."

탐색 페이지를 추가하고 이를 내쿠 링크 구조에 효과적으로 적용해 보자. 사용자가 유사한 콘텐츠를 찾을 수 있도록 적절하고 관련있는 페이지에 링크를 추가한다. 내부링크에 사용되는 앵커 텍스트는 Google이 사이트를 더 잘 탐색할 수 있도록 하는데 도움이 된다.

14. 웹사이트에 구조화 된 데이터 마크업을 추가하라

구조화된 데이터 마크업은 검색엔진이 웹사이트의 콘텐츠를 더 잘 이해할 수 있도록 웹사이트에 추가하는 코드이다. 이 데이터는 검색엔진이 사이트를 보다 효과적으로 색인화하고 더 관련성 높은 결과를 제공하는 데 도움이 될 수 있다. 또한 구조화 된 데이터는 '리치 스니펫'을 추가하여 검색결과를 향상한다.

시각적으로 더 매력적이고 검색자에게 즉시 유용한 정보를 강조하기 때문에 이러한 향상된 결과는 클릭률(CTR)을 개선하고 사이트에 대한 추가 트래픽을 생성할 수 있다. CTR이 더 높은 검색결과가 있는 사이트는 일반적으로 검색엔진에서 우선적으로 취급되는 것으로 간주되기 때문에 사이트에 구조화된 데이터를 추가하는 것을 권장한다.

15. Google 서치콘솔 및 빙 웹마스터 도구, 네이버 서치어드바이저에 사이트를 등록하라

구글 서치콘솔과 네이버 서치어드바이저는 색인 생성을 위해 웹사이트를 검색엔진에 제출할 수 있는 무료 웹마스터 도구이다.

웹사이트를 시작할 준비가 되면 XML 사이트맵을 Google Search Console과 네이버 서치어드바이저 도구 모두에 제출하여 사이트를 크롤링하고 검색결과에 결과를 표시할 수 있도록 해야 한다. 또한 이러한 도구를 사용하면 검색엔진에서 사이트의 성능을 추적할 수 있다. 도구로 확인 가능한 영역은 다음과 같다.

① 사이트의 모바일 친화성 테스트
② 검색 유입 분석
③ 라이브 URL 테스트
④ 사이트에 대한 외부 링크보기
⑤ 스팸링크 거부

학습활동.10 교수 · 학습 방법

교수 방법

- 오픈마켓 제작에 대한 관련 용어, 구성, 방식 이해 정도를 파악한 후 수업을 진행한다.
- 교수자의 주도로 오픈마켓 제작 등의 내용을 PPT 자료로 제시한 후 설명한다.
- 가능하면 사전에 개인별 학습 자료를 준비하여 모든 학생이 참여할 수 있는 문제 해결식 수업, 협력 수업이 가능하도록 한다.
- 오픈마켓 제작 전 과정을 작업의 순서에 따라 단계적으로 실습이 이루어질 수 있도록 지도한다.
- 교재를 통해 수업을 준비하는데 있어서 필요한 모든 정보나 팁, 힌트 등 도움이 될 만한 내용들을 확인할 수 있다.
- 학생들이 만들게 될 각 모델들은 수업시간에 중점적으로 다뤄질 부분과 어휘, 질문, 답을 포함하고 있으며 또한 탐구할만한 추가적인 아이디어들도 포함하고 있다.

학습 방법

- 오픈마켓 제작에 대한 관련 용어를 숙지하고, 오픈마켓 제작에 대해 이해한다.
- 오픈마켓 제작의 각 단계별 중점 사항을 체계적으로 학습한다.
- 오픈마켓 제작의 수행순서의 전 과정을 실습한다.
- 오픈마켓 제작의 내용을 이해한다.
- 오픈마켓 제작을 이해하고 숙달이 될 때까지 학습한다.

학습활동.10 평가 및 피드백

평가 준거

- 평가자는 피평가자가 수행 준거 및 평가 내용에 제시되어 있는 내용을 성공적으로 수행할 수 있는 지를 평가해야 한다.

학습내용	평가항목	성취수준		
		상	중	하
오픈마켓 제작	오픈마켓 제작을 이해할 수 있다.			

평가 방법

• 작업 포트폴리오

학습내용	평가항목	성취수준		
		상	중	하
오픈마켓 제작	오픈마켓 제작을 이해할 수 있다.			

• 필기시험

학습내용	평가항목	성취수준		
		상	중	하
오픈마켓 제작	오픈마켓 제작을 이해할 수 있다.			

• 체크리스트를 통한 관찰

학습내용	평가항목	성취수준		
		상	중	하
오픈마켓 제작	오픈마켓 제작을 이해할 수 있다.			

• 피드백

1. 작업 포트폴리오
   - 제출한 보고서를 평가한 후 주요 사항에 대하여 표시하여 돌려준다.
2. 필기시험
   - 평가 결과 성적이 저조한 학생은 보고서 제출 기회를 부여한다.
3. 체크리스트를 통한 관찰
   - 실습 과정에서 평가한 후 개선해야 할 사항 등을 정리하여 돌려둔다.

학습 10

참 | 고 | 문 | 헌

- 교육부 · 임중선 외, '전자상거래(10030102) NCS학습모듈', 한국직업능력개발원, 2018.12.31.
- 강병서 · 정혜영 · 송상호 · 김성영, 『CEO를 위한 신경영학(경영전략, 마케팅)』, 무역경영사, 2001.
- 김관형 · 김진현 · 김태수 · 박남섭 · 박세환 · 허관도, 『현대창의공학』, 북스힐, 2014.
- 김영문, 『하루 만에 인터넷 쇼핑몰 창업하기』, 집현재, 2014.
- 김은경, 『창의적 공학설계』, 한빛아카데미, 2013.
- 매일경제신문, '온라인 쇼핑몰, 유통황제로 우뚝', 2015.5.11.
- 박대윤 · 김형수, 『인터넷쇼핑몰 기획실무 스타일 가이드』, 도서출판 비비컴, 2001.
- 서선원의 e-Shop 창업교실, '성공창업 가이드북 II - 쇼핑몰 창업 전 꼭! 알아야 할 성공비법!', 2013.8.
- 손현준, '인터넷에서 팔리는 상품의 조건', ㈜휴넷 경영지식생산본부 보고서, 2008.11.4.
- 안광호 · 김상용 · 김주영, 『인터넷마케팅 원론』, 법문사, 2001.
- 안웅, 『전자 상거래 관리사』, 연학사, 2007.
- 이동훈, 『전자 상거래와 e-비즈니스(개정판)』, 한빛아카데미, 2015.
- 임성기, 『돈 버는 쇼핑몰, 돈 버리는 쇼핑몰』, 도서출판 비비컴, 2005.
- 정희전 · 착한사진연구소, 『쇼핑몰 창업+운영+제작북』, 한빛미디어, 2012.
- 중소기업청 소상공인진흥원, '전자 상거래 창업가이드', 2006.11.30.
- 허계범, 『e-비즈니스 & 전자 상거래』, 이한출판사, 2009.
- Chaffey.D., 『Internet Marketing : Strategy, Implementation and Practice』, Pearson Education, 2009.
- 다음 카페, '디지털 마케팅의 본질적 이해', http://cafe.daum.net/myneostory/Pbb/181?q=personalization%20%B8%B6%C4%C9%C6%C3&re=1
- 다음 카페, '인터넷 마케팅 믹스 전략', http://cafe.daum.net/dongdeamoon/MyPF/362?q=%C0%CE%C5%CD%B3%DD%20%B8%B6%C4%C9%C6%C3%20%B9%CD%BD%BA&re=1
- 블로그, '마케팅-시장 세분화 사례', http://blog.naver.com/PostView.nhn?blogId=tlc700&logNo=40167923014
- 블로그, '쇼핑몰 만들기', http://blog.daum.net/anapana
- 블로그, '시장 세분화 - 쉽게 이해하는 시장 세분화, 08. STP', http://blog.naver.com/PostView.nhn?blogId=sako71&logNo=220347251984
- 블로그, '온라인 쇼핑몰 가격 결정 기준과 방법', http://blog.naver.com/PostView.nhn?blogId=hip34&logNo=20014494675
- 블로그, '인터넷마케팅 원론 - 4P의 변화', http://blog.naver.com/PostView.nhn?blogId=dbgn95&logNo=80189876008
- 블로그, '제품유형분류와 마케팅 전략', http://blog.naver.com/PostView.nhn?blogId=an11778&logNo=220374030811
- 중소기업청, '기관마당〉 기업마당〉 창업 길잡이', http://www.bizinfo.go.kr/EgovPageLink.do?menuNo=20301000&link=egovframework/bizinfo/uss/ise/bizguide/1-1-2-2#/

- 개인블로그, '1인기업 1인경영시대', http://oneceo.co.kr/263
- 구교봉 · 이종호, 『소셜 네트워크를 활용한 전자상거래』, 탑북스, 2012.
- 김대영, 『전자상거래 운용사 필기』, 중앙교육, 2004.
- 김대영 · 오익재 · 김태순, 『전자상거래운용사 필기』, 중앙교육진흥연구소, 2002.
- 김진우, 『인터넷비즈니스.com』, 영진출판사, 1999.
- 김현호, ㈜다음커뮤니케이션 User research Lab, http://convas.tistory.com/
- 애자일 초심자를 위한 애자일SW개발101 (nipa소프트웨어공학센터)
- 종혁, 『성공적인 웹 사이트 구축을 위한 웹 기획 & 웹 프로젝트 매니지먼트』, 영진닷컴, 2008.
- 이동훈, 『전자상거래와 e-비즈니스의 이해』, 한빛미디어, 2008.
- 이제홍 · 박종돈, 『전자상거래 입문』, 보경Books, 2006.
- 이필승, 『웹 기반 정보시스템감리 프로세스 개선에 대한 연구』, 건국대학교 석사학위논문, 2009.
- 이해일, 『전자상거래 관리사2급』, 대명출판사, 2005.
- 주재훈 · 류시욱, 『전자상거래@e-비즈니스』, 삼영사, 2009.
- Hagel & Amrstrong, Net Gain : Expanding Markets through Virtual Communities, Harvard Business
- School Press, 한영주 역, 『가상사회와 전자상거래』. 세종서적, 1997.
- Hagel.J. & Singerg,M., Net Worth, Harvard Business School Press, 이경전 역(1999), 『정보중개와 전자상거래』, 세종서적.
- Robert A. Maksimchuk, Eric J. Naiburg, 『운명적 존재를 위한 UML』, 사이텍미디어, 2005.
- Shapiro.C. and Varian.H., Information Rules, Harvard Business School Press, 임세윤 역(1999). 『정보법칙을 알면 .com 이 보인다』, 미디어 퓨전.
- (주)인포코리아 홈페이지 개발 프로세스, http://www.infokr.co.kr/02home/home_01.asp
- (주)하림 정보전략팀 차장 김선식, http://i-bada.blogspot.kr/2012/07/blog-post_4487.html
- 디자인컨셉관련 ppt, fashion.cbnu.ac.kr/user/saveDir/board/www68/299_1318576134_0.pdf
- 삼성경제연구소, http://www.seri.org
- 웹사이트 설계, www.mediaschool.co.kr
- 위키피디아(기본 개념), https://ko.wikipedia.org/wiki/
- 프레임워크에 대하여, www.kemco.or.kr
- 한국인터넷전문가협회 블로그, http://kipfanews.tistory.com/35
- http://i-bada.blogspot.kr/2012/04/cbd-component-based-development.html
- http://i-bada.blogspot.kr/2012/03/umlunified-modeling-language.html
- http://software.naver.com
- http://www.softpedia.com
- http://www.brothersoft.com
- http://web.kunstbada.com/how-to
- http://www.yamestyle.com/

학습 10

- http://data.adic.co.kr/lit/thesis/1998/P0002665/03.html
- http://blog.naver.com/an11778?Redirect=Log&logNo=220380174457(경영지도사 안시헌)
- www.yesform.com
- http://www.easy T-shirts.co.kr
- http://hong1022.dothome.co.kr/schedule/07_01.htm
- 김영문, 『카페(Cafe)로 창업하기』, 집현재, 2012.
- 김영문, 『하루 만에 인터넷 쇼핑몰 창업하기』, 집현재, 2014.
- 김주원, 『좋은 사진을 만드는 김주원의 포토샵 사진 강의』, 한빛미디어, 2012.
- 남궁성, 『JAVA의 정석-2판』, 도우출판, 2010.
- 남정현 옮김, 『스프링 프레임워크의 실제』, 아이티씨, 2015.
- 남궁성, 『JAVA의 정석-2판』, 도우출판, 2010.
- 네이버, '네이버쇼핑 상품정보 제공 가이드', 2015.
- 대한상공회의소, '전자상거래 관리사 출제기준(http://license.korcham.net/index.jsp)', 2015.7.
- 미래창조부 · 한국정보화진흥원 · 빅데이터전략센터, 『빅데이터 활용단계별 업무절차 및 기술활용 매뉴얼 (Version 1.0)』, 2014.5.20.
- 박효근 · 윤이사라, 『맛있는 디자인 포토샵 CC』, 한빛미디어, 2015.
- 블로그, '독립형 솔루션', http://blog.naver.com/PostList.nhn?blogId=bumilion2&from=postList&categoryNo=20
- 블로그, '스프링 프레임워크 개요', http://blog.naver.com/PostView.nhn?blogId=0221jyh&logNo=220326237171
- 블로그, '스프링 프레임워크 게시판', http://syaku.tistory.com/263
- 블로그, '윈도우에서 Eclipse와 Tomcat으로 로컬 웹서버 구축하기'
- http://blog.naver.com/PostView.nhn?blogId=clean820818&logNo=220348731756
- 블로그, '전자정부 프레임워크', http://m.blog.naver.com/smilemin0/220303280357#
- 블로그, 'Circus AR', http://blog.naver.com/PostView.nhn?blogId=circus_ar&logNo=50167979698
- 블로그, 'Getmall', http://blog.naver.com/PostView.nhn?blogId=getmall_pr&logNo=220284409665
- 블로그, 'sERP-기초정보-일괄등록', http://blog.naver.com/PostView.nhn?blogId=dionysos_sin&logNo=220230265279
- 사카타코고이치 · 황선유, 『예제로 쉽게 배우는 스프링 프레임워크 3.0』, 한빛미디어, 2012.
- 양재헌, 『DSLR 사진 촬영 & 포토샵 리터칭』, 성안당, 2015.
- 에너지경제신문, '스마트폰, 성인 5명중 4명 사용...만 5년도 안걸려', http://www.ekn.kr/news/article.html?no=161972, 2015.9.3.
- 위키 사이트 Gurubee, '꿈꾸는 개발자, DBA 커뮤니티 - 9장. 데이터베이스 구축', http://wiki.gurubee.net/pages/viewpage.action?pageId=14024898
- 이동훈, 『전자상거래와 e-비즈니스(개정판)』, 한빛아카데미, 2015.
- 이춘식, 『아는 만큼 보이는 데이터베이스 설계와 구축』, 한빛미디어, 2002.

- 인터넷 진흥원, 『웹 개발 프레임웍(HTML5 SDK)』, 2015.7.
- 임성기, 『돈 버는 쇼핑몰, 돈 버리는 쇼핑몰』, 도서출판 비비컴, pp.141-149, 2005.
- 임화연, 『실전 쇼핑몰 포토샵 북』, 한빛미디어, 2014.
- 임화연 · 이해령, 디자인아트플러스, 『맛있는 디자인 드림위버CC』, 한빛미디어, 2015.
- 정다영, 『포토샵 디자인 강의』, 한빛미디어, 2015.
- 정윤선, 『포토샵+일러스트레이터 작업의 기술』, 혜지원, 2014.
- 정책뉴스, '전자상거래 소비자보호 지침 개정', 2015.7.23.
- http://www.korea.kr/policy/pressReleaseView.do?newsId=156065757&call_from=extlink
- 정희전 · 착한사진연구소(남상욱), 『쇼핑몰 창업+운영+제작북』, 한빛미디어, 2012.
- 채흥석, 『UML과 JAVA로 배우는 객체지향 CBD실전 프로젝트』, 한빛미디어, 2009.
- 허계범, 『e-비즈니스 & 전자상거래』, 이한출판사, 2009.
- '공정거래위원회', http:\\www.ftc.go.kr
- '표준프레임워크 포털', http://www.egovframe.go.kr
- '한국데이터베이스진흥원', http://www.kodb.or.kr
- 'DBGuide.net', http://www.dbguide.net
- https://firstmall.kr/ec_hosting/education/cu_list.php?idx_b=2
- 김수정 · 신연경 · 최연수 · 김성일 · 이정원, 『전자상거래 실무』. 서울 : 이오북스, 2015.
- 김의창 · 최세현, 『웹 환경과 연동된 중소 쇼핑몰 물류 관리 시스템 구현』, 디지털정책연구. 3(1). 165~182, 2005.
- 김일환 · 박동석 · 전근수 · 고대원 · 노현목, 『전자상거래 실무』, 서울 : 성림출판사, 2015.
- 대전광역시시설관리공단, 『RFID 자산 관리 시스템 구축』, 2013.
- 이종호 · 고종남 · 민성희 · 손기철 · 전미경 · 채도병, 『전자상거래 실무』, 서울 : 씨마스, 2015.
- 이채은, 『모바일을 활용한 실시간 ERP 시스템 연동 모형의 구축』, 경북대학교 경영대학원 석사학위 논문, 2004.
- 임문희 · 허선영, 『전자상거래 실무』, 서울 : 삼양미디어, 2015.
- 정문영 · 정용락 · 손종호 · 김선묵 · 구영준, 『전자상거래 실무』, 서울 : 창의발전소, 2015.
- 한국인터넷진흥원, 『웹 서버 구축 보안점검 안내서』, 2010.
- 한국인터넷진흥원, 『홈페이지 개발 보안 안내서』, 2010.
- 한국통합앱스토어, 『한국 통합 앱스토어 시스템 통합 운영관리 제안 요청서』, 2013.
- 한국해운조합, 『전자 결재 시스템 구축 계획』, 2008.
- 행정안전부, 『IT 아웃 소싱 운영 관리 매뉴얼』, 2009.
- 행정안전부, 『전자 정부 서비스 호환성 준수지침』, 2010.
- 행정안전부, 『웹 사이트 운영 가이드 라인』, 2011.
- ASEIC, 『사이트 S/W 및 H/W 통합 유지 보수 제안 요청서』, ASEIC, 2015.
- 위키백과, https://ko.wikipedia.org
- 나무위키, https://namu.wiki/w/
- https://curious-tiger.tistory.com/159, 네이버 데이터 사용과 활용방법

- https://kim-harang.tistory.com/3, 빅데이터 검색사이트(네이버 데이터랩) 사용법
- https://marketingexit.com/seo
- https://www.interad.com/category/insights/technical-seo.html
- 교육부, 환경분석(1003010210_16v2), 세종 : 한국직업능력개발원, 2014.
- 교육부, 2016 고등학교 전문교과 수행 평가 모델 자료집, 세종 : 한국직업능력개발원, 2016.
- 김광석 · 권보람 · 최연경, 『4차 산업혁명과 초연결사회, 변화할 미래산업』, 삼정KPMG, 2017.
- 경제연구원. ISSUE MONITOR 제68호 January 2017.
- 김광석 · 김수경 · 박경진, 『소비 패턴의 11가지 구조적 변화』, 삼정KPMG 경제연구원, Issue 43. 2016(통권 제43호), 2016.
- 김동열, 『경제주평』, 현대경제연구원, 11-39. 2011(통권 제 466호), 2011.
- 장경채, 『인터넷 마케팅 플러스』, 무역경영사, 2006.
- 조경희 외, 『전자상거래 일반』, 씨마스, 2017.
- 한국인터넷마케팅연구회, 『인터넷 마케팅』, 삼우사, 2003.
- 류지완, "오픈 마켓 3월 브랜드 평판 조사, 'G마켓 1위'", 브레이크(http://www.breaknews.com), 2017.8.18. 검색, 2017.3.3.
- 매경 시사용어 사전, http://100.daum.net/book/645/list
- 미용경영컨설턴트협회, http://cafe.daum.net/embc2010/OBSs/30
- 위키 백과사전, https://ko.wikipedia.org
- 윤승환 · 정승원, "필승전략 MECE", 아시아경제(http://www.asiae.co.kr/news), 2017.8.18. 검색, 2017.5.17.
- 지연진, "모바일 거래액 3.6兆…유통업계 '지각변동'", 아시아경제(http://www.asiae.co.kr/news), 2017.8.18. 검색, 2017.6.29.
- 통계청, http://kostat.go.kr
- 교육부, 마케팅 관리(1003010206_13v1), 세종 : 한국직업능력개발원, 2015.
- 김범종 · 박승환 · 송인암 · 조용한, 『디지털 시대의 마케팅 관리』, 대경, 2017.
- 신광수, 『온라인 유통마케팅』, 무역경영사, 2016.
- 신용성, 『온라인마케팅통찰』, 컨버전시, 2015.
- 안광호 · 김동훈 · 김영찬, 『시장지향적 비즈니스&마케팅 전략』, 학현사, 2015.
- 정기한 · 신재익 · 오재신, 『마케팅 관리』, 피엔씨미디어, 2014.
- 정분도, 『인터넷마케팅론』, 두남, 2016.
- 주윤황, 『인터넷마케팅』, 학현사, 2012.
- 최재혁, 『온라인채널마케팅』, 리온, 2017.
- 김종학, 『엑셀 2007 무조건 따라하기』, 서울 : 길벗, 2007.
- 기획재정부, 『공공 기관 고객 만족도 조사 모델(PCSI)의 이해』, 2006.
- 이상복, 『품질 이야기』, 서울 : 이레테크, 2012.
- 지마켓, 상품분석평, http://item2.gmarket.co.kr/Item/detailview/Item.aspx?goodscode=150753529, 2015.7.26.

학습 1	온라인 유통시장의 개요
학습 2	쇼핑몰의 상품개발 전략 수립
학습 3	마케팅 고객관리 전략 수립
학습 4	마케팅 가격 전략 수립
학습 5	마케팅 유통 및 광고 전략 수립
학습 6	판매계획 수립
학습 7	재무계획 수립
학습 8	사이트 기획, 구축 및 운영
학습 9	오픈마켓 준비
학습 10	오픈마켓 제작
학습 11	**주문처리 및 배송절차**
학습 12	고객관리 및 CS 처리
학습 13	세무관리 실전
학습 14	해외 구매대행

학습 목표	1. 주문처리 및 배송절차를 이해할 수 있다.

11-1 주문처리

1. 판매관리

학습 11

주문처리는 주문받은 상품에 대한 상품정보의 자료 정확성을 확인하여 주문내용과 고객정보를 확인하며, 주문상품에 대한 주문처리를 확정하고, 결제유형에 따라 대금의 결제를 확정하는 것을 중점적으로 검토한다. 주문정보를 바탕으로 상품정보, 고객정보 등 주문접수에 필요한 프로세스를 진행한다.

[그림 11-1] 판매관리 흐름도

2. 쇼핑몰 주문 개념

인터넷이 활성화되기 이전에 통신망은 폐쇄망을 이용하며 주문, 구입, 납품 등의 업무를 연결하여 사용하던 것을 전산시스템이라고 하였다. 과거에는 재고관리, 주문처리까지 광범위하게 적용되던 용어였지만, 인터넷 및 개방형 통신시스템을 사용하는 시대로 변화된 지금은 쇼핑몰 또는 전자상거래(EC)의 개념으로 사용되고 있다.

3. 주문접수 관리

컴퓨터나 모바일상에서 모든 거래가 이루어지는 쇼핑몰에서의 구매접점은 기존 실물시장에서 구성요소의 구조가 해체되어 재구성되고 있으며, 구매형태는 다음과 같다.

1) 쇼핑몰 구매형태

쇼핑몰을 하는 개개인의 특성과 환경이 중요하며, 각각의 의사결정 요소마다 그 특성에 맞는 지원이나 자극이 뒷받침되어야 구매의사를 끌어낼 수 있다. 마케팅 활동이 초기판매의 발생보다는 기존 고객의 유지에 초점을 맞추고 있다.

2) 쇼핑몰 구매 프로세스

사이버몰 접속 단계, 회원 인증 단계, 상품검색 단계, 상품구입 단계, 결제 단계, 확인 단계를 거처 구매가 이루어진다. 사용자는 자신의 컴퓨터나 핸드폰으로 인터넷에 접속하여 가상상점에서 쇼핑을 즐긴다. 구매를 원하는 물건을 발견하면 가상상점에서 구매의사가 있는 상품에 대한 상품정보와 고객정보를 전달하고, 자신의 신용카드나 은행의 현금을 이용하여 결제를 통해 대금을 지불한다. 접수된 주문정보를 바탕으로 상품정보, 고객정보 등 주문접수에 필요한 프로세스를 진행한다.

3) 교환/반품 주문관리

배송을 완료한 후에 고객의 의사로 구매한 제품을 바꾸는 경우의 교환 주문과 구매의사를 철회하는 반품 주문이 있다

11-2 주문처리 확정

1. 주문처리 확정

① 쇼핑몰에서 주문 받은 내용의 주문 상품정보와 고객정보, 결제유형을 확인하고 이상이 없으면 주문처리를 확정한다.
② 주문처리에 이상이 발견되면 내용을 확인하도록 해당 부서에 의뢰한다.

2. 모바일 간편결제

모바일 간편결제의 유형으로 이른바 '핀테크(Fin Tech)'라 부르는 모바일 결제는 사용의 간편함과 편리함으로 전세계적으로 많이 사용되고 있다. 해외에서는 이미 대중화가 이루어졌지만 국내는 아직 초기단계이며, 모바일 결제서비스가 선을 보인지는 오래 되었지만 제대로 자리를 잡은 서비스는 거의 없다.

최근에는 국내에서도 모바일 결제가 크게 확산되려는 움직임을 보이고 있는데 많은 업체가 모바일 결제서비스를 경쟁적으로 시작하고 있다. 하지만 여전히 국내 모바일 결제는 온오프라인을 통틀어 간편함과 편리함이라는 측면에서 봤을 때는 갈 길이 멀어 보인다. 현재 국내 모바일 결제서비스가 어디까지 왔는지 카카오페이, 페이나우, 네이버페이, 삼성페이 4종류의 서비스를 정리하면 다음과 같다.

1) 카카오페이

카카오페이는 다음카카오가 선보인 모바일 결제서비스이다. 국내 최다 사용자 수를 보유하고 있는 카카오톡을 통해 제공되기 때문에 확산 잠재력은 가장 크다고 할 수 있으며, 아직은 가맹점 수가 생각보다 많지 않고 온라인에서만 사용할 수 있다는 단점이 있다. 카카오페이의 사용은 별도로 앱을 내려 받을 필요가 없으며, 카카오톡 안에 내장되어 있다. 결제 비밀번호를 6~12자리 숫자로 등록한다. 이 결제 비밀번호로 승인을 받게 된다. 그리고 신용카드나 체크카드를 등록하는데, 이는 개인 명의의 카드만 가능하다. 카드등록은 여러 장 할 수 있으며, 등록한 모든 카드의 결제 승인은 결제 비밀번호 하나로 이루어진다. 카카오페이는 신용 및 체크카드만 등록이 가능하고, 은행계좌는 지원하지 않는다.

학습 11

2) 페이나우

페이나우는 LGU⁺에서 서비스하는 모바일 결제이다. 가맹점 수는 약 10만 여 군데로 현재까지는 가장 많은 가맹점을 확보하고 있다. 구글 플레이 등에서 페이나우 앱을 받아 설치한 후 결제수단을 등록하면 된다. 페이나우 역시 결제승인을 위한 비밀번호를 등록한 후 사용한다. 안전패턴, 비밀번호, 간편 그래픽 인증의 세 가지 방법이 있다. 결제수단으로는 카드, 은행계좌, 휴대폰 결제의 세 가지를 지원한다. 사용방법은 페이나우 역시 크게 다르지 않다. 현재는 페이나우도 온라인 결제만 가능한데 후에 바코드, QR코드, NFC 등 오프라인 결제도 지원할 예정이라고 한다.

3) 네이버페이

네이버페이는 네이버의 체크아웃 서비스를 이용할 때 이용하는 간편결제 수단이다. 별도의 앱을 설치할 필요는 없고 네이버 계정에 결제수단을 등록하면 된다. 결제수단은 신용카드와 은행계좌로 가능하며, 사용방법도 카카오페이나 페이나우와 비슷하다. 네이버 체크아웃은 현재 1,500만 명의 가입자와 5만여 개의 가맹점을 보유하고 있다. 그래서 체크아웃 사용자를 고스란히 네이버페이로 옮겨올 수 있다. 그러나 그만큼 실제 사용이 많이 일어날지는 미지수이다. 또 네이버페이를 사용할 수 있는 곳은 온라인 결제만 가능한 체크아웃뿐이어서 현재로서는 범용성이 있다고도 할 수 없으며, 가맹점이 5만여 개라고는 해도 대부분 중소규모의 쇼핑몰이라는 것도 취약점이다.

4) 삼성페이

삼성페이는 온라인은 물론 오프라인에서도 별도의 단말기 설치없이 기존의 마그네틱 리더기에서도 사용할 수 있어 범용성 측면에서는 가장 많은 기대를 모으고 있다. 단지 사용가능한 기기가 삼성의 갤럭시로 출시된 모델에만 국한되는 것이 한계점이다. 삼성페이는 사용할 카드를 등록하고 결제승인은 지문인식을 통해 간단히 이루어지며, 현재는 삼성페이가 국내의 모바일 결제서비스 중 가장 발전된 형태라고 볼 수 있다.

11-3 결제관리

1. 주문확정 고객 분류

① 정회원 고객 : 해당 전자상거래 사이트에 회원가입된 고객을 의미한다.

② 비회원 고객 : 해당 전자상거래 사이트에 회원으로 등록되어 있지 않으면서 제품을 구입하고자 하는 고객을 의미한다.

③ 불량 고객(Black List) : 교환 및 반품을 상습적으로 하는 고객을 의미하며, 주문을 요청하면 특별팀의 전문상담자에게 연결 조치한다.

2. 결제진행

1) 전자결제 유형

전자결제를 하고자 할 때 결제 유형별 상세내역은 다음과 같다.

〈표 11-1〉 결제수단

결제유형	상세 내역	비 고
현금	상담원 : 무통장 입금(가상계좌)	주문접수 → 결제완료
	인터넷 : 실시간 계좌이체	
신용카드	상담원 : 카드번호, 비밀번호 2자리, 유효기간 승인	
	인터넷 : 안심클릭, ISP, 간편결제	
모바일 결제	카카오페이, 페이나우, 네이버페이, 삼성페이 등	
예치금		
상품권	자사 상품권 : 대형사 자체 상품권	
	외부 상품권 : 컬쳐랜드, 문화상품권, 도서상품권	
적립금		

(1) 신용카드

① 고객 → 전자상거래 이용기관 → 금융결제원 → 신용카드사 → 금융결제원 → 전자상거래 이용기관 → 고객

② 신용카드사는 전자상거래 이용기관 계좌로 입금(D+2~4 영업일)하고, 입금

학습 11

및 반송 내역을 금융결제원으로 전송한다.

③ 금융결제원은 청구 및 입금 반송자료 내역을 조회 및 다운로드 가능하도록 하고, 주요 입금내역을 Email로 통지한다.

(2) 실시간 계좌이체

① 고객 → 전자상거래 이용기관 → 금융결제원 → 고객 거래은행 → 금융결제원 → 전자상거래 이용기관 → 고객

② 금융결제원은 은행별 입금 지시내역을 전자상거래 거래은행으로 전송한다.

③ 전자상거래 거래은행은 D+1 영업일에 전자상거래 계좌로 입금한다.

2) 결제방식(신용카드 인터넷 안심클릭)

결제유형 중 많이 사용하는 신용카드 결제를 대상으로 안심클릭의 사례를 들어보면 다음과 같다.

[그림 11-2] 결제방식 선택(안심클릭)

3) 결제방식(신용카드 인터넷 ISP)

결제유형 중에 많이 사용하는 신용카드 결제를 대상으로 ISP의 사례를 들어보면 다음과 같다.

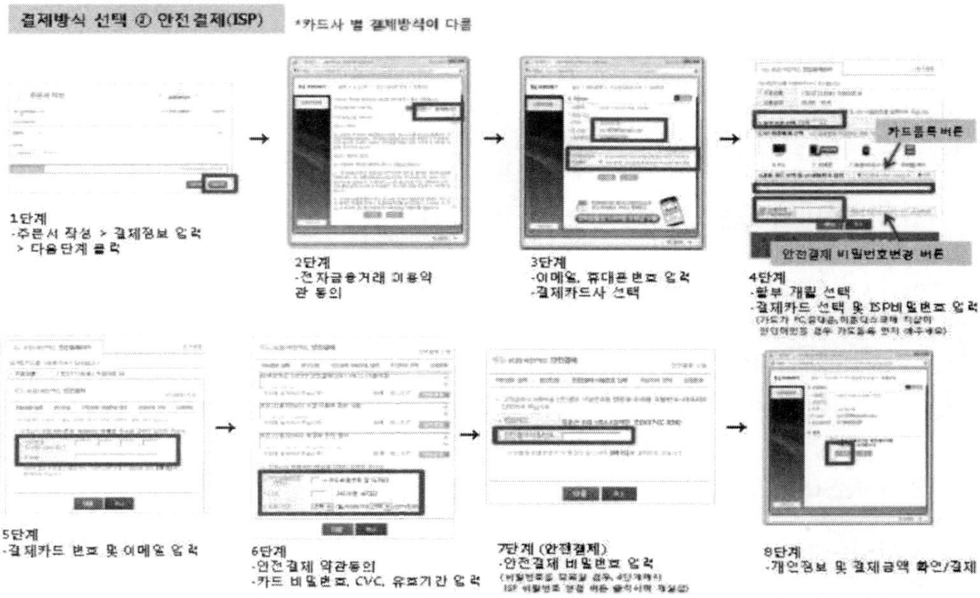

[그림 11-3] 결제방식 선택(안전결제 ISP)

3. 전자결제 보안

전자결제 시 신용카드는 ISP와 안심클릭을 사용한다. 또한 계좌이체는 가상계좌, 인터넷계좌, 모바일계좌 이체를 사용하고 전자화폐 등을 사용하여 결제하며 이때 보안을 위해 다음과 같은 방법으로 결제한다.

① 공인인증서 또는 금융인증서
② 휴대폰 인증

4. 결제 안내서비스

학습 11

결제 안내서비스는 주문상품에 대한 대금결제를 미납한 고객을 대상으로 결제를 정상적으로 할 수 있도록 도움을 주는 것을 말하며, SMS(Short Message Service), LMS(Long Message Service), MMS(Multimedia Messaging Service), 전화, 이메일(E-mail), DM(Direct Mail) 등이 있다.

1) SMS(Short Message Service)

SMS는 단순 문자메시지의 줄임말로, 흔히 '문자메시지'라고도 한다. 전세계 24억 명 이상이 애용하는 대표적인 이동 통신 서비스이다. 음성통화 대비 저렴한 요금이

장점이며, 국내에서는 SMS 수신자에게 요금을 부과하지 않는다. 흔히 SMS와 문자메시지를 동일시하는 경향이 있는데, 엄밀하게 말을 하면 SMS는 문자메시지의 일종에 불과하다.

SMS는 영문자를 기준으로 최대 160자(띄어쓰기 포함)를 보낼 수 있는 문자메시지이다. 국내에서는 영문은 80~90자, 한글은 40~45자를 보낼 수 있다.

2) LMS(Long Message Service)

LMS는 장문메시지 서비스를 의미하는 것으로, 글자 수에 제한없이 길게 쓸 수 있는 문자메시지이다. 북미권에서는 CSMS(Concatenated SMS)라고 부르기도 한다.

3) MMS(Multimedia Messaging Service)

MMS는 이미지, 음악, 동영상 등 다양한 멀티미디어 파일을 첨부할 수 있는 문자메시지로 '컬러 메일', '멀티 메일' 등으로 불린다. 이동 통신사에 따라 LMS를 텍스트 MMS로 간주하여 MMS의 범주에 포함시키기도 한다.

4) 전 화

전화는 음성을 전기신호로 바꾸어 먼 곳에 전송하고, 이 신호를 다시 음성으로 재생하여 거리를 둔 두 사람 사이의 통화를 가능하게 하는 기술 또는 장치이다. 이처럼 전문상담원이 전화를 통해 고객에게 결제 도우미 서비스를 하는 방법이다.

5) 이메일(E-mail)

이메일은 인터넷 또는 기타 컴퓨터 통신망을 통해 주고받는 우편방식을 말한다. 이메일은 즉시 전송하거나 확인할 수 있고, 한꺼번에 여러 명에게 발송할 수 있으며, 별도의 비용이 들지 않는 인스턴트 메신저와 비슷하다. 이를 통해 고객에게 결제 도우미 서비스를 하는 방법이다.

6) DM(Direct Mail)

고지서나 홍보 및 상품광고를 위해 대상 고객들의 명단을 자료 저장소(DBMS)에 입력하고 이것을 편지봉투나 엽서 등에 인쇄하여 직접 고객의 주소로 우송하는 것을 의미한다.

11-4 배송관리

1. 수 · 배송 물류 시스템

1) 수 · 배송 물류의 개념

① 수 · 배송 물류는 장소적 효용의 창출과 시간적 효용창출을 증대시키는 행위로 경제적 의미가 있다.
② 물류관리 시스템의 구성 요소로서 수 · 배송 물류의 중요성이 부각되고 있다.
③ 일반적으로 전체 물류비용 중에 가장 큰 비중을 차지한다.

2) 수 · 배송 물류 기능

① 생산과정뿐만 아니라 유통과정에서의 수 · 배송 물류를 통해 효용을 창출한다.
② 공급조절을 통해 가격을 안정화시킨다.
③ 대량생산과 대량소비를 가능하게 하여 규모의 경제를 실현시킨다.

3) 배송 물류 시스템 종류

(1) 공로 수 · 배송

① 고속도로, 산업도로, 고속화 도로, 간선 · 지선도로 등 공로망 확충 및 수 · 배송 차량의 발달로 기동성, 대중성, 편의성, 문전 수 · 배송의 특성이 있다.
  ㉠ 여타 수송수단과의 연계를 통한 종합 수 · 배송 체계의 구축
    • 상대적으로 적은 자본이 투입되며 문전 수 · 배송이 용이하다.
    • 단거리 수 · 배송에서 경제성이 높다.
    • 화물 파손을 극소화하는 가능성이 높다.
  ㉡ 철도와 역할 분담을 하여 국내 육상 운송분야에서 핵심적인 기능을 수행한다.
② 공로 수 · 배송의 형태
  ㉠ 화물 자동차 운송업
  ㉡ 화물 자동차 운행방식
  ㉢ 컨테이너 자동차 운송

학습 11

(2) 철도운송

① 철도운송과 관련된 다양한 기술발전을 기반으로 현재는 국내 화물운송의 주축을 이루고 있다.

② 1970년대 중반 중앙 · 태백선의 전철화 사업과 1974년에 개통한 수도권 전철 개통, 그리고 2004년 고속철도(KTX)가 개통되었다.

(3) 택배운송

① 수 · 배송 서비스에 대한 소비자 욕구의 변화에 부응할 수 있는 수 · 배송 서비스의 도입이 절실히 필요하게 되면서 택배운송이 출현하게 되었다.

② 물품의 운송을 맡기는 사람이 화주로부터 포장 단위당 30kg 이하, 1.5cbm 이내의 소형 · 소량 화물의 운송을 의뢰받아 화물의 접수(집화)로부터 포장, 수송, 배달에 이르기까지 일체의 수 · 배송 서비스를 운송인의 일관 책임 아래 Door to Door Service로 운송하는 수 · 배송체제이다.

③ 화물의 수 · 배송을 위한 운송체제이다. 'Door to Door'에서 'Room to Room', 'Desk to Desk'의 포괄적인 연관 서비스를 제공한다.

④ 수 · 배송 서비스에 있어서 혁신성을 가지고 있다. 도시 간의 간선운송과 도시 내의 집 · 배송이 가능하다.

(4) 그 외의 운송

해상운송, 항공운송, 국제복운송 등이 있으나 쇼핑몰에서의 활용도는 새로운 국제 직거래로 인하여 새롭게 대두되는 시스템이다.

2. 배송체계(Delivery Chain)

물류배송 시스템이란 정보주체 간의 수 · 배송, 포장, 하역, 보관 등 유기적으로 결합된 정보관리 차원에서 물류의 효율화를 도모하도록 지원하는 시스템을 말한다.

전자지불 시스템은 인터넷상에서 교환 가능한 경제적 가치로서 전자화폐, 전자현금, 신용카드 기반, 전자자금 이체 등 다양한 형태로 응용되어 전자상거래 활성화에 이바지하고 있다.

전자상거래 보안은 거래 시의 거래내용, 신용카드 정보, 계좌번호, 혹은 관련 비밀번호 등 쉽게 노출될 수 있는 거래정보를 안전하게 보호해 주는 시스템을 말한다.

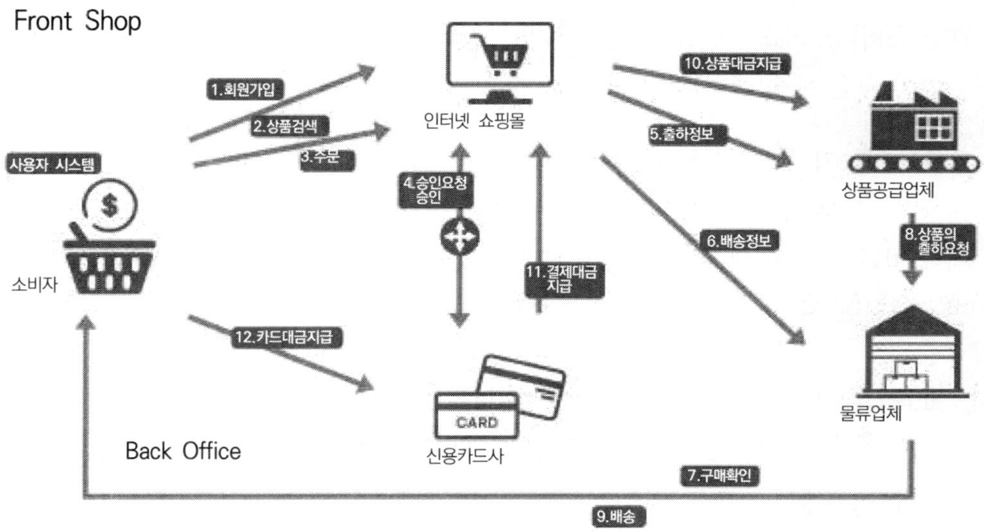

[그림 11-4] 일반적인 쇼핑몰 과정

3. 배송 시스템

배송 시스템은 판매자의 물류센터에서 영업점까지의 단순 배달에서 벗어나 최종 소비자에게 직접 인도, 설치 및 사용법 교육 등을 하는 종합 물류 서비스의 한 부분이다. 배송시스템은 독자적 물류센터가 있는 기업과 제3자 물류를 사용하는 기업으로 구분된다. 일반적으로 대형 유통사업을 하는 회사는 독자적 물류센터를 보유하고 있으며, 중소형 업체는 안전성과 경제성 등을 고려하여 제3자 물류를 사용한다.

1) 배송 시스템의 고려사항

① 안정적 측면 : 사고율 저하
② 경제적 측면 : 배송 시 비용 절감
③ 이익적 측면 : 수송/배송 시스템의 이윤 극대화 실현
④ 서비스 측면 : 고객이 원하는 제품을 날짜, 시간에 맞게 배송
⑤ 사회적 측면 : 배송 시 소음, 배기가스의 최소화, 하역 작업 등의 안정

2) 배송 지시

(1) 배송 지시

배송 지시(출하 지시)는 제품 배송(출하)이 필요하다고 판단할 때 이를 지시하기

위해 사용하는 서식으로 배송(출하) 지시일자, 제품 코드, 단위, 배송(출하) 지시량, 배송(출하)량, 재고수량 등의 항목이 있다. 배송(출하) 현황과 재고내역을 확인할 수 있어서 다음 배송(출하) 지시가 있을 때 배송(출하) 가능한 물품을 짐작할 수 있다.

(2) 배송 지시사항 기록

생산 · 주문 계획을 근거로 배송(출하)할 물품의 수량을 기입한 후 배송(출하) 지시서에 따라 물품을 배송(출하)한다. 배송(출하) 지시사항을 기록하고 보관하는 용도로 활용하므로 지시하는 내용을 정확하게 작성하여 상부의 결재를 받는다.

(3) 운송 송장을 출력

운송 송장에 다음과 같은 항목을 기록하여 출력한다.

① 배송주소
② 전화번호
③ 수취인 명
④ 상품명
⑤ 주문번호

(4) 운송장에 따라 배송 상품을 포장한다.

(5) 포장된 상품을 배송 차량에 탑재한다.

① 배송지시서에 있는 차량에 운송장 내용 제품을 차량에 탑재한다.
② 배송상품이 탑재된 차량이 배송지로 출발한다.

수행 내용

재료 · 자료

- 전자상거래 자료집
- 전자상거래 법령집
- 운영자 매뉴얼, 사용자 매뉴얼
- 고객응대 매뉴얼
- 배송 매뉴얼

기기(장비 · 공구)

- 컴퓨터, 문서작성 프로그램, 프린터, 주변기기

안전 · 유의사항

- 전자상거래 상품구매 프로세스 이해와 주문처리 프로세스에 대한 지식을 갖춘다.
- 전자상거래 소비자보호법에 대한 이해와 지식을 갖춘다.
- 주문받는 상품에 대한 상품정보의 자료 정확성 및 주문내용과 고객정보를 확인하는 업무에 적용한다.
- 확인한 상품의 고객에 대하여 고객등급과 배송정보를 확인하는 것을 중점적으로 참조한다.
- 실습실에서의 안전 수칙(화재, 사고 등 위급상황 시 행동요령 포함)을 부착하고 교육생이 숙지하도록 한다.
- 실습장비 및 기자재 등에 문제가 발생할 경우 관리자에게 통보한다.
- 실습장소를 정리 정돈하고 기자재 등의 장비는 전원을 끈다.
- 실습장비 및 기자재 점검기록부를 비치하고 관리한다

수행 순서

01 판매관리에서 쇼핑몰의 판매관리 절차과정을 분석하라.

1. 쇼핑몰을 통한 상품을 검색하여 정보확인

1) 검색유형에 따라 상품정보를 검색

① 카테고리

② 추천코너

③ 직접 검색(상품명 입력)

2) 검색을 통해 원하는 상품을 비교한 후 구매의사를 결정

2. 구매의사에 따라 결정한 상품주문

1) 주문화면에 상품정보를 선택 또는 상품명을 입력

(1) 구매수량을 입력한다.

① 최소 구매수량 단위(박스)로 구매 시 '무료배송'

② 최소 구매수량 이하 구매 시 '유료배송'

(2) 주문하기 또는 저장(장바구니)하고 다른 상품을 추가한다.

(3) 주문상품 내역 및 금액을 확인한다.

2) 주문화면에 고객정보를 입력한다.

(1) 고객정보로 성명, 연락처, 주소를 입력한다.

(2) 배송지 정보를 입력한다.

① 실제 수령할 이름을 입력한다.

② 수령자 연락처를 입력한다.

③ 배송지 주소를 입력한다.

- 우편번호를 검색한다.

- 도로명 주소로 입력한다.

④ 배송 희망일을 선택하여 입력한다.

⑤ 배송 시 특이사항을 기입한다.

3) 결제 유형을 선택하여 결제방법을 처리한다.

① 총 결제할 금액을 확인한다.

② 결제유형을 선택한다.

- 현금(가상계좌, 계좌이체)
- 카드(상담원 : 카드번호, 비밀번호, 인터넷 : ISP, 안심클릭 등)
- 적립금

③ 예치금

④ 상품권

⑤ 모바일 결제(카카오페이, 페이나우, 네이버페이, 삼성페이 등)

3. 주문 고객에 대한 고객정보/배송정보 확인

1) 고객등급을 확인한다.

① 과다 취소를 한 불량고객은 특결팀으로 연결하여 처리하게 한다.

② 과다 반품을 한 불량고객은 특별팀으로 연결하여 처리하게 한다.

2) 배송정보를 확인한다.

① 배송물품에 대한 제품, 수량정보를 확인한다.

② 수령인의 성명을 확인한다.

③ 수령인의 연락처를 확인한다.

④ 배송지 주소를 확인한다.

⑤ 배송 희망일이 배송 일과 동일 여부를 확인한다.

⑥ 배송 시 특이사항을 확인 점검한다.

02 주문상품의 배송지시에 따른 배송절차 과정에 대하여 분석하라.

1. 주문상품에 대한 배송지시를 받는다

① 차량별 배송(출하) 지시서를 받는다.

㉠ 배송(출하)지시 일자

㉡ 제품코드

㉢ 단위

㉣ 배송(출하)지시량

㉤ 배송(출하)량

㉥ 재고수량

② 포장별 운송송장을 받는다.

㉠ 배송주소

㉡ 전화번호

㉢ 수취인 명

㉣ 상품명

㉤ 주문번호

2. 배송계획서로 작성하여 배송작업을 실시

① 고객이 지정한 배송일정표를 참조하여 배송계획서를 작성한다.

㉠ 주문서에 고객이 배송 예정일이 있는 것은 별도로 해당일에 처리한다.

㉡ 배송일을 기입하지 않는 것은 일반 스케줄로 처리한다.

② 배송/반품정보를 설정한다.

㉠ 배송방법 : 택배, 빠른 등기, 직접 배송, 화물 배송, 퀵 배송, 매장 직접 수령, 기타, 필요 없음 중에서 선택한다.

㉡ 국내/해외배송 설정 : 국내 또는 해외배송 여부를 설정한다.

㉢ 배송지역 : 배송지역을 설정한다.

㉣ 배송기간 : 배송 가능한 기간을 설정하여 계약된 택배 회사와 상의해야 하며, 정해진 기간보다 2~3일 기간을 두고 설정한다.

㉤ 배송비 설정 : 배송비 무료, 고정 배송비 사용 등 배송비 설정조건을 선택한다.

ⓑ 선택상품 분류 적용/제외를 선택하고, 선택된 카테고리만 배송비를 적용한다.

ⓢ 배송료 청구 기준 주문금액의 조건을 설정한다.

ⓞ 배송 시 선 결제를 설정한다.

ⓩ 무료 배송비를 먼저 설정한다.

ⓒ 개별 배송비를 설정한다.

③ 공급사 배송비 설정 : 지역별 배송료를 공급사별로 차등 적용할 수 있다.

④ 해외배송 설정 : 해외배송 사전 통관정보 제공을 위한 법률 안내 세관절차의 간소화 및 조회에 관한 국제협약에 따른 개인정보 등이다.

㉠ 상품중량 : 상품중량은 일괄 적용한다.

㉡ 해외배송 보험료 : 해외배송 시 문제가 발생하였을 경우 이에 해당하는 우편요금을 배상규정에 따라 배상해 주는 서비스이다.

㉢ 해외배송 가능 국가 : 선택한 국가만 원하는 순서대로 표시한다.

⑤ 배송 추가 설명 설정

⑥ 반품주소 설정

⑦ 희망 배송일자 설정

⑧ 운송장 출력 택배회사 설정

3. 배송 지시작업 내용을 확인

① 배송 지시내역을 대조하며 확인한다.

② 운송장에 따라 작업을 확인한다.

4. 배송확인이 완료되면 배송차량이 물류창고를 출발

학습 11

03 주문상품의 배송지시에 따른 택배시스템에 대하여 분석하라.

택배 시스템은 미국, 일본 등에서는 일반화된 서비스로 소량 화물을 목표로 하여 주로 트럭을 이용하여 수송하는 서비스를 말하는데, 특히 도시 내에서의 서비스에 유리하다. 일본에서는 '宅配便'이라는 용어를 쓰고 있으며, 미국에서는 Small Package Express Service라고 한다. 택배 서비스는 소량 화물의 수송을 의뢰 받아 화물의 접수부터, 포장,

수송, 배달에 이르기까지 일체의 수송 서비스를 운송인의 일괄책임 하에 문 앞까지 서비스를 운송하는 것을 말한다.

04 주문상품의 배송지시에 따른 단계별 배송이력 추적 모니터링 과정에 대하여 분석하라.

1. 단계별 배송이력을 추적 모니터링

① 배송(출하)지시 이후 단계별로 모니터링 한다.

② 배송(출하)이력을 단계마다 모니터링 한다.

③ 고객수령정보를 상세하게 모니터링 한다.

2. 배송이력을 관리

① 주문한 상품이 정상으로 고객에게 배송이 완료되면 처리완료를 한다.

② 배송을 완료한 후에 고객으로부터 교환요청이 발생해도 배송처리는 정상적으로 완료한다.

3. 배송완료된 후에 또는 배송시점에 고객으로부터 상품에 대한 교환요청이 발생하면 다음 처리를 수행

1) 교환인 경우

① 주문 : 기존 상품 반품처리 → 신규 상품으로 교환하여 고객에게 배송

② 배송 : 기존 상품 반품처리 → 신규 상품을 고객에게 배송처리

③ 고객 : 기존 상품 반품 → 신규 상품을 교환하여 받음

학습활동.11 교수 · 학습 방법

교수 방법

- 주문관리 및 배송절차에 대한 관련 용어, 구성, 방식 이해 정도를 파악한 후 수업을 진행한다.
- 교수자의 주도로 주문관리 및 배송절차 등의 내용을 PPT 자료로 제시한 후 설명한다.
- 가능하면 사전에 개인별 학습 자료를 준비하여 모든 학생이 참여할 수 있는 문제 해결식 수업, 협력 수업이 가능하도록 한다.
- 주문관리 및 배송절차 전 과정을 작업의 순서에 따라 단계적으로 실습이 이루어질 수 있도록 지도한다.
- 교재를 통해 수업을 준비하는데 있어서 필요한 모든 정보나 팁, 힌트 등 도움이 될 만한 내용들을 확인할 수 있다.
- 학생들이 만들게 될 각 모델들은 수업시간에 중점적으로 다뤄질 부분과 어휘, 질문, 답을 포함하고 있으며 또한 탐구할만한 추가적인 아이디어들도 포함하고 있다.

학습 방법

- 주문관리 및 배송절차에 대한 관련 용어를 숙지하고, 주문관리 및 배송절차에 대해 이해한다.
- 주문관리 및 배송절차의 각 단계별 중점 사항을 체계적으로 학습한다.
- 주문관리 및 배송절차의 수행순서의 전 과정을 실습한다.
- 주문관리 및 배송절차의 내용을 이해한다.
- 주문관리 및 배송절차을 이해하고 숙달이 될 때까지 학습한다.

학습활동.11 평가 및 피드백

학습 11

평가 준거

- 평가자는 피평가자가 수행 준거 및 평가 내용에 제시되어 있는 내용을 성공적으로 수행할 수 있는 지를 평가해야 한다.

학습내용	평가항목	성취수준		
		상	중	하
주문관리 및 배송절차	주문관리 및 배송절차를 이해할 수 있다.			

평가 방법

• 작업 포트폴리오

학습내용	평가항목	성취수준		
		상	중	하
주문관리 및 배송절차	주문관리 및 배송절차를 이해할 수 있다.			

• 필기시험

학습내용	평가항목	성취수준		
		상	중	하
주문관리 및 배송절차	주문관리 및 배송절차를 이해할 수 있다.			

• 체크리스트를 통한 관찰

학습내용	평가항목	성취수준		
		상	중	하
주문관리 및 배송절차	주문관리 및 배송절차를 이해할 수 있다.			

• 피드백

1. 작업 포트폴리오
   - 제출한 보고서를 평가한 후 주요 사항에 대하여 표시하여 돌려준다.
2. 필기시험
   - 평가 결과 성적이 저조한 학생은 보고서 제출 기회를 부여한다.
3. 체크리스트를 통한 관찰
   - 실습 과정에서 평가한 후 개선해야 할 사항 등을 정리하여 돌려둔다.

참 | 고 | 문 | 헌

- 교육부 · 임중선 외, '전자상거래(10030102) NCS학습모듈', 한국직업능력개발원, 2018.12.31.
- 강병서 · 정혜영 · 송상호 · 김성영, 『CEO를 위한 신경영학(경영전략, 마케팅)』, 무역경영사, 2001.
- 김관형 · 김진현 · 김태수 · 박남섭 · 박세환 · 허관도, 『현대창의공학』, 북스힐, 2014.
- 김영문, 『하루 만에 인터넷 쇼핑몰 창업하기』, 집현재, 2014.
- 김은경, 『창의적 공학설계』, 한빛아카데미, 2013.
- 매일경제신문, '온라인 쇼핑몰, 유통황제르 우뚝', 2015.5.11.
- 박대윤 · 김형수, 『인터넷쇼핑몰 기획실무 스타일 가이드』, 도서출판 비비컴, 2001.
- 서선원의 e-Shop 창업교실, '성공창업 가이드북 II - 쇼핑몰 창업 전 꼭! 알아야 할 성공비법!', 2013.8.
- 손현준, '인터넷에서 팔리는 상품의 조건', ㈜휴넷 경영지식생산본부 보고서, 2008.11.4.
- 안광호 · 김상용 · 김주영, 『인터넷마케팅 원론』, 법문사, 2001.
- 안웅, 『전자 상거래 관리사』, 연학사, 2007.
- 이동훈, 『전자 상거래와 e-비즈니스(개정단)』, 한빛아카데미, 2015.
- 임성기, 『돈 버는 쇼핑몰, 돈 버리는 쇼핑몰』, 도서출판 비비컴, 2005.
- 정희전 · 착한사진연구소, 『쇼핑몰 창업+운영+제작북』, 한빛미디어, 2012.
- 중소기업청 소상공인진흥원, '전자 상거래 창업가이드', 2006.11.30.
- 허계범, 『e-비즈니스 & 전자 상거래』, 이한출판사, 2009.
- Chaffey.D., 『Internet Marketing : Strategy, Implementation and Practice』, Pearson Education, 2009.
- 다음 카페, '디지털 마케팅의 본질적 이해', http://cafe.daum.net/myneostory/Pbb/181?q=personalization%20%B8%B6%C4%C9%C6%C3&re=1
- 다음 카페, '인터넷 마케팅 믹스 전략', http://cafe.daum.net/dongdeamoon/MyPF/362?q=%C0%CE%C5%CD%B3%DD%20%B8%B6%C4%C9%C6%C3%20%B9%CD%BD%BA&re=1
- 블로그, '마케팅-시장 세분화 사례', http://blog.naver.com/PostView.nhn?blogId=tlc700&logNo=40167923014
- 블로그, '쇼핑몰 만들기', http://blog.daum.net/anapana
- 블로그, '시장 세분화 - 쉽게 이해하는 시장 세분화, 08. STP', http://blog.naver.com/PostView.nhn?blogId=sako71&logNo=220347251984
- 블로그, '온라인 쇼핑몰 가격 결정 기준과 방법', http://blog.naver.com/PostView.nhn?blogId=hip34&logNo=20014494675
- 블로그, '인터넷마케팅 원론 - 4P의 변화', http://blog.naver.com/PostView.nhn?blogId=dbgn95&logNo=80189876008
- 블로그, '제품유형분류와 마케팅 전략', http://blog.naver.com/PostView.nhn?blogId=an11778&logNo=220374030811
- 중소기업청, '기관마당〉 기업마당〉 창업 길잡이', http://www.bizinfo.go.kr/EgovPageLink.do?menuNo=20301000&link=egovframework/bizinfo/uss/ise/bizguide/1-1-2-2#/

학습 11

- 개인블로그, '1인기업 1인경영시대', http://oneceo.co.kr/263
- 구교봉 · 이종호, 『소셜 네트워크를 활용한 전자상거래』, 탑북스, 2012.
- 김대영, 『전자상거래 운용사 필기』, 중앙교육, 2004.
- 김대영 · 오익재 · 김태순, 『전자상거래운용사 필기』, 중앙교육진흥연구소, 2002.
- 김진우, 『인터넷비즈니스.com』, 영진출판사, 1999.
- 김현호, ㈜다음커뮤니케이션 User research Lab, http://convas.tistory.com/
- 애자일 초심자를 위한 애자일SW개발101(nipa소프트웨어공학센터)
- 오종혁, 『성공적인 웹 사이트 구축을 위한 웹 기획 & 웹 프로젝트 매니지먼트』, 영진닷컴, 2008.
- 이동훈, 『전자상거래와 e-비즈니스의 이해』, 한빛미디어, 2008.
- 이제홍 · 박종돈, 『전자상거래 입문』, 보경Books, 2006.
- 이필승, 『웹 기반 정보시스템감리 프로세스 개선에 대한 연구』, 건국대학교 석사학위논문, 2009.
- 이해일, 『전자상거래 관리사2급』, 대명출판사, 2005.
- 주재훈 · 류시욱, 『전자상거래@e-비즈니스』, 삼영사, 2009.
- Hagel & Amrstrong, Net Gain : Expanding Markets through Virtual Communities, Harvard Business
- School Press, 한영주 역, 『가상사회와 전자상거래』, 세종서적, 1997.
- Hagel.J. & Singerg.M., Net Worth, Harvard Business School Press, 이경전 역(1999), 『정보중개와 전자상거래』, 세종서적.
- Robert A. Maksimchuk, Eric J. Naiburg(2005), 『운명적 존재를 위한 UML』, 사이텍미디어.
- Shapiro,C. and Varian.H., Information Rules, Harvard Business School Press, 임세윤 역, 『정보법칙을 알면 .com 이 보인다』, 미디어 퓨전, 1999.
- (주)인포코리아 홈페이지 개발 프로세스, http://www.infokr.co.kr/02home/home_01.asp
- (주)하림 정보전략팀 차장 김선식, http://i-bada.blogspot.kr/2012/07/blog-post_4487.html
- 디자인컨셉 관련 ppt, fashion.cbnu.ac.kr/user/saveDir/board/www68/299_1318576134_0.pdf
- 삼성경제연구소, http://www.seri.org
- 웹사이트 설계, www.mediaschool.co.kr
- 위키피디아(기본 개념), https://ko.wikipedia.org/wiki/
- 프레임워크에 대하여, www.kemco.or.kr
- 한국인터넷전문가협회 블로그, http://kipfanews.tistory.com/35
- http://i-bada.blogspot.kr/2012/04/cbd-component-based-development.html
- http://i-bada.blogspot.kr/2012/03/umlunified-modeling-language.html
- http://software.naver.com
- http://www.softpedia.com
- http://www.brothersoft.com
- http://web.kunstbada.com/how-to
- http://www.yamestyle.com/
- http://data.adic.co.kr/lit/thesis/1998/P0002665/03.html

- http://blog.naver.com/an11778?Recirect=Log&logNo=220380174457(경영지도사 안시헌)
- www.yesform.com
- http://www.easy T-shirts.co.kr
- http://hong1022.dothome.co.kr/schedule/07_01.htm
- 김영문, 『카페(Cafe)로 창업하기』, 집현재, 2012.
- 김영문, 『하루 만에 인터넷 쇼핑몰 창업하기』, 집현재, 2014.
- 김주원, 『좋은 사진을 만드는 김주원의 포토샵 사진 강의』, 한빛미디어, 2012.
- 남궁성, 『JAVA의 정석-2판』, 도우출판, 2010.
- 남정현 옮김, 『스프링 프레임워크의 실제』, 아이티씨, 2015.
- 남궁성, 『JAVA의 정석-2판』, 도우출판, 2010.
- 네이버, '네이버쇼핑 상품정보 제공 가이드', 2015.
- 대한상공회의소, '전자상거래 관리사 출제기준(http://license.korcham.net/index.jsp)', 2015.7.
- 미래창조부 · 한국정보화진흥원 · 빅데이터전략센터, 『빅데이터 활용단계별 업무절차 및 기술활용 매뉴얼 (Version 1.0)』, 2014.5.20.
- 박효근 · 윤이사라, 『맛있는 디자인 포토샵 CC』, 한빛미디어, 2015.
- 블로그, '독립형 솔루션', http://blog.naver.com/PostList.nhn?blogId=bumilion2&from=postList&categoryNo=20
- 블로그, '스프링 프레임워크 개요', http://blog.naver.com/PostView.nhn?blogId=0221jyh&logNo=220326237171
- 블로그, '스프링 프레임워크 게시판', http://syaku.tistory.com/263
- 블로그, '윈도우에서 Eclipse와 Tomcat으로 로컬 웹서버 구축하기', http://blog.naver.com/PostView.nhn?blogId=clean820818&logNo=220348731756
- 블로그, '전자정부 프레임워크', http://m.blog.naver.com/smilemin0/220303280357#
- 블로그, 'Circus AR', http://blog.naver.com/PostView.nhn?blogId=circus_ar&logNo=50167979698
- 블로그, 'Getmall', http://blog.naver.com/PostView.nhn?blogId=getmall_pr&logNo=220284409665
- 블로그, 'sERP-기초정보-일괄등록', http://blog.naver.com/PostView.nhn?blogId=dionysos_sin&logNo=220230265279
- 사카타코고이치 · 황선유, 『예제로 쉽게 배우는 스프링 프레임워크 3.0』, 한빛미디어, 2012.
- 양재헌, 『DSLR 사진 촬영 & 포토샵 리터칭』, 성안당, 2015.
- 에너지경제신문, '스마트폰, 성인 5명중 4명 사용...만 5년도 안걸려', http://www.ekn.kr/news/article.html?no=161972, 2015.9.3.
- 위키 사이트 Gurubee, '꿈꾸는 개발자, DBA 커뮤니티 - 9장. 데이터베이스 구축', http://wiki.gurubee.net/pages/viewpage.action?pageId=14024898
- 이동훈, 『전자상거래와 e-비즈니스(개정판)』, 한빛아카데미, 2015.
- 이춘식, 『아는 만큼 보이는 데이터베이스 설계와 구축』, 한빛미디어, 2002.
- 인터넷 진흥원, 『웹 개발 프레임웍(HTML5 SDK)』, 2015.7.

- 임성기, 『돈 버는 쇼핑몰, 돈 버리는 쇼핑몰』, 도서출판 비비컴, pp.141-149, 2005.
- 임화연, 『실전 쇼핑몰 포토샵 북』, 한빛미디어, 2014.
- 임화연 · 이해령 · 디자인아트플러스, 『맛있는 디자인 드림위버CC』, 한빛미디어, 2015.
- 정다영, 『포토샵 디자인 강의』, 한빛미디어, 2015.
- 정윤선, 『포토샵+일러스트레이터 작업의 기술』, 혜지원, 2014.
- 정책뉴스, '전자상거래 소비자보호 지침 개정', http://www.korea.kr/policy/pressReleaseView.do?newsId=156065757&call_from=extlink, 2015.7.23.
- 정희전 · 착한사진연구소(남상욱), 『쇼핑몰 창업+운영+제작북』, 한빛미디어, 2012.
- 채흥석, 『UML과 JAVA로 배우는 객체지향 CBD실전 프로젝트』, 한빛미디어, 2009.
- 허계범, 『e-비즈니스 & 전자상거래』, 이한출판사, 2009.
- '공정거래위원회', http:\\www.ftc.go.kr
- '표준프레임워크 포털', http://www.egovframe.go.kr
- '한국데이터베이스진흥원', http://www.kodb.or.kr
- 'DBGuide.net', http://www.dbguide.net
- https://firstmall.kr/ec_hosting/education/cu_list.php?idx_b=2
- 김수정 · 신연경 · 최연수 · 김성일 · 이정원, 『전자상거래 실무』, 서울 : 이오북스, 2015.
- 김의창 · 최세현, 『웹 환경과 연동된 중소 쇼핑몰 물류 관리 시스템 구현』. 디지털정책연구. 3(1). 165~182, 2005.
- 김일환 · 박동석 · 전근수 · 고대원 · 노현목, 『전자상거래 실무』. 서울 : 성림출판사, 2015.
- 대전광역시시설관리공단, 『RFID 자산 관리 시스템 구축』, 2013.
- 이종호 · 고종남 · 민성희 · 손기철 · 전미경 · 채도병, 『전자상거래 실무』, 서울 : 씨마스, 2015.
- 이채은, 『모바일을 활용한 실시간 ERP 시스템 연동 모형의 구축』, 경북대학교 경영대학원 석사학위 논문, 2004.
- 임문희 · 허선영, 『전자상거래 실무』, 서울 : 삼양미디어, 2015.
- 정문영 · 정용락 · 손종호 · 김선묵 · 구영준, 『전자상거래 실무』, 서울 : 창의발전소, 2015.
- 한국인터넷진흥원, 『웹 서버 구축 보안점검 안내서』, 2010.
- 한국인터넷진흥원, 『홈페이지 개발 보안 안내서』, 2010.
- 한국통합앱스토어, 『한국 통합 앱스토어 시스템 통합 운영관리 제안 요청서』, 2013.
- 한국해운조합, 『전자 결재 시스템 구축 계획』, 2008.
- 행정안전부, 『IT 아웃 소싱 운영 관리 매뉴얼』, 2009.
- 행정안전부, 『전자 정부 서비스 호환성 준수지침』, 2010.
- 행정안전부, 『웹 사이트 운영 가이드 라인』, 2011.
- ASEIC, 『사이트 S/W 및 H/W 통합 유지 보수 제안 요청서』, ASEIC, 2015.
- 교육부, 환경분석(1003010210_16v2), 세종 : 한국직업능력개발원, 2014.
- 교육부, 2016 고등학교 전문교과 수행 평가 모델 자료집, 세종 : 한국직업능력개발원, 2016.
- 김광석 · 권보람 · 최연경, 『4차 산업혁명과 초연결사회, 변화할 미래산업』, 삼정KPMG, 2017.
- 경제연구원, ISSUE MONITOR 제68호 January 2017.

- 김광석 · 김수경 · 박경진, 『소비 패턴의 11가지 구조적 변화』, 삼정KPMG 경제연구원, Issue 43. 2016(통권 제43호), 2016.
- 김동열, 『경제주평』, 현대경제연구원, 1[illegible]-39. 2011(통권 제 466호), 2011.
- 장경채, 『인터넷 마케팅 플러스』, 무역경영사, 2006.
- 조경희 외, 『전자상거래 일반』, 씨마스, 2017.
- 한국인터넷마케팅연구회, 『인터넷 마케팅』, 삼우사, 2003.
- 류지완, "오픈 마켓 3월 브랜드 평판 조사, 'G마켓 1위'", 브레이크(http://www.breaknews.com), 2017.8.18. 검색, 2017.3.3.
- 매경 시사용어 사전, http://100.daum.net/book/645/list
- 미용경영컨설턴트협회, http://cafe.daum.net/embc2010/OBSs/30
- 위키 백과사전, https://ko.wikipedia.org
- 윤승환 · 정승원, "필승전략 MECE". 아시아경제(http://www.asiae.co.kr/news), 2017.8.18. 검색, 2017.5.17.
- 지연진, "모바일 거래액 3.6兆…유통업계 '지각변동'". 아시아경제(http://www.asiae.co.kr/news), 2017.8.18. 검색, 2017.6.29.
- 통계청, http://kostat.go.kr
- 교육부, 마케팅 관리(1003010206_13v1), 세종 : 한국직업능력개발원, 2015.
- 김범종 · 박승환 · 송인암 · 조용한, 『디지털 시대의 마케팅 관리』, 대경, 2017.
- 신광수, 『온라인 유통마케팅』, 무역경영사, 2016.
- 신용성, 『온라인마케팅통찰』, 컨버전시, 2015.
- 안광호 · 김동훈 · 김영찬, 『시장지향적 비즈니스&마케팅 전략』, 학현사, 2015.
- 정기한 · 신재익 · 오재신, 『마케팅 관리』, 피엔씨미디어, 2014.
- 정분도, 『인터넷마케팅론』, 두남, 2016.
- 주윤황, 『인터넷마케팅』, 학현사, 2012.
- 최재혁, 『온라인채널마케팅』, 리온, 2017.
- 김종학, 『엑셀 2007 무조건 따라하기』, 서울 : 길벗, 2007.
- 기획재정부, 『공공 기관 고객 만족도 조사 모델(PCSI)의 이해』, 2006.
- 이상복, 『품질 이야기』, 서울 : 이레테크, 2012.
- 지마켓, 상품분석평, http://item2.gmarket.co.kr/Item/detailview/Item.aspx?goodscode=150753529, 2015.7.26.

학습 1	온라인 유통시장의 개요
학습 2	쇼핑몰의 상품개발 전략 수립
학습 3	마케팅 고객관리 전략 수립
학습 4	마케팅 가격 전략 수립
학습 5	마케팅 유통 및 광고 전략 수립
학습 6	판매계획 수립
학습 7	재무계획 수립
학습 8	사이트 기획, 구축 및 운영
학습 9	오픈마켓 준비
학습 10	오픈마켓 제작
학습 11	주문처리 및 배송절차
학습 12	**고객관리 및 CS 처리**
학습 13	세무관리 실전
학습 14	해외 구매대행

학습 목표	1. 고객관리 및 CS 처리를 이해할 수 있다.

12-1 고객관리

1. 고객정보 분류

1) 고객 DB 분류

(1) 고객 데이터의 원천

데이터 원천이 어느 곳이냐에 따라서 [그림 12-1]처럼 고객정보가 내부 데이터와 외부 데이터로 구분된다.

[그림 12-1] 원천에 따른 고객정보 분류(예시)

〈표 12-1〉 고객 데이터 원천(예시)

내부로부터의 데이터	• 거래지의 성명, 주소 • 인구통계 변수 • 촉진내역 • 거래내역 • 통화내역
외부로부터의 데이터	• 새로운 고객정보 • 인구통계적 변수 • 행태적 변수 • 생활유형의 정보 • 세분화 자료 • 경쟁사에 관한 정보
새로운 데이터 수집방법 개발	• 소비자 설문조사 • 소비자 관찰 • 선택한 그룹 • 깊이 있는 인터뷰

(2) 고객정보 분류 기준

〈표 12-2〉 고객정보 분류 기준(예시)

분류 항목	고객 속성 내용
기본정보	01. 성명, 02. 성별, 03. 연령, 04. 자택정보(우편번호, 주소, 전화번호), 05. 직장정보(우편번호, 직장명, 직장주소, 직급, 업종, 입사일, 팩스번호 등)
신용정보	01. 카드발급 유무, 02. 카드번호, 03. 카드발급일, 04. 거래은행, 05. 이용한도, 06. 연체 횟수, 07. 연체 내역, 08. 결제방법, 09. 결제일, 10. 청구지
상품정보	01. 상품코드, 02 상품명, 03. 상품규격, 04. 판매수량, 05. 판매금액
심리정보	01. 생년월일, 02. 결혼 유무, 03. 학력, 04. 취미, 05. 여가활동, 06. 신장, 07. 체중, 08. 혈액형, 09. 소유 차종과 구입 연도, 10. 주거 구분, 11. 주거 년수, 12. 결혼기념일, 13. 수신거부 요청 유무
판촉정보	01. 판촉행사 코드, 02. 매체 이용 종류, 03. 구매일, 04. 구매금액, 05. 상품권 구입일, 06. 이용실적
구매정보	01. 이용 사이트, 02. 판매 사이트, 03. 판매상품, 04. 구매액, 05. 배송내역, 06. 배달내역, 07. 입금일, 08. 잔액, 09. 정상판매, 세일판매, 특판 등
평가정보	01. 누적 이용횟수, 02. 누적 금액, 03. 고객기여 점수, 04, 고객이용 랭킹, 05. 반응 횟수, 07. 판촉경품 지급 내역
기타	01. 개인고객, 02. 법인고객, 03. 거래처 고객, 04. 관계 회사코드, 05. 특별 고객코드

(3) 행동유형별 접근

〈표 12-3〉 DISC 유형별 행동(예시)

Dominance(주도형)	Influence(사교형)
• 지도력을 발휘한다. • 빠르게 결과를 얻는다. • 다른 사람의 행동을 유발시킨다. • 어려운 문제를 처리한다. • 문제를 해결한다. • 도전을 받아들인다. • 의사결정을 빠르게 내린다. • 기존의 상태에 문제를 제기한다.	• 사람들을 즐겁게 한다. • 열정적이다. • 사람들과 접촉한다. • 호의적인 인상을 준다. • 다른 사람을 동기 유발시킨다. • 사람과 상황에 낙관적이다. • 말솜씨가 있다. • 그룹 활동을 좋아한다.
Conscientiousness(신중형)	**Steadiness(안정형)**
• 업무수행에 대해 비평적으로 분석한다. • 중요한 지시나 기준에 관심을 둔다. • 외교적 수완이 있다. • 정확성을 점검한다. • 세부사항에 신경을 쓴다. • 분석적으로 사고하고 찬성과 반대, 장점과 단점 등을 고려한다. • 갈등에 대해 우회적 또는 간접적으로 접근한다.	• 전문적인 기술을 개발한다. • 남의 말을 잘 듣는다. • 예측 가능하고 일관성 있게 수행한다. • 참을성을 보인다. • 다른 사람을 돕고 지원한다. • 충성심을 보인다. • 흥분한 사람을 진정시킨다. • 안정되고, 조화롭게 업무환경을 만든다.

(4) 충성고객 형성단계

① 1단계(구매용의자) : 제품이나 서비스를 구매할 능력이 있는 사람이 포함된다.

② 2단계(구매가능자) : 제품이나 서비스를 필요로 할 수 있고, 구매능력이 있는 사람을 의미한다. 기존의 제품이나 서비스에 관한 정보를 알고 있다.

③ 3단계(비자격 잠재자) : 2단계인 구매가능자 중에서 제품이나 서비스에 대한 필요를 느끼지 않거나 구내할 능력이 없다고 판단이 되는 사람으로 목표고객에서 제외시킬 수 있다.

④ 4단계(최초의 구매고객) : 제품이나 서비스를 처음으로 구매한 사람을 의미한다. 이들은 우리의 고객이 될 수도 있고, 경쟁사의 고객이 될 수도 있다.

⑤ 5단계(반복적 구매고객) : 우리의 제품이나 서비스를 적어도 두 번 이상 구매한 사람들이다. 이들은 같은 제품이나 서비스를 두 번 구매한 사람일 수도 있고, 다른 제품이나 서비스를 반복해서 구매한 사람일 수도 있다.

⑥ 6단계(단골고객) : 판매하는 제품이나 서비스 중 사용할 수 있는 모든 제품을 우리로부터 구매하는 사람을 의미한다. 이들은 계속적이고 강한 유대관계를 가지고 있어 경쟁사의 유인전략이 있어도 움직이지 않을 사람들이다.

⑦ 7단계(지지고객) : 단골고객 중에서도 다른 사람들에게도 우리의 제품이나 서비스를 구매하여 사용하도록 권유하는 사람이다.

2) 고객 DB 유형

(1) 잠재고객 DB

① 잠재고객에 대한 직접적인 DB를 확보하기가 어렵다.

② 기존 고객의 DB를 기반으로 유사한 특성을 지닌 잠재고객을 유추하는 방식을 사용한다.

③ 간접적으로 잠재고객을 찾아서 DB화 한다.

(2) 개선된 고객 DB

① 기존 DB에 새로운 데이터들을 결합하여 분석함으로써 새로운 정보를 얻는 데 이용한다.

② 새로운 DB를 개선하면 기존 고객이나 잠재 고객에 대한 DB의 정보량과 질을 높인다.

(3) 군집고객 DB

① 취미가 같은 모임, 이웃과 같은 그룹들이 하나의 군집이 된다.

② 다양한 생활방식을 기준으로 준거집단을 분류한다.

(4) 분석용 고객 DB

① DB를 분석도구를 이용하여 분석하면 분석의 결과로부터 다양한 결론을 얻을 수 있다.

② 마케팅 활동에 대한 고객의 반응을 측정하고 보관한다. 또한 마케팅에 대한 효과를 분석하고 해석하며, 그 결과를 평가하고 고객의 미래의 반응을 예측하는 데 활용한다.

3) 고객정보 분류기준

(1) 표면적 데이터에 의한 방법

① 소유하고 있는 고객 DB의 표면적인 데이터를 기반으로 세분화를 수행하는 방법이다.

② 별도의 데이터를 가공할 필요가 없기 때문에 손쉬운 세분화 방법이다.

③ 나이, 성별, 주소지 등과 같이 인구통계적 정보에 의해 세분화하는 방법이다.

④ 고객의 제품구매 또는 선호하는 채널정보에 따라 세분화하는 방법이다.

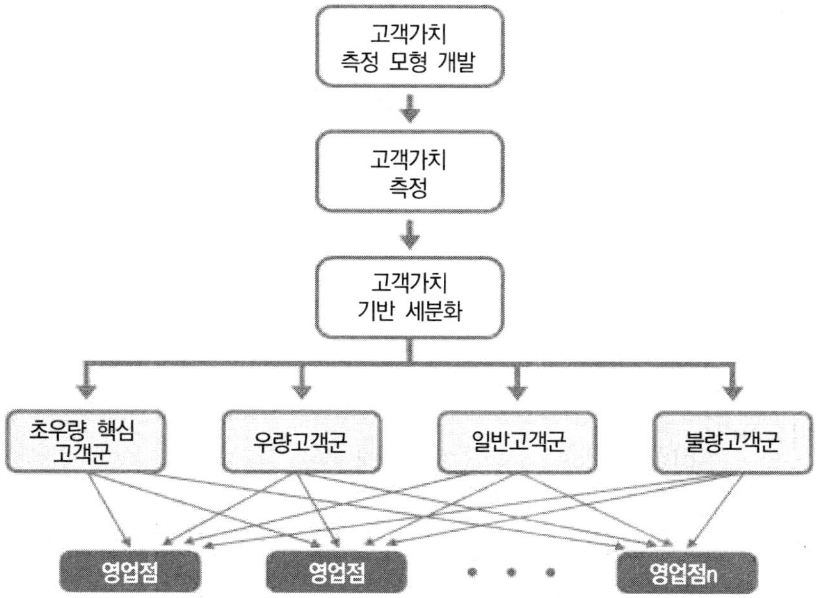

[그림 12-2] 고객가치 측정과 일반분류 변수를 활용한 고객세분화 체계도(예시)

(2) 고객가치 측정 모델에 의한 방법

① 고객가치 지수를 바탕으로 하는 고객세분화 방법이다.

② 고객가치 지수를 통해 제시되어 지는 기본 세분화에서 의미 있는 변수를 추가하여 이를 다시 새롭게 분류하는 과정을 거친다.

(3) 내부분석 니즈에 의한 방법

① 내부적으로 분석할 필요성에 의해 다양한 형태의 고객세분화가 가능하다.

② 고객이 주로 거래하는 영업점이라는 표면적 데이터와 고객의 행동이나 보유상품의 분석을 통해 얻어질 수 있는 파생정보 등을 취합하여 특정한 이슈에 대해 기존의 세분화 방식보다 정확한 해답을 얻을 수 있다.

2. 고객 DB 마케팅 절차

[그림 12-3]처럼 고객 DB를 활용한 마케팅 절차를 진행한다.

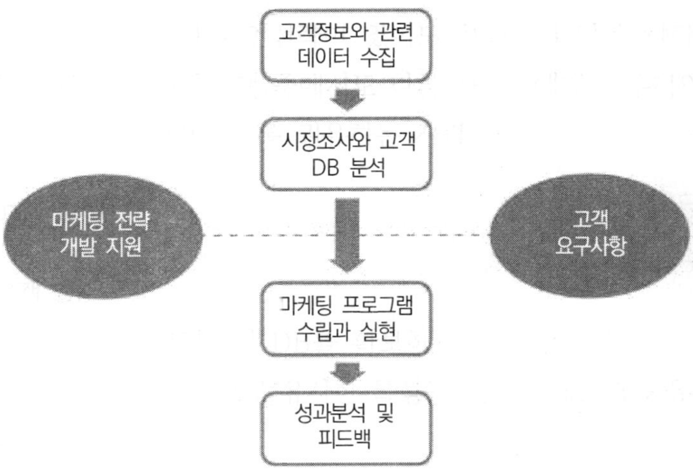

[그림 12-3] 그객 DB 마케팅 절차(예시)

3. 고객DB 마케팅 전략

[그림 12-4]처럼 고객 DB 마케팅 전략을 전개한다.

1) 고객 발견 전략을 수행

① 고객에 대한 데이터를 수집·분석하여 시장을 세분화한다.

② 세분화된 시장을 대상으로 분명한 목표시장을 선택한다.
③ 목표시장의 표적고객을 선정한다.
④ 선정된 고객의 직업, 소득정도, 성별, 구매행태 등을 종합적으로 분석하여 고객을 발견해 낸다.

2) 고객획득 전략을 수행

① 구매빈도가 상대적으로 높은 소비재를 마케팅한다.
② 브랜드 애호도의 제고, 사용빈도의 증가 등에 목적을 둔 고객획득 전략을 전개한다.
③ 고객들에 대한 인센티브 제공, 샘플, 쿠폰, 경품 등의 판매 촉진 전략과 결부시켜 고객 획득 전략을 적용한다.

3) 고객강화 전략을 수행

① 과거 고객에 대한 DB를 유지·관리하여 과거 고객을 실제 고객으로 전환시킨다.
② 과거 실적에 대한 면밀한 분석과 거래를 중단하게 된 이유에 대하여 규명한다.
③ 가치가 있다고 판단한 고객에 대해서 비효율성이 있는 범위 내에서 고객강화 전략을 적용한다.

4) 고객유지 전략을 수행

① 고객이 구매한 제품에 관한 여러 가지 정보를 제공한다.
② 기존 고객과의 우호적인 관계를 지속적으로 유지하는 수단을 사용한다.

5) 고객성장 전략을 수행

① 잠재고객을 무작위로 추출한다.
② 기존 고객으로부터 특정 제품, 서비스에 대해 관심을 가지고 있는 잠재고객을 소개 받은 후 전화, 인적 판매, 다이렉트 메일 등을 통해 새로운 고객을 확보한다.
③ 제품, 서비스에 대한 문의를 권유하는 직접 반응 광고를 통해 고객 리스트를 확보하고 이들 잠재고객을 신규고객으로 전환시킨다.
④ 판매가능성이 높은 고객만을 방문하여 제품, 서비스에 대해 설명한다.

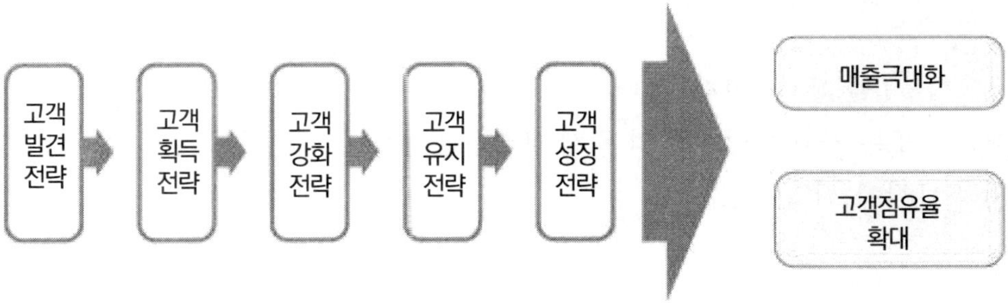

[그림 12-4] 고객 DB 마케팅 전략의 전개과정(예시)

12-2 고객만족(CS) 처리

1. 고객만족도 조사항목 설정

쇼핑몰 사이트에서 사후관리를 위한 고객만족도 측정항목은 오픈마켓에서 사용되는 항목을 참조하여 선정할 수 있다. 오픈마켓에서 고객만족도를 평가할 항목으로 〈표 12-4〉처럼 상품, 가격, 배송, 서비스 등이 있고 기타 내용은 고객만족도, 불만족도를 측정하여 구매고객에게 제공되는 정보로써 고객만족 상태를 처리할 수 있다.

오픈마켓 기준으로 볼 때 판매후기의 내용을 대상으로 분석할 항목은 상품자체(성능/사이즈), 가격, 배송, 서비스, 교환, 반품/취소/환불, 기타로 구분할 수 있다. 이러한 항목으로 체크시트를 작성한 후 판매후기를 체크하면서 고객만족 항목은 상황에 따라 변경 및 추가가 가능하다.

〈표 12-4〉 고객만족도 측정용 양식

불만족 내용	데이터(빈도)	구성백분율	누적백분율
배송			
가격			
상품(성능/사이즈)			
서비스			
교환			
반품/취소/환불			
기타			

2. 불만해소 대책 수립

고객불만을 해결하고자 할 때 상사의 의견이나 별도의 회사방침이 불필요할 경우 매뉴얼 또는 자기 판단에 따라 즉시 해결한다. 처리결과를 〈표 12-5〉과 같은 불만 처리 대장에 기입한다.

〈표 12-5〉 고객불만 처리 대장

날짜	시간	고객 성명	성별	지역	연령	불만 항목	불만 내용	조치 내용	담당자
22/6/25	10:00	임꺽정	남	서울	40대	배송	지연	즉시 발송	춘향이
22/06/30	15:00	홍길동	남	서울	50대	반품	반품 요구	반품 승인	향단이

3. 고객만족도 항목 세부내용 파악

고객만족도가 떨어지는 항목에 대해 지속적으로 조치를 해도 불만 추이가 하락하지 않으면 불만의 근본 원인을 찾아야 한다. 불만내용을 지역별, 성별, 연령별 등으로 나누고 만족도 하락 원인을 파악해야 한다.

4. 고객만족도 향상 대책 수립

파악된 지역별, 성별, 연령별 등으로 만족도 하락 원인에 대해 대책을 수립해야 한다. 대책을 수립할 경우 회사가 처해 있는 상황을 고려하여 목표를 선정하되, 달성 가능성이 높은 목표를 세우기 위해서 SMART 기법 활용을 고려해야 한다.

S-specific(구체적이어야 하며), M-measurable(측정 가능하며) A-action-oriented(행위 중심적이고), R-realistic(현실적이고) T-timely(적절한 시간 배정)을 해야 한다.

5. 고객만족도 조사방법의 종류와 장단점

고객만족도 조사방법에는 종이/이메일 설문지, 웹기반 설문지, 제안함(Suggestion Box), 전화 인터뷰, 대면 인터뷰, Focus 그룹, 블로그(BLOG) 등이 있으며 장단점은 〈표 12-6〉과 같다.

〈표 12-6〉 고객만족도 조사방법의 장단점

방 법	장 점	단 점	비 고
종이/이메일 설문지	• 적은 비용으로 많은 양의 정보분석이 가능	• 조사결과에 대한 이유를 이해하기 곤란	• 양질의 질문을 할 수 있으나 분석에 시간이 많이 소요되고 항상 신뢰가능 하지는 않음
웹 기반 설문지	• 적은 비용으로 많은 양의 정보분석이 가능 • 다양한 분석을 체계적으로 수행 가능	• 조사결과에 대한 이유를 이해하기 곤란	• 적은 비용으로 주기적인 의견 조회에 효과적
제안함 (Suggestion Box)	• 객관적이고 통계적으로 중요한 정보에 적용 가능	• 고객에게 의견 제안에 대한 부담을 제공	• 고객만족도 조사에는 부적당
전화 인터뷰	• 기타 설문지와 함께 이용 가능하며 설문결과에 대한 이유 파악 가능 • 가능한 이슈들을 파악하기 위해 예비 설문방법으로 사용 가능	• 인력이 많이 소요되어 많은 분석이 필요한 설문 조사에는 부적합	• 편견을 최소화하기 위해 인터뷰 질문은 신중하게 선정되어야 함 • 인터뷰를 진행하는 개인의 편견에 따른 질문이 되지 않도록 해야 함
대면 인터뷰	• 전화 인터뷰와 유사하나 결과에 대한 원인 분석이 보다 쉽고 민감한 이슈 처리에 용이	• 인력이 많이 소요되며 통계분석을 위한 전문가 고용이 필요	• 인터뷰를 진행하는 개인의 편견에 따른 질문이 되지 않도록 해야 함
Focus 그룹	• 여론에 대한 보다 깊은 분석이 가능하며 해결책 분석도 용이 • 양질의 설문분석을 위해 일반적 설문조사 이후에 추가적으로 사용 가능	• 많은 인력이 소요되며 통계분석을 위한 전문가 고용이 필요	• 분산된 기관들을 대상으로 화상회의 등을 활용하면 비용 절감 가능 • 주도적인 몇 명에 의해 여론이 형성될 수 있음
블로그	• 객관적 결과를 블로그를 통해 받을 수 있음 • 이슈에 대한 조기 반응을 확인 가능하여 추가적인 설문조사 효과를 보임	• 양질의 통계적으로 중요한 정보는 제공하지 못함	• 성공적인 블로그 관리를 위한 노력 필요
Interactive Chat	• 반응이 실시간적인 것을 제외하고는 블로그와 유사	• 블로그와 비슷함	• 블로그와 유사

출처 : 영국 조달청 OGC(Office of Government Commerce)의 고객만족도 조사방법 및 평가항목

학습 12

수행 내용

재료 · 자료

- 전자상거래 자료집
- 전자상거래 법령집
- 운영자 매뉴얼, 사용자 매뉴얼
- 고객응대 매뉴얼
- 배송 매뉴얼

기기(장비 · 공구)

- 컴퓨터, 문서작성 프로그램, 프린터, 주변기기

안전 · 유의사항

- 고객에 대하여 고객 DB 관리를 하는 업무에 적용한다.
- 고객정보를 주요 분류기준에 의해 분석하는 것을 중점적으로 참조한다.
- 고객자료를 주기적으로 갱신 및 최적화하여 고객의 DB의 품질을 관리하는 것을 중점적으로 참조한다.
- 실습실에서의 안전수칙(화재, 사고 등 위급상황 시 행동요령 포함)을 부착하고 교육생이 숙지하도록 한다.
- 실습장비 및 기자재 등에 문제가 발생할 경우 관리자에게 통보한다.
- 실습장소를 정리정돈하고 기자재 등의 장비는 전원을 끈다.
- 실습장비 및 기자재 점검기록부를 비치하고 관리한다.

수행 순서

01 고객관리에서 쇼핑몰의 고객정보 DB 절차과정을 분석하라.

1. 쇼핑몰에서 판매완료된 고객정보를 파악

① 고객 DB에 접근한다.

② 판매자료 처리 고객 DB를 확인한다.
③ 고객정보를 분류할 수 있는 형태로 추출한다.
④ 고객 DB의 원천을 확인한다.

㉠ 내부 데이터를 확인하여 파악한다.

- 거래자의 성명, 주소정보를 확인한다.
- 인구통계적 변수 데이터를 확인한다.
- 거래내역 데이터를 확인한다.
- 통화내역, 촉진내역 데이터를 확인한다.

㉡ 외부 데이터를 확인하여 파악한다.

- 새로운 고객정보를 파악한다.
- 인구통계적 변수 데이터를 확인한다.
- 행태적 변수 데이터를 파악한다.
- 생활유형정보 데이터를 확인한다.
- 세분화 자료 데이터를 확인한다.
- 경쟁사에 대한 정보 데이터를 확인한다.

㉢ 소비자 설문조사를 통해 수집된 고객 데이터를 확인한다.

㉣ 소비자 관찰을 통해 수집된 고객 데이터를 확인한다.

2. 고객정보를 분류하는 기준에 대해 확인

① 고객세분화 기준에 대해 확인한다.
② 고객 데이터의 원천에 대해 확인한다.
③ 고객정보의 분류기준을 작성한다.

3. 고객정보를 확정된 분류기준에 의거해 분류

① 기본정보를 분리한다.

㉠ 성명정보를 분류한다.
㉡ 성별정보를 분류한다.
㉢ 연령정보를 분류한다.

② 심리정보(생년월일, 결혼 유무, 학력, 취미 등)를 구분해서 취합한다.

㉠ 생년월일 정보를 취합한다.
㉡ 결혼유무 정보를 취합한다.

학습 12

㉢ 학력정보를 취합한다.

㉣ 취미정보를 취합한다.

③ 구매정보를 분류한다.

㉠ 이용 사이트 정보를 분류한다.

㉡ 판매상품 정보를 분류한다.

㉢ 구매액 정보를 분류한다.

④ 신용정보를 구분한다.

㉠ 카드발급 유무 정보를 구분한다.

㉡ 카드번호 정보를 구분한다.

㉢ 거래은행 정보를 구분한다.

㉣ 이용한도 정보를 구분한다.

⑤ 판촉정보를 분리한다.

㉠ 판촉행사 정보를 분리한다.

㉡ 매체 이용 종료정보를 분리한다.

㉢ 구매일 정보를 분리한다.

⑥ 상품정보를 구분하고 취합한다.

㉠ 상품코드 정보를 구분하고 취합한다.

㉡ 상품명 정보를 구분하고 취합한다.

㉢ 판매금액 정보를 구분하고 취합한다.

⑦ 평가정보를 분류한다.

㉠ 누적 이용 횟수정보를 분류한다.

㉡ 누적 금액정보를 분류한다.

㉢ 반응 횟수정보를 분류한다.

⑧ 기타정보를 분리해서 구분한다.

4. 분류된 고객정보를 주기적으로 갱신하고 최적화

① 최근 업데이트 일정을 확인한다.

② 분기(3개월) 이상 지난 고객정보는 따로 분리하여 관리한다.

③ 최신 고객정보와 대조하여 틀린 정보가 없는지 체크한다.

④ 고객정보에 오류가 발생된 부분을 수정 · 보완하여 고객정보를 최적화시킨다.

5. 고객 DB 품질을 관리

① 고객 DB를 1개월 단위로 오류를 확인한다.

② 최신 정보가 반영되었는지 고객 DB를 체크한다.

③ 체크된 정보가 최신 정보로 유지될 수 있도록 품질을 관리한다.

02 고객만족도 조사에 대한 계획 및 분석에 대하여 분석하라.

1. 고객만족도 조사계획 수립

회사에서 보유한 고객만족도 매뉴얼과 전기(前期) 고객만족도 조사 보고서를 충분히 이해하고 계획을 수립해야 한다. 만약 보유하고 있지 않다면 배경, 목적, 방침, 조사대상 및 범위, 설문지 문항 구성, 평가방법, 조사기간 및 방법, 조사결과 활용계획, 추진일정 등으로 계획을 수립한다. 회사 내에 고객만족도 측정 전문가가 없거나 측정 매뉴얼이 없는 경우 설문조사 전문 회사와 협의하여 계획을 수립해야 객관적인 조사가 될 수 있다.

1) 배 경

고객만족도를 조사해야 하는 주위 환경을 기술한다. 〈표 12-7〉는 정부가 주관한 20**년도 공공기관 고객만족도 조사배경에 해당하는 예시이다.

〈표 12-7〉 20**년도 공공기관 고객만족도 조사배경

1. (고객만족도 조사) 공공기관의 고객중심 경영 촉진을 위해 서비스를 직접 제공받은 고객에게 만족도를 측정하여 서비스 개선에 활용 * 공기업은 1999년, 준정부 기관은 2004년, 기타 공공기관은 2005년부터 실시 2. (국민 체감도 조사) 2011년부터는 직접 고객이 아닌 일반국민들에게 공공기관의 사회적 책임성에 대한 인식 수준을 추가 조사

2) 목 적

고객만족도를 조사하여 실현하려는 일을 기술한다. 〈표 12-8〉은 정부가 주관한 20**년도 공공기관 고객만족도 조사목적에 해당하는 예시이다.

〈표 12-8〉 20**년도 공공기관 고객만족도 조사목적

1. 고객만족도 조사의 실효성 제고 2. 조사과정의 신뢰성 · 공정성 강화 ㅇ 조사의 객관성을 제고하는 방향으로 사업자 선정 방식 개편 ㅇ 부정행위가 적발되어 조사결과를 신뢰할 수 없는 기관은 사안의 경중을 감안하여 최하점 부여 등 페널티 부과 3. 필요 이상의 과도한 업무 부담을 완화하는 기본 계획

3) 방 침

고객만족도를 수행할 방향과 계획을 수립하는 일을 기술한다. 〈표 12-9〉는 서비스 헌장 고객만족도 조사계획 중 방침에 해당하는 예시이다.

〈표 12-9〉 서비스 헌장 고객만족도 조사계획 중 방침

1. 고객만족도 조사는 자체 설문조사로 실시 2. 고객만족도 조사결과 고객의 불편사항이나 불만족한 의견에 대해서는 추후 헌장 개정 시 적극 반영

4) 조사대상 및 범위

고객만족도를 조사할 대상과 범위를 기술한다. 〈표 12-10〉는 서비스 헌장 고객만족도 조사계획 중 조사대상 및 범위에 해당하는 예시이다.

〈표 12-10〉 서비스 헌장 고객만족도 조사계획 중 조사대상 및 범위

1. 우리 ***에서 운영 중인 서비스 헌장에서 제시하고 있는 기준을 이용한 고객 - 2009년도 서비스 이행 기준상에 제시한 서비스를 제공받은 고객이나 헌장의 내용과 관련된 서비스를 이용한 적이 있는 고객 - 헌장별로 직업 · 연령 · 성별 등이 고르게 분포되도록 100명 정도를 선정하여 실시

5) 설문지 문항 구성

고객만족도를 조사할 설문지의 문항 구성을 기술한다. 〈표 12-11〉는 서비스 헌장 고객만족도 조사계획 중 설문지 구성문항의 예시이다.

〈표 12-11〉 서비스 헌장 고객만족도 조사계획 중 설문지 구성문항

분야별	구분	평가 변수	평가 지표
일반 서비스 만족도	민원 환경	대응성	사전정보 제공 수준
		접근성	창구안내 수준, 담당자 연결 정도
		쾌적성	고객 편의시설 수준
		편리성	민원신청 서식 및 획득 정도
	민원처리 태도	신속성	대기 시간, 민원처리 속도
		정확성	민원처리 정확도, 담당 공무원의 전문성
		친절성	공무원의 응대 태도
		공정성	담당 공무원의 공정한 대우
개별 서비스 만족도	이행 기준의 준수 정도	부서별	업무의 이행 표준 달성도
헌장의 인지도	헌장 제정 사실의 인지도		
	헌장 내용의 인지도		
전체 만족도	해당 서비스 전반에 대한 만족도(전체 평균)		

6) 평가방법

고객만족도 조사 후 답변에 대한 평가방법을 기술한다. 〈표 12-12〉은 서비스 헌장 고객만족도 조사계획 중 평가방법의 예시이다.

〈표 12-12〉 행정 서비스 헌장 고객만족도 조사계획 중 평가방법

문항별 만족도는 매우 만족(10점), 만족(8점), 보통(6점), 불만족(4점), 매우 불만족(2점)으로 환산하여, 문항별로 점수를 합산한 후 응답자 수로 나눈 값이 되고, 분야별 만족도는 문항별 만족도를 합산하여 문항수로 나눈 값이 된다.

1. 개별 문항에 대한 만족도 : 조사결과 응답자가 응답한 만족 점수를 취합하여 응답자 수로 나눈 값
   ㉮ 사전정보 제공 수준의 응답자가 매우 만족(10점) 16명, 만족(8점) 2명, 보통(6점) 1명, 불만족(4점) 3명, 매우 불만족(2점) 3명으로 조사되었으면, (10점×16명+8점×2명+6점×1명+4점×3명+2점×3명)/25=8.00(80.0%)이다.
2. 고객만족도(종합) : 일반 서비스 만족도 평균과 이행 표준 만족도 평균의 평균값
   (9.12+6.81)/2=7.96(79.6%)

2. 고객만족도 조사를 실시

고객만족도 조사계획에 따라 조사를 실시한다. 특히 조사일정이 지연되지 않도록 유의

한다. 〈표 12-13〉은 서비스 현장 고객만족도 조사계획 중 추진일정을 편집한 내용이다. 실시일자를 기입하면서 지연 여부를 알 수 있다.

〈표 12-13〉 서비스 현장 고객만족도 조사계획 중 추진일정 편집

추진일정	계획일자	실시일자
고객만족도 조사계획 수립	2022.6.19	
고객만족도 조사를 위한 협조 요청 공문 발송	2022.6.20	
고객만족도 조사	2022.6.25~7.4	
고객만족도 설문 취합 및 분석	2022.7.5~7.20	
서비스 현장 고객만족도 공표 및 홍보	2022.7월 말	

3. 고객만족도 조사 보고서를 작성

고객만족도 조사를 완료한 후 평가하여 조사보고서를 작성한다.

분석결과를 정리해 보면 다음과 같다.

① 쇼핑몰 고객만족 지수는 전반적 만족, 요소 만족, 사회적 만족으로 구성되어 있다. 3가지 만족지수 중 사회적 만족이 88.2%로 가장 높고, 전반적 만족이 85.3점으로 가장 낮다.

② 고객만족 지수에 영향을 주는 품질지수는 상품품질, 전달품질, 환경품질, 사회품질로 구성되어 있다. 이 중에서 사회품질이 87.7점으로 가장 높고, 전달품질이 82.2점으로 가장 낮다.

③ 성과지수는 쇼핑몰성과와 사회성과로 구성되어 있다. 이 중에서 사회성과가 89.9점으로 높고, 쇼핑몰성과가 88.2점이다.

4. 만족도 설문조사 결과를 재집계

고객만족도 조사에서 작성된 보고서를 기초로 만족도 결과를 이해한다. 예를 들어 만족도 결과를 재집계하면 〈표 12-14〉과 같이 나타낼 수 있다.

〈표 12-14〉 만족도 결과 예시

만족도	상품	가격	배송	서비스	기타
점 수	82.7	46.8	34.7	79.8	80.0

5. 불만족도가 높은 평가 항목을 검증

층별이나 산점도를 통해 성별, 거주지, 연령, 직업별로 같은 경향을 보이는지 검증을 한다. 예를 들어 불만족도가 가장 높은 배송에 대해 산점도를 그린 결과가 [그림 12-5]와 같다면 양의 상관관계가 있으므로 연령이 많은 고객일수록 불만족도가 높다는 것을 알 수 있다.

번호	고객	연령	만족도
1	A	25	56
2	B	29	62
3	C	30	57
4	D	45	68
5	E	26	56
6	F	64	85
7	G	50	79
8	H	34	67
9	I	52	80
10	J	47	71
상관계수			0.96315

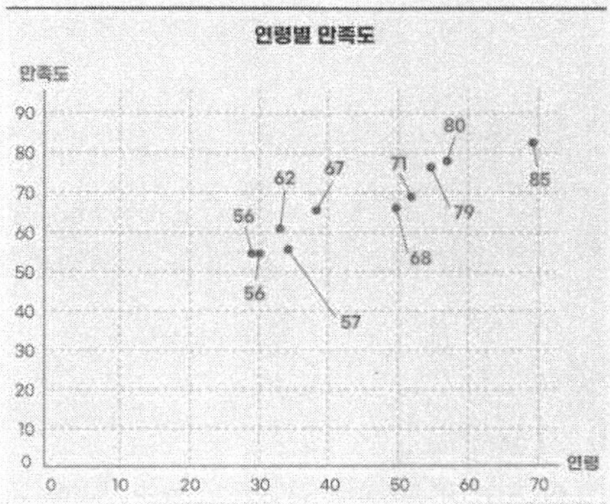

[그림 12-5] 층별사례 2

6. 마케팅 부서에 정보전달

상기와 같은 분석내용을 마케팅 부서 등 관련 부서에 전달하여 개선할 수 있게 한다.

Tip

- 고객만족도 조사를 참조하여 회사의 고객만족도를 조사한다.
- 경쟁 회사 또는 일반 회사에서 고객만족도 향상 활동을 벤치마킹하여 당사의 정책에 반영한다.

학습 12

03 고객만족도 조사 시 설문지 작성 고려사항에 대하여 분석하라.

1. 설문지 작성 시 고려사항

설문지 작성 시 고려해야 할 사항에는 크게 질문, 답변방법, 일반사항 등이 있다.

1) 질 문

① 답변 시간을 고려하여 문항 수를 선정해야 한다. 답변 시간이 길어지면 성실한 답변을 얻기 힘들다. 일반적으로 전화 인터뷰는 5분 이내, 설문지는 10~15분 이내에 답변할 수 있는 양이 적당하다.

② 질문은 답변자가 쉽게 이해할 수 있도록 작성해야 한다.

㉮ 1. 나는 내가 하는 일이 중요한 업무라고 생각한다.

㉮ 2. 귀하께서 하시는 일이 중요한 업무라고 생각하십니까?

2) 답변방법

① 답변자가 쉽게 선택할 수 있도록 리커트 척도(Likert Scale)로 작성해야 한다.

② 중간으로 평가하려는 경향을 배제하기 위해 짝수 개의 선택 문항을 만든다.

㉮ ① 매우 그렇다 ② 그렇다 ③ 그렇지 않다 ④ 매우 그렇지 않다

3) 일반사항

① 답변자의 인적 사항을 질문하는 내용으로 보통 설문지 뒤에 위치시킨다.

② 데이터를 층별할 때 주로 이용하므로 사전에 잘 선정해야 한다. 통상적으로 사는 위치, 연령, 직업, 성별 등을 질문한다.

학습활동.12 교수 · 학습 방법

교수 방법

- 고객관리 및 CS 처리에 대한 관련 용어, 구성, 방식 이해 정도를 파악한 후 수업을 진행한다.
- 교수자의 주도로 고객관리 및 CS 처리 등의 내용을 PPT 자료로 제시한 후 설명한다.
- 가능하면 사전에 개인별 학습 자료를 준비하여 모든 학생이 참여할 수 있는 문제 해결식 수업, 협력 수업이 가능하도록 한다.
- 고객관리 및 CS 처리 전 과정을 작업의 순서에 따라 단계적으로 실습이 이루어질 수 있도록 지도한다.
- 교재를 통해 수업을 준비하는데 있어서 필요한 모든 정보나 팁, 힌트 등 도움이 될 만한 내용들을 확인할 수 있다.
- 학생들이 만들게 될 각 모델들은 수업시간에 중점적으로 다뤄질 부분과 어휘, 질문, 답을 포함하고 있으며 또한 탐구할만한 추가적인 아이디어들도 포함하고 있다.

학습 방법

- 고객관리 및 CS 처리에 대한 관련 용어를 숙지하고, 고객관리 및 CS 처리에 대해 이해한다.
- 고객관리 및 CS 처리의 각 단계별 중점 사항을 체계적으로 학습한다.
- 고객관리 및 CS 처리의 수행순서의 전 과정을 실습한다.
- 고객관리 및 CS 처리의 내용을 이해한다.
- 고객관리 및 CS 처리를 이해하고 숙달이 될 때까지 학습한다.

학습활동.12 평가 및 피드백

평가 준거

- 평가자는 피평가자가 수행 준거 및 평가 내용에 제시되어 있는 내용을 성공적으로 수행할 수 있는 지를 평가해야 한다.

학습내용	평가항목	성취수준		
		상	중	하
고객관리 및 CS 처리	고객관리 및 CS 처리를 이해할 수 있다.			

학습 12

평가 방법

• 작업 포트폴리오

학습내용	평가항목	성취수준		
		상	중	하
고객관리 및 CS 처리	고객관리 및 CS 처리를 이해할 수 있다.			

• 필기시험

학습내용	평가항목	성취수준		
		상	중	하
고객관리 및 CS 처리	고객관리 및 CS 처리를 이해할 수 있다.			

• 체크리스트를 통한 관찰

학습내용	평가항목	성취수준		
		상	중	하
고객관리 및 CS 처리	고객관리 및 CS 처리를 이해할 수 있다.			

• 피드백

1. 작업 포트폴리오
   - 제출한 보고서를 평가한 후 주요 사항에 대하여 표시하여 돌려준다.
2. 필기시험
   - 평가 결과 성적이 저조한 학생은 보고서 제출 기회를 부여한다.
3. 체크리스트를 통한 관찰
   - 실습 과정에서 평가한 후 개선해야 할 사항 등을 정리하여 돌려둔다.

참 | 고 | 문 | 헌

- 교육부 · 임중선 외, '전자상거래(10030´02) NCS학습모듈', 한국직업능력개발원, 2018.12.31.
- 강병서 · 정혜영 · 송상호 · 김성영, 『CEO를 위한 신경영학(경영전략, 마케팅)』, 무역경영사, 2001.
- 김관형 · 김진현 · 김태수 · 박남섭 · 박세훈 · 허관도, 『현대창의공학』, 북스힐, 2014.
- 김영문, 『하루 만에 인터넷 쇼핑몰 창업하기』, 집현재, 2014.
- 김은경, 『창의적 공학설계』, 한빛아카데미, 2013.
- 매일경제신문, '온라인 쇼핑몰, 유통황제로 우뚝', 2015.5.11.
- 박대윤 · 김형수, 『인터넷쇼핑몰 기획실무 스타일 가이드』, 도서출판비비컴, 2001.
- 서선원의 e-Shop 창업교실, '성공창업 가이드북 II – 쇼핑몰 창업 전 꼭! 알아야 할 성공비법!', 2013.8.
- 손현준, '인터넷에서 팔리는 상품의 조건', ㈜휴넷 경영지식생산본부 보고서, 2008.11.4.
- 안광호 · 김상용 · 김주영, 『인터넷마케팅 원론』, 법문사, 2001.
- 안웅, 『전자 상거래 관리사』, 연학사, 2007.
- 이동훈, 『전자 상거래와 e-비즈니스(개정판)』, 한빛아카데미, 2015.
- 임성기, 『돈 버는 쇼핑몰, 돈 버리는 쇼핑몰』, 도서출판 비비컴, 2005.
- 정희전 · 착한사진연구소, 『쇼핑몰 창업+운영+제작북』, 한빛미디어, 2012.
- 중소기업청 소상공인진흥원, '전자 상거래 창업가이드', 2006.11.30.
- 허계범, 『e-비즈니스 & 전자 상거래』, 이한출판사, 2009.
- Chaffey.D., 『Internet Marketing : Strategy, Implementation and Practice』, Pearson Education, 2009.
- 다음 카페, '디지털 마케팅의 본질적 이해', http://cafe.daum.net/myneostory/Pbb/181?q=personalization%20%B8%B6%C4%C9%C6%C3&re=1
- 다음 카페, '인터넷 마케팅 믹스 전략', http://cafe.daum.net/dongdeamoon/MyPF/362?q=%C0%CE%C5%CD%B3%DD%20%B8%B6%C4%C9%C6%C3%20%B9%CD%BD%BA&re=1
- 블로그, '마케팅-시장 세분화 사례', http://blog.naver.com/PostView.nhn?blogId=tlc700&logNo=40167923014
- 블로그, '쇼핑몰 만들기', http://blog.daum.net/anapana
- 블로그, '시장 세분화 – 쉽게 이해하는 시장 세분화, 08. STP', http://blog.naver.com/PostView.nhn?blogId=sako71&logNo=220347251984
- 블로그, '온라인 쇼핑몰 가격 결정 기준과 방법', http://blog.naver.com/PostView.nhn?blogId=hip34&logNo=20014494675
- 블로그, '인터넷마케팅 원론 – 4P의 변화', http://blog.naver.com/PostView.nhn?blogId=dbgn95&logNo=80189876008
- 블로그, '제품유형분류와 마케팅 전략', http://blog.naver.com/PostView.nhn?blogId=an11778&logNo=220374030811
- 중소기업청, '기관마당〉 기업마당〉 창업 길잡이', http://www.bizinfo.go.kr/EgovPageLink.do?menuNo=20301000&link=egovframework/bizinfo/uss/ise/bizguide/1-1-2-2#/

학습 12

- 개인블로그, '1인기업 1인경영시대', http://oneceo.co.kr/263
- 구교봉 · 이종호, 『소셜 네트워크를 활용한 전자상거래』, 탑북스, 2012.
- 김대영, 『전자상거래 운용사 필기』, 중앙교육, 2004.
- 김대영 · 오익재 · 김태순, 『전자상거래운용사 필기』, 중앙교육진흥연구소, 2002.
- 김진우, 『인터넷비즈니스.com』, 영진출판사, 1999.
- 김현호 · ㈜다음커뮤니케이션 User research Lab, http://convas.tistory.com/
- 애자일 초심자를 위한 애자일SW개발101(nipa소프트웨어공학센터)
- 오종혁, 『성공적인 웹 사이트 구축을 위한 웹 기획 & 웹 프로젝트 매니지먼트』, 영진닷컴, 2008.
- 이동훈, 『전자상거래와 e-비즈니스의 이해』, 한빛미디어, 2008.
- 이제홍 · 박종돈, 『전자상거래 입문』, 보경Books, 2006.
- 이필승, 『웹 기반 정보시스템감리 프로세스 개선에 대한 연구』, 건국대학교 석사학위논문, 2009.
- 이해일, 『전자상거래 관리사2급』, 대명출판사, 2005.
- 주재훈 · 류시욱, 『전자상거래@e-비즈니스』, 삼영사, 2009.
- Hagel & Amrstrong, Net Gain : Expanding Markets through Virtual Communities, Harvard Business
- School Press · 한영주 역, 『가상사회와 전자상거래』, 세종서적, 1997.
- Hagel.J. & Singerg.M., Net Worth, Harvard Business School Press, 이경전 역, 『정보중개와 전자상거래』, 세종서적, 1999.
- Robert A. Maksimchuk, Eric J. Naiburg, 『운명적 존재를 위한 UML』, 사이텍미디어, 2005.
- Shapiro.C. and Varian.H., Information Rules, Harvard Business School Press, 임세윤 역, 『정보법칙을 알면 .com 이 보인다』, 미디어 퓨전, 1999.
- (주)인포코리아 홈페이지 개발 프로세스 http://www.infokr.co.kr/02home/home_01.asp
- (주)하림 정보전략팀 차장 김선식, http://i-bada.blogspot.kr/2012/07/blog-post_4487.html
- 디자인컨셉 관련 ppt, fashion.cbnu.ac.kr/user/saveDir/board/www68/299_1318576134_0.pdf
- 삼성경제연구소, http://www.seri.org
- 웹사이트 설계, www.mediaschool.co.kr
- 위키피디아(기본 개념), https://ko.wikipedia.org/wiki/
- 프레임워크에 대하여, www.kemco.or.kr
- 한국인터넷전문가협회 블로그, http://kipfanews.tistory.com/35
- http://i-bada.blogspot.kr/2012/04/cbd-component-based-development.html
- http://i-bada.blogspot.kr/2012/03/umlunified-modeling-language.html
- http://software.naver.com
- http://www.softpedia.com
- http://www.brothersoft.com
- http://web.kunstbada.com/how-to
- http://www.yamestyle.com/
- http://data.adic.co.kr/lit/thesis/1998/P0002665/03.html

- http://blog.naver.com/an11778?Recirect=Log&logNo=220380174457(경영지도사 안시헌) www.yesform.com
- http://www.easy T-shirts.co.kr
- http://hong1022.dothome.co.kr/schedule/07_01.htm
- 김영문, 『카페(Cafe)로 창업하기』, 집현재, 2012.
- 김영문, 『하루 만에 인터넷 쇼핑몰 창업하기』, 집현재, 2014.
- 김주원, 『좋은 사진을 만드는 김주원의 포토샵 사진 강의』, 한빛미디어, 2012.
- 남궁성, 『JAVA의 정석-2판』, 도우출판, 2010.
- 남정현 옮김, 『스프링 프레임워크의 실제』, 아이티씨, 2015.
- 남궁성, 『JAVA의 정석-2판』, 도우출판, 2010.
- 네이버, '네이버쇼핑 상품정보 제공 가이드', 2015.
- 대한상공회의소, '전자상거래 관리사 출제기준(http://license.korcham.net/index.jsp)', 2015.7.
- 미래창조부 · 한국정보화진흥원 · 빅데이터전략센터, 『빅데이터 활용단계별 업무절차 및 기술활용 매뉴얼(Version 1.0)』, 2014.5.20.
- 박효근 · 윤이사라, 『맛있는 디자인 포토샵 CC』, 한빛미디어, 2015.
- 블로그, '독립형 솔루션', http://blog.naver.com/PostList.nhn?blogId=bumilion2&from=postList&categoryNo=20
- 블로그, '스프링 프레임워크 개요', http://blog.naver.com/PostView.nhn?blogId=0221jyh&logNo=220326237171
- 블로그, '스프링 프레임워크 게시판', http://syaku.tistory.com/263
- 블로그, '윈도우에서 Eclipse와 Tomcat으로 로컬 웹서버 구축하기'
- http://blog.naver.com/PostView.nhn?blogId=clean820818&logNo=220348731756
- 블로그, '전자정부 프레임워크', http://m.blog.naver.com/smilemin0/220303280357#
- 블로그, 'Circus AR', http://blog.naver.com/PostView.nhn?blogId=circus_ar&logNo=50167979698
- 블로그, 'Getmall', http://blog.naver.com/PostView.nhn?blogId=getmall_pr&logNo=220284409665
- 블로그, 'sERP-기초정보-일괄등록', http://blog.naver.com/PostView.nhn?blogId=dionysos_sin&logNo=220230265279
- 사카타코고이치 · 황선유, 『예제로 쉽게 배우는 스프링 프레임워크 3.0』, 한빛미디어, 2012.
- 양재헌, 『DSLR 사진 촬영 & 포토샵 리터칭』, 성안당, 2015.
- 에너지경제신문, '스마트폰, 성인 5명중 4명 사용...만 5년도 안걸려', http://www.ekn.kr/news/article.html?no=161972, 2015.9.3.
- 위키 사이트 Gurubee, '꿈꾸는 개발자, DBA 커뮤니티 - 9장, 데이터베이스 구축', http://wiki.gurubee.net/pages/viewpage.action?pageId=14024898
- 이동훈, 『전자상거래와 e-비즈니스(개정판)』, 한빛아카데미, 2015.
- 이춘식, 『아는 만큼 보이는 데이터베이스 설계와 구축』, 한빛미디어, 2002.
- 인터넷 진흥원7), 『웹 개발 프레임웍(HTML5 SDK)』, 2015.

학습 12

- 임성기, 『돈 버는 쇼핑몰, 돈 버리는 쇼핑몰』, 도서출판 비비컴, pp.141-149, 2005.
- 임화연, 『실전 쇼핑몰 포토샵 북』, 한빛미디어, 2014.
- 임화연 · 이해령 · 디자인아트플러스, 『맛있는 디자인 드림위버CC』, 한빛미디어, 2015.
- 정다영, 『포토샵 디자인 강의』, 한빛미디어, 2015.
- 정윤선, 『포토샵+일러스트레이터 작업의 기술』, 혜지원, 2014.
- 정책뉴스, '전자상거래 소비자보호 지침 개정', http://www.korea.kr/policy/pressReleaseView.do?newsId=156065757&call_from=extlink, 2015.7.23.
- 정희전 · 착한사진연구소(남상욱), 『쇼핑몰 창업+운영+제작북』, 한빛미디어, 2012.
- 채흥석, 『UML과 JAVA로 배우는 객체지향 CBD실전 프로젝트』, 한빛미디어, 2009.
- 허계범, 『e-비즈니스 & 전자상거래』, 이한출판사, 2009.
- '공정거래위원회', http://www.ftc.go.kr
- '표준프레임워크 포털', http://www.egovframe.go.kr
- '한국데이터베이스진흥원', http://www.kodb.or.kr
- 'DBGuide.net', http://www.dbguide.net
- https://firstmall.kr/ec_hosting/education/cu_list.php?idx_b=2
- 김수정 · 신연경 · 최연수 · 김성일 · 이정원, 『전자상거래 실무』, 서울 : 이오북스, 2015.
- 김의창 · 최세현, 『웹 환경과 연동된 중소 쇼핑몰 물류 관리 시스템 구현』, 디지털정책연구, 3(1). 165~182, 2005.
- 김일환 · 박동석 · 전근수 · 고대원 · 노현목, 『전자상거래 실무』, 서울 : 성림출판사, 2015.
- 대전광역시시설관리공단, 『RFID 자산 관리 시스템 구축』, 2013.
- 이종호 · 고종남 · 민성희 · 손기철 · 전미경 · 채도병, 『전자상거래 실무』, 서울 : 씨마스, 2015.
- 이채은, 『모바일을 활용한 실시간 ERP 시스템 연동 모형의 구축』, 경북대학교 경영대학원 석사학위 논문, 2004.
- 임문희 · 허선영, 『전자상거래 실무』, 서울 : 삼양미디어, 2015.
- 정문영 · 정용락 · 손종호 · 김선묵 · 구영준, 『전자상거래 실무』, 서울 : 창의발전소, 2015.
- 한국인터넷진흥원, 『웹 서버 구축 보안점검 안내서』, 2010.
- 한국인터넷진흥원, 『홈페이지 개발 보안 안내서』, 2010.
- 한국통합앱스토어, 『한국 통합 앱스토어 시스템 통합 운영관리 제안 요청서』, 2013.
- 한국해운조합, 『전자 결재 시스템 구추 계획』, 2008.
- 행정안전부, 『IT 아웃 소싱 운영 관리 매뉴얼』, 2009.
- 행정안전부, 『전자 정부 서비스 호환성 준수지침』, 2010.
- 행정안전부, 『웹 사이트 운영 가이드 라인』, 2011.
- ASEIC, 『사이트 S/W 및 H/W 통합 유지 보수 제안 요청서』, ASEIC, 2015.
- 교육부, 환경분석(1003010210_16v2), 세종 : 한국직업능력개발원, 2014.
- 교육부, 2016 고등학교 전문교과 수행 평가 모델 자료집, 세종 : 한국직업능력개발원, 2016.
- 김광석 · 권보람 · 최연경, 『4차 산업혁명과 초연결사회, 변화할 미래산업』, 삼정KPMG, 2017.

- 경제연구원, ISSUE MONITOR 제68호 January 2017.
- 김광석 · 김수경 · 박경진, 『소비 패턴의 11가지 구조적 변화』, 삼정KPMG 경제연구원, Issue 43. 2016(통권 제43호), 2016,
- 김동열, 『경제주평』, 현대경제연구원, 11-39. 2011(통권 제 466호), 2011.
- 장경채, 『인터넷 마케팅 플러스』, 무역경영사, 2006.
- 조경희 외, 『전자상거래 일반』, 씨마스, 2017.
- 한국인터넷마케팅연구회, 『인터넷 마케팅』, 삼우사, 2003.
- 류지완, "오픈 마켓 3월 브랜드 평판 조사, 'G마켓 1위'", 브레이크, http://www.breaknews.com, 2017.8.18, 검색, 2017.3.3.
- 매경 시사용어 사전, http://100.daum.net/book/645/list
- 미용경영컨설턴트협회 http://cafe.daum.net/embc2010/OBSs/30
- 위키 백과사전, https://ko.wikipedia.org
- 윤승환 · 정승원, "필승전략 MECE", 아시아경제(http://www.asiae.co.kr/news), 2017.8.18. 검색, 2017.5.17.
- 지연진, "모바일 거래액 3.6兆…유통업계 '지각변동'", 아시아경제(http://www.asiae.co.kr/news), 2017.8.18. 검색, 2017.6.29.
- 통계청, http://kostat.go.kr
- 교육부, 마케팅 관리(1003010206_13v1), 세종 : 한국직업능력개발원, 2015.
- 김범종 · 박승환 · 송인암 · 조용한, 『디지털 시대의 마케팅 관리』, 대경, 2017.
- 신광수, 『온라인 유통마케팅』, 무역경영사, 2016.
- 신용성, 『온라인마케팅통찰』, 컨버전시, 2015.
- 안광호 · 김동훈 · 김영찬, 『시장지향적 비즈니스&마케팅 전략』, 학현사, 2015.
- 정기한 · 신재익 · 오재신, 『마케팅 관리』, 디엔씨미디어, 2014.
- 정분도, 『인터넷마케팅론』, 두남, 2016.
- 주윤황, 『인터넷마케팅』, 학현사, 2012.
- 최재혁, 『온라인채널마케팅』, 리온, 2017.
- 김종학, 『엑셀 2007 무조건 따라하기』, 서울 : 길벗, 2007.
- 기획재정부, 『공공 기관 고객 만족도 조사 모델(PCSI)의 이해』, 2006.
- 이상복, 『품질 이야기』, 서울 : 이레테크, 2012.
- 지마켓, 상품분석평, http://item2.gmarket.co.kr/Item/detailview/Item.aspx?goodscode=150753529 2015.7.26.

학습 1	온라인 유통시장의 개요
학습 2	쇼핑몰의 상품개발 전략 수립
학습 3	마케팅 고객관리 전략 수립
학습 4	마케팅 가격 전략 수립
학습 5	마케팅 유통 및 광고 전략 수립
학습 6	판매계획 수립
학습 7	재무계획 수립
학습 8	사이트 기획, 구축 및 운영
학습 9	오픈마켓 준비
학습 10	오픈마켓 제작
학습 11	주문처리 및 배송절차
학습 12	고객관리 및 CS 처리
학습 13	**세무관리 실전**
학습 14	해외 구매대행

학습 목표

1. 세무관리 실전을 이해할 수 있다.

13-1 종합소득세 신고 실전

창업자나 예비 창업자들은 1년에 한번 종합소득세 신고를 해야 한다. 누구나 별도의 소득이 있으면 해야 하며 직장인이라도 추가 수익이 있으면 반드시 해야만 한다.

매출이 어느 정도 되는 사업장은 기장 및 신고를 대행하여 세무사에게 위임을 하는 경우도 있으나 매출이 적거나 없는 신규 새내기들은 샐프 신고에 도전하기도 한다.

또는 종합소득세 신고만 자료를 주고 요청하는 경우도 있다. 직장을 다닐 때는 경리부서에서 대신해주는 경우가 많았다면 지금부터는 스스로 선택하여 신고를 해야 한다.

1. 신고기간

매년 5월 1일~5월 31일 안에 국세청 홈택스 혹은 세무서를 통해 진행한다.

신고를 안 했을 시 받는 불이익은 무신고 가산세(일반/부정 무신고) 혹은 납부 불성실 가산세(미납/미달납부)가 발생한다.

가산세액은 유형에 따라 무신고 납부세액 × 20%, 수입 금액 × 0.07%, 미납/미달납부세액 × 미납기간 × 0.025%의 계산식을 적용한다.

2. 신고대상

신고대상은 사업자(자영업자), 아르바이트생, 프리랜서, 월급 외 추가 소득이 있는 직장인이다.

1) 신고대상 금액

신고대상 금액은 1년 동안 발생하는 사업(부동산 임대), 배당, 이자, 연금 등의 모든 소득이다.

〈표 13-1〉 과세크준에 따른 세율과 누진 공제액

과세표준	세율	누진 공제액
0원~1,200만원 이하	6%	0원
1,200만원 초과~4,600만원 이하	15%	1,080,000원
4,600만원 초과~8,800만원 이하	24%	5,220,000원
8,800만원 초과~1억 5,000만원 이하	35%	14,900,000원
1억 5,000만원 초과~3억원 이하	38%	19,400,000원
3억원 초과~5억원 이하	40%	25,400,000원
5억원 초과~	42%	35,400,000원

2) 셀프 신고 권장 대상

종합소득세 신고를 처음 진행해보는 창업자도 셀프 신고를 할 수 있다. 소득이 적어 단순경비율 적용 대상자나 간편장부 대상자라면 직접 진행하는 것도 크게 어렵지 않으며, 특히 추계신고는 장부를 작성하지 않아도 되니 절차가 간편하다.

3) 나홀로 종합소득세 신고하기

국세청 홈택스 홈페이지에 '공인인증서 로그인'한 후 [종합소득세 신고]를 눌러 단순경비율 추계, 일반 신고 중 해당되는 메뉴를 클릭한다. 총수입금액까지 모두 등록하고 나면 지금까지 입력한 내용이 목록에 추가된 것이 확인된다. 추가로 사업소득 원천징

수 내역이나 기타 소득이 있다면 따로 메뉴를 클릭해 추가로 작성해야 한다.

(1) 국세청 홈택스 접속

[그림 13-1]처럼 국세청 홈텍스에 접속(www.hometax.go.kr)하여 금융인증서 등으로 개인 가입으로 인증하여 로그인한다.

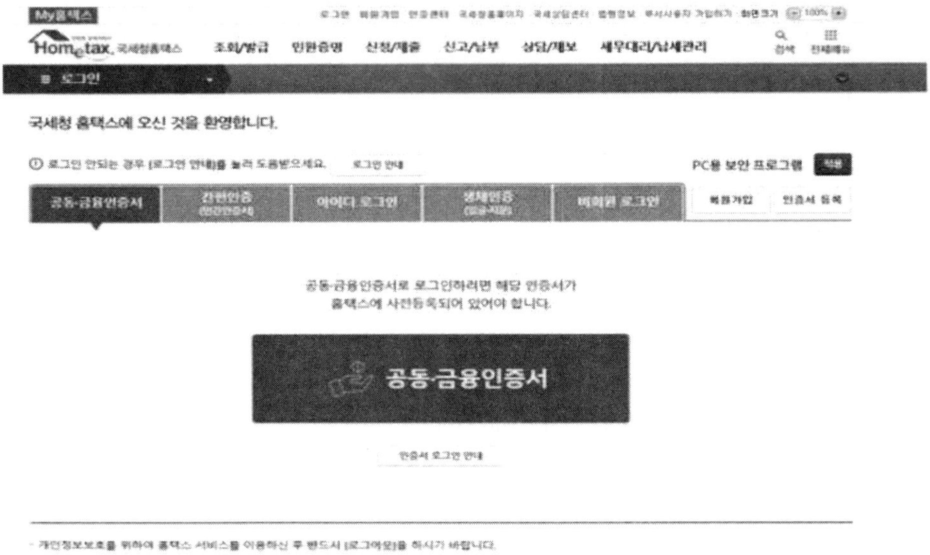

[그림 13-1] 국세청 홈텍스 접속

(2) 종합소득세 신고

[그림 13-2]처럼 종합소득세 신고를 클릭하여 나홀로 종합소득세를 신고한다.

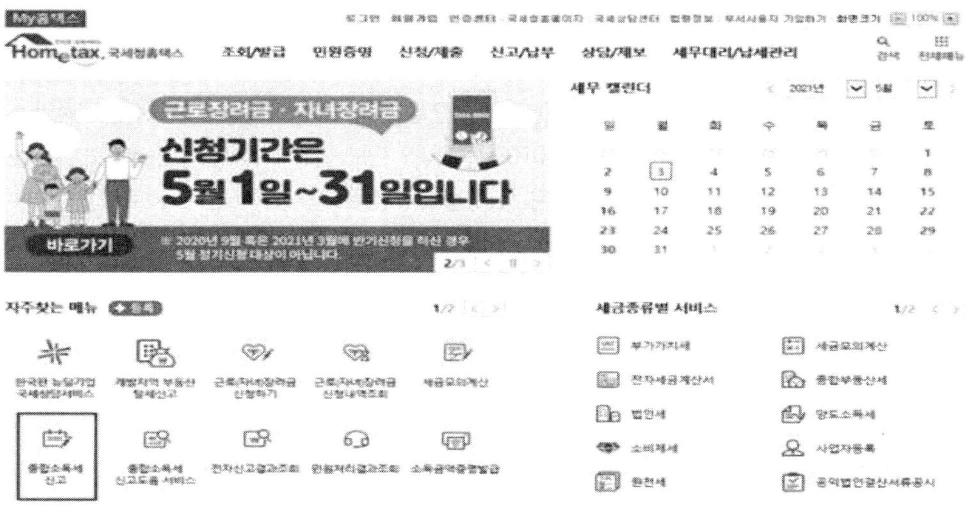

[그림 13-2] 종합소득세 신고 선택

[그림 13-3]처럼 일반 신고서를 선택하다.

[그림 13-3] 일반고지서 선택

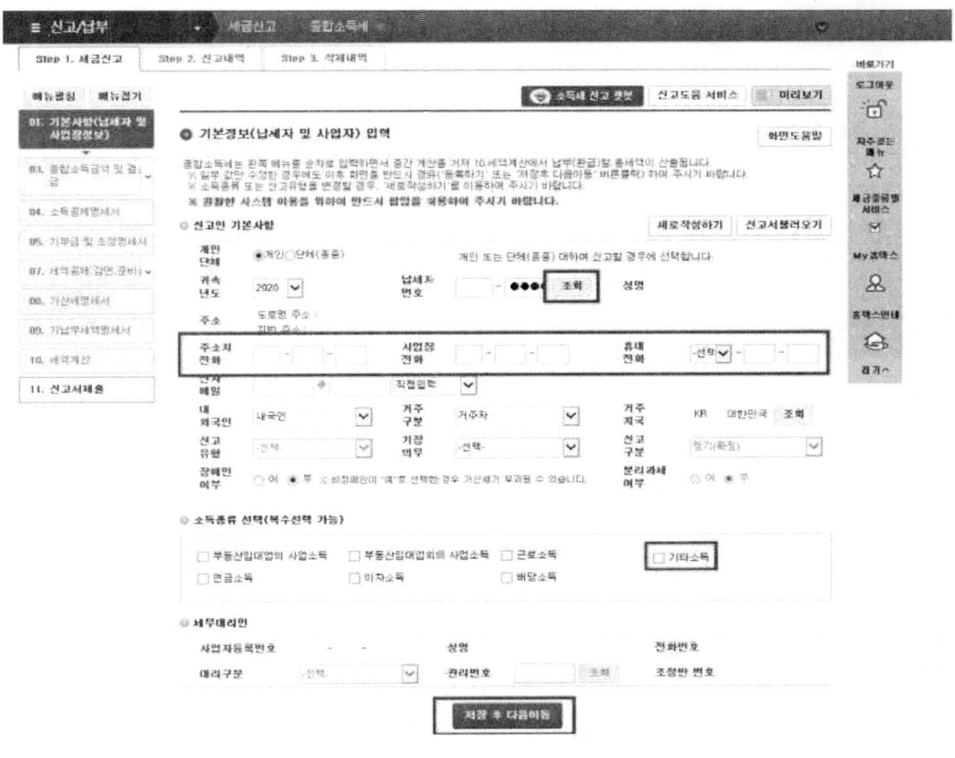

[그림 13-4] 정기신고서 선택

학습 13

[그림 13-4]처럼 일반신고서의 정기신고서 선택을 클릭한다.

① 납세자 번호(주민등록번호)를 조회한다.
② 연락처 3개 중 1개 이상을 작성한다.
③ 기타 소득을 체크한다.
④ 저장 후 다음으로 이동한다.

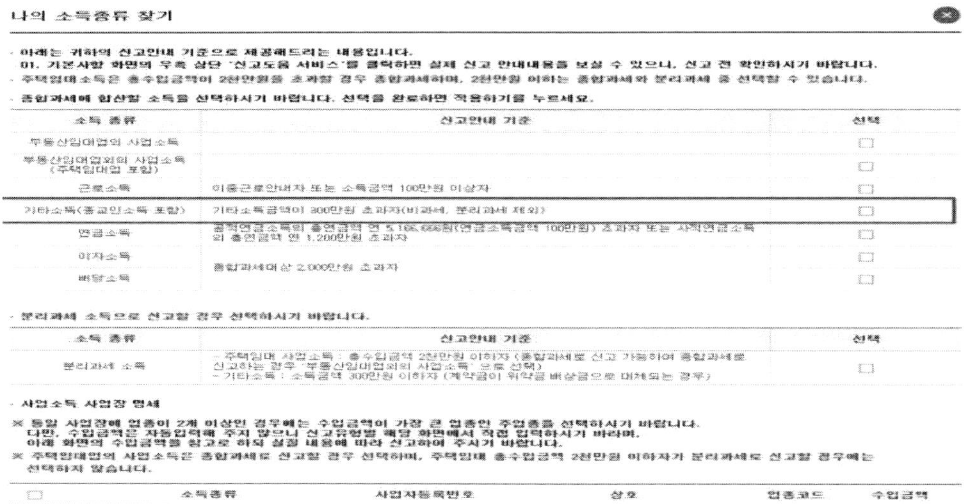

[그림 13-5] 기타 소득을 체크

[그림 13-5]처럼 나의 소득 종류를 찾기 위해 기타소득을 선택한다.

[그림 13-6] 근로, 연금소득 불러오기

[그림 13-6]처럼 근로, 연금소득 불러오기에서 다음 사항을 확인한다.

① 납부(환급)할 총 세액을 확인한다. 환급금이 있으면 마이너스로 표시된다.
② 환급계좌의 정보를 확인한다.
③ 개인정보를 동의한다.
④ 신고서를 제출한다.

13-2 부가가치세 신고 실무

1. 부가가치세의 개요

1) 부가가치세

부가가치세란 상품(재화)의 거래나 서비스(용역)의 제공과정에서 얻어지는 부가가치(이윤)에 대하여 과세하는 세금이며, 사업자가 납부하는 부가가치세는 매출세액에서 매입세액을 차감하여 계산한다.

부가가치세는 물건값에 포함되어 있기 때문에 실제로는 최종소비자가 부담하는 것이며, 사업자는 최종소비자가 브담한 부가가치세를 세무서에 납부하는 것이다. 그러므로 부가가치세 과세대상 사업자는 상품을 판매하거나 서비스를 제공할 때 거래금액에 일정금액의 부가가치세를 징수하여 납부해야 한다.

※부가세= 매출세액 - 매입세액
= 간접세(납세의무자≠조세부담자)
= 소비세(재화를 소비할 때 생기는 세금)
= 물세(납세자의 개인 부담 능력과 므관하게 재화거래 혹은 재산보유 등에 매겨지는 조세)

[그림 13-7] 부가세의 정의

2) 부가가치세 납세의무자

영리목적의 유무에 불구하고 사업상 상품(재화)의 판매나 서비스(용역)를 제공하는 모든 사업자는 부가가치세를 신고·납부할 의무가 있다.

다만 미가공식료품 등 생필품 판매, 의료·교육 관련 용역제공 등 법령에 열거된 규정에 따라 부가가치세가 면제되는 사업만을 영위하는 경우에는 부가가치세 신고·납부의무가 없다.

3) 일반과세자와 간이과세자

(1) 일반과세자

일반과세자는 10%의 세율이 적용되는 반면, 물건 등을 구입하면서 받은 매입세금계산서상의 세액을 전액 공제받을 수 있고 세금계산서를 발급할 수 있다.

연간 매출액이 8천만원 이상으로 예상되거나, 간이과세가 배제되는 업종 또는 지역에서 사업을 하고자 하는 경우에는 일반과세자로 등록하여야 한다.

(2) 간이과세자

간이과세자는 1.5~4%의 낮은 세율이 적용되지만 매입액(공급대가)의 0.5%만 공제받을 수 있으며, 신규사업자 또는 직전연도 매출액이 4천8백만원 미만인 사업자는 세금계산서를 발급할 수 없다.

주로 소비자를 상대하는 업종으로서 연간 매출액이 8천만원(과세유흥장소 및 부동산임대업 사업자는 4천 8백만원)에 미달할 것으로 예상되는 소규모사업자의 경우에는 간이과세자로 등록하는 것이 유리하다.

4) 과세기간 및 신고납부

부가세 신고는 간이사업자, 일반과세자, 법인사업자의 신고기간이 상이하다.

(1) 계속 사업자의 경우

① 일반과세자(법인사업자, 개인 일반사업자)

부가가치세는 6개월을 과세기간으로 하여 신고·납부하며, 각 과세기간을 다시 3개월로 나누어 중간에 예정 신고기간을 두고 있다.

일반적인 경우 법인사업자는 1년에 4회, 개인사업자는 2회 신고하며 과세기간 중에 월별 조기환급 신고를 한 경우에는 해당기간의 실적은 제외하고 신고하여야 한다.

〈표 13-2〉 일반과세자 과세대상기간 및 납부기간

과세기간	과세대상기간		신고납부기간	신고대상자
제1기 1.1~6.30.	예정신고	1.1.~3.31.	4.1.~4.25.	법인사업자
	확정신고	4.1.~6.30.	7.1.~7.25.	법인사업자
		1.1.~6.30.	7.1.~7.25.	개인 일반사업자
제2기 7.1~12.31.	예정신고	7.1.~9.30.	10.1.~10.25.	법인사업자
	확정신고	10.1.~12.31.	다음해 1.1.~1.25.	법인사업자
		7.1.~12.31.	다음해 1.1.~1.25.	개인 일반사업자

개인 일반사업자와 직전 과세기간 공급가액의 합계액이 1억 5천만원 미만인 법인 사업자는 직전 과세기간(6개월) 납부세액의 50%를 예정고지서(4월 · 10월)에 의해 납부(예정신고 의무 없음)하여야 하고, 예정고지된 세액은 확정신고 시 기납부세액으로 차감된다.

다만 징수하여야 할 금액이 30단원 미만이거나 과세기간 개시일 현재 일반과세자(간이→일반)로 과세유형 전환된 사업자는 예정고지 대상에서 제외된다.

예정고지 대상자라도 사업부진 또는 조기환급 발생 사업자는 예정신고를 할 수 있으며, 이 경우 예정고지는 취소된다

〈표 13-2〉처럼 부과세는 1년에 한 차례 신고 및 납부를 하는 종합소득세와는 달리, 한 해 동안 법인사업자는 최대 4번까지 신고를 진행하고 개인사업자는 그 절반인 2번이며 간이과세사업자는 더 적은 1번이다. 과세기간은 1기와 2기로 나뉘며 각각 예정신고와 확정신고로 세분화되어 있다.

개인 일반과세자는 1년에 두 번 1.1~6.30/7.1~12.31일까지 상반기, 하반기 두 번한다.

법인사업자는 1년에 총 4회에 걸쳐 부가세 신고를 해야 하는데 1월~3월 1분기는 4월 25일까지, 4월~6월 2분기는 7월 25일까지, 7월~9월 3분기는 10월 25일까지, 마지막 10월~12월 4분기는 다음 해 1월 25일까지 신고를 마쳐야 한다.

② 간이과세자

간이과세자는 〈표 13-3〉처럼 1년을 과세기간으로 하여 신고 · 납부한다. 다만 7월 1일 기준 과세유형전환 사업자(간이→일반)와 예정부과기간(1.1.~6.30.)에 세금계산서를 발행한 간이과세자는 1.1.~6.30.을 과세기간으로 하여 7.25.까지 신고 · 납부하여야 한다.

〈표 13-3〉 간이과세자 과세기간 및 납부기간

과세기간	신고 납부기간
1.1.~12.31.	다음해 1.1.~1.25.

즉 개인사업자 간이과세자는 1년에 한 번 1.1.~12.31.의 신고대상 매출을 신고한다.

(2) 신규사업자의 경우

① 과세기간 : 사업개시일로부터 그 날이 속하는 과세기간 종료일까지

② 신고 · 납부기간 : 계속사업자와 동일

(3) 폐업자의 경우

① 과세기간 : 폐업일이 속하는 과세기간의 개시일부터 폐업일까지

② 신고 · 납부기간 : 폐업일이 속하는 달의 다음 달 25일까지

㉠ (예시) 일반과세자가 202*.5.13. 폐업한 경우

㉡ 과세기간 : 202*.1.1.~202*.5.13.

㉢ 신고 · 납부기한 : 202*.6.25.까지 관할 세무서에 신고 · 납부

→ 신고기한을 경과하였을 경우 신고불성실가산세, 납부지연가산세 등 여러 가산세가 적용될 수 있다.

2. 부가세 환급

부가가치세를 신고할 때 매입세액이 매출세액보다 많은 경우에 발생한 환급세액을 말한다. 부가세 환급이 발생한 경우, 관할 세무서에서는 각 과세 기간별로 그 과세기간에 대한 환급세액을 사업자에게 지급한다.

3. 부가가치세 계산

일반과세자의 부가가치세는 아래와 같이 계산한다.

부가가치세 = 매출세액 (매출액 × 세율 10%) - 매입세액 (매입액 × 세율 10%)

4. 법인사업자 부가세 환급시기

1) 일반환급

일반환급은 확정신고 기한이 지난 후 30일 이내이다. 즉 1월~3월의 예정신고 4월 · 7월~9월의 예정신고, 10월에 발생하는 환급세액은 예정신고 시 환급되지 않는다. 또한 10월~12월의 확정신고, 다음 해 1월 · 4월~6월의 확정신고, 7월 납부할 세액에서 정산된다.

예를 들면 10월 예정신고 시 발생한 환급세액이 100만이라면 1월 확정신고 시 발생한 납부할 세액이 70만 원인 경우에 1월 확정신고 시 30일 내 30만원(100만원 - 70만 원=30만원)을 환급받게 된다.

5. 전자상거래 세무 팁

쇼핑몰 운영자들이 사업자 등록을 낼 때 초기에는 꼭 간이과세자로 내는 것을 권장한다. 또한 부가세 면제 구간과 절세의 혜택을 누리며 창업 인큐베이팅을 누리도록 권하고 있다.

또한 해외 구매대행 쇼핑몰은 '대행' 서비스업자이기 때문에 도소매로 매출을 신고하는 것이 아니라 수익금을 최종 신고하고 있다. 때문에 사업자 신고를 할 때 사업항목 전자상거래 해외 구매대행 525105 사업자 코드를 등록하고 매입 매출 자료를 첨부하여 신고액을 신고하여야 한다.

오픈마켓 판매비 - (해외 물품구입비 + 배송비) = 부가세 신고액

13-3 지적재산권 신고 및 판매 패널티 전략

1. 지적재산권의 개념

지적재산권(Intellectual Property Rights)은 독점금지법의 영향을 받아 과거에는 법률가 또는 기업 등에서 '무형재산권(Immatetrial U~Terrecht)'이라는 용어로써 사용되어 졌으나, 1967년에 설립된 세계지적재산권기구(WIPO : World Intellectual Property Organization)가 지적재산권이란 용어를 처음으로 사용한

학습 13

후 지금까지 이어지고 있다.

지적재산권을 압축적으로 표현하면 "인간의 지적 활동으로 부터 생기는 성과 중 법률적 보호대상이 되는 권리"를 말하며 또 다르게는 "인간의 사상으로 부터 창출된 모든 권리, 즉 지적재산을 소유하는 권리"라고 할 수 있다.

Tip

WIPO 설립조약(제2조2)에서는 지적재산권을 "① 문예 · 미술 및 학술저작물, ② 실연가의 레코드 및 방송, 인간 활동과 관련된 모든 분야에서의 발명, ③ 과학적인 발견, ④ 의장(물품의 형상, 모양, 색채 또는 이들의 결합한 것으로 시각을 통하여 감지될 수 있는 것), ⑤ 상표 · 서비스표시 및 상호, 기타 상업상의 표시로서 부정경쟁을 방지함으로써 보호되어야 할 권리 또는 산업 · 학술 · 문예 및 미술 분야에 있어서의 지적활동으로 부터 생기는 권리"로 정의하며 그 대상범위는 광범위하다. 지적재산권은 "물권", "채권" 에 이은 제3의 재산권으로서 인공적인 권리이며 그 중요성은 21세기에 들어 매우 높아지고 있다.

〈표 13-4〉 지적 재산권 권리보호에 관한 법률

구 분	법적 보호수단	
1. 지적재산권 형사소송	1. 고소와 고발	2. 검사기소
2. 지적재산권 일반 행정소송	1. 취소소송 3. 부작위위법 확인소송	2. 무효 등 확인소송
3. 지적재산권 민사소송	1. 침해금지 청구소송 3. 신용회복 청구소송 5. 손실보상 청구소송	2. 손해배상 청구소송 4. 부당이득반환 청구소송
4. 특허소송	1. 심결 청구소송 3. 보상금 및 대가소송	2. 상고
5. 특허심판	1. 거절결정불복 심판 3. 특허무효 심판 5. 권리범위확인 심판 7. 경정무효 심판	2. 특허취소결정불복 심판 4. 특허권 존속기간 연장등록무효효소 심판 6. 경정 심판 8. 통상심사권허여(許與) 심판

2. 지적재산권 침해시 법적인 보호 수단

온라인 쇼핑몰을 운영하고자 하면 오프라인 유통에 비해 높은 확률로 다수의 판매자와 직간접 적으로 충돌을 피할 수 없다. 제조업체는 상품의 등록과정에서 폰트, 사용한 이미지, 템플릿, 프로그램 등 다양한 지적재산권에 대한 유무형의 공격을 받을 수도 있으며 상품명, 회사 이름 등도 상표권 등의 출원이 없으면 소송의 당사자가 될 수도 있다. 판매자 또한 상품의 출처와 유통경로를 정확하게 밝히지 못하면 상표권 침해, 이미지 저적권 침해 등으로 민·형사상 고소, 고발을 받을 수 있다.

근래에 폭증하는 상표권 관련 소송으로 인하여 내용증명을 받는 쇼핑몰 사업자들도 폭증하고 있다. 온라인 쇼핑몰 사업자에게는 유명한 대구에 법무법인은 다수의 상표권을 위임받아 내용증명을 무작위로 발행하는 것으로도 유명하다.

오픈마켓도 상표권 보호와 저작권 보호를 위하여 다양한 검증과 자정의 노력을 하고 있으며 판매자에게 패널티를 부과하고 있다.

네이버 스마트 스토어는 상품을 등록 후 사후검증을 자체적으로 하여 소명이 부족하면 가퇴점 - 퇴점을 조치하고 있으며, 쿠팡은 사전검증을 통하여 판매상품을 블라인드 처리하고 있다. 신고관리의 유형은 다음과 같다.

1) 국내 상표권자가 신고하는 경우

국내 상표권자가 신고하는 경우에는 상표권자는 오픈마켓 법무팀에 내용증명을 발송하고 판매중지를 요청하면 판매자에게 소명을 요청하고 검토 후 판매중지한다.

상표권자는 판매자에게 내용증명 발송 및 연락하여 민·형사 소송여부 의사를 표현하고 고소, 고발 또는 합의를 한다.

2) 오픈마켓이 자체검열을 하는 경우

오픈마켓이 자체검열을 하는 경우에는 상품 관련 구입출처 및 정품여부 소명을 요청하고 검토 후 판매재개를 결정하고 규정위반시 퇴점 처리된다.

3) 법무법인 등 대리권자의 내용증명 발송 및 합의요청시

법무법인 등 대리권자의 내용증명 발송 및 합의요청시에는 대부분은 피해회복과 사실 증명이 목적이며 합의를 우선적으로 처리해야 하나 고의적인 침해사실과 판매액이 미미할 시 적극적으로 대처하기를 권한다.

다양한 대내외적인 외부 요인으르 쇼핑몰의 운영을 포기하는 사람들이 나오고는 한다. 그러나 정확한 절차와 정가픔에 대한 유통절차를 통한 판매에 대한 규정을 지킨다면 그렇게 걱정을 할 사항은 아니다. 다만 쇼핑몰 운영자가 모르고 했다라는 변명을 하지 않기 위해서는 스스로 관련 서류를 확인하고 검증하는 노력이 필요하다.

때로는 억울하게 오픈마켓에서 퇴점을 당하기도 하지만 장기적으로 사업을 하기 위해서는 상표권에 대한 이해와 검증이 필요하다. 또는 내가 가지고 있는 상품에 대한 상표권 등록을 하기 위한 확인작업을 '특허청 사이트 키프리스' 등에서 꼭 해보기를 권한다.

수행 내용

재료 · 자료

- 전자상거래 자료집
- 전자상거래 법령집
- 운영자 매뉴얼, 사용자 매뉴얼
- 세무관리 매뉴얼
- 국세청 자료

기기(장비 · 공구)

- 컴퓨터, 문서작성 프로그램, 프린터, 주변기기

안전 · 유의사항

- 세무에 대하여 세무 DB 관리를 하는 업무에 적용한다.
- 세무정보를 주요 분류기준에 의해 분석하는 것을 중점적으로 참조한다.
- 세무자료를 주기적으로 갱신 및 최적화하여 세무의 DB의 품질을 관리하는 것을 중점적으로 참조한다.
- 실습실에서의 안전수칙(화재, 사고 등 위급상황 시 행동요령 포함)을 부착하고 교육생이 숙지하도록 한다.
- 실습장비 및 기자재 등에 문제가 발생할 경우 관리자에게 통보한다.
- 실습장소를 정리정돈하고 기자재 등의 장비는 전원을 끈다.
- 실습장비 및 기자재 점검 기록부를 비치하고 관리한다.

수행 순서

01 종합소득세의 신고 납부기한에 대하여 분석하라.

법정신고기간	제출대상서류
다음 연도 5월 1일~5월 31일 • 성실신고확인서 제출자는 다음 연도 5월 1일~6월 30일 * 신고기한이 토요일, 공휴일인 경우 그다음날 • 거주자가 사망한 경우 : 상속개시일(사망일)이 속하는 달의 말일부터 6개월이 되는 날까지 • 국외이전을 위해 출국하는 경우 : 출국일 전날까지 ※ 2021년 귀속 종합소득세 확정신고와 관련하여 국세청에서는 코로나19 피해가 큰 소규모 사업자 등에게 납부기한을 8.31.까지 직권연장하는 등 적극적인 세정지원을 실시하고 있습니다. 세정지원 내용은 기본정보의"종합소득세 개요"를 참고하시기 바랍니다.	1. 종합소득세 · 농어촌특별세 · 지방소득세 과세표준확정신고 및 납부계산서 2. 소득공제, 세액공제를 적용받는 경우 • 소득공제신고서, 세액공제신고서 • 인적공제, 연금보험료공제, 주택담보노후연금 이자비용공제, 특별소득공제, 자녀세액공제, 연금계좌세액공제 및 특별세액 공제임을 증명하는 다음의 서류 - 입양관계증명서 또는 입양증명서(동거 입양자가 있는 경우) - 수급자증명서 - 가정위탁보호확인서(위탁아동이 있는 경우) - 가족관계증명서 또는 주민등록표등본 - 장애인증명서 또는 장애인등록증(장애인공제 대상인 경우) - 일시퇴거자 동거가족상황표(일시퇴거자가 있는 경우) - 주택담보노후연금 이자비용증명서 - 보험료납입증명서 또는 보험료납입영수증 - 의료비지급명세서 - 교육비납입증명서, 방과후 학교 수업용 도서 구입증명서 - 주민등록표등본, 장기주택저당차입금이자상환 증명서, 분양계약서 또는 등기사항증명서 - 기부금명세서, 기부금영수증 3. 재무상태표 · 손익계산서와 그 부속서류, 합계잔액 시산표 및 조정계산서(복식부기의무자)간편장부 소득금액계산서(간편장부대상자)추계소득금액계산서(기준 · 단순경비율에 의한 추계신고자)성실신고확인서, 성실신고확인비용 세액공제신청서(성실신고확인대상사업자) 4. 공동사업자별 분배명세서(공동사업자) 5. 영수증수취명세서 6. 결손금소급공제세액환급신청서 7. 세액감면신청서 8. 소득금액계산명세서, 주민등록등본

학습 13

02 종합소득세의 계액계산 흐름도에 대하여 분석하라.

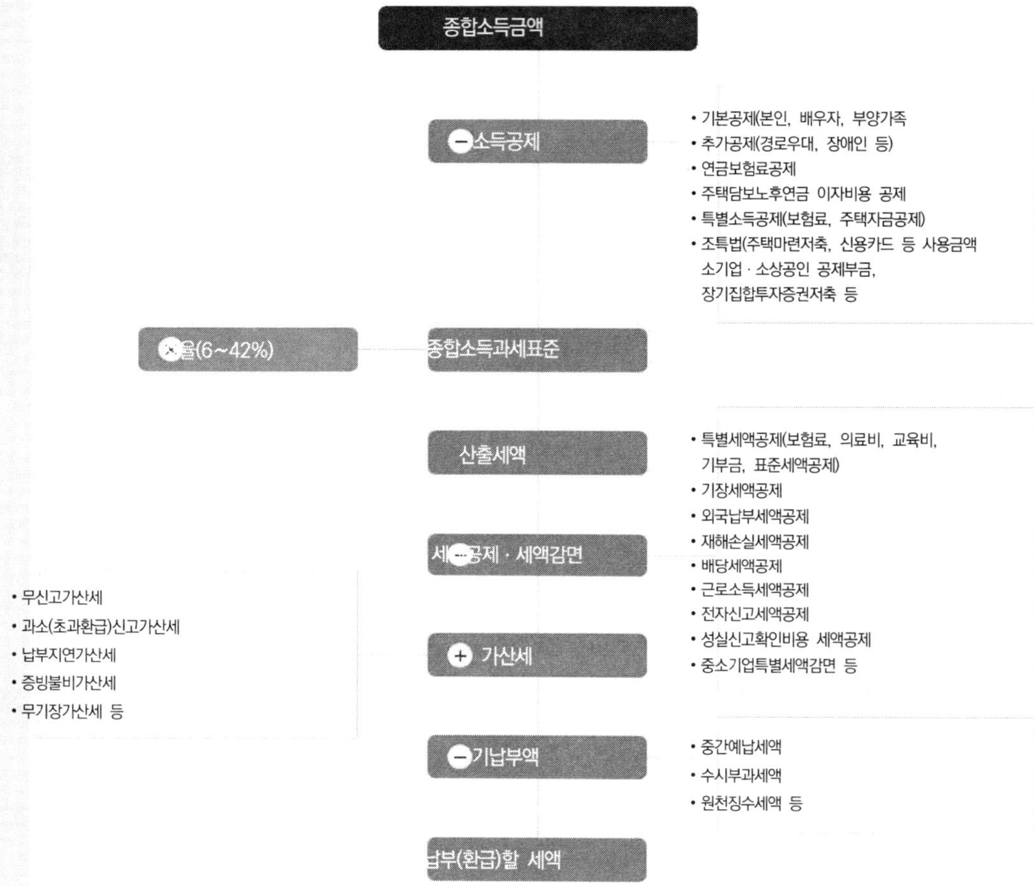

03 종합소득세의 가산세에 대하여 분석하라.

종 류	부과사유	가 산 세 액
무신고	일반무신고	무신고납부세액×20%
	일반무신고(복식부기의무자)	MAX[①, ②] ① 무신고납부세액×20 ② 수입금액×0.07%
	부정무신고	무신고납부세액×40%(국제거래 수반시 60%)
	부정무신고(복식부기의무자)	MAX[①, ②] ① 무신고납부세액×40%(국제거래 수반시 60%) ② 수입금액×0.14%
과소신고, 초과환급신고	일반과소신고	일반과소신고납부세액×10%
	부정과소신고	부정과소신고납부세액×40%(국제거래 수반시 60%)
	부정과소신고(복식부기의무자)	MAX[①, ②] ① 부정과소신고납부세액×40%(국제거래 수반시 60%) ② 부정과소신고 수입금액×0.14%
장부의 기록 · 보관 불성실가산세 (구 무기장가산세)	무기장, 미달기장(소규모사업자 제외)	산출세액×(무기장, 미달기장 소득금액/종합소득금액)×20%
납부지연, 환급불성실	미납 · 미달납부	미납 · 미달납부세액×경과일수*×2.2/10,000 * 납부기한 다음날~자진납부일(또는 납부고지일)
	초과환급	초과환급받은세액×경과일수*×2.2/10,000 * 환급받은 날의 다음날~자진납부일(또는 납부고지일)
지급명세서 보고 불성실	미제출(불분명)	미제출(불분명)금액×1%
	지연제출(기한 후 3개월 이내 제출시)	지연제출금액×0.5%
	일용근로소득지급명세서 미제출(불분명)	미제출(불분명)금액×0.25%
	일용근로소득지급명세서 지연제출(1개월 이내 제출시)	지연제출금액×0.125%
	근로(사업)소득간이지급명세서	미제출(불분명)금액×0.25%

학습 13

종 류	부과사유	가 산 세 액
	미제출(불분명)	
	근로(사업)소득간이지급명세서 지연제출(3개월 이내 제출시)	지연제출금액×0.125% 사업소득 간이지급명세서 제출기한 경과 후 1개월 이내에 제출시
계산서 등 제출 불성실 (신규사업자, 직전 과세기간 사업소득 수입금액 4,800만원 미달자, 보험모집인 · 방문판매원 · 음료품배달판매원은 제외)	계산서 허위 · 누락기재	허위 · 누락기재 공급가액×1%
	계산서합계표미제출, 허위 · 누락기재	미제출, 허위 · 누락기재액×0.5%(기한 후 1월 이내 제출 시 0.3%)
	계산서 미발급, 가공(위장)수수가산세	공급가액×2%
	중도매인에 대한 계산서 제출불성실가산세	[(총매출액×연도별 교부비율)-교부금액]에 대해서만 가산세 부과
전자계산서 관련 가산세 (신규사업자, 직전 과세기간 사업소득 수입금액 4,800만원 미달자, 보험모집인 · 방문판매원 · 음료품배달판매원은 제외)	전자계산서 외 발급	전자계산서 외의 계산서를 발급한 공급가액×1%
	전자계산서 미전송	미전송 공급가액×0.5%
	전자계산서 지연전송 (과세기간 말의 다음달 2일까지 전송)	지연전송 공급가액×0.3%
매입처별 세금계산서 합계표	미제출, 불분명(복식부기의무자만 해당)	미제출, 불분명분 공급가액×0.5%
	지연제출(복식부기의무자만 해당)	지연제출(기한 후 1월 이내 제출) 공급가액×0.3%
증명서류 수취 불성실	정규증명 미수취, 허위수취(소규모사업자 및 추계자 제외)	미수취, 허위수취 금액×2%
영수증수취명세서 제출 · 작성불성실	영수증수취명세서 미제출, 불분명(소규모사업자 및 추계자 제외)	미제출. 불분명금액×1%
사업장현황신고 불성실	의료업, 수의업, 약사업 사업자가 사업장현황 무신고, 수입금액 과소신고	무신고, 과소신고×0.5%
공동사업장 등록 · 신고 불성실	사업자미등록 · 허위등록	미등록 · 허위등록 과세기간의 총수입금액×0.5%
	손익분배비율허위신고 등	허위신고한 과세기간의 총수입금액×0.1%
사업용 계좌 신고 · 사용 불성실	미신고가산세(복식부기의무자만 해당)	MAX ① 해당과세기간수입금액×미신고기간/365×0.2% ② 미사용금액×0.2%

종 류	부과사유	가 산 세 액
	미사용가산세(복식부기의무자만 해당)	미사용금액×0.2%
신용카드 발급 불성실	신용카드에 의한 거래를 거부 또는 사실과 다르게 발급	거부금액 또는 사실과 다르게 발급한 금액×5% (건별 5천원 미만 시 5천원)
현금영수증 발급 불성실	가맹점 미가입	수입금액×미가입기간/365×1%
	발급거부 또는 사실과 다르게 발급	발급 거부 또는 차액×5%(건별 5천원 미만 시 5천원)
기부금영수증 발급, 작성·보관 불성실	기부금 영수증을 사실과 다르게 발급	불성실기재금액×5%
	기부자별 발급내역 미작성, 미보관 * 상증세법에 의해 가산세가 부과된 경우 제외	미작성, 미보관금액×0.2%
성실신고확인서 제출 불성실	성실신고확인대상사업자가 기한 내 성실신고확인서를 미제출	산출세액×(사업소득금액/종합소득금액)×5%
주택임대사업자 미등록가산세	주택임대소득이 있는 사업자가 기한까지 사업자등록 신청하지 아니한 경우	미등록 주택임대수입금액×0.2%
특정외국법인의 유보소득 계산명세서 제출 불성실가산세	유보소득명세서 미제출·불분명	배당가능 유보소득금액×0.5%

※ 신고불성실가산세와 무기장가산세(장부불성실가산세)가 동시에 적용되는 경우 큰 금액을 적용하고 같을 경우에는 신고불성실가산세만을 적용한다.

학습 13

04 부가세 신고방법에 대하여 분석하라.

장단점 알아보고 이용하자, 부가세 신고방법은 다음의 4가지가 있다.

1. 국세청 홈택스

종합소득세와 마찬가지로 부가세 역시 셀프 신고가 가능하다. 처음 부가세 신고를 하는 분들이 아무런 어려움 없이 사용할 수 있다고 말하기는 어려운 방법이다. 홈택스 시스템은 익숙해지면 충분히 편리하게 구축되긴 했지만, 다소 시간이 걸리기 때문이다.

매출이 아예 없으면 상대적으로 신고가 쉽지만, 거래가 활발한 사업자는 그만큼 입력해야 할 항목도 많아지기 마련이다. 특히 절세와 직결되는 매입세액공제를 꼼꼼하게 처리하는 것은 초보자에게 너무 문턱이 높은 업무이다.

2. 세무사무실

수고로움을 덜 수 있도록 전문가인 세무사를 찾는 방법은 실제로 많은 분들이 이용하는 방법이다. 하지만 처음 사업을 시작하며 부가세 신고를 진행해야 하는 입장에서는 어떤 기준으로 세무사무실을 결정할지가 난관으로 남는다.

기본적으로 체크해야 할 사항을 잘 모르면 세무사무실이 얼마나 업무를 잘 처리하는지 판단하기가 사실상 불가능하다. 일반적으로 월마다 지출해야 하는 기장 비용도 만만치 않은 부담으로 다가온다.

3. 세무회계 프로그램

홈택스, 세무사무실 외에도 다른 방법도 존재한다. 월 10만원을 호가하는 세무사무실 기장료보다 저렴하다는 장점의 세무회계 프로그램이다. 프로그램 사용료만 지불하면 된다.

하지만 자칫하면 홈택스 신고와 세무사무실의 단점 모두를 경험할 수 있는 리스크도 존재한다. 사용료는 사용료대로 나가고, 직접 신고와 별반 다르지 않게 미흡한 세무지식 혹은 실수로 인한 오류 기입 가능성이 농후하기 때문이다.

부가세 신고의 오류는 단순한 실수가 아니라 가산세로 연결된다는 점을 감안하면 더욱 신중하게 결정해야 할 방법이다.

4. 온라인 세무대행 '자비스'

처음 부가세 신고 그리고 그 이후 신고도 오류 없이 진행하고 싶다면 그렇다고 매달 비싼 비용을 내는 것도 피하고 싶은 사업자께 '자비스'를 추천한다.

첫 부가세 신고, '자비스'를 이용해야 하는 이유는 다음사항이다.

① 저렴한 월 이용료

② 전문성 높은 파트너 회계사/세무사

③ 회계정보 자동 정리

④ 잔고, 미수금 등 회계 리포트

학습활동.13 교수 · 학습 방법

교수 방법

- 세무관리 실전에 대한 관련 용어, 구성, 방식 이해 정도를 파악한 후 수업을 진행한다.
- 교수자의 주도로 세무관리 실전 등의 내용을 PPT 자료로 제시한 후 설명한다.
- 가능하면 사전에 개인별 학습 자료를 준비하여 모든 학생이 참여할 수 있는 문제 해결식 수업, 협력 수업이 가능하도록 한다.
- 세무관리 실전 전 과정을 작업의 순서에 따라 단계적으로 실습이 이루어질 수 있도록 지도한다.
- 교재를 통해 수업을 준비하는데 있어서 필요한 모든 정보나 팁, 힌트 등 도움이 될 만한 내용들을 확인할 수 있다.
- 학생들이 만들게 될 각 모델들은 수업시간에 중점적으로 다뤄질 부분과 어휘, 질문, 답을 포함하고 있으며 또한 탐구할만한 추가적인 아이디어들도 포함하고 있다.

학습 방법

- 세무관리 실전에 대한 관련 용어를 숙지하고, 세무관리 실전에 대해 이해한다.
- 세무관리 실전의 각 단계별 중점사항을 체계적으로 학습한다.
- 세무관리 실전의 수행순서의 전 과정을 실습한다.
- 세무관리 실전의 내용을 이해한다.
- 세무관리 실전을 이해하고 숙달이 될 때까지 학습한다.

학습활동.13 평가 및 피드백

평가 준거

- 평가자는 피평가자가 수행 준거 및 평가 내용에 제시되어 있는 내용을 성공적으로 수행할 수 있는 지를 평가해야 한다.

학습내용	평가항목	성취수준		
		상	중	하
세무관리 실전	세무관리 실전을 이해할 수 있다.			

평가 방법

• 작업 포트폴리오

학습내용	평가항목	성취수준		
		상	중	하
세무관리 실전	세무관리 실전을 이해할 수 있다.			

• 필기시험

학습내용	평가항목	성취수준		
		상	중	하
세무관리 실전	세무관리 실전을 이해할 수 있다.			

• 체크리스트를 통한 관찰

학습내용	평가항목	성취수준		
		상	중	하
세무관리 실전	세무관리 실전을 이해할 수 있다.			

• 피드백

1. 작업 포트폴리오
   - 제출한 보고서를 평가한 후 주요 사항에 대하여 표시하여 돌려준다.
2. 필기시험
   - 평가 결과 성적이 저조한 학생은 보고서 제출 기회를 부여한다.
3. 체크리스트를 통한 관찰
   - 실습 과정에서 평가한 후 개선해야 할 사항 등을 정리하여 돌려둔다.

참 | 고 | 문 | 헌

- 국세청, https://www.nts.go.kr/nts/cm/cntnts/cntntsView.do?mi=2272&cntntsId=7693
- 교육부 · 임중선 외, '전자상거래(10030102) NCS학습모듈', 한국직업능력개발원, 2018.12.31.
- 강병서 · 정혜영 · 송상호 · 김성영, 『CEO를 위한 신경영학(경영전략, 마케팅)』, 무역경영사, 2001.
- 김관형 · 김진현 · 김태수 · 박남섭 · 박세환 · 허관도, 『현대창의공학』, 북스힐, 2014.
- 김영문, 『하루 만에 인터넷 쇼핑몰 창업하기』, 집현재, 2014.
- 김은경, 『창의적 공학설계』, 한빛아카데미, 2013.
- 매일경제신문, '온라인 쇼핑몰, 유통황제로 우뚝', 2015.5.11.
- 박대윤 · 김형수, 『인터넷쇼핑몰 기획실무 스타일 가이드』, 도서출판 비비컴, 2001.
- 서선원의 e-Shop 창업교실, '성공창업 가이드북 II - 쇼핑몰 창업 전 꼭! 알아야 할 성공비법!', 2013.8.
- 손현준, '인터넷에서 팔리는 상품의 조건', ㈜휴넷 경영지식생산본부 보고서, 2008.11.4.
- 안광호 · 김상용 · 김주영, 『인터넷마케팅 원론』, 법문사, 2001.
- 안웅, 『전자 상거래 관리사』, 연학사, 2007.
- 이동훈, 『전자 상거래와 e-비즈니스(개정판)』, 한빛아카데미, 2015.
- 임성기, 『돈 버는 쇼핑몰, 돈 버리는 쇼핑몰』, 도서출판 비비컴, 2005.
- 정희전 · 착한사진연구소, 『쇼핑몰 창업+운영+제작북』, 한빛미디어, 2012.
- 중소기업청 소상공인진흥원, '전자 상거래 창업가이드', 2006.11.30.
- 허계범, 『e-비즈니스 & 전자 상거래』, 이한출판사, 2009.
- Chaffey.D., 『Internet Marketing : Strategy, Implementation and Practice』, Pearson Education, 2009.
- 다음 카페, '디지털 마케팅의 본질적 이해', http://cafe.daum.net/myneostory/Pbb/181?q=personalization%20%B8%B6%C4%C9%C6%C3&re=1
- 다음 카페, '인터넷 마케팅 믹스 전략', http://cafe.daum.net/dongdeamoon/MyPF/362?q=%C0%CE%C5%CD%B3%DD%20%B8%B6%C4%C9%C6%C3%20%B9%CD%BD%BA&re=1
- 블로그, '마케팅-시장 세분화 사례', http://blog.naver.com/PostView.nhn?blogId=tlc700&logNo=40167923014
- 블로그, '쇼핑몰 만들기', http://blog.daum.net/anapana
- 블로그, '시장 세분화 - 쉽게 이해하는 시장 세분화, 08. STP', http://blog.naver.com/PostView.nhn?blogId=sako71&logNo=220347251984
- 블로그, '온라인 쇼핑몰 가격 결정 기준과 방법', http://blog.naver.com/PostView.nhn?blogId=hip34&logNo=20014494675
- 블로그, '인터넷마케팅 원론 - 4P의 변화', http://blog.naver.com/PostView.nhn?blogId=dbgn95&logNo=80189876008
- 블로그, '제품유형분류와 마케팅 전략', http://blog.naver.com/PostView.nhn?blogId=an11778&logNo=220374030811
- 중소기업청, '기관마당〉 기업마당〉 창업 길잡이', http://www.bizinfo.go.kr/EgovPageLink.do?menu

No=20301000&link=egovframework/bizinfo/uss/ise/bizguide/1-1-2-2#/
- 개인블로그, '1인기업 1인경영시대', http://oneceo.co.kr/263
- 구교봉 · 이종호, 『소셜 네트워크를 활용한 전자상거래』, 탑북스, 2012.
- 김대영, 『전자상거래 운용사 필기』, 중앙교육, 2004.
- 김대영 · 오익재 · 김태순, 『전자상거래운용사 필기』, 중앙교육진흥연구소, 2002.
- 김진우, 『인터넷비즈니스.com』, 영진출판사, 1999.
- 김현호 · ㈜다음커뮤니케이션 User research Lab, http://convas.tistory.com/
- 애자일 초심자를 위한 애자일SW개발101(nipa소프트웨어공학센터)
- 오종혁, 『성공적인 웹 사이트 구축을 위한 웹 기획 & 웹 프로젝트 매니지먼트』, 영진닷컴, 2008.
- 이동훈, 『전자상거래와 e-비즈니스의 이해』, 한빛미디어, 2008.
- 이제홍 · 박종돈, 『전자상거래 입문』, 보경Books, 2006.
- 이필승, 『웹 기반 정보시스템감리 프로세스 개선에 대한 연구』, 건국대학교 석사학위논문, 2009.
- 이해일, 『전자상거래 관리사2급』, 대명출판사, 2005.
- 주재훈 · 류시욱, 『전자상거래@e-비즈니스』, 삼영사, 2009.
- Hagel & Amrstrong, Net Gain : Expanding Markets through Virtual Communities, Harvard Business
- School Press · 한영주 역, 『가상사회와 전자상거래』, 세종서적, 1997.
- Hagel.J. & Singerg.M., Net Worth, Harvard Business School Press, 이경전 역, 『정보중개와 전자상거래』, 세종서적, 1999.
- Robert A. Maksimchuk, Eric J. Naiburg, 『운명적 존재를 위한 UML』, 사이텍미디어, 2005.
- Shapiro.C. and Varian.H., Information Rules, Harvard Business School Press, 임세윤 역, 『정보법칙을 알면 .com 이 보인다』, 미디어 퓨전, 1999.
- (주)인포코리아 홈페이지 개발 프로세스, http://www.infokr.co.kr/02home/home_01.asp
- (주)하림 정보전략팀 차장 김선식, http://i-bada.blogspot.kr/2012/07/blog-post_4487.html
- 디자인컨셉 관련 ppt, fashion.cbnu.ac.kr/user/saveDir/board/www68/299_1318576134_0.pdf
- 삼성경제연구소, http://www.seri.org
- 웹사이트 설계, www.mediaschool.co.kr
- 위키피디아(기본 개념), https://ko.wikipedia.org/wiki/
- 프레임워크에 대하여, www.kemco.or.kr
- 한국인터넷전문가협회 블로그, http://kipfanews.tistory.com/35
- http://i-bada.blogspot.kr/2012/04/cbd-component-based-development.html
- http://i-bada.blogspot.kr/2012/03/umlunified-modeling-language.html
- http://software.naver.com
- http://www.softpedia.com
- http://www.brothersoft.com
- http://web.kunstbada.com/how-to

학습 13

- http://www.yamestyle.com/
- http://data.adic.co.kr/lit/thesis/1998/P0002665/03.html
- http://blog.naver.com/an11778?Redirect=Log&logNo=220380174457(경영지도사 안시헌) www.yesform.com
- http://www.easy T-shirts.co.kr
- http://hong1022.dothome.co.kr/schedule/07_01.htm
- 김영문, 『카페(Cafe)로 창업하기』, 집현재, 2012.
- 김영문, 『하루 만에 인터넷 쇼핑몰 창업하기』, 집현재, 2014.
- 김주원, 『좋은 사진을 만드는 김주원의 포토샵 사진 강의』, 한빛미디어, 2012.
- 남궁성, 『JAVA의 정석-2판』, 도우출판, 2010.
- 남정현 옮김, 『스프링 프레임워크의 실제』, 아이티씨, 2015.
- 남궁성, 『JAVA의 정석-2판』, 도우출판, 2010.
- 네이버, '네이버쇼핑 상품정보 제공 가이드', 2015.
- 대한상공회의소, '전자상거래 관리사 출제기준(http://license.korcham.net/index.jsp)', 2015.7.
- 미래창조부 · 한국정보화진흥원 · 빅데이터전략센터, 『빅데이터 활용단계별 업무절차 및 기술활용 매뉴얼(Version 1.0)』, 2014.5.20.
- 박효근 · 윤이사라, 『맛있는 디자인 포토샵 CC』, 한빛미디어, 2015.
- 블로그, '독립형 솔루션', http://blog.naver.com/PostList.nhn?blogId=bumilion2&from=postList&categoryNo=20
- 블로그, '스프링 프레임워크 개요', http://blog.naver.com/PostView.nhn?blogId=0221jyh&logNo=220326237171
- 블로그, '스프링 프레임워크 게시판', http://syaku.tistory.com/263
- 블로그, '윈도우에서 Eclipse와 Tomcat으로 로컬 웹서버 구축하기'
- http://blog.naver.com/PostView.nhn?blogId=clean820818&logNo=220348731756
- 블로그, '전자정부 프레임워크', http://m.blog.naver.com/smilemin0/220303280357#
- 블로그, 'Circus AR', http://blog.naver.com/PostView.nhn?blogId=circus_ar&logNo=50167979698
- 블로그, 'Getmall', http://blog.naver.com/PostView.nhn?blogId=getmall_pr&logNo=220284409665
- 블로그, 'sERP-기초정보-일괄등록', http://blog.naver.com/PostView.nhn?blogId=dionysos_sin&logNo=220230265279
- 사카타코고이치 · 황선유, 『예제로 쉽게 배우는 스프링 프레임워크 3.0』, 한빛미디어, 2012.
- 양재헌, 『DSLR 사진 촬영 & 포토샵 리터칭』, 성안당, 2015.
- 에너지경제신문, '스마트폰, 성인 5명중 4명 사용...만 5년도 안걸려', http://www.ekn.kr/news/article.html?no=161972, 2015.9.3.
- 위키 사이트 Gurubee, '꿈꾸는 개발자, DBA 커뮤니티 - 9장, 데이터베이스 구축', http://wiki.gurubee.net/pages/viewpage.action?pageId=14024898
- 이동훈, 『전자상거래와 e-비즈니스(개정판)』, 한빛아카데미, 2015.

- 이춘식, 『아는 만큼 보이는 데이터베이스 설계와 구축』, 한빛미디어, 2002.
- 인터넷 진흥원7), 『웹 개발 프레임웍(HTML5 SDK)』, 2015.
- 임성기, 『돈 버는 쇼핑몰, 돈 버리는 쇼핑몰』, 도서출판 비비컴, pp.141-149, 2005.
- 임화연, 『실전 쇼핑몰 포토샵 북』, 한빛미디어, 2014.
- 임화연 · 이해령 · 디자인아트플러스, 『맛있는 디자인 드림위버CC』, 한빛미디어, 2015.
- 정다영, 『포토샵 디자인 강의』, 한빛미디어, 2015.
- 정윤선, 『포토샵+일러스트레이터 작업의 기술』, 혜지원, 2014.
- 정책뉴스, '전자상거래 소비자보호 지침 개정', http://www.korea.kr/policy/pressReleaseView.do?newsId=156065757&call_from=extlink, 2015.7.23.
- 정희전 · 착한사진연구소(남상욱), 『쇼핑몰 창업+운영+제작북』, 한빛미디어, 2012.
- 채흥석, 『UML과 JAVA로 배우는 객체지향 CBD실전 프로젝트』, 한빛미디어, 2009.
- 허계범, 『e-비즈니스 & 전자상거래』, 이한출판사, 2009.
- '공정거래위원회', http://www.ftc.go.kr
- '표준프레임워크 포털', http://www.egovframe.go.kr
- '한국데이터베이스진흥원', http://www.kodb.or.kr
- 'DBGuide.net', http://www.dbguide.net
- https://firstmall.kr/ec_hosting/education/cu_list.php?idx_b=2
- 김수정 · 신연경 · 최연수 · 김성일 · 이정원, 『전자상거래 실무』, 서울 : 이오북스, 2015.
- 김의창 · 최세현, 『웹 환경과 연동된 중소 쇼핑몰 물류 관리 시스템 구현』, 디지털정책연구, 3(1). 165~182, 2005.
- 김일환 · 박동석 · 전근수 · 고대원 · 노현목, 『전자상거래 실무』, 서울 : 성림출판사, 2015.
- 대전광역시시설관리공단, 『RFID 자산 관리 시스템 구축』, 2013.
- 이종호 · 고종남 · 민성희 · 손기철 · 전미경 · 채도병, 『전자상거래 실무』, 서울 : 씨마스, 2015.
- 이채은, 『모바일을 활용한 실시간 ERP 시스템 연동 모형의 구축』, 경북대학교 경영대학원 석사학위 논문, 2004.
- 임문희 · 허선영, 『전자상거래 실무』, 서울 : 삼양미디어, 2015.
- 정문영 · 정용락 · 손종호 · 김선묵 · 구영준, 『전자상거래 실무』, 서울 : 창의발전소, 2015.
- 한국인터넷진흥원, 『웹 서버 구축 보안점검 안내서』, 2010.
- 한국인터넷진흥원, 『홈페이지 개발 보안 안내서』, 2010.
- 한국통합앱스토어, 『한국 통합 앱스토어 시스템 통합 운영관리 제안 요청서』, 2013.
- 한국해운조합, 『전자 결재 시스템 구축 계획』, 2008.
- 행정안전부, 『IT 아웃 소싱 운영 관리 매뉴얼』, 2009.
- 행정안전부, 『전자 정부 서비스 호환성 준수지침』, 2010
- 행정안전부, 『웹 사이트 운영 가이드 라인』, 2011.
- ASEIC, 『사이트 S/W 및 H/W 통합 유지 보수 제안 요청서』, ASEIC, 2015.
- 교육부, 환경분석(1003010210_16v2), 세종 : 한국직업능력개발원, 2014.
- 교육부, 2016 고등학교 전문교과 수행 평가 모델 자료집, 세종 : 한국직업능력개발원, 2016.

- 김광석 · 권보람 · 최연경, 『4차 산업혁명과 초연결사회, 변화할 미래산업』, 삼정KPMG, 2017.
- 경제연구원, ISSUE MONITOR 제68호 January 2017.
- 김광석 · 김수경 · 박경진, 『소비 패턴의 11가지 구조적 변화』, 삼정KPMG 경제연구원, Issue 43. 2016(통권 제43호), 2016.
- 김동열, 『경제주평』, 현대경제연구원, 11-39. 2011(통권 제 466호), 2011.
- 장경채, 『인터넷 마케팅 플러스』, 무역경영사, 2006.
- 조경희 외, 『전자상거래 일반』, 씨마스, 2017.
- 한국인터넷마케팅연구회, 『인터넷 마케팅』, 삼우사, 2003.
- 류지완, "오픈 마켓 3월 브랜드 평판 조사, 'G마켓 1위'", 브레이크(http://www.breaknews.com), 2017.8.18. 검색, 2017.3.3.
- 매경 시사용어 사전, http://100.daum.net/book/645/list
- 미용경영컨설턴트협회, http://cafe.daum.net/embc2010/OBSs/30
- 위키 백과사전, https://ko.wikipedia.org
- 윤승환 · 정승원, "필승전략 MECE", 아시아경제(http://www.asiae.co.kr/news), 2017.8.18. 검색, 2017.5.17.
- 지연진. "모바일 거래액 3.6兆…유통업계 '지각변동'". 아시아경제(http://www.asiae.co.kr/news), 2017.8.18. 검색, 2017.6.29.
- 통계청, http://kostat.go.kr
- 교육부, 마케팅 관리(1003010206_13v1), 세종 : 한국직업능력개발원, 2015.
- 김범종 · 박승환 · 송인암 · 조용한, 『디지털 시대의 마케팅 관리』, 대경, 2017.
- 신광수, 『온라인 유통마케팅』, 무역경영사, 2016.
- 신용성, 『온라인마케팅통찰』, 컨버전시, 2015.
- 안광호 · 김동훈 · 김영찬, 『시장지향적 비즈니스&마케팅 전략』, 학현사, 2015.
- 정기한 · 신재익 · 오재신, 『마케팅 관리』, 피엔씨미디어, 2014.
- 정분도, 『인터넷마케팅론』, 두남, 2016.
- 주윤황, 『인터넷마케팅』, 학현사, 2012.
- 최재혁, 『온라인채널마케팅』, 리온, 2017.
- 김종학, 『엑셀 2007 무조건 따라하기』, 서울 : 길벗, 2007.
- 기획재정부, 『공공 기관 고객 만족도 조사 모델(PCSI)의 이해』, 2006.
- 이상복, 『품질 이야기』, 서울 : 이레테크, 2012.
- 지마켓, 상품분석평, http://item2.gmarket.co.kr/Item/detailview/Item.aspx?goodscode=150753529, 2015.7.26.

학습 1	온라인 유통시장의 개요
학습 2	쇼핑몰의 상품개발 전략 수립
학습 3	마케팅 고객관리 전략 수립
학습 4	마케팅 가격 전략 수립
학습 5	마케팅 유통 및 광고 전략 수립
학습 6	판매계획 수립
학습 7	재무계획 수립
학습 8	사이트 기획, 구축 및 운영
학습 9	오픈마켓 준비
학습 10	오픈마켓 제작
학습 11	주문처리 및 배송절차
학습 12	고객관리 및 CS 처리
학습 13	세무관리 실전

학습 14 해외 구매대행

학습 목표	1. 구매대행/직구의 유형을 확인할 수 있다. 2. 구매대행 관련 법률, 배송절차를 확인할 수 있다.

14-1 해외 구매대행

1. 해외 구매대행의 유례

한국은 무역을 통하여 오늘날의 세계 경제의 10대 경제대국이 되었다. 지금의 대기업들은 무역과 생산, 제조를 통하여 성장하였으며 지금의 글로벌 기업으로 성장하였다. 한때 한국은 애국심을 통한 마케팅이 성행하였으며 국산품애용 운동을 통하여 한국제품을 사용하는 것을 자부심으로 느꼈다. 그렇게 내수시장의 안정화를 통하여 상품의 시장성과 제품의 생산품질을 검증받은 제품이 해외로 판매가 된 것이다.

그러나 뉴스에서 블랙 프라이데이(Black Friday, 검은 금요일) 행사로 대규모 할인행사에서 한국의 유명가전 TV가 한국에 50% 가격에 미국인이 사들고 마트를 탈출하는 충격적인 모습을 방영하고 나서 한국 사람들은 분노를 하였다.

그때 보인 반응은 "어? 나도 미국에서 물건을 사면 안되나?"에서 한국인이 한국기

학습 14

업에서 차별받는다는 생각이 들었을 것이다.

한때 불매운동까지 확산될 것 같던 분위기에서 기업들의 적극적인 대응(AS정책, 부가 서비스, 옵션의 차이, 각국 물류시스템, 시장, 생산, 제조 등)으로 일단 분위기는 완화가 되었으나 직구를 하려는 수요가 확산이 되었다.

처음에는 해외의 아는 사람에게 부탁하던 시장에서 미국의 온라인 마켓의 발달로 인하여 직구와 더 나아가서는 구매를 대행해 주는 해외 구매대행업자가 탄생하게 되었다.

정부도 합리적인 규제정책을 시행하기 위하여 '자가 소비목적'으로 판매목적이 아닌 소비자에게 한하여 미국은 200$, 기타 지역은 150$의 관세 면제와 KC 인증등 각종 규제를 완화해서 구입하게 하고 있다.

2. 해외 구매대행업자의 조건

해외 구매대행업자는 엄밀히 말해서 판매자가 아니라고 할 수 있다.

해외의 판매자의 상품을 소비자가 구매하고자 할 때 통관번호와 주소를 받아서 상품을 구매하여 받아 볼 수 있도록 대행하는 중계서비스 업자에 가깝다.

때문에 일부 구매대행에 대하여 잘 모르는 사람들이 미리 사두고 판매를 한다거나 한국에서 받아서 보내준다거나 하는 것은 구매대행업이 아니며, 통관과정에서 세금을 내지 않았을 경우 관세법 위반 또는 개별 결제 이력을 증빙하지 못하면 외환거래 위반에 대한 법률 위반으로 처벌을 받을 수 있다.

3. 해외 구매대행 절차

1) 올바른 해외 구매대행 절차 : 구매 포인트(해외 소매시장)

① 글로벌 셀러 : 해외 쇼핑몰 상품정보(해외판매자상품) 대량 수집 · 등록 → 솔루션 이용 수집 → 정보제공

② 고객주문(네이버 스마트 스토어, 쿠팡, 지마켓 등 오픈마켓) : 결제대금은 오픈마켓이 보관

③ 글로벌 셀러 → 고객주문서 확인 → 해외 판매자와 1:1 주문대행(구매자 개인통관번호로 직수입) → 고객 배송정보 및 상품수입 통관절차 진행 → 해외 선결제

④ 해외에서 고객에게 직접배송(배송업체 송장번호 전달등 배송상황 모니터링 CS 응대)

⑤ 배송완료 후 결제대금 수령

2) 불법 구매대행 절차

① 국내외 명품 브랜드 등 판매상품 및 해외 선주문(국내 창고 보관)
② 쇼핑몰 개별 구축 및 상품정보 등록
③ 고객주문(네이버 스마트 스토어, 쿠팡, 지마켓 등 오픈마켓)
④ 오픈마켓 판매 : 고객주문 → 상품포장 → 배송

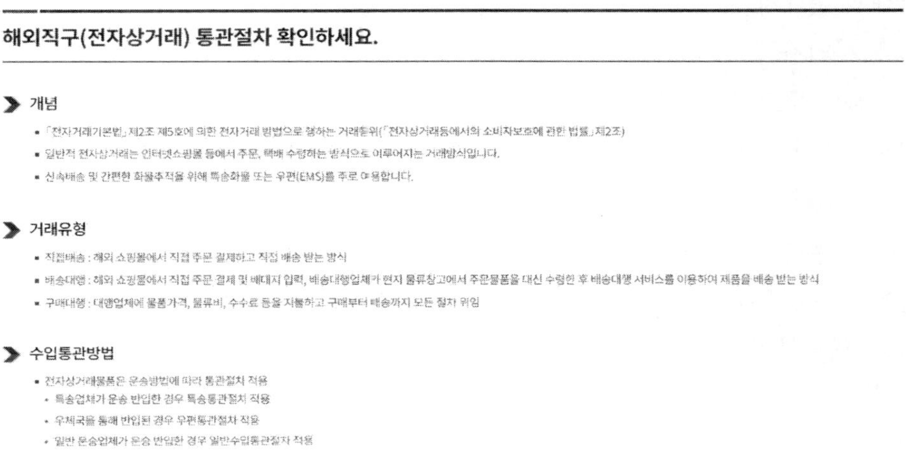

해외직구(전자상거래) 통관절차 확인하세요.

개념

- 「전자거래기본법」 제2조 제5호에 의한 전자거래 방법으로 행하는 거래등위(「전자상거래등에서의 소비자보호에 관한 법률」 제2조)
- 일반적 전자상거래는 인터넷쇼핑몰 등에서 주문, 택배 수령하는 방식으로 이루어지는 거래방식입니다.
- 신속배송 및 간편한 화물추적을 위해 특송화물 또는 우편(EMS)를 주로 이용합니다.

거래유형

- 직접배송 : 해외 쇼핑몰에서 직접 주문 결제하고 직접 배송 받는 방식
- 배송대행 : 해외 쇼핑몰에서 직접 주문 결제 및 배대지 입력, 배송대행업체가 현지 물류창고에서 주문물품을 대신 수령한 후 배송대행 서비스를 이용하여 제품을 배송 받는 방식
- 구매대행 : 대행업체에 물품가격, 물류비, 수수료 등을 지불하고 구매부터 배송까지 모든 절차 위임

수입통관방법

- 전자상거래물품은 운송방법에 따라 통관절차 적용
  - 특송업체가 운송 반입한 경우 특송통관절차 적용
  - 우체국을 통해 반입된 경우 우편통관절차 적용
  - 일반 운송업체가 운송 반입한 경우 일반수입통관절차 적용

[그림 14-1] 관세청 홈페이지 참조

4. 해외 구매대행업의 상표권 등 법률 분쟁과 대응

사업을 운영하다 보면 다양한 법률에 의한 규제를 받게 된다. 사업소득세 신고부터 각종 인허가 사항 등 확인해야 할 사항들이 많다. 온라인 쇼핑몰도 대외적으로 노출이 되는 사업이다 보니 법률과 관련에 민감한 충돌의 여지가 많다.

서두에 해외 직구와 관련하여 관세 면제에 관하여 서울 세관과의 법률 분쟁으로 그 지위를 인정받아 세금을 면제 받은 경우이다.

현재 끊임없이 상표권, 이미지 저작권 도용 관련 분쟁들이 많은 것이 현실이며, 일선 수사기관에서도 처리 결과가 명확하지 않다. 이는 상표권에 관하여는 정확한 지침과 판례가 없기 때문이다. 전파안전법, 생산물 배상 책임관련 재판의 대법원 무혐의 판례는 있으나 해외 구매대행 사업자들이 대부분 영세한 1인 창업자이다 보니 변호사를 선임하기도 어려우며 두려움으로 50만원~150만원 사이의 합의를 주로 하고 있다. 때문에 정식 재판 청구까지 가지 않고 불리한 처분결과들이 누적이

학습 14

되고 있다.

일부 악용하여 관련 법률을 무기삼아 영세사업자에게 판매로 인한 침해에 대한 근거도 부족한 내용증명을 대량 발송하는 법률대리인들과 구매대행 업자의 지위에 관하여 큰 관심이 없이 상표법에 의한 기계적인 대응만을 하는 법률대리인들의 합작품이라고 할 수 있겠다.

사업을 하기 위해서는 사자의 심장을 가지라고 말한다. 내가 법을 합리적인 선에서 지키고 고의로 다른 사람의 권리를 침해하지 않았다면 보다 당당해질 필요가 있다.

해외 판매자의 상품을 직구를 한 경우에는 국내에서 처벌이 이루어지지 않으면서 국내 사업자를 둔 대행업자만 처벌하는 경우는 역차별의 우려도 있으며, 국내 정식 사업자를 두고 사업하는 대행업자의 경우 반품 및 환불 등 소비자를 보호할 수 있는 안전장치가 더 늘어나는 경우이다.

국무회의 제 118회에서 '해외 직구물품 유통 및 안전관리 체계 개선방안'이 나왔지만 이는 관세청 입장에서 위해 물품 유통에 관한 안전장치에 불과하며, 국내 사업장을 둔 해외 구매대행 업자가 정확한 가이드 라인을 가지고 사업을 할 수 있도록 사회적인 합의가 필요하다.

14-2 해외 오픈마켓

1. 아마존

아마존은 식품과 의류, 보석, 도서 등의 다양한 품목을 판매하는 미국의 온라인 커머스 회사이다. 현재는 13개국에서 웹사이트를 운영하고 있다.

아마존은 세계 여러 나라에서 사이트를 운영하고 있으며, 해외배송이 가능하고 국내에서 구하기 어려운 제품이 있다면 다른 국가의 아마존 사이트를 찾아보면 배송비에 비해 더 많은 돈을 아끼는 경우도 있다.

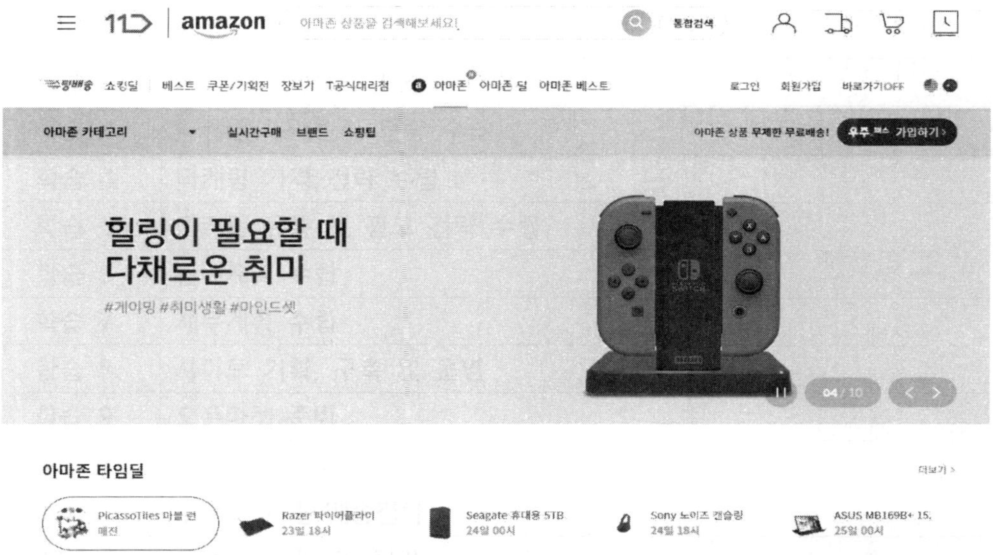

[그림 14-2] 아마존 쇼핑몰

2. 이베이

이베이는 전세계를 대상으로 하는 온라인 시장으로 고객들의 참여와 신뢰를 바탕으로 성장한 대표적인 인터넷 기업이다. 경매와 직접 구매 서비스뿐만 아니라 스마트폰 등에서도 바로 쇼핑할 수 있는 모바일 서비스도 제공하고 있다.

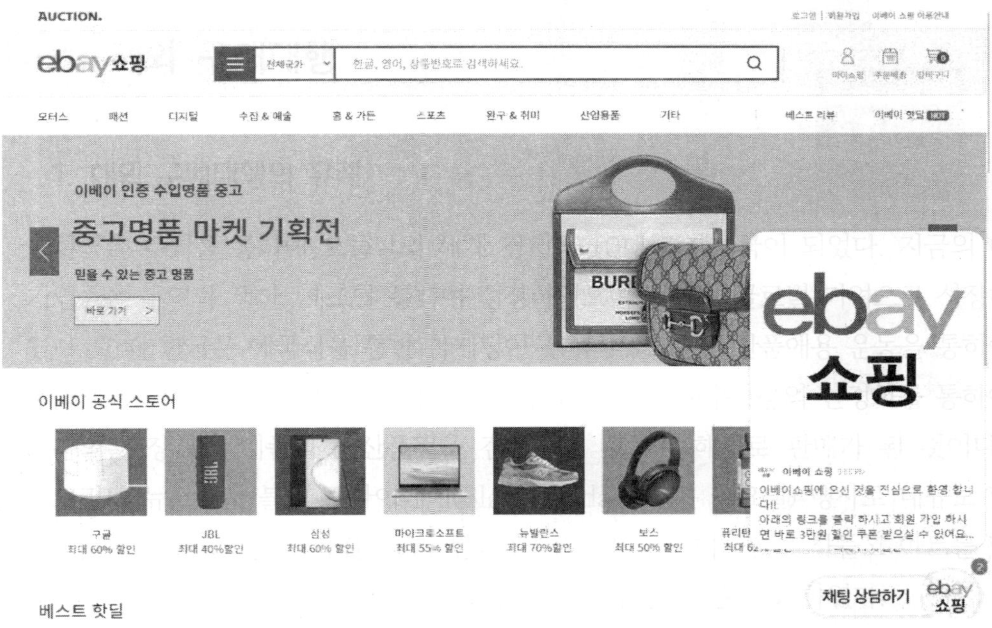

[그림 14-3] 이베이 쇼핑몰

이베이는 전세계 30여 개국에서 온라인 경매와 쇼핑을 운영하고 있다.

아마존 닷컴과 함께 90년대 후반 닷컴 버블을 주도한 그 시대의 가장 성공한 인터넷 기업 가운데 하나로 전세계를 대상으로 하는 온라인 시장으로 지구에 거주하는 모든 판매자와 구매자를 연결하는 사이트이다.

3. 라쿠텐

라쿠텐은 일본에서 1위를 차지하고 있는 인터넷 쇼핑몰이다.

IT업계에서 높은 수준이고 자사가 30개국에서 통합 70개 이상의 사업에 진출했으며, 세계적으로 14억 명의 유저 베이스를 보유하고 있다.

[그림 14-4] 라쿠텐 쇼핑몰

4. 알리바바

알리바바는 중국의 전자상거래 시장에서 80%에 달하는 점유율을 차지하고 있는 중국의 최대 전자상거래 업체이며, 미국의 이베이가 중국시장에서 철수하게 되는 계기가 되었다. 배송시간이 다소 오래 걸리지만 물건을 훨씬 저렴하게 구입할 수 있다는 점이 국내 소비자들의 눈길을 끌었다.

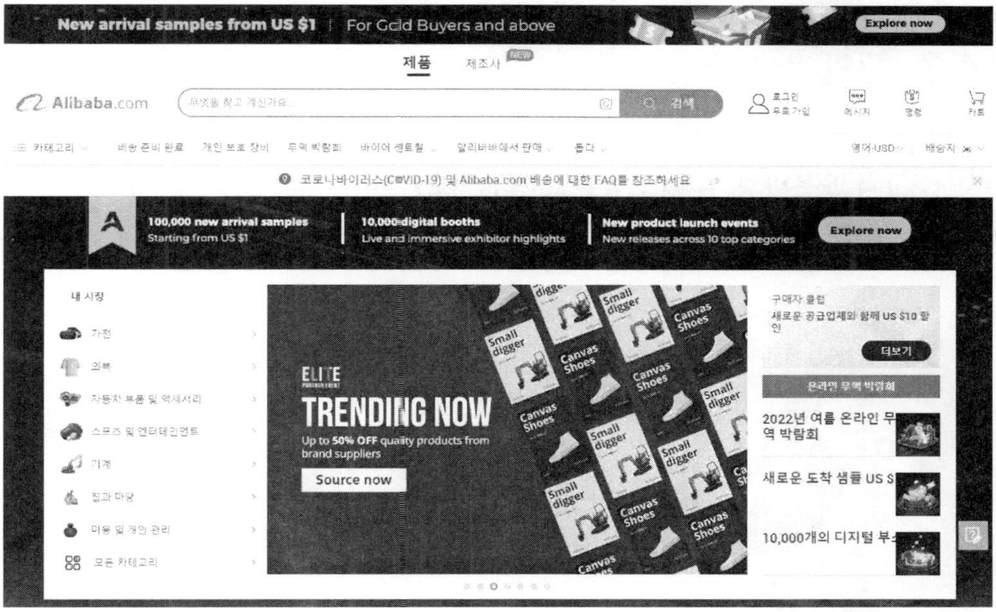

[그림 14-5] 알리바바 쇼핑몰

5. 라자다

라자다는 동남아에서 아마존과 대등한 위치를 차지하고 있다.

동남아에서는 카드를 적게 사용하고, 인터넷 뱅킹의 사용도 적게 하기 때문에 라자다는 COD라는 시스템을 사용하여 후불 현금결제 방식으로 결제를 진행하고 있다.

[그림 14-6] 라자다 코리아

학습 14

14-3 해외 배송절차

1. 고객 오픈마켓 결제(고객주소, 통관번호)

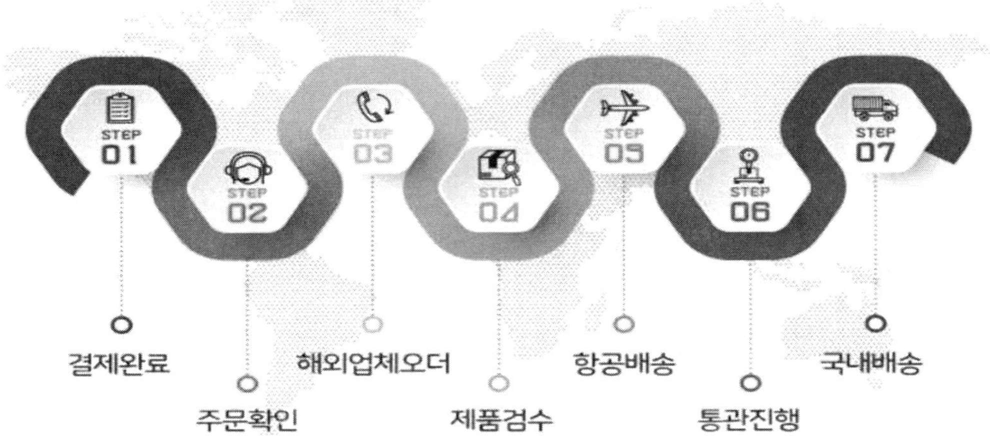

[그림 14-7] 해외 배송절차

① 주문확인 : 고객이 선택한 상품 색상, 사이즈 제고 확인

② 해외 판매자에게 구매신청 : 해외 결제(주문건당 결제), 영수증 수령, 해외 물품 배송지 입력

③ 배송대행지 도착 : 물품 검수, 통관번호, 주문고객 주소 및 통관번호 확인

④ 국제배송 : 중국 내 가전재품 및 부피가 큰 물품은 해운으로, 일반 의류 등은 항공으로 배송

⑤ 통관진행 : 전자상거래 품목은 목록 통관하고, 150불 이상 물품은 간이 통관으로 직행

⑥ 국내배송 : 국내 택배사 인계

Tip 목록 통관

사업의 목적없이 개인이 사용할 목적으로 혹은 기업이 샘플로 사용할 목적으로 들여오는 150달러 이하(미국의 경우 FTA 혜택으로 200달러까지 가능)의 물품 중 배제대상 물품이 아닌 경우 송·수하인 성명, 전화번호, 주소, 물품명, 가격, 중량이 기재된 송장만으로 수입신고를 생략하여 관세와 부가세 없이 통관이 가능한 제도이다.

Tip 간이 통관

미화 150달러(미국 200달러) 초과하고 미화 2,000달러 이하인 물품에 대해서 품명, 가격 등 신고 내용이 정확하다고 판단되면 별도의 검사 없이 간이세율로 통관이 가능한 제도로 총 57개의 수입신고서 항목을 작성해야 한다.
무역업 혹은 사업의 목적이 아닌 개인이 본인의 사용을 목적으로 반입하는 물품에만 적용이 된다, 간이통관의 경우 현지 내륙 운송비, 물품 가격, 발생국가의 세금, 국내 운송비 포함된 기준으로 관세와 부가세를 산정한다.

Tip 일반 통관(일반 수입신고)

미화 2,000달러를 초과하는 물품에 적용되는 정식통관 절차를 의미하며 총 69개의 항목의 수입신고서 작성한다.

배송 중 배송상태 확인 방법은 관세청 유니패스(https://unipass.customs.go.kr)에서 조회가 된다.

[그림 14-8]처럼 관세청의 유니패스에서는 개인통관번호 발급, 통관과정 조회 등 다양한 업무를 할 수 있다.

[그림 14-8] 관세청 유니패스

수행 내용

재료 · 자료

- 전자상거래 자료집
- 전자상거래 법령집
- 운영자 매뉴얼, 사용자 매뉴얼
- 구매대행 매뉴얼
- 배송 매뉴얼

기기(장비 · 공구)

- 컴퓨터, 문서작성 프로그램, 프린터, 주변기기

안전 · 유의사항

- 구매대행에 대하여 구매대행 DB 관리를 하는 업무에 적용한다.
- 구매대행 정보를 주요 분류기준에 의해 분석하는 것을 중점적으로 참조한다.
- 구매대행 자료를 주기적으로 갱신 및 최적화하여 고객의 DB의 품질을 관리하는 것을 중점적으로 참조한다.
- 실습실에서의 안전수칙(화재, 사고 등 위급상황 시 행동요령 포함)을 부착하고 교육생이 숙지하도록 한다.
- 실습장비 및 기자재 등에 문제가 발생할 경우 관리자에게 통보한다.
- 실습장소를 정리 정돈하고 기자재 등의 장비는 전원을 끈다.
- 실습장비 및 기자재 점검 기록부를 비치하고 관리한다

수행 순서

01 배송대행, 구매대행, 결재대행, 경매대행에 대하여 분석하라.

1. 배송대행

배송대행은 말 그대로 배송을 대행해주는 서비스이다. 구매자가 직접 해외 온라인 쇼

핑몰을 통해 구매를 한 뒤 배송대행 업체를 통해 국배로 배송 받는 서비스이다. 보통의 해외 온라인 쇼핑몰 사이트에서는 한국까지 직접 배송을 해주지 않기 때문에 해외에 위치해 있는 배송대행 업체로 구매한 상품을 발송하게 된다. 구매자가 배송대행 업체에 해외 배송비를 포함한 일정 금액의 수수료를 지불하면 배송대행 업체는 쇼핑몰로부터 수령한 상품을 국내로 빠르고 안정하게 배송하는 업무를 담당하게 된다. 이 방법의 경우 해외결제가 가능한 신용카드나 체크카드가 필요하며, 해당 나라의 언어를 모를 경우 애로사항이 있을 수 있다.

2. 구매대행

구매대행은 한국에서 다른 나라의 상품구매에서 한국의 배송까지 원스톱으로 알아서 해주는 서비스이다. 모든 절차를 업체에서 알아서 해주기 때문에 손쉬운 방법이지만 배송대행을 이용할 때보다는 해외 배송료 이외의 높은 수수료를 지불해야한다. 하지만 상품의 시상이나 그 외 발생하는 여러 가지 문제들까지 구매대행 업체에서 알아서 대처해주기 때문에 처음 해외직구를 이용하는 사람에게는 배송대행 방법보다는 구매대행이 이용하기가 쉽다. 또한 인터내셔널 카드의 지불을 허용하거나 해외 배송을 하지 않는 일부 해외 쇼핑몰의 제품을 구매할 때 이용하는 것이 좋다. 구매자가 먼저 구매대행 견적 요청을 하면 구매대행 업체에서는 수수료를 포함하여 비용에 대해 통보를 한다. 구매자가 구매대행 신청을 한 후에는 배송대행과 비슷한 절차를 따르게 된다.

3. 결재대행(송금대행)

결제대행이란 쇼핑몰에서 주문까지는 구매자가 직접하고 구매자가 결제만 업체에 대리로 요청하는 방법이다. 결제 후의 절차는 배송대행과 비슷하다. 결제대행은 인터내셔널 카드를 허용하지 않는 쇼핑몰에서 구매하고자 할 때 이용하면 좋다. 구매대행보다는 저렴한 수수료로 이용할 수 있기 때문에 해외 직구의 경험이 많은 사람이라면 이 방법을 선택하는 경우가 많다.

결제대행이라는 것은 스스로 주문하여 배송대행을 할 수 있음에도 불구하고 '결제'를 할 수가 없는, 그야말로 마지막으로 사용하는 방법이다. 결제대행으로 주문하는 원인은 주문을 했는데 자신의 신용카드, 체크카드 혹은 페이팔 등으로 결제할 수 없는 경우에 결제 수단이 한정돼있는 경우이다.

예를 들어 일본처럼 결제 수단이 대금교환이라든지 은행결제, 편의점 결제 등처럼 한국에서는 아무리 애써도 결제할 수 없을 때 쓰는 최후의 방법이다. 물론 결제대행 수수료도 따로 붙으므로 지금까지 신용카드 하나만 믿고 배대지를 이용해오다가 이 수단을 쓰는 경우에는 더 많은 지출을 감안해야 한다. 그래도 해외 송금보다는 저렴하다.

결재대행 방법은 두 가지가 있다.

① 해당 국가에 살고 있는 지인에게 결제를 부탁한다.
지인에게 대금 지불하는 방법은 한국의 은행계좌로 송금하거나 페이팔을 이용하고 있다면 페이팔로 송금하는 방법 등이 있다. 현지 금융기관의 송금수수료 등의 별도 수수료가 발생하면 그 수수료까지 지불하는 건 당연하고 수고비로 몇천원 정도는 주어야 한다.
해외송금 문서에도 쓰여져 있지만 외국환 관리법에 의하여 원칙적으로 불법이다. 하지만 할 사람들은 자주 잘 이용하고 있고, 금액이 크지 않는 이상 파악도 못한다. 그리고 전자금융 한정으로 하루에 2억 8천만건 이상 이루어지는 은행 거래내역을 전부 파악할 수 있을 만큼 국가는 한가하지도 않다.

② 결제를 대행해주는 업체에 부탁한다. 물론 수수료가 드는 것은 어쩔 수 없다.

4. 직접배송

직접배송은 소비자가 해외사이트에서 직접 배송 받는 경우이다. 국내 온라인 쇼핑몰에서 제품을 구입하듯 해외 쇼핑몰에서 물건을 직접 고르고 한국 주소를 입력하면 된다. 개인이 직접 구매하기 때문에 구매와 배송이 빠르지만 배송비가 대체적으로 비싼편이다. 그리고 교환, 반품, 환불이나 미배송 등의 문제가 생길 수 있으므로 잘 알려진 사이트에서 구매해야 한다.

해외에 있는 쇼핑몰 중 일부는 한국까지 직배송을(직접배송)을 해주고 있다. 이런 쇼핑몰에서 상품을 구매할 때는 배송대행이나 구매대행이 필요없다. 우리가 잘 알고 있는 사이트 중 아마존 닷컴의 경우 직배송 서비스를 해주고 있기는 하지만, 배송비가 배송대행 배송비보다 비싸기 때문에 배송대행을 이용하기도 한다. 하지만 일부 쇼핑몰들은 저렴한 가격에 직접배송을 해주는 서비스를 제공하기 때문에 알아 두는 것이 필요하다. 직접배송을 해주는 대표적인 쇼핑몰로는 www.iherb.com/, www.benefitcosmetics.com/, www.victoriasecret.com/ 등이 있다.

5. 경매대행

경매대행은 주로 야후 옥션, 라쿠텐, eBay 같은 해외 경매사이트의 경매를 대신해 주는 서비스를 말한다. 이걸 지원하는 사이트들은 대부분 선 보증금을 받고 있으며, 결제가 모두 끝난 뒤에 환급받을 수 있게 만들어 놓았다.

결제는 거의 모든 사이트가 2번으로 나눠서 받으며 1차 결제 때에는 물건값, 현지 운송료, (일본의 경우)현지 송금료, 대행수수료를 받는다. 또한 2차 결제 때에는 국제 운송료, 기타 서비스 운임비 등을 청구한다.

업체에 따라 관세 계산시에 일본 국내배송비를 추가하기도 하고, 하지 않는 경우도 있다. 안 하는 경우는 실제 발생하지 않는다기보다는 소비자는 모르지만 같은 구매자에게서 여러 명이 구매하는 경우도 있고, 수수료에 포함된 것으로 해석해서 소비자를 배려해 주는 경우라고 볼 수 있다. 원칙적으로는 포함이 맞다.

2015년 12월부터 소액면세 자가사용 면세 대상 적용 기준금액이 과세가격 15만원 이하에서 물품 가격 150 미국달러 이하로 조정되었다. 따라서 법 개정으로 인해서 무게에 따른 선편 요금을 생각할 필요가 없어졌고, 12월 30일 기준 150달러는 약 18000엔 정도임에 따라 면세를 받을 수 있는 범위가 늘어나게 된 것이다.

선편 요금을 따지지 않아도 되니 물건의 무게와 상관없이 물건의 가격만 $150를 넘지 않으면 면세받을 수 있게 되었다. 1kg 정도의 물건을 구매한다고 했을 때 법 개정 전인 2015년 11월에는 현지세금과 현지배송료를 포함한 물건 값 13000엔 정도가 면세 마지노선이었다면, 현재는 물건값 18C00엔 정도로 그 면세받을 수 있는 가격 범위가 확장되었다.

일본 옥션 경매대행 서비스를 이용할 시 특히 주의해야 할 점은 경매대행을 통해서 낙찰받은 물건은 취소하기가 상당히 어렵다는 것이다. 경매대행 업체가 보증금을 받는 이유이기도 하다. 이 점은 낙찰받은 물건을 일방적으로 취소할 시에 경매대행 업체에 미칠 손해를 생각하면 취소의 어려움과 업체측이 보증금을 받는 이유를 납득하기 쉬울 것이다.

일본 옥션의 대부분의 출품자들은 입찰자의 평가에 제한을 둔다. 일본 옥션에서 이 평가는 매우 중요한데, 아직 어떠한 평가도 존재하지 않는 신규 아이디의 경우는 애초에 입찰을 받지 않겠다는 출품자들도 매우 많다.

대행업체의 아이디 또한 일반적인 개인의 아이디로 취급받음으로 평가에 영향을 받는다. 더구나 대부분의 아이디들은 여러 물건, 즉 경매대행 서비스를 이용하는 수많은 사용자들의 물건에 동시에 입찰 중이다.

만약 이 때 누군가가 멋대로 낙찰받은 물건을 취소하여 나쁜 평가를 받았다고 가정해 보자. 몇몇 출품자들은 나쁜 평가를 받은 배송대행 업체 측의 아이디가 입찰 중인 상품의 입찰을 거부할 수 있으며, 앞으로의 입찰에 피어날 애로사항 또한 상당할 것이다.

여기서 더 나아가 이런 식으로 나쁜 평가가 점점 쌓인다면 결국에는 경매대행 업체의 주요 자산이라고 할 수 있는 아이디를 아예 쓰지 못하는 지경에 까지 이를 것이다. 따라서 경매대행 측에서는 평가에 아주 민감 할 수 밖에 없으며, 구매자의 취소 요청에도 매우 민감하고 엄격한 잣대를 들이 댈 수 밖에 없다.

야후 옥션의 시스템은 대체로 출품자가 유리하게 되어있다. 대표적인 예로 물건을 구매했는데 다른 물건이 배송되어도 야후 옥션 측에서는 아무런 조치를 취해 주지 않는다.

결제 후 물건이 일정 기간 오지 않으면 어느 한도 안의 구매액을 야후 측에서 보상해주는 서비스는 있으나, 야후 측에서 애초에 구매대행 업체의 아이디에는 그 서비스를 적용해주지 않는다. 이런 문제 외에도 중고거래시 자주 일어날 수 있는 다른 문제들에 대해서도 야후 쪽의 대응은 무책임하기 짝이 없다. (판매자가 물건을 보내지 않는 경우 외 이용자를 위한 보호장치는 전무하다. 출품자와 입찰자 모두 평가에 크게 의존할 수 밖에 없는 이유이기도 하다.)

일본 내에선 이런 문제로 야후 측의 무책임하고 허술한 시스템 때문에 피해를 본 사람들이 모여 소송을 건 사례가 있다. 물론 이런 문제들은 경찰기관을 통한 개인 간의 법적 분쟁의 대상이 되기는 하지만, 대부분 피해액은 소액일 수밖에 없고 이런 문제가 워낙 빈번하다 보니 경찰 쪽의 빠른 해결을 바라기는 정말 어렵다. 그러므로 이런 법적 문제를 국내 배송대행업체가 대신 해결하는 것을 기대하긴 어려울 것이다.

또한 구매자가 입찰이나 낙찰을 취소를 할 때도 출품자가 우위에 있다. 어떤 이유에서든지 구매자는 스스로 입찰이나 낙찰을 취소할 수 없다. 최종 낙찰을 받지 않은 경우에도 자신이 최고 입찰자이면 입찰도 취소할 수 없다.

출품자(판매자)는 간단히 [출품자 사정으로 취소]와 [낙찰자 사정으로 취소] 두 가지 취소 옵션을 가지고 있다. [출품자 사정으로 취소]를 하면 야후 시스템 상 자동으로 [아주 나쁜 출품자]라는 나쁜 평가가 출품자의 아이디에 등록된다.

[낙찰자 사정으로 취소]를 선택할 경우엔 같은 방식으로 낙찰자(구매자) 아이디에 나쁜 평가가 등록된다. 이런 시스템에서 만약 출품자가 낙찰가가 마음에 들지 않는다면 그저 낙찰자의 연락을 계속해서 무시하면 된다. 그래도 아무런 불이익이 생기지 않는다. 하지만 낙찰자가 낙찰가가 마음에 안 들었을 경우에는 그런 것이 없다.

단, 출품자와 낙찰자가 상호합의 하에 취소를 한다면 나쁜 평가를 서로 받지 않고 취소할 수 있다. 하지만 상식적으로 출품자의 입장에서 아무 이유없이 그렇게 해 줄 사람은 드물 것이다.

그리고 야후 옥션의 시스템상 경매가 끝나면 금액의 몇 %를 출품자에게 청구하기 때문에 출품자의 실수로 거래가 성립이 안돼서 취소가 될 경우라면 몰라도 문제가 없는 거래를 취소 시 출품자가 금전적인 손해를 보기 때문에 그 수수료를 지불하던가 출품자가 낙찰자에게 나쁜 평가를 주고 거래를 취소시켜야 된다.

이때 경매대행 업체측에서는 보통 경매대행 이용자의 보증금, 경우에 따라서는 보증금에 더한 추가금을 카드로 협상을 한다. 물론 그 추가금은 낙찰을 취소하려는 경매대행 이용자가 부담하게 된다. 따라서 경매대행 업체를 통해서 경매에 입찰할 때는 꼭 심사숙고한 뒤에 입찰하도록 하자.

02 해외 구매대행에 드는 비용에 대하여 분석하라.

1. 세금(관세)

구매대행의 비용중 대표적으로 관세와 부가가치세가 있다,

관세는 물건값과 현지 세금까지 포함해서 150달러 아래로는 면제이고 나머지는 반드시 내야한다. 단, 2012년 3월 15일에 한미 FTA가 발효되었기 때문에 미국에서 들여올 때 일부 품목에 한해서 200달러(약 23만 원)로 제한이 완화된다(의류, 이불, 신발, 가구, 주방기구, 음악이나 영화 등이 담긴 CD와 DVD 등이 해당된다). 2014년 7월 1일자로 제한이 조금 더 완화되었다. 해당되는 품목은 전자제품으로 식료품과 화장품류는 해당되지 않는다.

600달러 이하라면 대체로 물품가액의 18~20%를 징수하는데(컴퓨터 게임은 부가가치세만 붙는다), 배송비처럼 묶음배송 같은 수단으로 회피가 불가능하고 물품 가격에 비례해서 올라가기 때문에 사실상 이 관세가 붙느냐 안 붙느냐가(목록 통관 200달러) 구매대행을 할 것이냐 국내샵에서 구할 것이냐의 분수령이 된다. 그리고 물건 하나하나 가격에 책정하는게 아니라 그 사람에게 그날 들어오는 것을 통합해서 처리하므로, 15만 원 넘는 걸 여러 개 들여올 때는 분할배송이 유리할 수도 있다.

다만 같은 국가에서 동일 일자에 하적하는 물건은 무조건 합산과세하므로 유의해야 한다. 먼저 온 것은 그냥 나가더라도 나중에 통관 신고될 때 정확하게 스톱되어서 세금처리에 들어가야 한다.

꼼수를 통한 세관 신고액 낮추기를 '언더밸류'라 부르는데 적절히 줄타기를 잘해서 세관크리가 안 붙는다면 좋겠지만, 언더밸류는 명백한 세금포탈행위이므로 불법이고 걸릴

경우 관세법 제270조에 의해 3년 이하의 징역 또는 포탈한 관세액의 5배와 물품원가 중 높은 금액 이하에 상당하는 벌금에 처할 수 있으니 하지 않는 것이 원칙이다.

거의 대부분의 품목이 들여올 때 세금을 받지만 세금 면제인 품목이 없는 것은 아니다 (유의할 것은 관세는 면제되지만 부가가치세(10%)만 부과되는 상품이 있다). 컴퓨터 주변기기 및 부품(모니터, 그래픽카드 등), 소프트웨어 등이 이에 해당(관세율 0%, 부가가치세 10%) 이런 물건은 우편(EMS 등) 간이과세가 안되고 관세사가 신고해서 그대로 과세되는 특송업자를 통해 가져 오는게 유리하다.

예를 들면 도서의 경우엔 얼마치를 사오든간에 세금이 면제된다(관세율이 0%인데다 도서에는 상당수의 용역/재화와는 달리 내세율 0%(부가가치세 면세 상품)라 나라가 걷는 세금이 없다).

아마존 재팬에서 DHL로 직배송하여 한국 등 외국으로 직접 발송하는 상품은 일본 내 소비세를 빼고 계산한다(소비지 과세 원칙에 의거). 배송주소가 일본 내인 경우 소비세를 내야 하므로 아마존 재팬 상품을 구매/배송대행할 때는 유의할 것이다.

배송료나 시간, 배송사고대응 등의 면에서도 해외사용이 가능한 카드가 있고 일본어가 가능하고 직접 배송이 되는 품목이면 직접 받는 것이 유리하다. 이 경우 만약 면세 한도 이내이거나 도서인 경우 일본, 한국 어디에서든 간접세를 한 푼도 안내므로 사실상 면세점 쇼핑인 셈이다(참고로 인터넷 서점 등의 일서 가격도 소비세 제외 정가에서 자체 환율을 적용한다).

현지 쇼핑몰에서 할인이나 1+1 사은 행사로 물건을 샀을 경우엔 쇼핑몰에서 최종 결제한 금액을 기준으로 삼으면 된다. 할인 쿠폰은 누구에게나 적용될 수 있는 성격의 쿠폰이라면 쿠폰과 상관없이 할인 적용 후 금액이 기준이며, 배대지 신청서를 쓸 때 최종 결제금액을 적으면 된다.

다만 현금으로 구매했으며 현금과 동일한 가치를 지니는 적립금이나 기프트 카드(선불카드, 바우처)는 현금으로 인정되므로, 통관시 세관에서는 적립금 적용 전 가격으로 인식된다고 한다.

해외직구 물품들은 무조건 수입신고를 하고 국내에 들여오게 되어있다. 세관에서는 수입되는 물품들 대략적인 가격표를 가지고 있고 이것과 대조해서 지나치게 신고된 가격이 낮거나 문제가 있어 보일경우 언더밸류로 의심하여 구매자에게 통보하고 개봉검사 후 사유 혹은 해명을 요구한다. 대부분 구매내역(Order Total이 표시된 영수증), 카드결제 내역을 제출하면 무사히 풀려난다.

목록 통관은 말 그대로 수입물품 리스트만 제출하는 것으로 할인 쿠폰이 적용된 가격을 입력했다고 크게 문제가 된 사례가 드문편이다.

과거 사례를 찾아보면 관세사나 운송업체가 가끔 할인 전 가격으로 수입신고해서 면세 한도 200불을 넘겨버리거나, 다른 물건과 합산과세가 되어버리거나, 개피검사 당첨되고 사유서 제출하라는 연락 받았다는 글이 종종 보인다. 어지간하면 목록 통관을 권한다.

2. 대행수수료

대신 물건을 구입해서 보내주는 일에 대한 수수료다. 1~2만 원 정도는 예상해야 한다. 수수료는 대행 사이트들도 이윤을 추구해야 하므로 당연한 이야기이다.

일부 업체의 경우 수수료가 없긴 한데, 땅파서 장사하는게 아니니 환율을 가지고 장난쳐서 차액을 챙기거나 배송비가 턱없이 비싼 경우가 많다. 환율 갖고 장난친다는 소리는 실제 환율 시세보다 높게 측정해서 그만큼 차액을 이윤으로 남겨 먹는다는 소리다.

무료라는 장사꾼이 제일 못 믿을 사람이라는 점을 명심하고 꼭 총 소모비용을 비교해야 한다.

3. 국제배송비

무게와 부피, 그리고 배송업체마다 천차만별이다. 항공기보다는 선박편이 더 저렴하지만 시간이 많이 걸린다. 부피나 무게가 많이 나가는 것일수록 해상운송이 가장 유리하다. 무게가 적게 나가는 것은 항공기보다 비싸다. 가장 가까운 일본에서도 최소 2주 이상, 3주 정도는 걸린다.

일반적으로 우체국의 국제특급우편이 가성비로 가장 무난하다. 3만 원쯤은 예상해야 하며, 업체 규모가 커서 자체 운송라인이 있다면 좀 싸지기도 한다.

특히 일본같은 경우, 물품 수령까지 3 ~ 4일 정도 걸리며 대략 1kg까지는 가장 저렴하다. 배송비의 경우 1kg 기준으로 12달러 내외를 생각하면 된다. 0.5kg 기준으로 하면 더 싼 곳도 있다.

03 직구(직접구매)와 구매대행에 대하여 비교 분석하라.

자신이 해당 외국어에 능숙하고, 해외결제(특히 페이팔)가 가능한 신용/체크카드가 있고, 구매하려는 물품이 해외배송 가능 물품인 경우에는 당연히 직접구매하는 편이 비용면으로나 절차상으로나 유리하다.

특히 소형 전자제품에 홍콩에 소재한 판매자의 경우는 당연히 직접구매가 답이다. 미국 이베이 내 홍콩 판매자들은 대부분 전세계를 상대로 판매하고 당연히 해외배송 해주며, 구매대행의 경우 물품이 미국을 경유하기 때문이다.

특히 직구의 경우 해외 무료배송인 상품도 구매대행의 경우 항공배송료가 붙는다. 다만 외국어(특히 영어) 실력이 딸리고 마땅한 해외결제 수단이 없을 경우에는 돈 한 푼 더 들일지라도 구매대행을 이용하는 것이 심적으로 편하다.

또 구매대행이나 배송대행의 경우 구매한 제품이 불량이나 파손 등의 이유로 교환, 반품을 해야 할 경우 구매자가 제품을 판매자에게 보내기 위한 국제요금을 부담해야 하며 구제받을 길이 막막하다. 판매자는 해당 국가 내 대행업체의 물류지까지만 배송하면 그만이기 때문에 국제배송은 일절 관여하지 않으며, 대행업체는 직접 제품을 수입하여 판매하는 것이 아니라 단순히 국제배송만 담당하기 때문이다.

반면 판매자 직배송의 경우 다소 시간이 걸리더라도 교환이나 환불이 비교적 원활히 이루어지며 특히 아마존의 경우 구매자가 판매자에게 반품을 보내기 위한 국제 EMS 비용도 영수증 첨부하여 환급받을 수 있고 심지어 교환요청을 하면 구매자가 제품을 보내기도 전에 교환품을 발송해주기까지 한다.

다만 자신이 직구할 수 있는 노하우가 있다 하더라도 구매하고자 하는 물품 자체가 해외배송 불가인 경우 어쩔 수 없이 구매대행이나 배대지를 이용할 수 밖에 없다. 이 경우가 아니더라도 추가비용(그게 돈이 많이 들어가서 문제지만)을 들여서라도 상품에 대한 보험적용을 받고자 하는 목적으로 구매대행을 이용하는 경우도 있다.

학습활동.14 교수 · 학습 방법

교수 방법

- 해외 구매대행에 대한 관련 용어, 구성, 방식 이해 정도를 파악한 후 수업을 진행한다.
- 교수자의 주도로 해외구매 대행 등의 내용을 PPT 자료로 제시한 후 설명한다.
- 가능하면 사전에 개인별 학습 자료를 준비하여 모든 학생이 참여할 수 있는 문제 해결식 수업, 협력 수업이 가능하도록 한다.
- 해외 구매대행 전 과정을 작업의 순서에 따라 단계적으로 실습이 이루어질 수 있도록 지도한다.
- 교재를 통해 수업을 준비하는데 있어서 필요한 모든 정보나 팁, 힌트 등 도움이 될 만한 내용들을 확인할 수 있다.
- 학생들이 만들게 될 각 모델들은 수업시간에 중점적으로 다뤄질 부분과 어휘, 질문, 답을 포함하고 있으며 또한 탐구할간한 추가적인 아이디어들도 포함하고 있다.

학습 방법

- 해외 구매대행에 대한 관련 용어를 숙지하고, 해외 구매대행에 대해 이해한다.
- 해외 구매대행의 각 단계별 중점 사항을 체계적으로 학습한다.
- 해외 구매대행의 수행순서의 전 과정을 실습한다.
- 해외 구매대행의 내용을 이해한다.
- 해외 구매대행을 이해하고 숙달이 될 때까지 학습한다.

학습활동.14 평가 및 피드백

평가 준거

- 평가자는 피평가자가 수행 준거 및 평가 내용에 제시되어 있는 내용을 성공적으로 수행할 수 있는 지를 평가해야 한다.

학습내용	평가항목	성취수준		
		상	중	하
해외 구매대행	해외 구매대행을 이해할 수 있다.			

학습 14

평가 방법

• 작업 포트폴리오

학습내용	평가항목	성취수준		
		상	중	하
해외 구매대행	해외 구매대행을 이해할 수 있다.			

• 필기시험

학습내용	평가항목	성취수준		
		상	중	하
해외 구매대행	해외 구매대행을 이해할 수 있다.			

• 체크리스트를 통한 관찰

학습내용	평가항목	성취수준		
		상	중	하
해외 구매대행	해외 구매대행을 이해할 수 있다.			

• 피드백

1. 작업 포트폴리오
   - 제출한 보고서를 평가한 후 주요 사항에 대하여 표시하여 돌려준다.
2. 필기시험
   - 평가 결과 성적이 저조한 학생은 보고서 제출 기회를 부여한다.
3. 체크리스트를 통한 관찰
   - 실습 과정에서 평가한 후 개선해야 할 사항 등을 정리하여 돌려둔다.

참고문헌

- 교육부 · 임중선 외, '전자상거래(10030102) NCS학습모듈', 한국직업능력개발원, 2018.12.31.
- 강병서 · 정혜영 · 송상호 · 김성영, 『CEO를 위한 신경영학(경영전략, 마케팅)』, 무역경영사, 2001.
- 김관형 · 김진현 · 김태수 · 박남섭 · 박세환 · 허관도, 『현대창의공학』, 북스힐, 2014.
- 김영문, 『하루 만에 인터넷 쇼핑몰 창업하기』, 집현재, 2014.
- 김은경, 『창의적 공학설계』, 한빛아카데미, 2013.
- 매일경제신문, '온라인 쇼핑몰, 유통황제로 우뚝', 2015.5.11.
- 박대윤 · 김형수, 『인터넷쇼핑몰 기획실무 스타일 가이드』, 도서출판 비비컴, 2001.
- 서선원의 e-Shop 창업교실, '성공창업 가이드북 II - 쇼핑몰 창업 전 꼭! 알아야 할 성공비법!', 2013.8.
- 손현준, '인터넷에서 팔리는 상품의 조건', ㈜휴넷 경영지식생산본부 보고서, 2008.11.4.
- 안광호 · 김상용 · 김주영, 『인터넷마케팅 원론』, 법문사, 2001.
- 안웅, 『전자 상거래 관리사』, 연학사, 2007.
- 이동훈, 『전자 상거래와 e-비즈니스(개정판)』, 한빛아카데미, 2015.
- 임성기, 『돈 버는 쇼핑몰, 돈 버리는 쇼핑몰』, 도서출판 비비컴, 2005.
- 정희전 · 착한사진연구소, 『쇼핑몰 창업+운영+제작북』, 한빛미디어, 2012.
- 중소기업청 소상공인진흥원, '전자 상거래 창업가이드', 2006.11.30.
- 허계범, 『e-비즈니스 & 전자 상거래』, 이한출판사, 2009.
- Chaffey.D., 『Internet Marketing : Strategy, Implementation and Practice』, Pearson Education, 2009.
- 다음 카페, '디지털 마케팅의 본질적 이해', http://cafe.daum.net/myneostory/Pbb/181?q=personalization%20%B8%B6%C4%C9%C6%C3&re=1
- 다음 카페, '인터넷 마케팅 믹스 전략'. http://cafe.daum.net/dongdeamoon/MyPF/362?q=%C0%CE%C5%CD%B3%DD%20%B8%B6%C4%C9%C6%C3%20%B9%CD%BD%BA&re=1
- 블로그, '마케팅-시장 세분화 사례', http://blog.naver.com/PostView.nhn?blogId=tlc700&logNo=40167923014
- 블로그, '쇼핑몰 만들기', http://blog.daum.net/anapana
- 블로그, '시장 세분화 - 쉽게 이해하는 시장 세분화, 08. STP', http://blog.naver.com/PostView.nhn?blogId=sako71&logNo=220347251984
- 블로그, '온라인 쇼핑몰 가격 결정 기준과 방법', http://blog.naver.com/PostView.nhn?blogId=hip34&logNo=20014494675
- 블로그, '인터넷마케팅 원론 - 4P의 변화', http://blog.naver.com/PostView.nhn?blogId=dbgn95&logNo=80189876008
- 블로그, '제품유형분류와 마케팅 전략', http://blog.naver.com/PostView.nhn?blogId=an11778&logNo=220374030811
- 중소기업청, '기관마당〉 기업마당〉 창업 길잡이', http://www.bizinfo.go.kr/EgovPageLink.do?menuNo=20301000&link=egovframework/bizinfo/uss/ise/bizguide/1-1-2-2#/

- 개인블로그, '1인기업 1인경영시대', http://oneceo.co.kr/263
- 구교봉 · 이종호, 『소셜 네트워크를 활용한 전자상거래』, 탑북스, 2012.
- 김대영, 『전자상거래 운용사 필기』, 중앙교육, 2004.
- 김대영 · 오익재 · 김태순, 『전자상거래운용사 필기』, 중앙교육진흥연구소, 2002.
- 김진우, 『인터넷비즈니스.com』, 영진출판사, 1999.
- 김현호 · ㈜다음커뮤니케이션 User research Lab, http://convas.tistory.com/
- 애자일 초심자를 위한 애자일SW개발101(nipa소프트웨어공학센터)
- 오종혁, 『성공적인 웹 사이트 구축을 위한 웹 기획 & 웹 프로젝트 매니지먼트』, 영진닷컴, 2008.
- 이동훈, 『전자상거래와 e-비즈니스의 이해』, 한빛미디어, 2008.
- 이제홍 · 박종돈, 『전자상거래 입문』, 보경Books, 2006.
- 이필승, 『웹 기반 정보시스템감리 프로세스 개선에 대한 연구』, 건국대학교 석사학위논문, 2009.
- 이해일, 『전자상거래 관리사2급』, 대명출판사, 2005.
- 주재훈 · 류시욱, 『전자상거래@e-비즈니스』, 삼영사, 2009.
- Hagel & Amrstrong, Net Gain : Expanding Markets through Virtual Communities, Harvard Business
- School Press · 한영주 역, 『가상사회와 전자상거래』, 세종서적, 1997.
- Hagel.J. & Singerg, M.Net Worth, Harvard Business School Press, 이경전 역, 『정보중개와 전자상거래』, 세종서적, 1999.
- Robert A. Maksimchuk, Eric J. Naiburg, 『운명적 존재를 위한 UML』, 사이텍미디어, 2005.
- Shapiro.C. and Varian.H., Information Rules, Harvard Business School Press, 임세윤 역, 『정보법칙을 알면 .com 이 보인다』, 미디어 퓨전, 1999.
- (주)인포코리아 홈페이지 개발 프로세스, http://www.infokr.co.kr/02home/home_01.asp
- (주)하림 정보전략팀 차장 김선식, http://i-bada.blogspot.kr/2012/07/blog-post_4487.html
- 디자인컨셉 관련 ppt, fashion.cbnu.ac.kr/user/saveDir/board/www68/299_1318576134_0.pdf
- 삼성경제연구소, http://www.seri.org
- 웹사이트 설계, www.mediaschool.co.kr
- 위키피디아(기본 개념), https://ko.wikipedia.org/wiki/
- 프레임워크에 대하여, www.kemco.or.kr
- 한국인터넷전문가협회 블로그, http://kipfanews.tistory.com/35
- http://i-bada.blogspot.kr/2012/04/cbd-component-based-development.html
- http://i-bada.blogspot.kr/2012/03/umlunified-modeling-language.html
- http://software.naver.com
- http://www.softpedia.com
- http://www.brothersoft.com
- http://web.kunstbada.com/how-to
- http://www.yamestyle.com/

- http://data.adic.co.kr/lit/thesis/1998/P0002665/03.html
- http://blog.naver.com/an11778?Redirect=Log&logNo=220380174457(경영지도사 안시헌) www.yesform.com
- http://www.easy T-shirts.co.kr
- http://hong1022.dothome.co.kr/schedule/07_01.htm
- 김영문, 『카페(Cafe)로 창업하기』, 집현재, 2012.
- 김영문, 『하루 만에 인터넷 쇼핑몰 창업하기』, 집현재, 2014.
- 김주원, 『좋은 사진을 만드는 김주원의 포토샵 사진 강의』, 한빛미디어, 2012.
- 남궁성, 『JAVA의 정석-2판』, 도우출판, 2010.
- 남정현 옮김, 『스프링 프레임워크의 실제』, 아이티씨, 2015.
- 남궁성, 『JAVA의 정석-2판』, 도우출판, 2010.
- 네이버, '네이버쇼핑 상품정보 제공 가이드', 2015.
- 대한상공회의소, '전자상거래 관리사 출제기준(http://license.korcham.net/index.jsp)', 2015.7.
- 미래창조부 · 한국정보화진흥원 · 빅데이터전략센터, 『빅데이터 활용단계별 업무절차 및 기술활용 매뉴얼(Version 1.0)』, 2014.5.20.
- 박효근 · 윤이사라, 『맛있는 디자인 포토샵 CC』, 한빛미디어, 2015.
- 블로그, '독립형 솔루션', http://blog.naver.com/PostList.nhn?blogId=bumilion2&from=postList&categoryNo=20
- 블로그, '스프링 프레임워크 개요', http://blog.naver.com/PostView.nhn?blogId=0221jyh&logNo=220326237171
- 블로그, '스프링 프레임워크 게시판', http://syaku.tistory.com/263
- 블로그, '윈도우에서 Eclipse와 Tomcat으로 로컬 웹서버 구축하기'
- http://blog.naver.com/PostView.nhn?blogId=clean820818&logNo=220348731756
- 블로그, '전자정부 프레임워크', http //m.blog.naver.com/smilemin0/220303280357#
- 블로그, 'Circus AR', http://blog.naver.com/PostView.nhn?blogId=circus_ar&logNo=50167979698
- 블로그, 'Getmall', http://blog.naver.com/PostView.nhn?blogId=getmall_pr&logNo=220284409665
- 블로그, 'sERP-기초정보-일괄등록', http://blog.naver.com/PostView.nhn?blogId=dionysos_sin&logNo=220230265279
- 사카타코고이치 · 황선유, 『예제로 쉽게 배우는 스프링 프레임워크 3.0』, 한빛미디어, 2012.
- 양재헌, 『DSLR 사진 촬영 & 포토샵 리터칭』, 성안당, 2015.
- 에너지경제신문, '스마트폰, 성인 5명중 4명 사용...만 5년도 안걸려', http://www.ekn.kr/news/article.html?no=161972, 2015.9.3.
- 위키 사이트 Gurubee, '꿈꾸는 개발자, DBA 커뮤니티 - 9장, 데이터베이스 구축', http://wiki.gurubee.net/pages/viewpage.action?pageId=14024898
- 이동훈, 『전자상거래와 e-비즈니스(개정판)』, 한빛아카데미, 2015.
- 이춘식, 『아는 만큼 보이는 데이터베이스 설계와 구축』, 한빛미디어, 2002.

- 인터넷 진흥원7), 『웹 개발 프레임웍(HTML5 SDK)』, 2015.
- 임성기, 『돈 버는 쇼핑몰, 돈 버리는 쇼핑몰』, 도서출판 비비컴, pp.141-149, 2005.
- 임화연, 『실전 쇼핑몰 포토샵 북』, 한빛미디어, 2014.
- 임화연 · 이해령 · 디자인아트플러스, 『맛있는 디자인 드림위버CC』, 한빛미디어, 2015.
- 정다영, 『포토샵 디자인 강의』, 한빛미디어, 2015.
- 정윤선, 『포토샵+일러스트레이터 작업의 기술』, 혜지원, 2014.
- 정책뉴스, '전자상거래 소비자보호 지침 개정', http://www.korea.kr/policy/pressReleaseView.do?newsId=156065757&call_from=extlink, 2015.7.23.
- 정희전 · 착한사진연구소(남상욱), 『쇼핑몰 창업+운영+제작북』, 한빛미디어, 2012.
- 채흥석, 『UML과 JAVA로 배우는 객체지향 CBD실전 프로젝트』, 한빛미디어, 2009.
- 허계범, 『e-비즈니스 & 전자상거래』, 이한출판사, 2009.
- '공정거래위원회', http://www.ftc.go.kr
- '표준프레임워크 포털', http://www.egovframe.go.kr
- '한국데이터베이스진흥원', http://www.kodb.or.kr
- 'DBGuide.net', http://www.dbguide.net
- https://firstmall.kr/ec_hosting/education/cu_list.php?idx_b=2
- 김수정 · 신연경 · 최연수 · 김성일 · 이정원, 『전자상거래 실무』, 서울 : 이오북스, 2015.
- 김의창 · 최세현, 『웹 환경과 연동된 중소 쇼핑몰 물류 관리 시스템 구현』, 디지털정책연구, 3(1). 165~182, 2005.
- 김일환 · 박동석 · 전근수 · 고대원 · 노현목, 『전자상거래 실무』, 서울 : 성림출판사, 2015.
- 대전광역시시설관리공단, 『RFID 자산 관리 시스템 구축』, 2013.
- 이종호 · 고종남 · 민성희 · 손기철 · 전미경 · 채도병, 『전자상거래 실무』, 서울 : 씨마스, 2015.
- 이채은, 『모바일을 활용한 실시간 ERP 시스템 연동 모형의 구축』, 경북대학교 경영대학원 석사학위 논문, 2004.
- 임문희 · 허선영, 『전자상거래 실무』, 서울 : 삼양미디어, 2015.
- 정문영 · 정용락 · 손종호 · 김선묵 · 구영준, 『전자상거래 실무』, 서울 : 창의발전소, 2015.
- 한국인터넷진흥원, 『웹 서버 구축 보안점검 안내서』, 2010.
- 한국인터넷진흥원, 『홈페이지 개발 보안 안내서』, 2010.
- 한국통합앱스토어, 『한국 통합 앱스토어 시스템 통합 운영관리 제안 요청서』, 2013.
- 한국해운조합, 『전자 결재 시스템 구축 계획』, 2008.
- 행정안전부, 『IT 아웃 소싱 운영 관리 매뉴얼』, 2009.
- 행정안전부, 『전자 정부 서비스 호환성 준수지침』, 2010
- 행정안전부, 『웹 사이트 운영 가이드 라인』, 2011.
- ASEIC, 『사이트 S/W 및 H/W 통합 유지 보수 제안 요청서』, ASEIC, 2015.
- 해외구매대행이란? 비전2012, https://blog.naver.com/vision_since2012/221217761980
- 교육부, 환경분석(1003010210_16v2), 세종 : 한국직업능력개발원, 2014.
- 교육부, 2016 고등학교 전문교과 수행 평가 모델 자료집, 세종 : 한국직업능력개발원, 2016.

- 김광석 · 권보람 · 최연경, 『4차 산업혁명과 초연결사회, 변화할 미래산업』, 삼정KPMG, 2017.
- 경제연구원, ISSUE MONITOR 제68호 January 2017.
- 김광석 · 김수경 · 박경진, 『소비 패턴의 11가지 구조적 변화』, 삼정KPMG 경제연구원, Issue 43. 2016(통권 제43호), 2016.
- 김동열, 『경제주평』, 현대경제연구원, 11-39. 2011(통권 제 466호), 2011.
- 장경채, 『인터넷 마케팅 플러스』, 무역경영사, 2006.
- 조경희 외, 『전자상거래 일반』, 씨마스, 2017.
- 한국인터넷마케팅연구회, 『인터넷 마케팅』, 삼우사, 2003.
- 류지완, "오픈 마켓 3월 브랜드 평판 조사, 'G마켓 1위'", 브레이크(http://www.breaknews.com). 2017.8.18, 검색, 2017.3.3.
- 매경 시사용어 사전, http://100.daum.net/book/645/list
- 미용경영컨설턴트협회, http://cafe.daum.net/embc2010/OBSs/30
- 위키 백과사전, https://ko.wikipedia.org
- 윤승환 · 정승원, "필승전략 MECE", 아시아경제(http://www.asiae.co.kr/news), 2017.8.18. 검색, 2017.5.17.
- 지연진, "모바일 거래액 3.6兆…유통업계 '지각변동'". 아시아경제(http://www.asiae.co.kr/news), 2017.8.18. 검색, 2017.6.29.
- 통계청, http://kostat.go.kr
- 교육부, 마케팅 관리(1003010206_13v1), 세종 : 한국직업능력개발원, 2015.
- 김범종 · 박승환 · 송인암 · 조용한, 『디지털 시대의 마케팅 관리』, 대경, 2017.
- 신광수, 『온라인 유통마케팅』, 무역경영사, 2016.
- 신용성, 『온라인마케팅통찰』, 컨버전시, 2015.
- 안광호 · 김동훈 · 김영찬, 『시장지향적 비즈니스&마케팅 전략』, 학현사, 2015.
- 정기한 · 신재익 · 오재신, 『마케팅 관리』, 피엔씨미디어, 2014.
- 정분도, 『인터넷마케팅론』, 두남, 2016.
- 주윤황, 『인터넷마케팅』, 학현사, 2012.
- 최재혁, 『온라인채널마케팅』, 리온, 2017.
- 김종학, 『엑셀 2007 무조건 따라하기』, 서울 : 길벗, 2007.
- 기획재정부, 『공공 기관 고객 만족도 조사 모델(PCSI)의 이해』, 2006.
- 이상복, 『품질 이야기』, 서울 : 이레테크, 2012.
- 나무위키, 구매대행, https://namu.wiki/w/
- 지마켓, 상품분석평, http://item2.gmarket.co.kr/Item/detailview/Item.aspx?goodscode=150753529, 2015.7.26.

평범한 직장인
견은미씨
사무실
직장인 평균 수면시간
7시간
직장인 평균
근로시간
9시간
직장인 평균
짜투리시간
2.5시간
주문처리
해야지
분위기 왜이래
짜투리 시간에 사장되기
지금
시작합니다
아싸!
오늘은 소고기!
출근길
오늘도
은밀하개~
사장하개!

엄마~~ 다녀왔습니다!
아이고 삭신아~
오늘 저녁 뭐예요?
시시줄에 놀다 뭐하는 거니?
잠깐! 지금 막판이야!
얜 게임하지만 난 수집할 상품 키워드 찾는 중이야!
키워드 찾았으니 수집만 걸어두면 끝~!!
이게 바로! 짜투리 시간 활용~!!
수집한 상품 확인해야지~
수집완료된 이미지 확인중
난 두번째 이미지를 대표이미지로 바꿔야지~
클릭
간편하게 대량수집하니 커피한잔의 여유가 생기네
뭐하는 거야?
집중!!
찰칵
?
이거 좋아보여서 사진찍고 상품 찾아서 올리는 중이야
남친이 가져온 텀블러
은미 쇼핑몰 상품
바구니
그릇
오!
올리자 마자 들어오네?
어?
주문 들어왔다!
띠링

안오고 거기서 뭐하는 거야?
찰칵
잠깐만!
의류샵
버킷모자
크롭후드티
조거팬츠
머메이드 원피스
이런 스타일의 의류들도 찾아서 올려보면 어때?
오?! 괜찮은듯!!
!!!
요즘 조거팬츠가 유행이래
데이트도 하고! 상품 키워드도 찾고! 조타~!
야호~! 캠핑이다!!
은미야~ 이거 다 어디서 샀어?
내 쇼핑몰에 있는 상품들이야!
난 소주 ㅎㅎ
와 은미 쇼핑몰엔 없는게 없구나^^
은미덕분에 제대로된 캠핑보내네
다음에 내 쇼핑몰 놀러와~^^*
은미야~ 너는 쇼핑몰을 어떻게 관리해?
나는 말이야~
상품 수집중
출근 중
점심시간
발주처리된 상품 주문 중
수집상품 완료 후 재수집
퇴근 중
퇴근 후
상품 업로드 및 주문처리 중
퇴근 후 부터가 시작이라고 볼 수 있지!
모바일로 다 처리가 가능해서 할 수 있는거야
우와~! 은미는 대단하구나!
관심있으면 나누리코리아에 전화해봐~
02 555 9016

저번주에 올린 어린이날 상품중 인기 유입검색어가 뭔지 좀 볼까?
오! 샌들을 제일 많이 검색하네!
유입검색어
근데 왜 샌들 주문은 안들어올까?
???
아!! 샌들종류가 너무 한정적이네?
!!!
쇼핑몰에 올린 샌들 보는중
샌들 키워드를 다양하게 찾아서 올려야 겠어!
스트랩샌들
상품 수집중
그럼 고객들이 선택할 수 있는 범위가 커지겠지?
다음주에 데이트니까~ 오늘은 쇼핑 좀 해볼까?
와! 언발 스타일 특이한데?!
언발 원피스
오호~ 이런 아이템들 좋겠는데?
이런 아이템들은 찾아서 바로 수집 해야지!
이지쿡에서 상품 수집중~
앗 결국 내옷은 사지도 못했네?!
좋은 아이템 찾았으니 그걸로 만족!
너가 캠핑간거 보고 준비해봤어~
갑자기 웬 차박이야?
앗?! 근데 물건들이 다 내 쇼핑몰에도 있는 것들이네?
담요
치~!! 사기전에 나한테 얘기하지!
다 내 쇼핑몰에도 있는 물건들인데!
나 은미몰에서 샀는데?
뭐?! 얼마전에 캠핑용품 많이 사던 사람이 오빠였어?
??!!
이벤트 안 들킬려고 친구 이름으로 샀지
우씨! 다음엔 말하고사~ 서비스 많이 해줄게~

은미야~ 의자 가져왔어?
그럼~ 여기 있어!
점심시간 휴게실
은미야~ 점심도 안 먹고 뭐해?
??
해외구매대행 스터디 카페 보는 중이야~
집에서 은미가 추천해 준 스터디 카페 탐색 중
우선 회원가입 먼저 하구~
셀러스쿨
카페 가입하기
그게 뭐야?
!?
아! 이거 쉬야래도 접었다 폈다 할 수 있는 접이식 의자야
우와! 신기하다! 어디서 찾았어?
드르륵
뭐 하는 곳인데?
오호! 매출을 일으키는 한달프로젝트가 생겼네?!
셀러 스쿨
앗! 잠깐만! 여기는 뭘이야~
쇼핑몰 운영관리사 자격증도 있네?!
지하철 안!! 자리 없을 때!
드르륵
오호!! 이거 좋은데?
쇼핑몰에도 올려야지~
우연히 너튜브 보다가 신기한 의자가 있길래 캡처해서 찾아봤지^^
온라인 쇼핑몰 성공사례, 매출올리기 등 구매대행 관련해서 많은 정보들이 매일 올라오고 있어!
구매대행도 작지만 무역업이어서 계속 공부해야 된다규~
온라인 쇼핑몰 성공 전략 및 성공 사례 소개
온라인 쇼핑몰 1타 강사 이상수
이지큐 솔루션을 이용하면 자격증 비용이 무료구나?!
쇼핑몰 운영관리사 자격증과정
쇼핑몰 운영관리사 자격증 과정
이지큐솔루션 이용 고객! 자격증 취득비용 전액 무료!
예전부터 관심 있었는데 부업으로 시작해볼까?
그냥 신기해하고 말 수도 있는데 대단한걸~
헤헤
점심시간 휴게실
오호! 정말 좋은걸?
관심있다고 했지? 카페 가입해서 둘러봤써! 초보들을 위한 온라인 교육도 있어!
냉큼! 앉음
앗! 1대1 무료 상담이 있네?!
이지큐 솔루션 상담 받아보고 시작해봐야지!
클릭!
클릭!
1:1 무료상담
『나누리코리아』

?!
네이버 톡톡상담중
은미야~~ 나 첫 주문 들어왔어!!!
우왓!! 축하해!!
쇼핑몰을 셀프 웨딩샵으로 만들고 싶은데.. 원하는 상품만 수집 할 수는 없을까?
은미씨? 엄청 집중하네?
뜨끔
보... 본부장님?
근데 주문 들어온 상품은 이지큐에서 어떻게 찾지?
그건! 말이야~
?
은미야! 내가 원하는 상품만 올리고 싶은데 좋은 방법이 있을까?
그럴 땐 이지큐 "수집 URL 등록"을 이용하면 돼!
은미몰? 쇼핑몰 운영하나봐? 어떻게 하는거야?
이건 말이죠...
나도 스마트스토어에 관심 많은데~
상품코드번호 입력 후 검색
스마트스토어 주문목록에 있는 상품 코드번호를 이지큐에 검색하면 상품확인이 가능해!
상품 사이트1
상품 사이트2
내 취향에 맞는 원하는 상품링크를 이지큐 상품 URL에 넣기만 하면돼!
상품은 어떻게 올려?
저는 상품을 이지큐 솔루션이라는 대량수집을 통해..
진짜... 말해도 되는건가...
이지큐 솔루션 설명 중
우와?! 이렇게 간편할 수가! 이지큐에 상품코드 검색만 하면 되는 구나!
그럼! 얼마나 간단한데!
왓?! 이런 좋은 기능이?
키워드 대량수집도 하면서! 내가 원하는 상품도 상세하게 "URL로 수집" 하면 좋겠지?
그럼! 알 수록 편리한 기능이 많다규!

저자약력

남 상 엽

- 현) 국제대학교 의료IT학과 교수
- 공학박사
- 삼성종합기술원 정보시스템연구소 근무
- 모토로라반도체통신 기술연구소 근무

이 현 진

- 현) (주) 나누리코리아 대표이사
- 나누리원격평생교육원 원장(온라인 쇼핑몰 교육)
- (주) 나누리로지스틱스 대표
- 평택스피드박스 3pl 물류창고 운영
- 온라인 쇼핑몰 빅파워샵 운영
- 상품대량수집 솔루션 EZ-Q 개발
- 2017년~2021년 온라인 쇼핑몰 400여 개 컨설팅 및 창업
- 2021년 해성컨벤션고등학교 온라인 쇼핑몰 강좌 산학 협력기관
- 2022년 송파여성인력개발원 온라인 쇼핑몰 강좌개설
- 2021년 온라인 쇼핑몰 창업지원 명인
- 2022년 한국스포츠경제 쇼핑몰교육컨설팅부문 고객감동 혁신기업대상
- 2022년 1인창업 지원의 플랫폼 서비스 방법 및 시스템 특허
- 프렌차이즈박람회 온라인 쇼핑몰 부문 최초 참여
- 삼성생명 보험여왕, 웅진씽크빅 10여 년 영업 및 교육, 휴대폰 프랜차이즈 컨설팅 150여 개 달성

이 현 선

- 현) 더체인지전략컨설팅 대표
- 현) 성균관대학교(C-School) 자문위원
- 삼성화재 공채 및 사내강사
- 삼성SDS멀티캠퍼스 교육사업팀
- (주) 한국마케팅전략그룹 대표이사
- 주간인물 '대한민국 미래창조 신지식인' 선정
- 삼성그룹, 서울특별시인재개발원 등 400개 이상의 기업 및 공공기관과 30개 이상의 병의원 대상으로 17년 동안 경영전략, 조직관리, 마케팅전략, 고객전략 등 2000회 이상의 컨설팅 및 교육실행

오 상 원

- 현) (주) 나누리코리아 대표
- NCS마케팅 강의
- NCS E-비즈니스 강의
- 나누리코리아 평생교육원 강의
- 온라인 쇼핑몰 포르소빅파워샵 운영
- 2017년~2021년 온라인 쇼핑몰 창업강의 200여 회
- 2021년 해성컨벤션고등학교 산학협력 'E-커머스' 강의
- 2022년 송파여성인력개발원 '온라인 쇼핑몰 강좌' 강의

온라인 쇼핑몰 완전정복

2024년 5월 25일 1판 2쇄 발행

저 자 남 상 엽 · 이 현 선
이 현 진 · 오 상 원

발행인 남 승 우

발행처 도서출판 상尙 학學 당堂

서울특별시 동작구 사당로9가길 6
TEL : 02) 595-1692~4
FAX : 02) 595-1394
E-mail : shdbooks@naver.com
신고 : 2-155호 (1968. 11. 29)

정가 34,000원

ISBN 978-89-6587-227-6 93000

〈디자인〉 편집 엄해숙 / 표지 토틀컴